国家社科基金"十三五"规划2017年度教育学一般课题"教育反贫困的互联网公益协作研究"（BGA170044）结项成果
扬州大学教育科学学院出版基金资助项目

走向韧性

教育反贫困治理的"乡村实验"

■刘佳　刘斯文　著

南京大学出版社

图书在版编目(CIP)数据

走向韧性：教育反贫困治理的"乡村实验"/刘佳，刘斯文著. —南京：南京大学出版社，2024.1(2024.2重印)
 ISBN 978-7-305-26792-5

Ⅰ.①走… Ⅱ.①刘…②刘… Ⅲ.①教育－扶贫－研究－中国 Ⅳ.①G52

中国国家版本馆CIP数据核字(2023)第039123号

出版发行　南京大学出版社
社　　址　南京市汉口路22号　　邮　编　210093
书　　名　**走向韧性：教育反贫困治理的"乡村实验"**
　　　　　ZOUXIANG RENXING: JIAOYU FANPINKUN ZHILI DE "XIANGCUN SHIYAN"
著　　者　刘　佳　刘斯文
责任编辑　高　军　　　　　　　编辑热线　025-83592123
照　　排　南京开卷文化传媒有限公司
印　　刷　苏州市古得堡数码印刷有限公司
开　　本　718 mm×1000 mm　1/16　印张 21.25　字数 350千
版　　次　2024年1月第1版　2024年2月第2次印刷
ISBN 978-7-305-26792-5
定　　价　78.00元

网　　址：http://www.njupco.com
官方微博：http://weibo.com/njupco
微信服务号：njuyuexue
销售咨询热线：(025)83594756

＊版权所有，侵权必究
＊凡购买南大版图书，如有印装质量问题，请与所购
　图书销售部门联系调换

作者｜刘佳

1975年出生,安徽滁州人,博士毕业于南京师范大学教育学原理专业,师从张乐天教授。现任扬州大学教育科学学院教授,博士生导师。入选江苏省第六期333高层次人才培养工程第二层次培养对象、扬州大学高端人才领军人才培养计划、教育部教师工作司"国培计划"培训专家,国家通用语言文字推广普及先进个人。主持或完成国家社科基金"十三五"规划教育学一般项目、"十四五"国家重点出版规划项目、教育部人文社会科学青年项目、教育部哲学社会科学重大委托项目等多项科研项目。主要研究方向为教育政策与教育治理研究。

作者 刘斯文

1982年出生，江苏扬州人，博士毕业于南京师范大学教育领导与管理专业，师从程晋宽教授。现任扬州大学党委宣传部副部长，副研究员。主持或参与国家社科基金"十三五"规划教育学一般项目、教育部人文社会科学青年项目、共青团中央"青少年发展研究"重点课题等各级各类课题10余项。主要研究方向为教育政策与教育治理研究。

序 一

阅读刘佳和刘斯文合著的《走向韧性:教育反贫困治理的"乡村实验"》一书,有一种欣赏,也有一种感动。

消减贫困和扫除贫困,一直是国际社会的共有目标和共有行动,也是中国政府的自觉担当和自然认定的历史使命。进入新时代以来,中国共产党和中国政府进一步加大了反贫困的力度,提出了"精准扶贫"的战略定位和任务。经过不懈努力,我国已取得反贫困的卓越成效,为建成有中国特色的现代化开辟了新路,奠定了良好的基础。

《走向韧性:教育反贫困治理的乡村实验》一书,正是立足于新的时代背景展开的一种教育反贫困的时代叙事。阅读这部书,首先感受到的是作者对于贫困地区和贫困对象的深切和持续的关注。这种蕴藏于心也激荡于心的致力于教育反贫困的情感与愿望令人欣赏。另一方面,这部书也展现出作者以及他们的团队以顽强的韧性参与教育反贫困的实践,书中的案例与故事令人感动。

这部书分为三编,即由三大部分组成:

第一编为理论编,重点围绕教育反贫困的种种理论问题进行分析和阐述。在这一编中,作者对如何认识教育反贫困、如何对待和推进教育反贫困等问题进行了认真的理论分析与探讨。作者认为,教育反贫困是中国特色反贫困伟大实践的重要组成部分。在一定意义上，唯有深入推进教育反贫困，方能彰显中国特色反贫困或反贫困的中国特色。个中道理不必多加阐述。在此基础上，作者紧贴时代脉搏，遵循时代要求与精神，非常鲜明地将现代治理理论作为教育反贫困的理论基础和理论支撑。于是，中国的教育反贫困也就置于"多元共治""多主体参与"和"建构新型治理形态"等新的语境和新的时代要求之中。作者在倡导以治理理论作为教育反贫困的理论基础之时，也从实际出发，深度分析了在教育反贫困实践过程中存在的种种问题，同时也对如何克服这些问题提出了新的理论思考。这种新的理论思考，又重点体现在：通过推进互联网公益和项目下沉等新的治理形态以实现教育反贫困的路径与方式的变革。由此，我们也可以认识到作者对于教育反贫困的理论思考和理论建构的前沿性、新颖性与深刻性。

第二编为实践编。书中的编名为"互联网公益协作的乡村实验"。这编是这本书的重点所在，也是精华所在。它展示了三个教育反贫困的乡村实验案例，讲述了作者和他们的团队深入贫困地区参与教育反贫困和致力于推进教育反贫困的感人故事。三个实验案例各不相同：一是"L县样本"，叙述的是整体推进"互联网+"县域经验；二是"J县模式"，叙述的是乡村学校通过实施课程改革以实现学校变革与发展从而也实现教育脱贫的故事；三是"Z县思路"，叙述的是高等学校以新的方式参与教育反贫困的故事。三个乡村实验的案例，呈现出三种推进教育反贫困的样态，各有特色，也各自取得了显著的进展与成效。然而，综合视之，三种实验又有其共性，这就是借助互联网公益协作推进教育的反贫困。这里，互联网公益发挥着特有的价值与作用。它显现出新时代教育反贫困的新的特色与亮点。透过三个乡村实验的案例，我们也进一步认识到本书的作者和他们的团队对于教育反贫困不仅具有浓烈的情感与志趣，而且具有敢于探索敢于创新的精神与品质。

第三编为探索编或展望编。书中的编名是"走向韧性：教育反贫困的治理创新"。走向韧性，这是全书的中心词、关键词，也是全书的主旨所在。教育反贫困的过程，本身是一种秉承韧性不懈奋斗的过程。回首新中国成立以来数十年反贫困的历史，我们不难认识这一点。时至今日，我国的反贫困已取得巨大的成就，教育的反贫困亦然。即使这样，也不意味着我们对反贫困和教育的反贫困可以高枕无忧。贫困素有绝对贫困和相对贫困的含义。何况社会发展的道路也并不会是平坦而无崎岖的。居安思危，我们至少应该对贫困问题保持警戒。本书的作者正是深怀对教育发展仍相对滞后的地区和人群的关切之情，进一步思考和建构教育反贫困治理创新的韧性方案。由此，作者从厘清形成治理结构的关键性要素出发，提出了进一步推进互联网公益协作参与以实现教育反贫困治理创新的思路。作者呼唤继续开拓教育反贫困的升华之路，继续彰显教育反贫困的中国经验和中国特色。

通读全书，掩卷沉思，我被作者的情怀所感染，对走向韧性，实现教育反贫困治理创新的思考有着认同，并怀着深深的期许。

是为序。

张乐天

2023年6月29日

序　二

承蒙刘佳教授的邀请,让我为其与刘斯文博士的著作《走向韧性:教育反贫困治理的乡村实验》写几句话,这确实让我感到为难。不仅是因为客观上我对教育反贫困治理的思考和研究几乎是空白,说实话,我是伴随着对刘斯文的博士论文的指导,才跟着学生对教育反贫困问题进行了一些交流、学习和思考;而且是因为主观上我感到力不从心,短时间内难以深入研读刘佳教授和斯文博士的厚重书稿,也只能大体浏览内容,因为阅读的不充分,唯恐本应该是具有重要引介作用的"序言",反而成为不得要领、画蛇添足的败笔,不仅不能为书稿增色,还辜负了刘佳和斯文的嘱咐与信任。阅读《走向韧性:教育反贫困治理的乡村实验》的书稿数日,引发我的思考与联想颇多,感觉《走向韧性:教育反贫困治理的乡村实验》一书可圈可点、研究扎实、论证有力,是一部投入了情感、行动、理性的心血之作,我也便萌生了写作序言的冲动,希望以一点零星的阅读感想对刘佳教授和斯文博士的邀请做一个交代。

首先,作为一位比较教育专业的研究者,我习惯于以国际比较的视野看问题。我首先想到的是,消除贫困、战胜贫困一直都是人类社会发展进程和国际社会的重要理想和核心议题。教育反贫困是一个沉重且艰难的话题,也是一个世界性的难题。早在 20 世纪 60 年代美国约翰逊政府就发起了"消除贫困的战争",这一著名的"向贫困宣战"的政治和社会运动,也没能解决美国社会结构中的深层次贫困问题,至今,"绝对贫困"以及"相对贫困"仍是作为发达资本主义国家的美国社会难以自愈的顽症。中国在消除绝对贫困和全面建设小康社会方面也发动了一场"脱贫攻坚战",创造了人类战胜贫困的奇迹,其中,教育在反贫困的战争中发挥了重要的奠基性、战略性的作用,教育成为消除贫困的重要途径。贫困是人类社会面临的共同挑战,消除贫困也是国际社会可持续发展议程的首要目标,教育则是消除贫困的关键基础。刘佳教授和斯文博士的著作虽然以"教育反贫困治理的乡村实验"为主题,以五年的深入研究历程,完成了国家社科和教育部人文社科的研究项目,以"向下深潜"的视角,行走在乡村教育的"根"部,实则时刻回应着国家社会经济高质量发展、高质量公平的战略,以为"中国特色反贫困"的伟大实践和走向共同富裕国家战略的实现聚力。改革开放以来,我们见证了中国人民生活的大幅改善,到2020年国家完成了脱贫攻坚的任务,消除了绝对贫困。党的十九大报告提出,到21世纪中叶基本实现全体人民共同富裕的目标,因此,在后脱贫时代破解相对贫困的困局,走向共同富裕,我们可以从"教育反贫困治理的乡村实验"的经验和韧性出发,重新构想如何以教育的高质量发展与教育的高质量公平的实现,致力于走向共同富裕的"教育反贫困"中国道路。

其次,作为一位读书人,我感到读懂文本是第一要务,但要做出恰当的评论,为刘佳教授和斯文博士的著作写个合适的序言是一件不容易的事情。《走向韧性:教育反贫困治理的乡村实验》一书对教育反贫困这一复杂现象和问题的研究是建立在清晰的分析框架基础上的,著作是以"中国特色教育反贫困的治理理论、互联网公益协作的乡村实验、走向韧性:教育反贫困的治理创新"三编为整体结构框架的,我也就顺着这三编的逻辑结构谈点阅读体会。《走向韧性:教育反贫困治理的乡村实验》首先回应了什么是"中国特色教育反贫困的治理理论",可以说这是一部兼具理论思考与现实观照的学术著作。刘佳教授、斯文博士不仅对中国特色教育反贫困的治理话语进行了高度的理论阐释,对中国教育反贫困治理的"多元共治、全民参与、信息赋能、底层攻坚"等治理理论和治理方式展开了深入的理论分析,而且对合作与共治、多主体参与的可能与难为、全民动员与集体行动、县域教育均衡配置与项目下沉的嵌入等进行了现实的考察,即便是现实的考察也不失论证的深入与深刻。更为重要的是,《走向韧性:教育反贫困治理的乡村实验》一书以解剖麻雀的方式重点研究了"互联网公益协作的乡村实验"的三个典型,它还是一部反映如何深入乡村、潜心于教育反贫困"乡村实验"的著作。综合研究了教育反贫困如何有效落地,以及如何保持情怀与积极乐观的集体行动,不仅体现了教育反贫困的民众智慧与底层逻辑,详细呈现了L县样本、J县模式、Z县思路,描绘了互联网公益协作乡村实验的三个典型案例,以鲜活的素材和真实的场景彰显了乡村教育反贫困实验的创新举措与创新路径,而且深刻提炼了教育反贫困乡村实验的经验与治理探索的过程,探讨了系统自组织创新的内生模式、文化内驱力、结构性嵌入等范畴,深入阐释了乡村教育反贫困治理的价值选择、结构性网络与行动张力的复杂性和动态性问题。《走向韧性:教育反贫困治理的乡村实验》还以"走向韧性:教育反贫困的治理创新"的点睛之笔,表达了中国特色教育反贫困"韧性治理"的重新建构与创新主张,因此,它还是一部探讨中国特色反贫困理论创新、治理创新,并具有独特话语表达和价值主张的著作。刘佳教授、斯文博士对"韧性治理"的观念情有独钟,以"走向韧性"作为著作的主标题和核心观念,虽然看上去很虚,但想必是经过深思熟虑的,是对教育反贫困治理乡村实验的概念升华和价值主张。著作不仅提出了教育反贫困治理创新的韧性方案,把从脆弱走向韧性作为教育反贫困的升华之路,凸显了韧性建构的价值和意义,也对教育反贫困的中国道路做出了本土化的阐释和中国式的观念诠释,在我看来,这是具有观念创新意识的。

最后，阅读刘佳教授、斯文博士的著作《走向韧性：教育反贫困治理的乡村实验》，还让我重新翻阅了阿马蒂亚·森（Amartya Sen）的《以自由看待发展》，森一方面认为"我们生活在一个前所未有的丰裕世界中"，但另一方面"我们生活的世界仍然存在大规模的剥夺、贫困和压迫"。森把扩展自由作为发展的首要目的，又是发展的首要手段，其在中文版序言中指出：中国是当代世界，特别是通过教育扩展、医疗保健体制转变和土地改革上的重大进步，促进社会变革的一个先行者，又是一个杰出的文明古国。在我看来，这就是中国的韧性，不仅注重社会进步与经济发展的互补性，还非常重视通过教育治理贫困、消除贫困，相信中国在探索教育反贫困、走向共同富裕的道路上能够"与古为新"，重新构想教育高质量发展的中国道路，为教育打造新的社会契约，致力于共同富裕。诚如联合国教科文组织的报告《一起重新构想我们的未来：为教育打造新的社会契约》所指出的："教育是解决这些根深蒂固的不平等的关键手段。我们要根据所知，对教育进行改革。""这一新的社会契约是我们修复过去的不公、改变世界的未来的契机。"刘佳教授、斯文博士的著作《走向韧性：教育反贫困治理的乡村实验》，对韧性中国、韧性社会的阐发，以及对中国特色反贫困本土理论和实践的探索，不仅仅是行走在教育反贫困的"根"部的实际行动，而且是指向未来性和发展性的创新性探索。

是为序。

程晋宽

于金陵家天下

2023 年 7 月 1 日

目　录

第一编　中国特色教育反贫困的治理理论

第一章　共同在场：中国教育反贫困治理结构中的多元共治 …………… 003
　一、教育反贫困："中国特色反贫困"的伟大实践 ………………… 004
　二、国家与社会如何共同在场 …………………………………… 009
　三、合作与共治：教育反贫困治理的结构性变革 ………………… 013

第二章　互联网公益：教育反贫困治理的全民参与 ………………… 025
　一、多主体参与何以可能？ ……………………………………… 026
　二、多主体参与何以难为？ ……………………………………… 029
　三、教育公益促进反贫困治理结构优化的价值崛起 ……………… 031
　四、互联网公益：全民参与的新型治理形态 ……………………… 037
　五、资源动员：互联网公益合作教育反贫困治理的核心功能 …… 042

第三章　全民动员：教育反贫困集体行动的信息赋能 ……………… 048
　一、互联网全民动员中的信息传导与政策异化 …………………… 050
　二、互联网动员中的民间参与话语表达和意见空间 ……………… 055
　三、构建以国家动员为主、社会动员并行的互联网动员模式 …… 058

第四章 项目下沉：县域反贫困底层攻坚的社会参与形式 061
一、县域反贫困治理传统的历史回眸与现实审察 062
二、县域教育均衡配置的整体性推进 067
三、"互联网＋"教育反贫困治理的县域突破口 069
四、项目制：互联网教育资源下沉至"县"的嵌入形式 071

第二编　互联网公益协作的乡村实验

第五章　L县样本：整体推进"互联网＋"县域经验 089
一、革命老区贫困县的"教育反贫困"国家大考 090
二、L县"互联网＋"县域经验的整体架构 090
三、革命老区"互联网＋"教育均衡的高质量实现 093
四、德育先行："互联网＋教育脱贫"整体推进实验 097
五、系统自组织创新的内生模式 111

第六章　J县模式：文化接受视角下的课程突围 117
一、乡土文化成为小规模学校文化自信的"源头活水" 117
二、乡村小规模学校乡土课程理想与实践 126
三、公益协作力量推动乡村教师的"弯道超车" 146
四、"互联网＋"激活教育反贫困内生动力的文化内驱力 157
五、"互联网＋"嵌入乡土课程自组织的机制生成 163

第七章　Z县思路：高校互联网公益嵌入地方治理结构 177
一、高校参与教育反贫困的具体行动 178
二、高校参与Z县的"互联网＋"结构嵌入 186

三、持续的公益"创业"应对不断变化的环境 …………………… 210

　　四、知识管理网络是互联网公益协作的基础 …………………… 227

　　五、"转译"机制成为教育资源下沉的机制保证 ………………… 228

　　六、"关键纽带"的双层嵌入决定了反贫困治理质效 …………… 230

　　七、"核心关联"成为互联网公益协作的关键性因素 …………… 233

　　八、"融通中枢"维系着互联网公益协作的资源协同 …………… 234

第三编　走向韧性：教育反贫困的治理创新

第八章　教育反贫困治理创新的理想机制与脆弱识别 ………… 239

　　一、理想图景中的治理参与机制创新 …………………………… 239

　　二、多元主体参与教育反贫困治理的悬浮困境 ………………… 242

　　三、教育反贫困合作治理结构的惰性与脆弱表征 ……………… 258

第九章　教育反贫困治理创新的韧性方案 ……………………… 265

　　一、韧性建构：教育反贫困治理结构的关键性要素 …………… 265

　　二、韧性方案：互联网公益协作参与教育反贫困治理创新 …… 270

　　三、从脆弱走向韧性：教育反贫困的升华之路 ………………… 273

第十章　"中国特色反贫困理论"的话语阐释 …………………… 276

　　一、个体经验叙事如何与更具普遍意义的经验阐释相联结？ … 277

　　二、如何建构"反贫困理论"的现代化语境和中国式阐释？ …… 279

　　三、寻求"中国特色反贫困理论"阐释的三重向度 ……………… 285

　　四、在融合中走向创新："中国特色反贫困理论"的话语超越 … 289

附　录

附录一　政府部门访谈提纲(教育行政部门、扶贫主管单位和部分
　　　　乡镇干部) ··· 297
附录二　各参与主体访谈提纲(社会组织、企业、媒体) ····················· 299
附录三　乡村学校校长、教师访谈提纲 ·· 300
附录四　学生访谈提纲 ··· 304
附录五　家长访谈提纲 ··· 305

参考文献 ··· 306

后　　记　行走在乡村教育的"根"部 ·· 324

| 第一编 |

中国特色教育反贫困的治理理论

第一章 共同在场：中国教育反贫困治理结构中的多元共治

经过8年持续奋斗，我国如期打赢了脱贫攻坚战，消除了绝对贫困问题，全面建成了小康社会，创造了人类减贫史上的伟大奇迹。脱贫攻坚的"中国经验"成为政府官员、学者和社会各界热烈讨论的重大公共议题：分享以制度改革促进大规模减贫的中国经验，传播以人民为中心实现共同富裕的中国智慧，提供以合作共赢构建命运共同体的中国方案，构建我国脱贫经验本土表达及世界表达的阐释框架，促进"中国故事"的跨文化、跨语境共享。

新时代教育精准扶贫实现了可持续发展的高质量脱贫。习近平总书记指出，脱贫攻坚不仅要做得好，而且要讲得好。中国教育脱贫成就既需要指向民族性和个体化感知域的本土阐释，也需要构建符合世界传播规律的"中国话语"体系，将抽象的理论逻辑转变为具体的行动策略，将枯燥的理论条文转化为活泼的"群众性话语"和符合不同国家接受习惯的"世界性话语"。教育学、语言学、传播学等多学科视角共同建构我国教育脱贫经验的本土表达，从中国贡献、道路、方法等方面来认识还原中国减贫治理的县域变迁和多元协同共治的奋斗历程。与此同时，从教育脱贫县域基层的个体经验入手，通过个体的经验叙事探索我国教育脱贫经验的"中国表达"形态，呈现从经验到话语的叙事语言转向，一方面探索我国教育减贫经验的本土阐释走向，另一方面也为中国教育脱贫经验世界传播的生成与实现贡献理论思考。理论研究需要超越教育反贫困治理的研究现状，构建一种整合的、多学科交叉的理论框架，总结中国通过互联网公益协作调动社会各参与主体的潜能、积极性和创造性的出色表现，挖掘中国反贫困事业取得辉煌成绩的体制机制保证。在对教育反贫困治理的互联网公益协作机制创新的研究中,通过考察国家推动与社会参与相结合、互联网公益与教育使命相结合、参与式公益与自觉式公益相结合、扶贫式公益与能力建设式公益相结合的现实状况,探索出以互联网公益协作为组织形式,以政府、社会组织、互联网企业为组织核心,广大社会力量共同参与的教育反贫困治理结构新模式。

后扶贫时代,教育反贫困的复杂性和不确定性会进一步加剧,政府要从国家与社会的动态互动中积累更丰富的多元共治的实践智慧。通过全民脱贫攻坚战的洗礼,政府和社会在协商合作、协同共治的全民行动中逐步消解了关于结构的强弱之争,最大可能地发挥各自的制度和行动优势,在应对巨大公共危机过程中呈现出自上而下和自下而上的双向互动,彼此重视作为治理主体的合作可能,呈现出一种系统优化的结构创新。

一、教育反贫困:"中国特色反贫困"的伟大实践

"反贫困"这一词语在英文文献中表述为 anti-poverty(反贫困),它往往和 reduce poverty(贫困减少)、eliminate poverty(消除贫困)、poverty alleviation(贫困缓解)等表述相关联。反贫困的概念在西方社会中,最先由瑞典著名学者冈纳·缪尔达尔(Myrdal)提出,他认为社会经济发展是一个"循环积累"的过程,资本形成不足和收入分配不平等是导致发展中国家贫困的最重要因素。"教育反贫困"(education and poverty alleviation 或 poverty alleviation by education)的表述,可追溯至二十世纪六十年代,国外学者持续关注教育与贫困之间的关联,并着眼于人力资本与收入分配关系研究教育的反贫困功能。从单纯重视物质资本投入到注重人力资本的投入,再到综合反贫困战略,转向将教育作为一种弥补贫困人口的"可行能力缺失",实现人的实质自由和促进社会合理流动干预"贫困代际传递"的治理,"教育反贫困"逐渐成为西方贫困治理体系的重要组成部分,成为一个被广泛接受的学术概念。

习近平总书记在全国脱贫攻坚总结表彰大会上,首次提出"中国特色反贫困理论"的重要论断。学术界认为"反贫困"是目前国际社会、理论界以及政府部门普遍认同的概念,"中国特色反贫困"可以涵盖"扶贫""减贫""脱

贫"等概念。中国在反贫困过程中习惯用"扶贫""脱贫"与西方"反贫困"的话语相对应,表示反贫困的具体行动过程。"教育扶贫""教育脱贫"作为教育反贫困表述的本土化表达,常常出现于改革开放之后实施大规模扶贫开发的话语之中。2012年12月29日,习近平总书记在河北省阜平县考察扶贫开发工作时指出,"治贫先治愚。要把下一代的教育工作做好,特别是要注重山区贫困地区下一代的成长。下一代要过上好生活,首先要有文化,这样将来他们的发展就完全不同。义务教育一定要搞好,让孩子们受到好的教育,不要让孩子们输在起跑线上"。2015年11月颁布的《中共中央 国务院关于打赢脱贫攻坚战的决定》提出了包括"教育支持"在内的精准扶贫方式,并具体阐明了"着力加强教育脱贫"的一系列行动计划。2016年12月,教育部、国家发改委、民政部、财政部、人力资源社会保障部、国务院扶贫办等六部门联合印发的《教育脱贫攻坚"十三五"规划》指出,精确瞄准教育最薄弱领域和最贫困群体,实现"人人有学上、个个有技能、家家有希望、县县有帮扶"的目标,促进教育强民、技能富民和就业安民。

  1994年国家实施"八七扶贫攻坚计划"(1994—2000年)之后,林乘东最早提出教育扶贫理论,认为教育在扶贫资源配置中不可或缺。[①] 顾建军在《教育与反贫困》中阐发了以教育反贫困,是一种可持续的发展战略的观点。[②] 杨能良提出,教育是社会的公共产品,公共部门要加大对教育的投入以提高贫困人口的教育水平。宋才发认为,少数民族学生享有平等的受教育权是实现"实质自由",缓解能力贫困的教育扶贫。[③] 王嘉毅认为,将教育扶贫资源和资助服务重点投入贫困地区和贫困人群,最终将促进贫困地区的经济和社会发展。[④] 国内学者主要运用经济学、教育学、政治学、社会学的理论,从促进贫困地区经济发展、提高贫困人口的收入水平等方面来阐述教育反贫困的功能和成效。2015年,习近平总书记在减贫与发展高层论坛上首次提出"扶持生产和就业发展一批、易地搬迁安置一批、生态保护脱贫一

[①] 林乘东.教育扶贫论[J].民族研究,1997(3):43.
[②] 顾建军.教育与反贫困[M].北京:人民出版社,2001:233.
[③] 宋才发,周丽莎.反贫困视角下教育对柯尔克孜族文化变迁的影响[C].边疆发展中国论坛文集:2010·区域民族卷,2010:183-194.
[④] 王嘉毅,封清云,张金.教育与精准扶贫精准脱贫[J].教育研究,2016(7):12-21.

批、教育扶贫脱贫一批、低保政策兜底一批"的脱贫措施,随后《中共中央国务院关于打赢脱贫攻坚战的决定》《教育脱贫攻坚"十三五"规划》等重要文件颁布,将教育视为"脱贫攻坚"的重要方式已成为政府和学界的共识,学术界进一步提出教育扶贫不仅是国家精准扶贫战略的重要任务,也是实现教育公平和社会公正的重要方面,是最有效、最直接、最根本的精准扶贫[1][2][3]。

综观以往的研究,可以看出教育在反贫困中兼有目标和手段的双重属性,是一个复合型的概念。一方面要"反教育的贫困",将教育作为扶贫开发的目标、任务、内容或领域,并通过政策倾斜、加大投入、调整结构等方式逐步解决教育基础设施薄弱、办学条件差、经费投入不足、师资队伍不稳定等问题,补齐贫困地区的教育短板,最终实现教育领域的减贫与脱贫。另一方面要"反贫困的教育",将教育作为贫困治理的手段、工具、途径或方式,通过发展教育提高贫困地区人口素质和就业能力,改善人力资本结构,阻断贫困代际传递,解决贫困地区发展"内生动力"不足的问题,促进贫困地区经济发展,实现贫困人群脱贫致富。教育与反贫困本是两个相互独立的概念,但"教育反贫困"却将二者紧密地联系在了一起,从反贫困的视角来看待教育,教育既是目标也是手段,只有逐步实现教育领域的脱贫,才能更好地发挥教育反贫困的作用;从教育的视角审视反贫困,教育作用的对象虽然是人,但最终指向的是贫困问题。反贫困是教育的价值和目标,只适时调整和改善教育在贫困地区的功能选择,不断加大反贫困过程中教育参与的力度,实现教育功能"外溢",才能从根本上提高贫困人口生活质量,为贫困地区同步全面建成小康社会助力。

当前,教育已经成为消化原有贫困"存量"、阻断代际贫困"增量",从根本上摆脱贫困的重要手段和内生动力。改革开放以来,特别是党的十八大以来,我国教育反贫困取得了巨大的成就。但当前我国教育反贫困面临的任务依然艰巨、需要突破的难点依然很多。为此,必须进一步总结经验、立

---

[1] 钟秉林.关于"十三五"期间教育发展的建议[J].教育与职业,2016(8):5.
[2] 刘传铁.教育是最根本的精准扶贫[N].人民日报,2016-01-27(5).
[3] 曾天山.以新理念新机制精准提升教育扶贫成效:以教育部滇西扶贫实践为例[J].教育研究,2016(12):35-42.

足国情、把握态势,继续深入扎实做好教育精准扶贫工作。

中国的贫困问题具有脆弱性、反复性和循环性的特点,经常会陷入"脱贫—返贫—再脱贫—再返贫"的循环之中,其核心问题就在于如何加强可持续性发展的扶贫模式,加强人力资本的投资与积累,提高贫困群体的自身素质,增强其自身的"造血功能"。只有将治贫与发展有机结合起来,才能阻断贫困代际传递,从源头上防止脱贫群众再次返贫,体现科学发展观指导下的国家反贫困战略思想。2006年3月,《中华人民共和国国民经济和社会发展第十一个五年规划纲要》中第一次出现"贫困代际传递"这一概念,要"更加注重对贫困家庭子女的扶助,通过寄宿学习、家庭寄养、社会托养、免费职业教育等,改善其成长环境,防止贫困代际传递","贫困代际传递"问题已经引起党和政府的高度重视。贫困代际传递不仅与教育资源的缺乏有关,缓解贫困代际传递更是需要弥补和修复教育的功能与作用。

二十世纪九十年代以来,伴随着"治理"理论的出现,其所强调的分权、多元共治、社会参与等理念都对传统管理模式的变革起到了重要推动作用。自党的十八届三中全会正式提出"推进国家治理体系和治理能力现代化"后,治理创新遂成为公共政策话语。"高度复杂性和高度不确定性条件下的社会治理必然是一种积极的社会治理,行动目标的前瞻性、响应机制的灵活性、方式和方法上的多样性等,都是可以使社会治理获得积极特征的重要途径,然而,最为根本的还是行动者的合作。"①

长期以来,我国的反贫困工作机制习惯通过行政指令来推动教育变革。面对千差万别的教育需求,面对参差多态的各级各类学校,长官意志、一刀切、简单化、粗线条的指令导致了教育扶贫制度设计部分偏离教育规律和教育教学改革的自身需求与发展趋势,如贫困识别、对象构成、主体多元、过程动态、方式灵活、结果不确定等复杂因素。同时,未能准确定位增加贫困人口的代际上升和发展的机会、提高其发展能力,促进贫困人口家庭的代际发展。尤其是教育扶贫的文化救助功能未能有效体现,未能解决贫困群体在高度社会关注和特殊关照中形成社会孤独感的问题,物质资助以外的精神救助价值体现不足。

---

① 张康之.论高度复杂性条件下的社会治理变革[J].国家行政学院学报,2014(4):56.

1986年至今，我国重大教育政策中的扶贫定位与国家扶贫战略的重点保持一致，以基础教育为最重要的教育扶贫领域。在2000年之前，教育扶贫主要是解决物质缺乏导致的失学辍学问题，手段以提供或减免学费为主，主要聚焦基础教育阶段，扶贫任务主要定位为基本普及九年义务教育和基本扫除青壮年文盲（简称"双基"），以贫困地区、少数民族地区的薄弱学校为政策目标。2000—2010年期间，教育扶贫领域从基础教育向高等教育阶段延伸。2007年开始，我国建立起了覆盖学前教育至高等教育等各个阶段的学生资助政策体系。国家学生资助政策体系已覆盖学前教育、义务教育、中职教育、普通高中、本专科教育和研究生教育等各阶段。教育扶贫体系的整体性和系统性特点逐步显现。《中国农村扶贫开发纲要（2011—2020年）》实施之后，"精准扶贫"成为新的战略定位。相较于之前的粗放式扶贫，更突出强调教育扶贫的公平正义价值，解决贫困群体的尊严丧失、信任区隔、社会资本断裂问题，增强其教育资源获得感和社会认同感成为新的政策价值诉求。2013年7月，《关于实施教育扶贫工程的意见》提出了"按照党的十八大提出的基本公共服务均等化总体实现和进入人力资源强国行列的目标，加快教育发展和人力资源开发，到2020年使片区基本公共教育服务水平接近全国平均水平，教育对促进片区人民群众脱贫致富、扩大中等收入群体、促进区域经济社会发展和生态文明建设的作用得到充分发挥"的战略目标，从基础教育、职业教育、高等教育、学生资助、教育信息化等五个方面提出了明确要求，从政府责任、社会力量、考核评估三个方面对体制机制做了明确的规定。

　　通过梳理我国教育反贫困的发展历程，可以总结出以下几个趋势和规律：

　　（1）从解决贫困人口的生存到发展问题，教育扶贫是开发式扶贫的必然要求。

　　（2）从单一政策扶贫到体系政策扶贫，教育反贫困模式呈现出跨地区、跨单位、跨部门的整体协同特征。

　　（3）从基础教育阶段向学前、高等、职业、民族、老年教育阶段全面扩大，教育反贫困重点贯穿不同阶段、覆盖所有弱势人群。

　　（4）从输血式扶贫向造血式扶贫转变，教育反贫困将致力于激发贫困人群的参与能力和摆脱贫困的主观能动性。

二、国家与社会如何共同在场

贫困是一个动态的、历史的概念,也是一种综合的、复杂的经济社会现象。贫困或者穷人看起来似乎一目了然,但深入思考又并非那么简单。随着社会的转型和发展,致贫因素也越来越多元,消除贫困一直以来都是国际社会共同的价值追求。改革开放以来,我国实施大规模扶贫开发,实现了贫困人口的大规模脱贫,是第一个实现联合国千年发展目标中减贫目标的发展中国家。党的十八大以来,我国把精准扶贫、精准脱贫摆在更加突出的位置,开创了扶贫事业新局面,脱贫攻坚取得了决定性进展,稳步向历史性解决绝对贫困和全面建成小康社会迈进。

(一) 国家如何干预:公共教育治理的主流话题

二十世纪中期以来,公共教育领域主要以政府职能为切入点,研究政府、市场与公民社会在公共教育领域的边界问题,从"国家是否干预"到"国家应该如何干预"再到"国家如何干预才是有效的"构成了公共教育治理主流话题的演变趋势。二十世纪九十年代以来,伴随着"治理"的出现,"参与式治理"这一术语开始被学术界关注,即强调利害相关者(stakeholders)自下而上的参与。[1] 二十世纪七十年代开始,伴随着"国家干预"在教育治理结构中的式微,政府失灵和市场失灵所带来的教育风险不断冲击着"政府—市场"的传统二元结构,社会参与逐渐成为新的治理选择,"第三部门"成为弥补政府和营利部门缺陷的道路取向。有学者认为公共教育承担为国家利益服务的目的,政府主导公共教育治理也会引发一系列危机。社会团体、企业、教育团体、家长团体、教师、个人或其他机构构成的公民社会力量有能力发展公共教育,成为教育治理的"第三条道路"。[2] 二十世纪八十年代以来,西方各国相继从法律的高度确定了家长、社区、社会组织等多元主体参与在

---

[1] 陈剩勇,赵光勇."参与式治理"研究述评[J].教学与研究,2009(8):75.
[2] 盛冰.高等教育的治理:重构政府、高校、社会之间的关系[J].高等教育研究,2003,24(2):48.

教育治理中的重要地位。当然,社会参与在为教育治理的发展提供动力的同时,也可能会耗费巨大的资源,造成教育管理低效等问题。① 伴随"全球性结社革命"兴起和社会治理方式的变化,政府与非营利组织在教育治理中的合作已经成为一种发展趋势,合作的模式和方式也日益呈现出多样化的趋势。本杰明·吉德伦、克莱默·拉尔夫、萨拉蒙②等学者提出了具有代表性的政府与非营利组织在教育治理中的合作关系模式。

二十世纪后半期,吉登斯、贝克等认为贫困是社会发展过程中形成风险而产生的,当传统的福利政策对贫困民众与状况覆盖不足时,就会形成危机领域,即消极地应对弱势群体所面临的社会问题时,就产生一种制度的危机。该理论倡导走多元参与的协同路径,对福利政策进行调整,促进多元主体间的关系调整。其中,社会组织参与反贫困对形成协同治理机制的推动作用尤为明显。西方的研究主要以公共教育领域内政府职能为切入点,研究政府、市场与公民社会在公共教育领域的边界问题。

二十世纪八十年代后期以来,国内的反贫困问题受到越来越多学者的关注,童星、林闽刚、康晓光、吴国宝、朱栋梁、汪三贵等一批学者,对中国的贫困问题做了长期、广泛的追踪研究。以李小云为代表的一批学者开始强调,和"输血式"扶贫相比,"造血式"反贫困更为有效。在当前的语境下,实践和研究领域中常常用相近的词汇,诸如"反贫困""扶贫""减贫"等来表达大致相同的意思。从目前的研究来看,教育反贫困治理研究已经由从单一扶贫主体或是扶贫主体作用于扶贫客体的角度进行研究,走向关注政府教育扶贫的政策制定、实施过程、扶贫效果等方面;更多关注如贫困识别、对象构成、主体多元、过程动态、方式灵活、结果不确定等复杂因素。国内目前不仅缺乏对社会力量参与教育扶贫的理论探讨和建构,而且缺乏对相关案例的深入考察和分析。集中表现为在参与形式方面,对参与时机的选择、参与程度的界定和衡量标准,以及参与结果的评价关注较少。同时也缺少对推进并创新社会参与的技术、工具和方法的研究,构建教育贫困治理多元化主体模式,还缺乏系统性、可操作的模式经验。

---

① 林枫.教育治理中社会参与的相关问题探讨[J].广西广播电视大学学报,2017,28(4):60.
② 刘晓帆,袁聚录.萨拉蒙对西方"福利国家"理论的批判与思考[J].华北理工大学学报(社会科学版),2017,17(5):5-9.

我国反贫困政策最为显著的特点是政府主导下的全社会扶贫,国家规划是我国一种重要的资源产生和配置机制。多主体参与教育反贫困是防止政府单一主导"能力陷阱"的有效策略,但是多主体参与也会暴露出参与动机差异,参与能力差异,资源、持续性动力不足,专业化组织化水平低下,资源动员能力有限,自治能力弱等问题。应着力研究多主体参与教育反贫困治理的观念障碍、制度障碍、环境障碍与条件障碍,尤其侧重研究治理对象及治理结果的复杂维度,并在此视野下考察多主体参与的治理绩效与化解政府主导资源困境方面的独特价值。

(二) 社会力量面对制度环境之困

"教育扶贫"是在贫困地区或针对贫困群体开展的以促进贫困儿童、青少年乃至成年人接受更多更优的教育为目标的社会促进行动,它以扶贫政策框架和理念为指引,在常规教育事业基础上进行,是广义扶贫行动的重要组成部分。[①] 尽管各级政府的政策文本一直都鼓励社会力量参与教育精准扶贫,但相较于 2008 年汶川大地震、2020 年新冠肺炎疫情等自然灾害或重大公共危机出现时,社会力量集体性、大规模介入不同,教育反贫困实践中很难见到体量已经非常庞大的社会力量如企业、公益组织等集体性、系统性、持续性地参与。社会力量在教育反贫困领域存在一定程度的缺位,与现实情境中一个组织所处的法律制度、文化期待、社会规范、观念制度等人们"广为接受"的社会事实所构成的制度环境紧密相关[②]。政府制度性资源供给不足,缺乏明确的激励、约束机制,许多官方或半官方的社会组织承担了"社会力量"参与的角色,呈现出政府"嵌入性"的特征,教育反贫困合作往往是行政逻辑大于合作逻辑,合作流于形式并演变为短期化的工作任务。治理本应是多元主体间、多元主体与外部环境持续互动的过程,由于政府对于社会力量参与教育反贫困行动的信任程度和支持力度不足,难以做到合理赋权,治理功能就会被虚化、弱化,不仅影响了社会力量参与的广度与深度,也因缺乏有效的专业化的组织力量和人力资源,导致"最后一公里"的教育

---

① 檀学文.中国教育扶贫:进展、经验与政策再建构[J].社会发展研究,2018,5(3):224.
② 周雪光.组织社会学十讲[M].北京:社会科学文献出版社,2003:72.

反贫困资源使用效能衰减严重。

（三）社会资源面对治理能力之困

长期以来，我国贫困地区的教育反贫困治理模式大多表现为单一的政府主导，由于贫困学生规模庞大，反贫困任务本身的复杂性、艰巨性，只有各级政府才能运用政策工具分配公共资源、发展贫困地区基础教育、培养师资力量、开展教育资助和对口帮扶等。从政策的制定到资源的分配以及项目的实施，政府既是推动者、运行者又是监督者，为了在一定时期内实现脱贫目标，政府可以在短时间内动员足够的资源集中攻坚，而"漫灌式"的教育扶贫开发，会持续加大政府组织资源供给的压力。一方面是政府迫切需要转变教育贫困的治理方式，与多元主体合作，共同提升教育反贫困的精准性和有效性；另一方面则是社会力量自身能力不足、专业性不强、难以扎根贫困地区的现实。由于扶贫领域长期以来形成的政府和社会的非对称性权力配置，社会力量的资源动员和整合能力较弱，依赖于政府或企业等的外部资源供给，一直处于被吸纳、被动员的状态。大量教育反贫困行动仍然集中在各种零散、短暂的救助性领域，帮扶内容注重形式、忽视内涵，缺乏系统性设计、创新性举措和纵深性规划。社会参与的能力与教育反贫困领域的实际需求、推进速度难以有效匹配，导致治理效果大打折扣，难以承接政府从单一向度的教育扶贫向教育反贫困治理转变中的职能让渡。

（四）扶贫项目面对多元参与之困

教育的公共性、公益性让多元主体参与教育反贫困具有先在优势，社会力量通过不同方式参与教育反贫困行动，探索形成了许多有益的实践模式：越来越多的企业将参与教育扶贫作为履行社会责任的重要形式；大量草根性青年公益组织和个人根据所在地的教育状况开展相应捐款、捐物、捐建和支教等方式的教育帮扶行动；高校通过设立教育实践基地，实施结对帮扶计划，以师资培训、继续教育、专业人才培养、支教志愿服务等形式推动贫困地区教育事业的发展。但多元和较低的准入条件，导致参与教育反贫困行动的主体很多，原则上没有限制，有意愿、有能力者皆可参与。在具体的治理实践中，大多数教育扶贫项目以关系网络所构成的区域性帮扶为主，多采用单一的物质资助、短期支教、情感关爱等形式,具有较明显的灵活性、随意性和短期化倾向,缺乏系统化的设计、引导和整合,陷入"分散化""碎片化""各自为战"的困境。多元主体参与教育反贫困合作是一种志愿性、慈善性、公益性的行为,虽然具有道德层面的责任内涵,但也内隐着一种不注重结果导向的"免责"意蕴,如很多教育反贫困合作项目人员结构多元、专业程度不高,缺乏对当地原生教育生态系统形成历史的了解和敬畏,缺乏良性的工作机制和科学的工作模式,脱离实际情况"粗暴式"地教育扶贫,"目标偏移""角色冲突""运行失范",反而破坏原有教育生态平衡,使教育扶贫本身所应具备的功能被悬置和虚化,不仅收效甚微,甚至还会干扰正常的教育教学秩序,对当地教育体系造成较大冲击,直接制约着多元主体扶贫效能的发挥和效益的实现。①

三、合作与共治:教育反贫困治理的结构性变革

二十世纪九十年代以来,伴随着"治理"理论的出现,其所强调的分权、多元共治、社会参与等理念都对传统管理模式的变革起到了重要推动作用。俞可平认为,"统治"向"治理"转变的关键是治理主体的多元化和治理方式的多元化。② 褚宏启认为教育治理的突出特征是多主体参与的合作管理、共同管理、共同治理。参与管理的主体已经不只是政府部门,而是包括各种非政府组织、各种社会团体、私人部门、公民个人在内的多元主体。③

十八届三中全会正式提出"推进国家治理体系和治理能力现代化"后,国家、社会治理结构研究成果不断涌现,政府与社会力量在反贫困治理中的合作已经成为一种发展趋势,合作的模式和方式也日益呈现出多样化的趋势。与此同时,新型政府、学校及社会达成了特殊的"教育共识",多元主体"共治"的教育治理格局正在形成,范国睿、石中英、褚宏启、孙绵涛等学者从教育治理的概念、要素、目标、价值追求等方面做了大量系统研究。大量以问题和现象为出发点的教育反贫困治理研究成果不断涌现,包括民间教育

---

① 刘斯文.构建"补嵌型"教育扶贫体系[N].中国教育报,2019-07-29(3).
② 俞可平.治理和善治:一种新的政治分析框架[J].南京社会科学,2001(9):40-44.
③ 褚宏启,贾继娥.教育治理中的多元主体及其作用互补[J].教育发展研究,2014,34(19):1.

补偿促进教育公平的机制探究以及治理设计在教育救助人群、内容、制度及功能层面的缺失的研究。

中国教育贫困治理结构变迁经历了政府主导下教育资源的低效使用和重复浪费,其治理视角进而从单一主体视角转向多主体参与视角,迫切需要"社会参与"的资源整合型优势弥补"政府主导"模式存在的资源结构性缺陷,进而促进多方利益相关者治理的开放性、去中心化、民主协商特点与合作助学的自发性、多元化、社会责任高度契合,激发贫困人口主动参与的内生动力,逐渐实现教育扶贫的良性生态格局。"教育反贫困治理"旨在实现公共治理视野下教育在反贫困过程中治理主体、方式多元化的体制机制、路径及模式变革,逐步完成从单一的国家主体转变为国家、学校、社会企业、社会组织、公民个人等多元主体共同参与的治理结构的建设。

民间助学参与教育贫困治理过程中的资源动员、集聚、共享模式的建设需要关注教育贫困治理存在成因差异、对象构成差异、区域发展差异、本土文化差异等复杂性和不确定性因素,这些因素造成国家主导下的教育扶贫政策执行和资源分配存在价值偏离和公平失衡。民间助学力量的广泛参与突破了教育贫困治理的线性思维,立足"国家—社会—市场"的三分结构,采取多主体、多中心的治理方式,使得教育贫困治理体系成为一个由多元主体构成的、互相依赖的、交织的复杂系统网络。

(一) 教育反贫困合作治理的本土语境

"治理"(governance)一词源于古希腊文与拉丁文,原意为引导、掌舵、操纵[1],是政治家们通过整合利益诉求各不相同的群体共同施行某种方案以达成统治目标的行动。"治理"在西方社会的表现形式经历了"权威—依附—服从""契约—协作—纪律""服务—信任—协商"的嬗变。"治理"的定义多种多样,但有一点是学者们普遍认同的,即治理区别于统治,区别于传统的"中心—边缘"结构下的主体间的不平等。治理理论的主要创始人罗西瑙(Rosenau)就指出,治理与政府统治之间有重大区别,它的主体既可以是政府机构和公共部门,也可以是非政府组织,它是协商而不是强制,是一种

---

[1] 翁士洪,顾丽梅.治理理论:一种调适的新制度主义理论[J].南京社会科学,2013(7):49.

由共同的目标支持的活动,既是自上而下的政策施行,也是自下而上的公众参与。①

1. 从理论符号走向制度实践

1989年世界银行《撒哈拉以南非洲:从危机到可持续增长》中"治理危机"概念的提出,引发了学者们对全球化、后工业时代的福利国家危机等现实问题的反思。二十世纪七八十年代,新公共管理理论提出要在市场经济与科学管理主义理念的指引下进行政府再造以回应公众需求。新公共管理理论强调以顾客为导向,发挥市场的基础性作用,通过公平竞争和科学管理提升政府治理效能。然而,新公共管理理论过于偏重经济效率,强调政府要以市场化、企业化的方式来运行,而忽视了公共管理者应有的对于公平正义的追求。二十世纪九十年代后,以克林顿、布莱尔、施罗德等政治人物为代表的"新的治理"实践者逐渐开始倡导并推行"以公民为中心"的治理,"更多治理,更少统治",突出了社会主体的重要性。治理具有某种积极、正面的追求,体现了某种社会心理的期待,成为呼唤一种新的社会公共生活的隐喻。②

从已有的研究成果来看,"治理"理论研究主要集中在以公共利益为目标的"公共部门、私人部门等多元主体的合作互动过程"与"权力和资源的调适机制"两个方面。第一类主要是从创造社会发展机会,促进善治目标的实现出发,认为治理是一个比政府管理外延更广泛的现象,依靠多种相互发生影响的行为者的互动来进行。格里·斯托克在《作为理论的治理:五个论点》中提出:治理出自政府但又不限于政府,即治理主体构成超出政府组织体系;治理是在解决不断涌现的经济、社会问题的过程中,所进行的行动界限重新划分及责任重新分配。当公共政策执行走向分散化,多个行动主体分担管理职能,相互间存在着权力依赖关系,提高公共服务的能力并不只在于政府的单一的权力和力量,也不在于政府是否下命令或运用其权威,政府可以动用新的治理工具和技术来控制和引导其发展。③ 韦勒(Weller)从公

---

① 罗西瑙.没有政府的治理:世界政治中的秩序与变革[M].张胜军,刘小林,等译.南昌:江西人民出版社,2001:5.
② 孔繁斌.公共性的再生产:多中心治理的合作机制建构:第2版[M].南京:江苏人民出版社,2012:18.
③ 斯托克.作为理论的治理:五个论点[J].国际社会科学杂志(中文版),2019,36(3):25.

共政策结构和过程的变化角度提出治理需要我们思考如何变革现有的政府单一中心的政策框架,建构"多中心"、多角色互动与合作的政策过程。① 治理不是一种固定安排,而是国家与社会以新的方式互动,来应对日益变化的社会及其政策议题或问题的复杂性、多样性和动态性。

第二类倾向于从具体领域的实际运作角度来关注治理的制度安排,将治理视为一种"确保互动完整性的制度矩阵"。美国新制度经济学派代表人物奥利弗·E.威廉森在《治理机制》一书中从经济学意义上的信息和激励方面,从成本的角度考量治理,他认为治理是一项评估各种备择组织模式功效的作业,目标是通过治理机制实现良好秩序,治理结构可被有益地视为制度框架。② 查尔斯·蓝伯也认为如果把治理的要点放在使国家、市民社会、市场、网络这些不同工具的互相协作上,治理就会成为一个有创造性的机制。③ 这一类的理论主要侧重于分析什么样的治理机制的设计能够解决个人理性与集体理性之间的冲突,设计出更加优化、合理、有效的治理模式。

2. 从西方舶来走向本土语境

"治理"在中国拥有自己的发展历史和文化传统。新中国成立后,我国经历了"全能主义国家治理模式"和社会管理创新的"内生性演进"模式。④ 二十世纪九十年代开始,俞可平较早地将治理理论介绍到国内,该理论迅速受到国内学者广泛关注和深入探讨。从学者们的论述来看,"治理"是改变中国政府传统管理模式的理想路径,它强调在理顺政府、市场和社会主体三者间逻辑的基础上,通过分权或授权推动多元主体参与公共事务治理的具体实践。

随着学术研究的不断深入,治理的概念也越来越多元。王浦劬指出,各种层次的治理概念,归纳起来主要可分为:国家治理、政府治理和社会治理等三大领域。⑤ "治理"的话语也进入党和政府的视野,并成为各级政策文件

---

① 孙柏瑛.当代地方治理:面向21世纪的挑战[M].北京:中国人民大学出版社,2004:21.
② 威廉森.治理机制[M].王健,方世建,等译.北京:中国社会科学出版社,2001:479.
③ 蓝伯.公共政策研究的新进展[J].郁建兴,徐越倩,译.公共管理学报,2006,3(2):66-67.
④ 李龙,任颖."治理"一词的沿革考略:以语义分析与语用分析为方法[J].法制与社会发展,2014,20(4):5.
⑤ 王浦劬.国家治理、政府治理和社会治理的基本含义及其相互关系辨析[J].社会学评论,2014(3):12.

所指向的理论体系的重要部分。党的十八届三中全会把"推进国家治理体系和治理能力现代化"作为全面深化改革的总目标，这是"治理"第一次出现在党和国家的最高规格的文件报告中。党的十九届四中全会更是强调坚持和完善中国特色社会主义制度、推进国家治理体系和治理能力现代化，是全党的一项重大战略任务。尽管"治理"在政策文件中所指向的并不能等同于治理理论研究所指涉的概念体系，但毋庸置疑的是这其中包含着对多元主体与政府共同承担公共事务治理责任的主体性的确认。

治理理论主要关注的是国家日益依赖公私合作的方式制定和执行政策时的能力问题。[①] 教育反贫困作为贫困治理的重要组成部分，同样也经历着从单一主体到多元主体参与的治理格局逐步明确和深化的实践过程。"治理"的兴起蕴含着多主体参与教育反贫困的内在逻辑线索，在治理体系与治理能力现代化的宏观背景下，教育反贫困越来越需要更具针对性与实效性的治理理念的指导和动员更多的主体共同参与这一社会行动，同时还需要多元主体通过制度化的治理方式的运用，形成有效的合作，提升教育贫困治理的效能。

（二）教育反贫困结构优化的主动选择

1. 合作治理的结构驱动

合作治理（Collaborative Governance）是二十世纪九十年代以来发展起来的政府管理理念，在西方国家，合作治理已经成为解决复杂公共问题的一种新型治理模式，由于大多数的复杂问题是由单一主体无法解决的，必须通过不同的组织发挥自身不同的优势，共同合作才能推动问题的有效解决。如果说"治理"强调以多元主体参与和协调合作来应对复杂和不确定的时代政府所面临的挑战，"合作治理"则是"治理"的结果，其关注的重点是具体的政府及公共部门、社会组织、社区等主体之间如何有效地互动以解决实际问题。

伍德（Wood）和格雷（Grey）在1991年最早提出了合作治理，并将其定义为：一个公共的议题集合了多个利益相关者，经由公共机构商讨、协调、合

---

① 李泉.治理理论的谱系与转型中国[J].复旦学报（社会科学版），2012(6):131.

作最终做出统一决定的治理模式。随着社会发展的不断加速,治理主体走向多元化,治理权威也逐渐分散。在此背景下,不同的治理主体拥有不同的知识、信息和资源,要实现共同的治理目标,就要通过特定的规则和程序,让既相互依赖又相互竞争的主体进行对话和商谈进而达成合作。这种合作遵循开放系统中各子系统集体行为有序开展和自组织的普遍规律,反映出治理的要义所在。[①]"Collaborative Governance"的理念进入中国后,很快就受到学术界的关注,多数学者没有将"合作"与"协作"进行严格意义上的区分,由于最初的翻译而出现了中国化的"协作治理"和"合作治理"两种概念。张康之认为,协作是基于反复争议而产生的,而合作则是平等协商的结果。他进一步提出"协作治理"是政府系统内部的工作机制,主要体现为不同层级之间和不同部门之间的"协调",是官僚体制的产物;"合作治理"则是包括政府、社会组织、企业等多元主体通过合作制组织的建立,发挥信任的整合作用,建构起组织成员间的一种平等的人际关系,从而形成政府与其他社会主体之间在解决公共问题、提供公共服务上的平等合作的模式。但也有不少学者认为,协作是合作治理中的一种频繁行为,从与"Collaborative Governance"的话语相衔接的角度来看,政府与其他公共机构、社会组织、企业、个人等共同参与和推进的治理新形式,应该是跨部门的"合作治理",而并非仅是政府部门科层体制内部的相互协调。多元主体虽然基于协商互动而参与到公共治理中,并都会强调不同主体的权力主体地位,但一味地强调多元主体的地位平等,在治理实践中是难以实现的。

总体而言,合作治理既不同于传统的强调政府要主导公共事务管理的政府治理模式,又区别于强调公共事务要以公民自治和自我管理为主体的治理模式。它更强调公共事务由公众来管理,是利益相关者与社会共担责任、共享利益和共同行使公共权力的良性互动。[②]在脱贫攻坚的时代背景之下,国家代表着统合性力量,社会代表着自主性力量,反贫困的合作治理即是一种自主性力量对统合性力量的嵌入。当前,我国的贫困治理仍面临着相对贫困阶段贫困所呈现的多维度、多层次、复杂化的动态特征,"分散化"

---

① 李汉卿.协同治理理论探析[J].理论月刊,2014(1):138-142.
② 燕继荣.协同治理:社会管理创新之道:基于国家与社会关系的理论思考[J].中国行政管理,2013(2):59.

"碎片化""各自为战"的教育扶贫直接制约着多元主体反贫困效能的发挥。合作治理为克服一直困扰教育反贫困领域的碎片化治理提供观念指导,它强调治理并非为了合作而合作,通过合作来达到整体功能大于局部功能之和的效果,以及形成新的有序结构,是教育反贫困行动理应强调的治理价值。传统扶贫的行政管理模式,通常会站在单一主体如何控制局面的角度来看待教育反贫困行动中的一切。合作治理则不认为多主体参与所带来的多元、复杂、动态等应作为治理所应付的对象,反而认为这是贫困治理生态中不可或缺的因素,政府或其他主体不是作为单方面的主体在控制系统中的各个要素,而是在教育反贫困行动中作为多元主体之一,相互合作而产生其应有的影响。教育反贫困行动中相互影响的互动为政府、高校、社会组织、公民个人等多元主体有目的、有计划的合作提供了潜在的可能性或者制度弹性,也为进一步解决碎片治理问题、提升治理能力指明了行动方向。

2. 合作治理的实现形态

合作治理的核心是合作。无论是科层体制意义上的"协作"抑或是跨部门的合作都是组织间关系状态的一种,与它同一序列的还包括竞争、排斥、控制等状态。安舍尔(Anschel)和盖什(Gash)总结出合作治理的六个要素:论坛(forum)由政府或公共机构发起;论坛参与者中须包含非国家行为主体(non-state actors);参与者须直接参与决策过程,而不能仅被当作政府部门的"咨询者";论坛须是正式的,且有集体对话;论坛的目的是达成共识进行决策;协作聚焦于公共政策或公共管理议题。合作治理"从触发合作的环境、合作的主导角色和合作制度设计开始,包括面对面商谈、确立信任、过程承诺、共享认知和过程成效等五个层面的完成过程"。

合作治理是结果导向的,它需要改变的不仅是政府传统的单向度管理方式,还要求多元和参与,参与主体不仅仅是参与者更是决策者,为实际问题的解决做出切实贡献,并真正为决策的结果担责;合作治理强调行动而不是利益分享,强调分散权威,而不是参与主体间的完全平等,因此参与治理的主体并不依赖于自上而下的权力结构,但合作能良好地运行,与其中部分主体承担动态的"领导者"角色有密切关系。[1]

---

[1] 郭道久.协作治理是适合中国现实需求的治理模式[J].政治学研究,2016(1):64-65.

从中国反贫困的发展进程来看，贫困治理体制不再是政府单方面的管理，而是全社会共同参与的治理，是政府、市场组织、社会组织、公民个体等多主体参与的合作治理结构。在中国的治理语境和反贫困实践过程中，合作治理机制的形成与政府积极培育和支持社会主体的参与是分不开的，社会主体参与必须要能够真正嵌入当前的反贫困的治理体制中，搭建起政府与社会良性互动的平台，通过互动协商解决不同主体间存在的问题和分歧，形成资源共享、责任共担、发展共赢的合作机制。在此过程中，政府和其他治理主体还需不断调整已有的贫困治理策略，促进国家统合和社会参与在反贫困领域的合理分工，使其适应贫困地区自身的经济社会文化环境，才能真正实现和维系合作治理，为贫困地区拓展治理空间。

（三）教育反贫困的合作联结

合作治理从治理理念、制度设计、模式构建和实现机制等方面为研究者从规范层面探讨教育反贫困治理的必要性以及诸如政府、社会组织、企业等多元主体在合作的基础上形成一种协调性的社会行动提供了学理支撑。治理和合作治理理论在教育反贫困的治理领域应用，提炼多元行动主体参与的教育反贫困的治理实践经验，还需综合运用行动者网络理论在微观的行动层面进行具体分析。

1. 行动者网络的构成

行动者网络理论是二十世纪八十年代中期，由以法国社会学家卡龙（Callon）和拉图尔（Latour）为代表的巴黎学派科学知识社会学家提出的。拉图尔对实验室研究遇到的"内部"和"外部"、"认识"和"社会"、"宏观"和"微观"问题进行了分析，结合人类学研究方法向人们展示了一个行动者网络的成功建构过程，并为揭示知识生产与社会建构的复杂联系提供了一种新的方法和理论，即行动者网络理论（actor-network theory，简称 ANT）。

通过行动者网络的视角，将教育反贫困的合作治理与各主体参与的动态运作过程相结合，分析、探究教育反贫困行动中的行动主体构成、行动者行动能力的影响因素、行动者网络集成的原因溯源和行动者网络演化的内在动力等。

(1) 主体层面

"行动者(actor)"即行动主体,在拉图尔这里既包含了个人、团体与组织等人类的力量,亦包括观念、技术与生物等非人类的力量,是指在科学研究和技术创新中起作用的所有因素。一方面,拉图尔批判帕森斯等功能主义论者将行动者看作没有个性,处于某个特定位置和结构中以完成该位置所预设功能的人,处于同样位置的人承载特定的力量,只要输入系统给定了条件,就会采取大致相同的行动,履行设定的功能,产生系统可以预计的后果。拉图尔认为,任何信息、条件在行动者这里都会不断发生变化,如果行动者不能造成任何差异,他就一定不能被称为行动者。另一方面,拉图尔通过广义对称性原则进一步扩展了行动者的内涵,提出行动者必须到行动过程中去找寻,他存在于所有行动发生的过程之中。研究者不是提前自行选择哪个行动者更为合理,而是应该参与到行动者的活动中,才能更好地研究社会世界。①

(2) 转译层面

"转译"(translation)是用来转达意义或转运力量的,与其说是一个概念,不如说是一种对待行动者的态度。对于实践目的来说,转译者是一个黑箱,其内部有很多复杂的机构,即使了解输入的信息,也无法准确预测其结果,转译者会改变(transformation)、扭曲(distort)和修改(modify)行动者本应表达的意义或元素,在共同的目标作用下完成网络的整体建构。

转译有以下五种策略:① 主动去迎合他人的兴趣。② 改变他人的兴趣。③ 并不试图把人们从他们的目标上引开,只是试图给他们指出一条捷径。④ "重组兴趣和目标。"置换目标、发明新目标、创造新群体、隐秘地引起兴趣的转移。⑤ "变得不可或缺,即不论你想要的是什么东西,这一个东西也是你想要的。"拉图尔认为传统的社会学多倾向于决定论,将人或物看作中介者而忽略了其转译的作用,行动者网络理论则认为所有的行动者都是转

---

① 郭明哲.行动者网络理论(ANT):布鲁诺·拉图尔科学哲学研究[D/OL].上海:复旦大学,2008:75 − 80[2023 − 06 − 07].https://kns.cnki.net/kcms2/article/abstract?v=ebrKgZyeBkw − 44yzpom2BYzhyJl2mucTgG8GYqU_bU − kBkGqgclvT6b_1vLkX1UE7l − GZRjDiTf7Azy − qY6O4c8k0wDHDcFyo0YXjuH01hWsC5WJCu−−foS8WI8qPu4xSbZMQrzEG61wlQjpI4R6jQ==&uniplatform=NZKPT&language=CHS.

译者,这种态度的区别决定了在对待群体的行动、行动者、客体和关怀角度时采取了完全不同的做法,行动者不存在所谓的"中心",都处于平权地位。[1]

(3) 网络层面

"网络"是行动者网络理论的核心概念,"节点作为资源集中的某些地方彼此连接,并通过链条和网眼使分散的资源结成网状,并扩张到每个角落"。拉图尔在《科学在行动:怎样在社会中跟随科学家和工程师》中以电话线为例形象地阐释了"网络的概念"——电话线纤细脆弱以至于在地图上不可见,但电话网络却覆盖全世界。[2] 拉图尔用网络这个概念将人类与非人类的行动者以对称的身份纳入其中,这种网络不是如"因特网"等纯技术意义上的虚拟网络,也并非针对人类行动者之间非正式联结概括出的抽象化的结构化网络,而是一种连接工作、互动、流动、变化的过程的方法,所以应当是worknet,而不是network。

行动者网络理论也被称为"异质建构论",行动者的利益取向、行为方式等各不相同,因而异质性是其基本表征和特性。行动者网络又是一个关系和过程的概念,它不仅关注问题能否被有效地解决,而且由于它们所聚合的各种成分之间存在着差别,各自之间的力量关系也不同,某些成分可能比其他一些成分更有力量也更为坚固,它们的相对稳定是一个动态的过程。转译是构建行动网络的中心环节,"转译"按照"问题界定"(problematization)、"利益赋予"(interessement)、"征召"(enrolment)和"动员"(mobilization)四个步骤构成。首先,要让行动者明确什么是需要解决的问题,以共同的愿景来明确共同行动者和核心行动者。其次,核心行动者聚焦于共同愿景和共同目标,并赋予各自的利益以消解隐匿的联盟关系,从而实现网络的稳定。再次,核心行动者进行行动者征召,并发布任务,把所有行动者纳入网络之中,让全体网络成员的参与性得以保障。最后,不同的行动者通过"代言人"

---

[1] 郭明哲.行动者网络理论(ANT):布鲁诺·拉图尔科学哲学研究[D/OL].上海:复旦大学,2008:75-80[2023-06-07].https://kns.cnki.net/kcms2/article/abstract?v=ebrKgZyeBkw-44yzpom2BYzhyJl2mucTgG8GYqU_bU-kBkGqgclvT6b_1vLkX1UE7l-GZRjDiTf7Azy-qY6O4c8k0wDHDcFzu0YXjuH01hWsC5WJCu--foS8WI8qPu4xSbZMQrzEG61wlQjpI4R6jQ==&uniplatform=NZKPT&language=CHS.

[2] 拉图尔.科学在行动:怎样在社会中跟随科学家和工程师[M].刘文旋,郑开,译.北京:东方出版社,2005:298.

把不同的利益转译出来,将异质行动者动员协调起来,确立相关联盟法则,实现价值交换,从而促进网络的稳定运行和行动目标的最终实现。行动者网络在达成愿景的过程中会经由"必经之点"(Obligatory Passage Point,简称 OPP),这是网络能够聚集和调动所有力量和资源的支点,只有通过"必经之点"的转译才能实现异质行动者的无缝对接。

行动者网络理论提醒研究者,要在对异质行动者利益特征进行分析的基础上对网络中的社会主体、自然主体等各种因素予以平等和对称的关注,以此使各异质行动者形成连接、协商与协作,通过实践活动建构平等、互动的合作网络关系,这一关系是一切变化之源。这一理论一经问世就逐步应用于社会学、技术学、组织学、管理学等领域。

2. 反贫困行动者网络的合作联结

行动者网络理论通过揭示由"物"的联结而引发的有条不紊或无序的社会运动,观察到行动者在网络互动中结成社会联系,并发掘出那些隐匿而波动的影响因子[1],为多元主体的社会互动分析与网络联结形成的研究提供了全新的视角。

首先,将行动者网络理论投射到反贫困的微观行动领域。教育反贫困治理是多个主体积极嵌入贫困治理场域,对不同主体拥有的反贫困资源进行协调整合,共同开展贫困治理项目的过程。多主体多方面的参与行为构成了"行动者网络",如果仅将每个参与主体视为独立的分析单位,就可能会忽略主体之间的联系和互动及不同主体背后所隐含的结构关系。借助网络、通过转译,多元参与主体找到了与其他行动者共同关注的反贫困问题,获得了动用资源、结成网络、行使权力的机会,由此而使治理行动中不同行动者的利益得以实现,从而达成教育反贫困的治理目标。

其次,嵌入教育反贫困治理的行动场域。治理强调反贫困行动中各行动主体之间的合作,反贫困行动网络是行动主体在合作基础上的互构,即主体之间紧密联结、深度嵌入。从既有贫困治理研究及案例不难发现,各类主体之间是否存在良好的互动、政府之外的力量对于贫困治理是否能够高度参与往往决定了治理的成败。教育反贫困行动是嵌入具体的社会关系网络

---

[1] 左璜,黄甫全.行动者网络理论的社会科学方法论意蕴[J].自然辩证法研究,2013,29(9):63.

中的行动，运用行动者网络理论，对各异质行动者的关切进行问题界定、利益赋予、征召和动员等转译，不仅能够更加清晰地描绘和呈现出当前教育反贫困治理场域的现实，而且能够促进各行动主体在相互平等、尊重的前提下交往与沟通、承认与对话、理解与合作。

再次，对于具体的教育反贫困治理行动而言，各行动主体在问题识别、项目实施、质效评价等实际操作过程中，依然存在着权利失衡、沟通不畅等诸多合作障碍，影响治理目标的实现。行动者网络的建构同样意味着反思与共谋，它意味着各行动主体需要在反贫困治理行动中，不断反思贫困治理信息的真实性问题以及干扰合作的瓶颈问题，通过协调互动的转译形成对当地知识和解释性规范的理解与运用，共谋建立行动者网络的信任机制。教育反贫困治理行动同样不是单一主体的行为，更需要其成为网络中的"必经之点"，构建协调沟通平台和网络互动机制，对贫困地区地方性文化知识进行传播、保存和更新，以满足行动整合、网络合作的需要，进而促进贫困治理质效和贫困群体可行能力的提升。

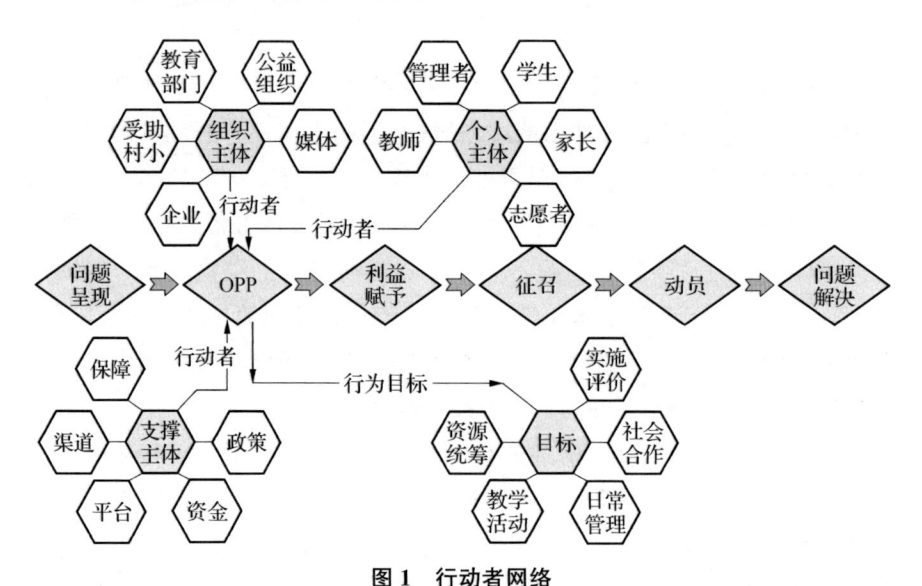

图 1　行动者网络

第二章 互联网公益:教育反贫困治理的全民参与

　　一场全民性脱贫攻坚的国家战争全面打响,虽然教育反贫困并不是一场真正意义上的现代战争,但是其以全体人民摆脱贫困为战斗目标、以全民动员为主要手段,形成超阶级、超政党、超民族、超文化的最广泛的集体行动,调动一切可以调动的社会力量和教育资源。以互联网为基础的现代信息技术全面解放了网络动员的巨大潜力,通过信息共享、超时空互动以及重构集体认同的动员方式在短时间内激发出强大的动员力,从网络的无组织化走向自组织化。网络成为最大的资源发动阵地,网友们会针对某特定事件构建归属感极强的网络化组织关系,行动也常常表现出高度的一致性。互联网的功能不仅是"传媒动员"和"舆论动员",更是集体认同感的构建。共意性运动的关键在于认同感的激励,从"我"变成"我们",社会成员以集体的方式参与国家和政府主导的教育扶贫,实现社会心理场的共振与共同情感的唤起。网络及时展现的教育资源援助和优质课程输入,激发了人们在教育反贫困集体行动上的情感认同,这种认同与倡导的爱心和团结意识相结合的主流舆论场域,形成互联网公益协作间情感资源的集聚。

　　互联网借助信息动员凝聚全民形成教育反贫困政策共识,表现出强有力的信息技术组织化集体行动能力,能快速形成区域性、整体性、协同性的大规模协作机制,在互联网、智能设备和数字化课程的综合运用上形成了优质网络资源筛选甄别机制和本土化、在地化的资源创生能力,将信息技术能力的界定从教育均衡验收中的指标性达成转变为师生集体信息素养提升、潜力赋能和学习价值增值。从组织行动的互动效率来看,网络化降低了全民性的动员成本,频繁的网络互动加强了社群成员之间基于社会参与的新型社会关系的稳定性,拥有更大的政治社会资源和政治行为能力;从虚拟社群的组织效率来看,网络化有助于产生全民监督力量,跨地域行动,因此对于教育资源的集聚和配置起到一定监督作用,提高教育资源分配的效率;从信息资源的流通效率来看,互联网会有效降低信息不对称,帮助部分偏远地区和贫困地区人口及时准确获得信息资源,保障社会治理最薄弱领域和最贫困群体的受助权益。

互联网公益在我国教育反贫困战略中发挥了巨大作用,可以通过集中对互联网公益力量参与教育反贫困治理的政策基础、责权边界、行政环境、运行机制、角色表现等进行整体性研究,把握社会力量参与教育贫困治理的资源有效管理和精准配置,发挥社会力量在知识传递、价值引导、激发贫困地区内生动力方面的发展性价值,进一步呼吁社会力量广泛参与共同富裕背景下的第三次分配。

一、多主体参与何以可能?

政府是我国扶贫工作的主导力量,在消灭绝对贫困阶段的"运动式"治理中,充分发挥了中国特色社会主义集中力量办大事的政治和制度优势,集中大量资源,举全国之力扶贫减贫。政府主导的扶贫模式在教育反贫困领域同样发挥着举足轻重的作用,如《关于实施教育扶贫工程的意见》强调教育扶贫工程要在国务院的统一领导下,落实各级政府的责任,各部门要建立起工作协调机制,共同研究解决教育扶贫工程中的重大问题,建立并完善制度实施的配套措施。依靠政府作为治理主体的权威性,制定了一系列强有力的教育扶贫的发展政策,通过超强的动员能力最大限度地整合了有限资源,确保教育扶贫的资源投入,从"政治任务"的高度进行政策的执行与监管、完善教育扶贫体制机制。短促有力的出击获得了高效的回报,迅速解决了大部分贫困地区师资力量匮乏、教育基础设施薄弱的问题,极大程度地缓解了教育贫困治理的压力。进入相对贫困的后扶贫时代,贫困地区的教育仍存在义务教育保障体系不均衡、效益不高,职业教育、职业培训体系基础薄弱、扶贫功能不足,乡村师资投入不足、结构不合理等系统性问题。相对贫困治理面临的环境更加复杂,刚刚脱贫的人口自身经济基础较弱,抗风险能力较差,脱贫状态不稳定,通过教育发展生存性技能,培养适应劳动力转型的可迁移就业能力,增强自身"造血"功能,提升社会参与力,从思想上摆脱长期以来的资源依赖,实现从"扶我脱贫"到"自我脱贫"的转变,是从根本上巩固脱贫成果防止返贫的重要举措。

"运动式"的教育扶贫,政府作为单一主体,履行的是教育公共服务和"短缺性"资源供给职能,只能起到暂时性的作用。随着后扶贫时代绝对贫困向相对贫困转型,一维收入贫困向多维福利贫困转型,生存性贫困向发展性贫困转型,收入型贫困向消费型贫困转型,原发性贫困向次生性贫困转型[1],教育脱贫政策单位也由"区域""县域"向"村域""家庭"演进,政策的执行越来越走向分散化、网络化,必须由更多的行动主体分担这项公共服务的职能,根据区域差异、群体差异、个体差异配置治理工具,教育反贫困从单一主体的"运动式"治理向多元主体参与的精细化治理转型,才能夯实脱贫基础,持续发挥教育的反贫困功能。针对出现的问题,政府也在不断探索使用新的治理工具和技术来控制与引导教育反贫困的发展。2014年11月,国务院专门发布《关于进一步动员社会各方面力量参与扶贫开发的意见》,要求坚持多元主体、群众参与,共同致力于精准扶贫,着力培养多元社会扶贫主体,创新扶贫工作的参与方式,完善保障措施与激励机制,为参与扶贫的社会力量提供一定的政策优惠与保障。2016年12月,《教育脱贫攻坚"十三五"规划》《教育事业发展"十三五"规划》中也多次提出"广泛动员社会力量参与,激发贫困地区内生动力,构建多方参与、协同推进的教育脱贫大格局"。这些政策举措的贯彻执行,使得政府在资金和资源方面的压力得到一定程度的缓解,扩大了政府和社会主体间的合作联系,教育扶贫的社会效益进一步彰显。

治理是"多主体、多中心的共同管理",它不仅包含依循正式规章制度和程序实施的管理活动,还包括满足公民个体利益经由个体认可的正式安排。贫困问题不仅是单纯的经济问题,教育反贫困也不仅是单纯的教育问题,更是一个社会性、综合性公共问题。政府在教育扶贫中的作用是主要的,但绝

---

[1] 唐任伍,肖彦博,唐常.后精准扶贫时代的贫困治理:制度安排和路径选择[J].社会科学文摘,2020(4):8-9.

非唯一的主体,教育反贫困的治理转型是一个政策结构和管理外延的变化,它使我们意识到要变革现有"单中心的"政策框架,建构多中心、多角色互动与合作的治理过程。从多元主体治理的应然视角来看,在教育反贫困治理体系中,政府应从"划桨者"变为"掌舵者",在政策的顶层设计、创新模式和落实政策、动员与统筹资源等方面发挥出自身所具有的先在优势,作为市场主体的企业具有专业性、资源配置优化、内生动力激发等方面的优势,践行"社会责任"的同时满足自身对市场、人力资源等方面的需求,实现教育反贫困治理和企业发展的双赢;社会组织和公民个人,秉持"公益慈善、扶贫济困"的理念,与教育反贫困的目标具有内在的一致性,优势体现在组织架构清晰、成员专业、理念开放、方式灵活等方面,在政府和市场"失灵"的教育贫困治理领域部分承担公共物品供给者角色,在一定程度上能够解决"扶贫边际效用递减、扶贫效率下降"的内卷化问题。

由于复杂的历史和现实原因,中国的城乡之间、东中西部之间,存在着教育结构失衡和资源分配不均衡的问题。二十世纪九十年代以来,以"希望工程"为代表的社会力量,开启了以捐资助学、支教、教育资源拾遗补阙为主要形式的教育反贫困治理之路。经历了30年的发展,社会力量参与教育反贫困的行动内容和功能模式随着教育发展的政策导向和实际需求而发展变化。《中国教育公益领域发展研究报告(2019)》指出:在"有学上的"问题基本解决之后,围绕"上好学"的需求,伴随农村教育出现的新情况、新问题,2000年后的教育公益行为扩大为各类支教活动、阅读推广、教师培训、留守流动儿童关爱,以及围绕互联网技术开展的网络课程、双师课等,从硬件转向软件,从物质转向对教师和学生的关注,对改善和提升教育品质的关注,进入课程、课堂、教材等教学的核心领域。社会力量在改善贫困地区教育资源供给、提高教育教学质量、推动教育公平等方面发挥了积极的建设性作用,政府主导下的社会各方面力量参与的教育反贫困公共治理结构初步形成。

"以人民为中心"是中国特色社会主义社会治理的本质要求,大规模全民动员机制的基础是治理主体的人民性。在教育反贫困的国家战略中,政府动员全国人民一道寻求解决方案,实现最广泛的公众参与。政府的合法性支持让资源集聚的社会动员成为可能,国内的重要资源通过社会动员全部集中到政府指定的少数特定项目上,个人必须从属于政府严格管控的公共目标,社会参与也必须服从于政府的强制机制和强力动员,公众参与在国家最严厉的资源调度面前变得更为理性且行动趋同。

二、多主体参与何以难为？

与社会期待、教育反贫困的现实需求相比,社会力量参与的数量和质量都还不尽如人意。当前,教育反贫困治理关系表现为单向、松散的实然状态,处于单一的政府管理向多元主体参与协作治理的转型过渡期,管控思维与多元合作的治理理念仍存在着碰撞和摩擦。教育反贫困治理结构中主体间的关系从简单的"一对一"模式,逐步向多维复杂的关系网络结构转变。不同主体间的影响力也存在着较大差异,各主体的自主性、控制权力的诉求与现实可能性间存在着一定的矛盾,影响着教育反贫困治理的有效性和发展转型。

(一)治理共识落后于制度安排

当前教育反贫困的治理实践中,大多数决策往往仍由地方教育主管部门等权力强势方作出,其他社会主体参与度并不高,共同参与教育反贫困治理的共识仍停留在口头上,并没有形成相应的制度规约,因此社会力量从开始进入贫困场域就陷入困境,没有相应的规约和保障。如很多社会力量主导的助学项目涉及教育基础设施的援建和硬件捐助,项目的投入带有长期性。随着国家教育公共政策的变化,政府对教育的投入大幅增加,贫困地区教育环境和社会环境的变化非常迅速,在义务教育经费基本得到保障的前提下,社会力量对助学项目需求的评估和教育结构调整的决策参与就显得十分重要。

二十世纪九十年代以来,我国中西部农村地区进行了新一轮中小学布局的调整。2001年国务院出台《国务院关于基础教育改革与发展的决定》,要求地方政府"按照小学就近入学、初中相对集中、优化教育资源配置的原则,合理规划和调整学校布局"。但到了基层的实施层面,"撤点并校"成为农村中小学布局调整的具体方式。教育部官方网站公布的数据显示,1997

年至 2010 年,全国每天平均有 64 所农村小学被撤销。撤并教学点、合并建校的政策有较强的行政强制色彩,而现实中许多助学项目因当地教育政策的调整变化,偏离实际需求,捐建的校舍和其他基础设施投入使用不久就废弃,造成了资源的极大浪费和项目的不可持续,并在某种程度上导致了社会主体参与教育反贫困行动陷入"不信任—不参与"的循环。

(二) 合作需要受阻于条块壁垒

民政部《2018 年社会服务发展统计公报》显示,截至 2018 年底,全国共有社会组织 81.7 万个,其中社会团体 36.6 万个,各类基金会 7034 个,民办非企业单位 44.4 万个,全国至少还有 300 万个由于资格不够而无法注册的草根志愿者组织,有许多社会组织和草根组织直接从事或涉足教育反贫困事业。教育领域公共服务的跨界提供、政府的跨界治理已是普遍的现象,这就需要不同政府部门之间进行跨界合作,自上而下进行政策资源、治理力量和治理方式的整合。尽管政府开始不断重视社会力量的发展壮大,但似乎还未走出"既给其发展,又惧其发展""一管就死,一放就乱"的管控思维定式,在教育反贫困治理实践过程中还扮演着领导者、组织者、监督者的角色。在教育反贫困治理转型中,应在自上而下建立适当有效的制度规则与规范机制的前提下,逐步让渡部分治理权限给社会主体,放宽政策支持,优化制度环境,不断提高和扩大社会参与的自治性管理,变政府管理为自我管理;通过政府公益创投和组织孵化开发社会力量参与的潜在功能性空间,扩大政府购买服务的规模,通过选择和竞争,唤醒社会主体的自主治理意识,增强其治理能力,进一步加强治理结构的纵向整合。

(三) 单边主导迟滞于多边需要

教育反贫困治理主体存在着跨界、跨行业现象,具有较大的异质性,社会力量开始参与教育反贫困行动的那一刻起,就面临着和政府之间的互动。而在教育反贫困治理实践中,不少社会主体过于关注自身目标和自主性,忽视教育是一种准公共产品的属性,政府是教育反贫困的主要力量,社会主体应弥补政策失灵,在政府无法顾及或尚无力顾及的领域发挥补缺作用的角色定位,导致治理转型权责不清和治理结构动态失衡。教育反贫困治理体现的是基于共同的"反贫困"目标而形成的治理逻辑,主体间并非自上而下或自下而上的简单线性关系,而是基于相互联系和互动的网络关系,治理转型是要基于治理主体多元、方式多元的现实而构建横向联结的治理网络。在治理方式的选择上不是将各主体治理方式简单叠加,而应是基于此框架明确权利义务的划分与落实,并非要突破或重新界定各主体间的边界,而是以多主体的协商与合作,实现主体间的"水平式"整合。社会力量在多年来的教育反贫困治理实践中,提供了比政府更丰富的教育资源选择,降低了资源获取门槛,增加底层群体向上流动的机会,促进了教育公平。但政府和社会力量之间横向联结还不紧密,主体间边界意识较强,缺乏良性的互动,难以形成稳定、有效的横向协作机制。尽管社会力量具有资源配置和治理工具多元、灵活的特点,但在具体的教育反贫困场域中往往忽视和当地政府、教育主管部门的对话、沟通、协商,导致各自为战,信息不能共享、资源无法有效利用和开发,协作空间不断受到挤压而窄化,难以在反贫困治理过程中实现帕累托最优。还有相当部分的社会主体,在其生存资源的压力下,以筹资为导向,和贫困地区政府在追求舆论价值和眼球效应方面达成共识,缺乏整体视角和深入调研,更多地站在捐助人和资源提供方的立场上,忽视贫困地区实际情况和贫困主体实际需求,导致应长期坚持的教育反贫困治理变得短视化和急功近利。

后扶贫时代,教育反贫困治理面临新的转型机遇和发展前景不确定性的挑战,资源投入与治理能力和反贫困的宏伟愿景仍存在矛盾。一项统计数据显示,政府、企业、社会组织及个人,在教育反贫困行动领域中的功能有很大程度的重合,都主要集中在物资援助方面,需要进一步增强政府、市场、社会主体间的合作,完善教育反贫困治理体系和提升治理有效性。

三、教育公益促进反贫困治理结构优化的价值崛起

"公益"的字面解释是"公共利益",目前学术界从广义上将"公益"等同于"公共利益""国家利益""社会利益",泛指一切涉及公共利益的政府性的和非政府性的社会活动及个人行为;狭义上的"公益"主要指个人或社会组织以非政府性形式进行的,具有自愿性、非营利性、社会性等特征的社会活

动及个人行为。① 我国学者认为,真正意义上的中国现代公益,直到 1978 年改革开放以后,中国走向市场经济,资源配置体制发生了重大变化,改革释放出"自由流动资源",并提供"自由活动空间",才开始生长起来并迅速发展。在现实情境中,"公益"常常与"慈善""志愿"等词汇混用,表达几乎同样的含义。近年来,政府对公共服务的投入不断加大,但人民对公共服务的预期和需求也在不断提高,一方面公共物品需求和供给难以平衡,另一方面社会经济不断发展,大量资源散布于社会以及国际空间。调动适切的社会资源共同解决公共问题,成为政府推动公益发展的主要动机。②

(一) 从"补短板"到"促发展":教育公益的兴起

二十世纪八十年代,我国义务教育需求增长与供给缺失的矛盾日益凸显,公益方式缓解了教育资源配置极不均衡的状况,并由此形成了教育领域对制度外资源供给的大量需求。"贫困·儿童·教育"是全社会广泛关注的主题。1989 年中国儿童少年基金会"春蕾计划"和 1991 年中国青少年基金会"希望工程"组织实施,在宣传和筹资过程中,也将贫困地区教育资源极度匮乏的现实状况呈现在公众面前,极大地激发了民间参与的热情。据统计,1991—1992 年,"希望工程"收到社会各界捐款 1247.19 万元,救助失学儿童 3.28 万名,援建希望小学 25 所,旨在为贫困弱势群体提供教育服务的"教育公益"开始兴起。

《中国教育发展报告(2010)》指出,"由于政府教育投入不足,我国教育长期处于短缺和贫困状态,个人和机构自发实施的零星的教育公益行为在民间始终存在。但作为有组织、有资源投入的社会化的教育公益实践,大概始于 20 世纪 90 年代初期……主要针对教育硬件支持的教育公益行动出现了前所未有的高潮"③。国家对教育的投入不断增加,如 1995 年至 2005 年,先后实施两期"贫困地区义务教育工程",2007 年,针对义务教育阶段的农村学生实施"两免一补"的政策全面实现,贫困地区农村义务教育条件有了根本的改善,"因贫辍学"的问题得到解决。教育公益也随着国家教育政策

---

① 杨超,唐亚阳."公益"概念辨析[J].伦理学研究,2015(6):116.
② 李瑞昌.基于"中国问题"的比较公共政策研究[J].公共行政评论,2012,5(3):1-6.
③ 杨东平.中国教育发展报告:2010[M].北京:社会科学文献出版社,2010:139.

的变迁,由原先关注点较为单一的"有学上"的基础性助学领域,逐步扩展到为"上好学"的学生全面成长成才服务。

(二) 资源动员到项目下沉:教育公益的发展

伴随着互联网的发展和农村教育不断出现的新情况、新问题,教育公益实践在二十一世纪逐步崛起并迅速扩展到多元领域,成为促进教育公平、提高教育质量的重要民间力量。教育公益组织作为教育公益行动的组织者、实施者开始涌现,二十一世纪教育研究院发布的相关数据显示,具有一定规模的教育公益组织数量 2009 年为 150 个,2013 年增长至 300 个,2018 年已达到近 800 个。梁晓燕将教育公益组织的行动领域划分为助学、支教、教师专业发展、留守儿童关爱、流动人口随迁子女社会融入与发展、阅读推广、多元教育资源提供、儿童早期教育与成长、职业教育、研究与倡导等十大类别,并形成了诸如企业 CSR 项目、高校社团活动及教育公益互联网社群、项目联盟等多种公益形态。① 2016、2017、2018 三年的《中国慈善捐赠报告》统计数据显示,教育依然是社会捐赠最关注的领域,分别占每年捐赠总量的 30.44%、27.44%、29.04%。互联网尤其是移动互联网的发展,推动了全民公益的蓬勃发展,教育公益也迅速成为各大互联网募捐、众筹平台所重点关注的领域。王秋玲分析了 2008 年 1 月 1 日至 2018 年 6 月 27 日腾讯公益众筹已完结的项目数据,进一步指出互联网公益平台的教育类项目仍集中于教育设施、物质、资金的直接支持,主要包括贫困儿童营养改善、"免费午餐"项目资助、留守儿童关怀及学习教育救助等形式。《中国教育公益领域发展研究报告(2019)》指出,支教、助学仍是教育公益行动最主要的形式,以课程及活动设计研发为主的多元教育资源提供也开始逐步增长,但来自社会的资源支持多样性不足,主要集中于教育公益实践已经相对成熟和密集的扶贫助学、硬件支持、课外活动、图书捐赠、支教,对政府资金投入不足的教学层面、教师层面、社区教育文化的支持仍不够。

社会捐助的逐步增长,志愿服务的数量与质量的不断提升,是教育公益持续扩展的良好社会环境。民政部 2019 年的统计数据显示,目前全国注册

---

① 杨东平.中国教育发展报告:2010[M].北京:社会科学文献出版社,2010:132-141.

志愿者超过 1.2 亿人,依法登记的志愿服务组织已有 1.2 万家,发布志愿服务项目超过 253 万个。截至 2019 年 7 月 28 日,全国志愿服务信息系统汇集的志愿服务时间已经累计超过 14 亿小时。由共青团中央、中央文明办、民政部等 7 家单位联合举办的 4 届(2014—2018)"中国青年志愿服务项目大赛"累计评选出金奖项目 400 项,其中"关爱农民工子女"类留守流动儿童教育公益项目累计获得金奖 93 项,占金奖项目的 23.3%,位居大赛划分的 13 大类别的志愿服务项目之首。教育公益从最初的"希望工程""春蕾计划"等由政府支持和主导的项目发展至今,越来越多的主体,如高校、企业、研究机构、媒体、社会组织等多元力量参与其中,教育公益已成为社会关注度最高、运行质态最好的公益志愿领域。

(三) 从志愿失灵到机制脆弱:教育公益的风险

罗伯特·伍思努(Wuthnow)提出了政府、市场和志愿部门三种主体相互依赖理论,在社会治理中三种主体存在着频繁的资源交换、竞争与合作,通过集中不同的社会资源来解决社会问题。萨拉蒙(Salamon)的"第三方治理"理论,认为志愿部门并不是"政府失灵"和"市场失灵"的替代选择,而是调和了社会对公共服务的需求与政府机构供给之间的矛盾,政府与志愿部门之间是一种伙伴关系,但作为公共物品的提供者,志愿部门也有其"志愿失灵"的缺陷。他通过对西方社会福利国家治理实践的考察,认为慈善不足、慈善的特殊性、慈善的家长式作风和慈善的业余主义,是"志愿失灵"的主要内容。我国的教育公益发展历程和公益志愿组织的发育程度与西方有着不少差别,具有一定的本土化特征,但在一定程度上也存在着"志愿失灵"的现象。

1. 公益资源供给的稳定性"失灵"

"志愿"和"公益"的性质,决定了教育公益的资源既不能以政府的"强制"也不能以市场的"营利"方式得到,除部分具有官方背景的志愿组织和重点项目有一定的政府财政拨款和补贴之外,明显缺乏稳定的资金来源是绝大部分教育公益组织普遍面临的问题。相关数据显示,"2016 年,中国个人捐赠仅占 21%,而美国是 72%,中国的人均捐赠额 2016 年是 97

元,在全球十大经济体中排名最后,仅为排名第一的美国8094元的约1/90"。英国慈善援助基金会(CAF)2017年的调查报告显示,中国国民捐赠意愿指数为14%,在全球139个主要国家中排名第138。尽管互联网公益不断发展,社会环境和制度环境不断趋于优化,提供了更加开放、弹性和多样化的资源链接,然而从2009年到2018年9月近十年间,中国的社会组织(包括社会团体、民办非企业单位和基金会)从23.6万增长到76.7万,增幅高达225%,涵盖了救灾、扶贫、教育、医疗、环保等多个领域。公益的本质是对社会资源的再分配,不同的公益领域和组织之间都会存在竞争。面对其他公益领域的资源竞争,教育公益也从单一聚焦"有学上"到关注"上好学"再到"助力成长"多元转型发展,组织规模和行动领域都在不断扩大,在探索怎样更加有效地解决贫困弱势群体的教育问题时,教育公益组织仍长期面临无法有效配置相对稳定的公益资源、所需要的活动开支与所能筹集到的资源之间存在较大的缺口、可利用的资源始终难以达到最优状态的困境。

2. 公益需求信息的对称性"失灵"

教育公益所服务的对象主要包括偏远农村儿童、城市流动儿童及困境儿童,面向小学生群体最多(82.95%),其次为中学生(68.22%),而对其他群体如乡村教师、家长等的关注较少。支教助学一直占据教育公益活动的较大比重,为公众直接参与教育公益创造了机会和搭建了平台,此类活动志愿者参与度高,动员能力出色。尽管教育资源短缺的问题已得到了一定的缓解,社会公众更多地被同理心所驱使,而并不是以解决社会问题为导向,偏好于向西部偏远的资源匮乏地区提供教育投入和教育资源以缩小其与教育发达地区的差距,捐资助学、教育设施援建作为教育公益的重要工作领域仍长期存在。随着扎根于贫困偏远地区的组织逐步减少,信息的不对称常常使教育公益面临"精英俘获",覆盖不到最需要帮助的区域和群体,更无法覆盖所有处于需要状态的群体,可能会加剧不平等或造成资源的浪费。教育公益活动仍停留在"扶贫"阶段的狭隘性,提供服务的方式方法并不能有效地促进贫困地区教育质量的提升,反而会使教育公益的志愿使命与目标逐渐固化,缺乏改进的动力,阻碍其进一步转型发展。

3. 公益服务输出的精准性"失灵"

教育公益行动开展和组织存续的基本条件是有大批具有志愿精神的志愿者的参与。《中国教育公益领域发展研究报告（2019）》的数据显示，44.2%的教育公益组织全职人员数量主要为2—5人，20.1%的教育公益组织全职工作人员数量为6—10人，5人以下的占62%，且与2013年数据相比变化不大，由此可见教育公益高度依赖志愿者的深度参与和义务奉献。目前志愿服务环境尚待优化和相关支撑保障体系并不健全，参与教育公益服务的志愿者除传统的高校学生之外，还包括其他诸如海归人士、城市白领、退休教师等群体。教育公益行动多致力于将资源倾斜于中西部的欠发达地区，区域跨度大、服务条件相对艰苦、服务时间长，导致参与人数偏少，志愿者流失比较严重。随着互联网和新媒体技术的大规模运用，教育公益领域的分工越来越细化，专业性挑战逐步增强，对志愿力量的需求也日益多元。由于资金的限制和缺乏相对成熟的志愿公益文化基础，往往难以吸引高素质的专业性人才参与教育公益服务，只能更多地借助于高校学生的力量。学生虽然有旺盛的精力和较强的志愿精神，但学生群体的流动性、工作随意性较大，专业知识的不足和实践技能的欠缺等现实问题，不可避免地影响到教育公益服务的效率与质量。

4. 公益产品兼容的包容性"失灵"

教育公益基于"教育公平"的理想，以为弱势群体提供"均衡优质"的教育而行动。不同的教育公益项目应准确定位目标人群，围绕目标问题来设计解决方案，并在行动过程中根据实际情境调整策略以更有效地解决问题。在现实中，部分教育公益项目得到政府购买公共服务的支持，须根据政府的要求设定目标、执行任务并完成相应的考核。大量的教育公益项目未能纳入政府支持和购买服务的项目中，主要依赖于社会资源和个人捐赠，要根据资源提供者的要求来开展工作。在对教育公益行动的具体目标问题作出回应时，不可避免地把界定目标人群需求的决策权让渡给控制和掌握最重要资源的人。教育公益本应充分发挥其包容、非排他、多元的优势，改善教育公共产品供给的不足和分配不均的状况。但是，公益资源的再分配本质决定了不同的教育公益项目模式、不同的组织机构间都会因潜在的竞争而缺乏包容协同,各自为战。组织行动的具体内容大多根据项目的资助方或是拥有资源分配权的组织负责人决定的活动和方案来实施,志愿者队伍只是教育公益项目的具体执行方和实施者,服务对象也因其弱势群体的受惠者角色,一直被视为公益的接受者,更难以对资源分配和运用拥有话语权。教育公益行动本应根据在地的经济社会条件、贫困人口教育需求的不同,通过有差别的教育公益资源供给,来保障贫困群体获得合乎需求的教育公益资源。教育公益"为谁服务,怎么服务"的决策垄断以及不同项目、模式间的弱耦合性,会造成资源的分散并导致弱势群体真正迫切需要的服务可能被抑制,志愿精神难以聚合,教育公益的"公益性"缺失。

四、互联网公益:全民参与的新型治理形态

中国教育反贫困治理结构经历了早期政府主导下教育资源的低效使用和重复浪费之后,从单一主体转向多元主体广泛参与,迫切需要社会资源整合优势来弥补"政府主导"模式造成的资源结构性缺陷,进而促进多元主体共同行动的自发性、合作化、高契合度表现,从而更好地激发贫困人口主动参与的内生动力,逐渐实现教育反贫困的良性生态格局。

(一)"互联网公益协作"的提出与概念厘清

2012年,裴丽首创性地提出了"互联网公益协作(Mass Voluntary Collaboration,简称MVC)"概念,探讨了目前具有中国特色的协作情境在互联网大规模公益协作中的适应性。互联网公益协作是一种为达成特定社会公益目标而进行的大范围、大规模的志愿协作活动。宏观而言,互联网公益协作是一种合作行动模式,在国家超强的动员之下调动最广泛的社会参与加以配合,促进教育资源的快速集聚和精准配置,形成多元主体、多中心的治理结构;中观而言,互联网参与在政府职能转变与民间组织内部治理合作方面,帮助各级教育行政部门与民间助学力量形成资源共享机制;微观而言,互联网公益力量的助学目标在于帮助贫困人口摆脱知识、能力和权利贫困,获得可持续发展能力。

借助互联网推进教育公平上升为我国教育反贫困的国家战略,充分利

用信息技术,大规模推送、高精度送达优质教育资源成为贫困地区快速补齐教育资源短板的积极选择。2021 年 9 月 1 日至 9 日,近万家慈善组织和爱心企业参加,超过 6870 万人次捐出 35.69 亿元,加上腾讯公益慈善基金会的 6 亿元资金支持,总共募集善款 41.69 亿元。2016 年国内首部"互联网公益"大数据报告在南京大学问世,2016 年被称为中国互联网公益元年。国外学者研究公民参与和互联网媒体之间的关系采用以下三个进路:① 制度化取向。关注作为"公域"和"私域"共同组成部分的民众聚集起来进行公民协商。② 过程性取向。群体行动过程中的仪式、文化变迁、群体性创新、情感、组织结构是研究的关注点。③ 建构视角。关注在有限注意力、有限媒体资源、媒体框架的条件下,何种特性的议题更容易进入公共领域。[1]

近些年研究者在互联网虚拟空间、互联网与社会动员、互联网与社会创新等相关领域进行了研究。目前国内研究主要集中于:① 理论基础。学者从公民参与理论、自主治理理论、社会资本、公共品对等生产、社会互动理论的网络公共空间等不同的理论视角进行分析研究。② 网络公益组织研究。包括组织界定、分类、成因、功能及局限性研究。③ 网络公益协作模式研究。按其主体的不同,可分为"网友自发型""企业倡导型""慈善组织主导型"3 种;杨国斌认为互联网信息技术同时影响 2 种逻辑,"@"的传递力和"连线力";沈阳等提出群内、跨群和超群 3 个组织层次;王京山认为可以划分为信息型、关系型、关联型、效用型 4 种类型。[2]

裴丽认为互联网创新社会治理的核心是协调好政府、市场及社会三者之间的关系,在打造多中心、多主体协作治理模式的过程中实现治理转型,并提出互联网协商民主和多利益相关者治理模式;互联网公益协作以自主治理行为分析框架的 7 个规则为基础,探讨了目前具有中国特色的协作情境在互联网大规模公益协作中的适应性。[3] 腾讯公益、米公益、Bottle Dream、

---

[1] 仇筠茜."群"与"圈子":互联网公益行动组织机制的实证研究[J].全球传媒学刊,2015,2(3):75.
[2] 王京山.自组织的网络传播[M].北京:中国轻工业出版社,2011:74-86.
[3] 裴丽.互联网大规模公益协作机制研究[D/OL].长沙:湖南大学,2012:2[2023-07-18]. https://kns.cnki.net/kcms2/article/abstract?v=ebrKgZyeBkx31RxsdsJDwUp63Si-NGhJV3h6gP-W6BbP1V8EYQkkmlnE2dSFhuA9LCFB1gjpqU3hCtB1jCs2FQzFb7Dcx2tTJSQ22GQDc9XYxnBB Tra55ol6tf6Wr87UNqbODa3zm2GoqaDExkjwA==&uniplatform=NZKPT&language=CHS.

路人甲、沪江CCTalk等互联网公益平台在增进信任、缓解社会矛盾、提升社会和谐度等方面发挥了巨大作用,"人人公益"成为可能,互联网公益成为以"协同设计"为本的技术公益。

(二) 信息技术有效激发民间助学活力

有效动员和激励民间公益助学力量参与贫困治理,是一个充满挑战性的问题,也是共同富裕目标引领下第三次分配的重要组成部分。

2016年,中央网信办、国家发展改革委、国务院扶贫办联合印发《网络扶贫行动计划》,提出"全面部署网络扶贫的目标、任务和措施,是互联网助力精准扶贫脱贫的中国方案",《教育脱贫攻坚"十三五"规划》中指出"加大贫困地区信息化基础设施建设投入力度,提高贫困地区教育信息化水平,加快实现'三通两平台'"。教育信息化成为全面推进教育精准扶贫和精准脱贫的一种有效途径。互联网的发展和新媒体的普遍应用改变了人与人、人与资源的链接方式,也促使教育资源的传递方式和组织方式发生根本性的变革,从传统的相对固定的公益组织(基金会、社会组织)转向项目形式(企业CSR项目、主题日)或平台化的组织形式,多行动主体协作参与的格局逐步形成。

王庆林以格桑花西部助学协会为个案,揭示随着信息传播技术的发展、时空重构,原有的沟通模式、认知模式和行为模式都发生了变化。谢镕键以助学交流网为例对公益网站的信息生态规划与信息构建进行了实证研究。阎桂芝等对教育扶贫的清华模式进行了研究,利用在远程教育领域的技术优势和经验积累,帮助欠发达地区建立现代远程教学站,无偿输送教育与培训资源。[①] 总体来看,互联网最大限度地动员了社会资源,缓解了教育资源和教育需求之间的矛盾,弥补了政府功能的不足,营造了公益助学的社会氛围,促进了社会精神文明建设。

然而,学界对教育公益促进共同富裕的政策基础、责权边界、行政环境、运行机制、角色表现等还缺乏整体性研究;教育公益资源管理和精准配置机制,教育公益在知识传递、价值引导、激发教育内生动力方面的发展性价值

---

① 阎桂芝,何建宇,焦义菊.教育扶贫的清华模式[J].北京教育(高教),2014(5):7.

还没有得到充分的挖掘。亟须从政府职能转变、角色—责任界定、社会组织管理等方面提出教育反贫困多元主体协同治理模式的总体思路、具体方案和对策建议并对教育公益资源的快速集聚进行效果评估。

（三）互联网驱动下的公益协作模式的现代转型

根据公益助学教育资源的供给机制划分，项目式、联盟式、平台式和社群式是目前相对主流的四种互联网公益协作形态。实现教育资源快速集聚，精准辐射，同时冲破空间阻隔，实现优质资源跨地区重组，在知识流动过程中满足在地化的反贫困需求，成为互联网公益协作模式现代转型的重要驱动力。

1. "公益项目"集聚助学力量的协作模式

公益助学的协作力量来源主要是社会团体、基金会、社会服务机构、社会中介组织、城乡社区组织等，因其在教育反贫困治理中表现出机制灵活、行动高效、扶贫对象精准的显著优势，能够更好地满足不同地区、不同类型的学校、乡村教师、贫困儿童及其家庭的多样化和个性化需求，成为多元主体参与治理、优化治理的重要力量。公益助学资源越来越多地通过项目落地贫困地区，而乡村学校也越来越习惯于通过项目获得资助并对资源加以合理利用。公益项目不仅是一种教育资源筹集的方式，也是一种提供服务的方式，更是一种社会助学力量与贫困地区之间稳定的制度化联系。友成企业家扶贫基金会联合北京师范大学、沪江"互+"计划等 30 多家公益机构发起"青椒计划"、联合国教科文组织联合好未来集团共同建设"好未来 AI 老师系统"、北京乐平公益基金会联合西部阳光基金会共同发起"千千树——乡村学前教育质量提升项目"、北京戈友公益援助基金会发起"好校长成长计划"，都成长为具有相当影响力和活跃度的公益协作品牌。同时，高校的群团组织和学生社团也是一支日益壮大的公益助学力量，美丽中国、麦田计划公益支教项目借助互联网选拔、输送优质的教育教学资源，成为推动中国教育资源均衡化发展的重要参与力量。

2. "公益联盟"集合民间智力的协作模式

民间教育智库是以教育公共政策研究为主的民间非营利性组织，由民间出资建设,由专业的政策研究和政策分析专家组成,具有很强的学术独立性和社会影响力,在教育反贫困的政策制定和执行中能够产生高质量的教育主张和建议。目前,我国影响较大的民间教育智库主要有成立于2002年的21世纪教育研究院、成立于2006年的长江教育研究院、成立于2002年的杭州中资教育研究所等。民间教育智库发起成立的"公益联盟"具有广泛吸纳民间智力的能力,当面对教育领域中的重大战略发展问题时,民间教育智库汇集的智力成果会快速反映民生关切问题和政府决策导向。21世纪教育研究院于2014年牵头成立了"农村小规模学校联盟",吸纳了地方教育主管部门、农村小规模学校(含教学点)、公益机构、基金会、企业、媒体、专家学者、个人等各方力量,搭建小规模学校与公益组织、政府部门的沟通桥梁,协助三方资源对接,形成乡村小规模学校发展共同体。

3. "公益平台"吸纳教育资源的协作模式

社会企业作为非营利性组织或志愿活动组织、互助机构演进发展的产物,承担着商业盈利和社会使命的双重价值。互联网社会企业以教育使命为价值纽带将各参与群体牢固地团结起来,整合大量社会志愿资源,成为互联网公益协作的重要发动者,其对运营的熟练和对市场的敏感,对推动公益协作有着重要的价值。阿里、腾讯、网易等互联网企业纷纷拓展为集聚社会助学资源的平台型网站。这类"公益平台"具有强大的传播和影响力优势以及网络交互特性,整合各种教育需求和服务资源,通过共享平台向公众发布,以项目遴选、公益众筹、品牌塑造的方式使得各种公益参与力量直接、有效地转换和调配到贫困地区的教育需求个体上,同时建立渗透面广泛的公益信息交互平台,也接受来自公众的广泛监督。"希望在线教育公益平台"联合中国发展研究基金会、南都公益基金会、上海真爱梦想基金会、西部阳光农村发展基金会、21世纪教育研究院、香港言爱基金等诸多国内一线教育公益组织,依托其专业的公益服务能力,推动优质的教育资源有效抵达资源匮乏的中西部贫困地区。

4. "公益社群"号召公民自组织的协作模式

进入二十一世纪以来,越来越多的知识精英、商界领袖、娱乐明星以公民个体身份自组织力量参与到教育反贫困行动中,并通过公益协作逐步形成群体力量,助推教育公益活动及志愿服务。公民自组织助学是普通公民依托互联网通过志愿行动来实现公益助学或者公共价值,虽然在组织化、规模化上能力相对薄弱,但能更加直接地渗透进薄弱学校的"末梢神经"。在"公益精英"的号召与影响下,互联网提供的资源链接和助学通道聚合了寻求积极改变的乡村教师社群,在知识共享、信息交换、专业发展方面"抱团取暖",在民间层面上有效弥补了国家培训、地方培训无法覆盖的"关注盲区"。清华大学工程物理系1988级校友骆斌从2015年开始发起"中国娃"公益俱乐部,通过清华经管博士校友会和MBA校友会开展捐赠闲置笔记本电脑的公益活动。"中国娃"累计捐赠102个电脑教室,2480台电脑;捐赠图书28500册,俱乐部也成为大量乡村教师家园式栖息地。"公益社群"力量通过"互联网+"实现了跨区域的共同体社群式学习,乡村教师自发结成共生发展的公益联合体,知识流动也从单向传输转化为多向互动的价值共生。

五、资源动员:互联网公益合作教育反贫困治理的核心功能

如何看待当前教育扶贫行动中的参与主体？如何在政府主导的格局下实现社会组织与民众的有序参与？合作治理如何在教育扶贫行动中实现？主体合作治理又会遇到哪些体制与现实困境？如何加强合作治理格局构建？这些都是亟须研究的重要问题。目前的研究尤其集中在参与形式方面,而对参与时机的选择、参与程度的界定和衡量标准,以及参与结果的评价关注较少,同时也缺少对推进并创新社会参与的技术、工具和方法的研究。构建教育反贫困治理多元化主体模式,还缺乏系统性、可操作的模式经验可循。"政府—学校—社会企业—社会组织—公民个人"教育反贫困合作治理机制形成的共同原则、规则、议题、决策程序、监督机制,多主体参与教育反贫困治理模式的组织化、精准度、认同度、参与度,构成了复杂性视角下教育反贫困机制创新的关键性问题。

(一)合作治理现实命题中的互联网行动价值

运用"互联网+"思维,推进"专递课堂""名师课堂""名校网络课堂"建设与应用,促进贫困地区共享优质教育资源,全面提升办学质量。积极推动

线上线下学习相结合,努力办好贫困地区远程教育。"互联网＋教育"被写入 2017 年 1 月 10 日国务院发布的《国家教育事业发展"十三五"规划》中,着重指出要推进优质教育资源共建共享,着力加强"名师课堂""名校网络课堂""专递课堂""在线开放课程"等信息化教育。"互联网"这个已经渗透到我们生活方方面面的词语,终于进入了农村教育。遍布全国的小规模学校不再孤立,通过网线,他们连接上了世界,连接上了最新、最快、最优质的教育资源。诸多互联网教育企业,在国家的政策、环境支持下,以高度的社会责任感和灵活快速的运营机制,成功地创造了一种资源整合模式,激活了各办学主体的积极性,探索出一系列由企业推动教育信息化的成功案例。

习近平总书记谈道:"可以发挥互联网在助推脱贫攻坚中的作用,推进精准扶贫、精准脱贫,让更多困难群众用上互联网,让农产品通过互联网走出乡村,让山沟里的孩子也能接受优质教育。"互联网时代需要每一位教师都拥有更强的学习能力和实践能力,每一位乡村教师的成长将为乡村发展、教育扶贫提供新的思考和路径,从而实现教育的均衡发展。当然,在机制运行过程中治理环境的复杂性和不确定性会导致协作机制的脆弱,甚至动荡。需要通过对机制运行的效果进行评估,监测运行中的脆弱点并进行反馈,进而提出有效的反脆弱和抗风险策略。

成规模的互联网公益协作,可以改变传统的、分散的、片断的、短时的教育扶贫现状。通过互联网公益协作机制建设与功能架构在全国范围内的推广,充分激活民间反贫困参与资源,有效解决贫困者观念陈旧、精神文化落后及反贫困技能薄弱等制约反贫困推进的深层次问题,为教育反贫困治理提供实践模式和"中国经验"。

(二) 大规模社会动员和互联网反贫困集体行动

黄建洪在《国家秩序图景中的治理体系构建》一文中指出"在'社会实践结构性巨变'的新时代,'在场性'地准确认识和把握国家治理体系的重构,需要直面国家秩序碎片化的衍生风险和整合乏力。通过执政党组织主导的权威再组织化和整全性渗入优化,凭借导入社会矛盾的新判断、发展建设的新规划等新向度选择,来持续促进国家秩序图景的新形塑"。治理现代化的核心是治理主体之间关系的重构和优化,在教育扶贫带来的巨大治理命题面前，究竟是强政府还是强社会已经不是讨论的重点，治理结构的要素之间以怎样的关系链接并且最大限度地激发国家的治理潜能和社会的参与动能成为新的实践命题。所谓的社会治理结构创新，实质上就是实现这对关系的合理调整，缓解甚至消除两者间的冲突，这在很大程度上成为实现"共建共治共享"的重要前提。面对复杂的贫困现实，应以治理现代化的眼光获得反思和发展的契机，告别单一主体治理时代的"政府失灵"焦虑和"全能社会"的喧嚣，从结构视角下审视政府与社会力量关系定位的重塑，两者之间的力量较量应转化为协商合作关系，走向以人民为中心的国家治理现代化的新的时代高度。

"国家以何种力度在场""社会以何种方式在场"，成为学界反思治理理论的焦点问题。动员式治理成为全社会共同响应教育反贫困的必要手段之一，它既不同于自上而下暴风骤雨式的运动式治理，也不简单等同于依托科层结构的政治性动员或依托军事力量的国防性动员，它超越了"国家—社会"的二元结构，形成系统协同的整体动员机制，其超常规的动员治理方式可以在短时期内集聚较强的政府行政和民间社会力量来共同解决复杂的贫困问题。

（三）公益组织通过互联网获得参与合法性支持

教育反贫困的动员式治理是指通过各种形式的宣传、发动、组织工作，促使广大民众形成或改变一定的价值观念、生活习惯、态度与期望，从而产生持续性的服从国家统一指令或其他预期行为的治理模式。区别于一般性的社会动员，动员式治理呈现出全民性、紧急性、强制性、整体性和密集性特点，将教育脱贫要求上升为国家意志，以法律手段为主调节国家、地方和个人利益之间的关系，最大限度地运用有效的动员手段进行深度教育治理整合。

大规模社会动员和最广泛社会参与机制作为动员式治理体系的重要组成部分，是国家动员的重要补充，推动着国家和社会之间建立灵活互动关系的现代化进程。大规模社会动员机制的基础是人民群众的根本利益，经过多次灾难的洗礼后，我国通过社会动员促进慈善资源集聚的公众参与机制已经逐步形成。各地区在"国家强力进场"之后，教育反贫困压力得到极大缓解,但返贫风险带来的复杂性和多元化状况,对教育反贫困提出多样化的需求。社会慈善力量如何提供数量更多、质量更优的教育资源?如何引导更多社会组织有效组织,将广大社会力量的关注之心转化为实实在在的公益之举?如何克服网络素养所带来的互联网普及困难,将民间的教育公益资源迅速集聚?创新教育反贫困背景下的社会动员模式和供给机制,调整教育资源的动员策略与集聚方式,是我国教育反贫困治理能力和治理结构现代化的重要命题。

1. 有效激活教育公益资源集聚机制

教育公益行为是通过组织化的途径自愿向他人或社会提供教育资源的行为,它不同于国家动员的强制性支援手段,是国家治理不可或缺的风险化解机制,是完善国家治理体系和推进治理能力现代化的关键性手段。

教育反贫困中的公益资源包括四大类:一是为缓解教育贫困造成的物资短缺而捐赠的物质资源,如慈善捐款、教育资料等;二是应对教育贫困的情感和道德资源,如道德感召、情感抚慰、人际信任等;三是专业化智力资源,如科学研究、专家咨询、在线课程等;四是参与教育脱贫的志愿力资源,如志愿参与教育脱贫的企业、社会组织和个人等。

在强有力的国家支配和调控下,不同社会力量动员集聚的教育资源才能得到合法化的承认,实现精准投放、精准对接。然而,短时间内高强度地贯彻落实政治指令也会造成社会治理过程中权责不清和自我免责化倾向,国家也要在动员过程中,适时依法启动问责、追责,规范公共权力在动员式治理中的边界和秩序。与此同时,社会组织需要在强调情感黏合的基础上提高组织化水平和与体制对话的能力,在提升公信力、增强资源动员能力的同时更要关注制度环境的建设,更加服从或服务于国家需要,消弭官办还是民办的身份区隔,实现一种共享共进的相对平衡状态,真正构建一个既相互嵌入又彼此博弈的"好社会"。

2. 有效激活情感和道德资源

应对人类共同贫困危机是对一个社会情感道德文明状况的最好检验,而社会动员有助于从公众的日常中挖掘情感和道德资源。贾斯伯提出多种与社会运动相关的情感,如爱、恨、信任、尊敬、忠诚、愤怒、悲伤、羞耻,提出社会动员的组织者应该懂得激发积极情感因素对于运动参与的影响,积极调动有利于动员、克服不利于动员的要素。①

教育反贫困中的公众情感和道德资源,不是简单的资源或工具,而是社会动员的动力。社会动员中的媒介报道、感人故事、音乐、漫画海报、乡村教师的口述史等都能够唤起公众的积极情绪,舆论领袖和具有公信力的媒体的发声在互动的过程中,很多情感感染和道德认识会逐渐趋于一致,达成认同,对于负性情感的改变有积极意义。通过道德正义建构网络公共话语,形成话语性的支持力量,培养公众的安全性情感、支持性情感和文明性情感以及道德向善力和引导力、纠正力,从而促成团结一心、摆脱贫困的集体共识与行动。

3. 有效激活专业化智力资源

教育反贫困经历了一个相当漫长的过程,进入后扶贫时代会步入一个秩序恢复和重构的阶段,社会信心和群体信任的恢复也需要长期投入更多的教育力量和智力扶助,包括对公民担当合作的能力素养的提升、贫困危机应对与治理能力的科学提升等的经验总结和其他智力资源。

教育公益组织在提供专业知识的社会支持方面有着充足的智力资源储备。自愿响应型的学术或专业团体成员,一般具有扎实的理论基础、强烈的志愿精神、高度的参与热情、积极的思想觉悟以及必要的空闲时间。随着网络的发展,知识分子的民间非正式合作也日益活跃,越来越多的知识分子在网络上组成虚拟知识社群,为广大民众提供更直接的知识交流平台,可以更好地满足民众对优质教学资源的知识需求,同时知识社群可以更为快捷地将科学知识和观念在社群成员中进行推广与传播,进而有效地提高知识共享的质效,引导广大民众确立正确的自助、助人的科学认知方式和行为。教育公益组织充分发挥社会动员的教育资源集聚和国家权威的资源配置效能,将物资资源、情感道德资源、专业智力资源、全社会志愿力资源高效整合。

4. 有效激活志愿力资源

志愿力(volunteerability)是指个人克服障碍和困难,参加志愿服务活

---

① 杨国斌.悲情与戏谑:网络事件中的情感动员[J].传播与社会学刊,2009(9):49.

动的能力和意愿,它包含意愿(包括动机)、能力(包括相关技术和自我效能)、空闲度(包括必需的空闲时间)。应对扶贫的志愿力资源主要是指一切拥有充分参与意愿、必要技术能力以及空余时间灵活性并向他人、公众或社会提供志愿服务的社会成员,具有志愿性、无偿性、自主性、灵活性等特点。"志愿性资源是一种分散在社会成员之中、游离于公域和商域之外的非结构性资源,若没有适当的管道和组织,它往往仅是潜在的而非现实的资源,或不能最有效地发挥作用。志愿组织提供了一种整合分散的社会资源机制,开创了一种非权力的(相对于政府的公共权力和市场的资本权力)资源配置方式。"[1]

随着网络化时代的到来,不断涌现的自发性志愿公益组织成为我国社会化建构过程中的一个重要环节,但由于我国社会结构和各种体制处于改革发展之中,很多关系还没有理顺,志愿公益组织很大程度上还是依照组织自身的理性选择和价值选择,较少从国家扶贫开发的总体角度考虑当下的迫切需求,在某种程度上会造成资源和需求的断裂。以青年为主体的志愿公益组织开展的以支教活动为主的教育扶贫行动,可以将人才培养、贫困地区治理和国家宏观政策支持、企业社会责任的履行中的任何一个作为起点,并在支教活动开展的过程中将不同环节的功能要素有机地、动态地组合起来,更敏捷地实现人才、政策、资金的整合与互动。[2] 但志愿公益组织参与教育反贫困行动在组织化管理、有序引导与设施配套方面存在的问题不容忽视。改革志愿公益动员结构,将国家动员与社会动员结合起来,保持多元主体参与的稳定配合关系和成熟的沟通渠道,以发挥志愿公益组织的志愿力优势,弥补国家动员的缺口与不足,整合志愿公益组织和青年群体自组织发起和参与的教育反贫困行动,才能更有效地链接优质的公益资源用于贫困地区教育事业的发展,积极发挥志愿公益组织社会治理平台功能,使教育反贫困的延续性、规范性和创新性获得提高,更好地发挥高等教育助力贫困地区经济和社会发展的作用。

---

[1] 于海.志愿运动、志愿行为和志愿组织[J].学术月刊,1998(11):60.
[2] 薛博文.研究生支教团支教过程中"三螺旋"机制的建构[J].管理观察,2018(5):95.

第三章　全民动员：教育反贫困集体行动的信息赋能

"动员"一词源于军事领域，主要是"做好战争准备""进行战备"之意，最早记录"动员"这一军语的汉语文献是1903年北洋陆军督练处编印的《军语》，意为"发动、调动"。①《现代汉语词典》解释"动员"为"发动人参加某项活动"或"国家把武装力量由和平状态转入战时状态，把所有的经济部门（工业、农业、运输业等）转入供应战争需要"。前一种释义是指一般意义上的动员，后一种解释是指进行备战。随着时代的快速发展，动员往往指向非军事领域，为实现特定的行动目标进行的密集而有力的宣传发动、组织号召工作。"组织化动员"通常和代表国家权力的政府科层体制相联系，是一种自上而下由政府主导的行动模式。亨廷顿（Huntington）在《变革社会中的政治秩序》中阐释了政府主导的组织化动员模式，他认为：传统社会秩序出现危机促使政府必须发动社会动员，通过组织化的力量改变既有的制度、秩序，并在此基础上形成新的规约与秩序，政府通过组织动员、领导动员、层层动员的方式，影响和改变人们思想和行事方式，以及思想观念、政策信息、价值取向的主要来源。组织化动员中，动员者与被动员者往往有一种隶属性的组织纽带，政府以行政指令或其他媒介渠道自上而下层层传达、发动，来影响社会公众的价值观与行为。②

动员式治理在中国具有较长的实践历史，它是中国共产党在革命战争年代采用的一种重要政治手段。政府具有强大的资源汲取与动员能力，包

---

① 吴峰,吴承义."动员"词源新考[J].国防,2010(4):19.
② 龙永红.现代慈善组织的资源动员：一个分析框架[J].学习与实践,2012(11):88-96.

括政府各层级动员和政府对社会动员的"双层动员机制"。在资源有限的情况下实现快速的秩序稳定是脱贫攻坚面临的现实问题。因此,国家治理的结构选择既是过往组织体系有效性的延展与应用,同时要能够对新的秩序安排和制度建构形成核心支撑,从而缓解资源有限性与快速建政后的可治理性矛盾。因此,动员方向的转移与国家治理重心的转换在一定程度上具有同步性,形成了特定的政治构架与政治景观。教育反贫困重大国家战略任务的部署及乡村学校治理任务的落实单靠政府部门很难完成,以政府为主体的动员模式容易导致基层政府在巨大政治权威压迫之下对物资"粗暴征用"和"配置滞后"。大规模社会动员各种力量参与危机治理已经成为迫在眉睫的治理转向。中国社会动员正在表现出由"组织化动员"向"准组织化动员"的变迁。前者是国家进行大规模的组织化动员,后者是社会化的动员方式逐渐发挥重要作用。①

"全党全军全国各族人民在党中央坚强领导下,能够围绕共同的目标,集中各方面力量,调动各方面资源,全国一盘棋、上下一条心,高效有力地办成一件件大事,这是中国特色社会主义制度和国家治理体系的鲜明特点和显著优势。"②作为一个有着深厚动员传统的国家,中国共产党领导下的群众动员在革命战争年代发挥了至关重要的作用,群众路线成为党的生命线和根本工作路线。战时动员的全民性和广泛性成为政权建立最坚强的物质保障和信心保证。中华人民共和国成立之后,随着党的建设和社会组织化进一步深化,动员型政治结构逐渐稳定并且成熟,在一系列党政重大部署和重大民生关切问题上,如改革开放、反腐败、疫情防控、生态治理、区域发展上,都表现出快速反应、组织高效、靶向精准、系统协同的制度优势和行动价值。二十世纪八十年代特别是九十年代以来,我国在经历了国家统治、国家管理和国家治理现代化的阶段性发展后,治理结构调整和治理能力提高成为一种常态性的改革发展完善,脱贫攻坚等重大国家战略会急速提高深化治理的改革步伐。当下所面临的许多挑战所蕴藏的矛盾早已不再是传统社会中的"纯粹问题",而是在高度复杂性和高度不确定性条件下生成的"复杂问

---

① 孙立平,晋军,何江穗,等.动员与参与:第三部门募捐机制个案研究[M].杭州:浙江人民出版社,1999:67,99.
② 唐方裕.中国特色社会主义制度和国家治理体系具有显著优势[J].求是,2019(12):5-6.

题"。为此,传统治理模式已然无法满足现实治理的要求,进行治理改革和创新就迫在眉睫了。① 中国共产党领导下的国家动员表现出了"集中力量办大事"的巨大制度优势,在资源集聚和社会支持体系构建上表现出非凡的政治勇气和治理魄力,党和政府在国家动员中始终处于主体和领导地位,充分有效地发挥了凝聚人心、调动物资方面的巨大优势,在协调社会多方面的关系、维护党和国家的权威性和合法性、摆脱贫困等方面发挥着决定性的作用。

一、互联网全民动员中的信息传导与政策异化

(一) 信息传导中的共意动员

在互联网出现之前,人们主要从报纸、广播、电视或线下活动等渠道获取教育公益需求和相关信息,此时教育公益传播的覆盖面较小、时效性较弱。以门户网站为代表的 Web1.0 的发展和普及,为社会力量参与教育反贫困行动开辟了低成本、高效率的传播渠道。各大门户网站都开设与教育公益相关的频道,上传公益项目信息并进行传播。同时还有 Email、论坛等 Web1.0 的应用形态,与教育公益不同程度的结合,实现了教育公益信息的高效传播。Web2.0 为互联网公益 2.0 的成型提供了重要基石,让其成功突破并超越了传统公益的局限。一是社交平台如腾讯 QQ 工具的兴起和成熟,让社会各方面的主体能形成点对点的高效信息沟通,突破了信息传播障碍,各主体可以不受时间、空间的影响,随时随地对公益活动发表意见,一定程度上发挥了社会舆论对公益的监督作用,有利于建立多方信任的公益生态。二是网络支付特别是移动互联支付工具如支付宝、微信支付等移动支付工具的普及,极大地解决了捐赠不便的问题,尤其是对于绝大多数捐赠主体而言,小额捐赠是公益的主要形态,传统的汇款、银行转账等捐赠渠道难以有效支持,而移动支付工具不限金额、及时行善的低门槛捐赠方式,极大地释放了公众参与公益慈善的热情。Web2.0 技术的发展成熟,形成了一个海量数据不断生成的网络空间,但也使得多元主体获得适合自己公益需求

---

① 金太军,鹿斌.社会治理创新:结构视角[J].中国行政管理,2019(12):51.

的信息越来越困难。Web3.0进一步发挥机器智能的作用，实现以"用户为中心"，从用户需求出发整合公益信息，并通过个性化推送将公益信息融入社会主体的日常义务行为或生活场景中，比如"捐步""蚂蚁森林"等等。

国家提出要"举全党全社会之力"和通过"社会的广泛参与"确保精准扶贫取得实效。但发动社会成员尤其是社会组织参与教育反贫困涉及社会群体的公益认知和行为模式的再塑造以及精准扶贫场域内国家、社会、学校的关系重构。二十一世纪初以来，国家自上而下地向乡村输入教育资源，主要目标是解决"乡村公共品供给的内在条件不足"问题。这种乡村教育资源供给的内在条件不足，应从当前的乡村教育现实与资源下乡背景下的基础治理中梳理出来，重点探讨资源下乡背景下的乡村学校治理逻辑、乡村社会现实及二者如何导致了"最后一公里"困境。

（二）政策落地与信息对称

处于压力型体制末端的、作为教育脱贫政策直接执行者并直接面对政策对象的县域政府必须承受政府组织自上而下、逐步增强的政策执行压力。因此，基层政府的政策执行压力通过行政命令或制度人事路径向乡村学校传递与转移，从而导致政策执行压力在乡镇一级堆积。教育政策的落地，在乡村信息不对称与乡村社会不规则的特征下，必须依赖学校校长。而互联网则能有效改变信息不对称造成的对政府资源的单一依赖，每一个学校甚至教师都可以成为互联网教育资源的衔接点。

信息对称是教育扶贫政策传导质量的保证，也是实现充分传导的基础原则。信息不对称会造成教育最薄弱领域和最贫困群体的受助权益失衡，影响社会公平、公正的原则与扶贫资源分配的效率，导致部分贫困地区人口无法准确获得信息资源，加之遭遇信息截流和信息变形，进一步加剧弱势群体的不利地位，从而影响教育扶贫政策目标的实现。教育扶贫政策运行过程中，政策信息以文本、话语、网络符号的形态在系统内外流动和转换，传导方式包括发送、接收、贮存、转换、传输、应用等，对贫困地区人口产生影响并发生功效后，再以数据的形式将政策执行结果反馈到教育扶贫主管部门。随着互联网时代的到来，教育政策对象构成复杂、参与主体多元、贫困识别多维、运行过程动态等因素导致政策信息异化的可能性越来越大。政策信息异化的发生是由于政策信息在传播过程中受各种因素干扰,信息变形、失真或偏离,直接或间接影响了政策的运行,甚至演变成外在的压迫力量,改变政策执行者的决策走向。如在精准确定教育扶贫对象、义务教育"控辍保学"动态监测、落实对学生规模不足100人的乡村小学和教学点按100人核定公用经费等政策的执行过程中,贫困地区政策环境差异造成的信息传导阻碍,政策信息本身不完整、时滞、冗余等缺陷以及在信息加工处理、传递与应用等各环节中多因素的综合作用,特殊的地理位置或社会政治经济文化发展水平的制约造成的信息盲区、信息盆地以及信息衰退等现象。

(三) 政策信息传导质态和问题表征

互联网动员是一种作为系统存在的政策运行机制,政策相关者之间都不是独立存在并实现其功能的,他们之间始终处于不断互动并相互构建的过程中。从宏观的政治、经济、文化等社会背景到微观的政策文本的语义分析和信息传导,都在政策运行系统中形成其各自的复杂特征,加之政策系统内行动者的理解和转译,开始交往、流动、变化,进而连接成空间与时间双重意义上的"网络"。传统的教育政策分析往往习惯于静止、孤立地看待教育政策的静态文本,更多的是关注"自上而下"的政策落实而忽略了在互联网场域中大量信息交互作用对政策运行所构成的影响。互联网动员中的信息传导是一个有序与无序、模糊与清晰、简单与复杂相互交融的系统,结构庞大而复杂、功能多元而综合、因素众多且交错,而且各种影响因素持续不断地解体与重组,和谐与噪声跌宕起伏。

1. 解释缺位导致互联网动员政策信息模糊

政府通过互联网动员全社会以"阻断贫困代际传递"为价值诉求和努力目标,通过贫困识别对政策对象进行规范和约束,以最大限度地降低政策成本,提高政策效能。网络传播大大缩短了政策制定者与政策对象之间的距离,以高速、快捷、完整、准确的方式使信息发出者与接收者之间实现面对面沟通。政府通过网站、微博、微信等社交平台直接发布相关扶贫政策信息,从中央各部委到地方政府均建有自己的网络政务平台,政策的文本呈现、要素规定、程序安排等信息均流向目标受众,同时也接受信息反馈和效用评价。然而在贫困地区,越接近政策对象其传递形式越表现得非正式,尤其是到了偏远山村或少数民族地区,由于政策对象的政策信息获取受到传播载体条件约束,加上各地民俗习惯的差异,乡村生活的信息传播,口耳相传依然是重要方式。作为正式渠道的有效补充,其传播的效果会超过文件和会议等正式渠道,更容易引起执行者和政策对象的共鸣和互动,但口耳相传会因为传播者的主观恶意、随意和接受者的无法辨识导致信息失真,加剧信息异化。

官方的"权威"宣讲更多侧重于执行者对政策执行结果的效率追求,在政策文本的解读上侧重于教育脱贫指标达成的刚性要求而忽略教育扶贫工作的长期性、反复性和艰巨性,结合个体差异的精准解读需要消耗大量的时间和精力,很多基层干部与学校管理者对此有所畏难。为了提高贫困识别的精准性,国务院扶贫办出台了《扶贫开发建档立卡工作方案》,设计了获取贫困人口真实信息的规范化程序,确保贫困户识别的准确性和公平性。但在具体实践中,由于贫困问题的复杂性和贫困信息的丰富性,对各种统计指标的理解,尤其是对于一些文本概念的数据计算,掌握的信息越具体,获得也就越困难。一些地方"精准扶贫"异化为"精准填表",盲目地追求所谓表格上的精准,陷入了量化指标的迷信,引起了群众的疑虑和不满,而教育扶贫政策背后的价值阐释则被"悬置"起来了。

2. 舆论过度渲染导致互联网信息冗余

教育扶贫政策牵动着千家万户,影响较大的教育事件几乎都会引发广泛的公众讨论,网络已经成为社情民意重要的表达渠道。"寒门再难出贵子""毕节留守儿童服毒自杀""乡村教师的去与留"等都迅速形成公共教育议题,吸引教育专家学者、教育家型的校长、研究型的教师与高学历的学生家长等的专业型探讨和广泛的民众参与。由于网络媒体交互性强、时间空间不受限制,网民对教育扶贫政策的讨论会迅速形成"网络舆论场"。大量贫困人口的现实困境和受助情况在网络上曝光,加剧了贫困地区人口的精神负担和身份反抗,教育扶贫政策信息的过度渲染满足了一些执行部门"政绩工程"的需要,增强了功利主义和机会主义的政策意味,效率和公平的价值冲突逐渐凸显,关系正义的实现越发迫切。

网络加工渲染过的教育扶贫政策执行信息,往往会导致社会公众对政策执行的公平正义产生疑虑，不断造成新的信息冗余，如果政策制定者不能对教育议题进行及时、清晰的话语引导，也就无法控制信息内容的变异，将会留下许多政策执行偏离的隐患。当政策对象的贫困信息在网络传播中被"放大"，正当权益却在政策执行过程中被"缩小"的情况不断出现，社会公众就会表现出对资源、机会、权益分配的公正性的高度关注，大量情绪性言辞会进一步破坏网络舆论的公共准则，急速加剧政策信息在传导中的偏离，将政策执行者和政策受众置于"网络舆论场"的漩涡之中而承受巨大压力，网络时代政策信息传导的不可控性与不稳定性激增。

3. 政策工具影响互联网动员的接受差异

政策工具分为命令性工具、激励性工具、能力建设工具、系统变革工具和劝告或劝诱工具等，互联网动员是一个多种政策工具组合使用的系统。政府、学校、社会构成了一个相互关联的政策环境，不同的政策工具有其适用的特定领域和情景。互联网动员应用政策工具的目标主要在于帮助贫困地区人口树立新时代的教育观。

当前我国教育扶贫政策的执行一定程度上出现脆弱性和反复性的特点，容易陷入"脱贫—返贫—再脱贫—再返贫"的循环之中。其核心问题就在于对教育提高人力资本自身的"造血功能"方面重视不够。只有将治贫、教育与发展结合起来，才能阻断贫困代际传递，从源头上防止脱贫群众再次返贫。贫困地区的许多家长文化水平低、教育意识淡薄，读书无用论的思想依然存在，造成了不少孩子的基础教育不完整、早早辍学打工，这成为教育致贫的重要原因。贫困地区受众群体的教育观念改变需要通过劝告或劝诱等政策工具来进行观念调整，克服惰性，同时通过能力建设工具帮助其获得更多学习机会和受教育权利。

教育扶贫政策与产业扶贫、健康扶贫等最大的差异在于贫困群体受教育自觉和意愿的主动性，相对弱于经济脱贫的个体动机强度。在具体的制度环境中，所有人面对的是一个信息不充分的政策环境，所以执行者总是希望通过分散化决策来分担政策风险，造成地方官员系统将脱贫指标通过科层结构一层一级下移，政策工具简单复制，而缺乏面对复杂情况的政策工具组合使用的意识与创新精神。政策受众面对不同的政策工具，配合的意愿有所不同,有些地区大量使用行政命令和权威动员的政策工具,遵从中央和省扶贫攻坚指令的同时也被功利主义所驱使。公众对权威工具的反应较为迟滞,对能力建设等政策工具的反应则相对敏感,如情感关注、爱心温暖、情绪疏导、价值观引导等。政策受众的艰难生活和社会支持缺乏使他们在情绪情感、社会认知方面容易产生消极状态,因此精神助困,如隐私权保护、情感交流和互动、机会分配的公平也就成为满足广大政策对象发展性需求的政策工具价值,其作用甚至超过了权威、激励和系统变革。

4. 资源漫灌加剧互联网动员的信息断裂

众多社会参与力量纷纷涌向贫困地区,各种民间参与力量被激活,大量的公益组织向贫困地区输送网络课程资源,虽然一定程度上解决了师资匮乏的问题,促进了贫困地区共享优质教育资源,但是在教育扶贫行动过程中,缺乏课程科学管理、课程准入标准和质量评估监督体系,导致了乡村教师或乡村学生"选择困难"或"消化不良"。而"漫灌式"的单向输入方式并未给贫困学生设计合理的教学反馈渠道,加之缺少"第三方评估"对参与教育扶贫的社会组织和民间力量的专业资质和教学能力进行评估,很多公益课程的开发和链接还存在一定的随意性和盲目性。与此同时,大量来自城市的民间公益组织和人士缺少必要的"乡村意识"和"乡村素养",依然坚持着城乡二元对立的偏见,缺少对乡村精神充分的尊重和了解,将乡村教育的扶助目标定位为对城市文明的追逐和对乡村生活的告别,也一定程度上干扰了乡村教育对乡村未来建设者的正确引导,导致乡村学校和乡村教师为了外部资源而放弃对等的表达立场和表达渠道,造成了乡村真实意见及信息反馈的断裂。

二、互联网动员中的民间参与话语表达和意见空间

网络时代改变着社会生态的基本结构,教育扶贫政策所面对的也是一个由网络平台生成的巨大的意见空间,政策信息的传导往往超出政策制定者的控制,在积极的民众、民间组织,甚至自由个体组成的网络阵地上发生着超越政策语义的信息传导行为,互联网甚至还要扮演"安全阀"的功能,疏

导公众在深化教育改革进程中的不满情绪,潜移默化地消解各阶层群体对教育政策的敏感和不满,甚至对政策不力所导致的严重社会问题和矛盾激化进行预警。

与此同时,对于教育扶贫政策信息传导过程中的严重失范和无序问题,如各种"假消息""假新闻",互联网监管部门也应及时做出反应,一方面及时予以澄清,另一方面予以坚决打击,防范信息失真造成的负面社会影响,培养政策动员中的理性精神和科学态度。互联网动员需要良好的制度和法律外部环境,加大信息生态监督的必要成本投入,既不能高度垄断而使信息传导僵化,也不能失去监管而演变为控制缺位。教育反贫困政策信息的精准传导将伴随扶贫攻坚的改革进程走进公众的日常生活,多元主体通过自觉分担社会转型时期的教育扶贫重任,激发贫困人口主动参与的内生动力,实现教育扶贫政策运行生态化格局。

(一)用互联网系统思维审视政策传导中的信息异化

在教育扶贫政策信息传导过程中,同样的文本信息遇到不同的执行者可能会导致不同的结果,同样的政策资源分配给不同的政策对象也会产生不同的效用。这就要求政策执行者必须以一种开放的、多元的、整合的、非线性的观念来认识和研究教育扶贫政策信息传导运行的复杂现象。

作为教育扶贫政策系统的组成部分,政策信息传导系统也具有子系统的特征并与其他子系统相互作用,本身具备了系统自组织的特征,为政策系统整体的稳定有序提供动力来源。在复杂思维下的社会环境中,对教育扶贫政策信息传导系统的研究必须侧重于对整体的考察而不是单个或局部的关注,包括对政策主体关系的梳理和对政策价值的解析,每一个影响政策信息传导的作用因素都离不开其他因素之间的相互博弈,政策信息的异化与损耗都建立在行动者共同作用的复杂机制之上。

(二)互联网空间对话弥合资源动员中的理解差异

教育主管部门要想实现教育政策的科学运行,首先要对自身的政策信息控制和管理职能有清晰的认识,政策的最高目标是满足广大贫困地区受教育者的发展需要。政府作为公共教育产品的供应方,提高政策效用、培养合格公民是其价值使命。其次,作为教育扶贫政策信息传导运行的执行主体,政府应该给予学校、社会公众平等对话的合法地位,其自身形成良好的自我治理、自我革新、自我发展的现代治理能力,才能不断促进教育政策信息系统的动态平衡与系统优化。

各级教育行政机构以及学校对于全国统一的政策文本,可结合本地的实际情况进行全新或精确的解释。地方教育主管部门应该有意识地、能动地使用、解释和遵从政策文本,同时创新改革现有的政策体系,将其精确性意图自上而下地传至各层各级的具体执行环节,弥合各种文本解读带来的理解分歧和执行变形,促进政策的创新与变迁,并形成政策系统运行的明晰路径。对政策文本进行精确性解读有助于避免政策执行部门的自由裁量权出现膨胀和滥用的状况。

教育扶贫政策运行在注重政策文本本身的科学性、针对性、可操作性和执行效能的同时,更加关注政策运行过程中主体和客体之间的理解差异、行动差异和意义建构能力。政策工具将政策目标准确地推广或宣传给政策行动者,并将公正、正义、平等、秩序等政策价值理念通过使用典型、象征和标签纠正政策理解偏差,形成普遍的政策共识。应该将政策宣传的重点转移到政策解释、政策说服和政策信息服务上,尤其是全国范围内各省市、地区经济发展水平、文化习俗、政策理解差异巨大,需要运用合理的政策工具告知、传播、教育、影响、劝诫,潜移默化地对政策对象和社会公众产生影响和作用。教育扶贫政策宣传不仅是一种信息工具,也是一种倡导性工具、引导性工具和劝诫性政策工具,渗透出正义的道德原则和价值判断。

(三)互联网生态秩序引导"共治"中的参与格局

网络时代改变着社会生态的基本结构,教育政策信息的"互联"时代需要有良好的政治和社会、法制生态保障。教育扶贫政策信息系统需要增强信息管理的规制意识,通过内生秩序激发信息系统外生秩序的建设,提供相对独立的信息交流平台,引导乡村民众参与政策解释和宣传,减少行政干预色彩,尤其是给予政策对象充分的话语权和信息源空间,提高他们对于政策信息辨别、选择、理解和宣传的能力,政府的权威发布和广大受众群体的民主参与共存共融,逐步形成开放、和谐、理性、稳定的生态化信息系统。

互联网政策动员引领着教育反贫困机制的创新，调节着扶贫资源优化配置的需要，调整着政府、学校、社会之间的参与格局，也协调着不同主体之间的"共治"关系。参与主体关系结构的复杂化、贫困地区发展水平的差异化、受助群体脱贫诉求的多样化，要求尽快建立一个行之有效的互联网政策动员信息管理系统（如发布、解释、反馈、收集、评价、监督），配合政策受众和广大公众对教育反贫困治理体系的理解、接受、认同和参与以及意见表达。

三、构建以国家动员为主、社会动员并行的互联网动员模式

政府的合法性支持让资源集聚的互联网动员成为可能，然而在国家重大公共安全危机面前，公民服从的意义要远远大于公民参与。在脱贫攻坚的时间表到来时，每一个个人和单位组织都必须无条件服从于党和政府的政治权威，当一些地区的脱贫工作跟不上国家节奏时，国家权力则通过法律手段强化公民服从机制。在资源动员方面，国内的重要资源通过社会动员全部都集中到由政府指定的少数特定项目上。在这些部门里，私人需要实际上从属于政府严格管控的公共目标，公众参与在国家最严厉的措施面前变得有限而且逐步规范。

互联网动员既可以调动个人参与的积极性，又会刺激个人的参与期待，被动员起来的个体对公共安全事件的参与要求会快速增加，比如信息披露的速度、资源使用的情况，一旦动员募集的资源作用发挥低于人们的预期，就会导致个人的受挫感，同时民众强烈的参与要求没有得到及时的回应，也会引起对政府的不满。普拉萨德在研究1934年地震引发的谣言时，提出情境的情感性是谣言传播的心理学原因，人们的情绪会发生改变，出现沮丧、焦虑和深深的不安全感。[1] 社会动员在激发公众参与的责任感等积极情感的同时，也会唤起人们担心、紧张、悲伤这样的高消极情绪和不愉快情绪。动员过度会激发舆论的情绪化，形成非理性的激进和信息异化，社会不稳定的可能性也会增加。"如果一个国家的人民缺乏一种能赋予这些制度以真

---

[1] PRASAD J. The psychology of rumor: a study relating to the great Indian earthquake of 1934[J]. British journal of psychology, 1935(26): 1-15.

实生命力的广泛的现代心理基础,如果执行和运用着这些现代制度的人,自身还没有从心理、思想、态度和行为方式上都经历一个向现代化的转变,失败和畸形发展的悲剧结局是不可避免的。再完美的现代制度和管理方式,再先进的技术工艺,也会在一群传统人的手中变成废纸一堆。"[1]因此,政府一方面要发展社会动员以调动全民参与力量;另一方面又要注意掌握社会动员的尺度,适时、适度、循序渐进地进行社会动员,避免政府与社会管理部门之间管理职权的交叉和重复而造成危机应对效率的低下。

恩格斯在《论权威》中指出:"一方面是一定的权威,不管它是怎样造成的,另一方面是一定的服从,这两者都是我们所必需的……我们也看到,生产和流通的物质条件,不可避免地随着大工业和大农业的发展而扩展起来,并且趋向于日益扩大这种权威的范围。所以,把权威原则说成是绝对坏的东西,而把自治原则说成是绝对好的东西,这是荒谬的。权威与自治是相对的东西,它们的应用范围是随着社会发展阶段的不同而改变的。"[2]要加强党和政府的能力建设,强化基层组织建设,有效引导社会组织参与社会动员。不可否认的是,在重大突发公共安全事件中,无论是国家动员还是社会动员,都必须服从服务于"人民的利益高于一切"的基本宗旨。公民参与机制也必须服从于特定的强制机制和政府的强力动员,政府权力的重要职责在于用制度正义和行动正义引导培育公民的责任意识和公共精神,促使广大社会公民意识到对于社群、国家的责任感、义务感。

密集出台的教育政策,形成了以阻止贫困代际传递、促进教育公平、实现教育现代化为中心和目标,面向西部地区,对少数民族、对集中连片特殊困难地区优先发展和重点扶持的政策体系。教育扶贫政策的覆盖面巨大,每一项惠及民生的教育政策都会成为公共议题,激发公众巨大的参与热情。如《教育脱贫攻坚"十三五"规划》《深度贫困地区教育脱贫攻坚实施方案(2018—2020年)》《乡村教师支持计划(2015—2020年)》、国家学生资助政策体系等相关政策出台,引起全国范围内的关注与讨论。政策信息作为互联网全面动员的显性动态表象,既受到政策信息本身在语义、语法和语用层

---

[1] 殷陆君.人的现代化:心理·思想·态度·行为[M].成都:四川人民出版社,1985:4.
[2] 马克思恩格斯选集.北京:人民出版社,1995:226.

面引起的复杂理解，也受到政策环境和执行者风格造成的行为差异的影响。教育扶贫多元主体协同治理模式的构建研究是从政府职能转变、角色—责任界定、社会组织管理、分享建设文化、社会监督机制几方面提出教育反贫困多元主体协同治理模式的总体思路、具体方案和对策建议，重点解决互联网公益参与教育反贫困治理的制度障碍、环境障碍与条件障碍，从而为各级政府和教育行政组织的科学决策提供依据，有利于引导我国公民和社会组织积极参与教育治理，为畅通社会力量依法参与教育治理渠道提供模式借鉴；为我国"十三五"扶贫攻坚总结理论成果，形成教育反贫困治理的县域经验；为我国政府解决教育反贫困问题提供推进策略和理论智慧。

  互联网能够促进教育反贫困政策信息精准化，减少解释缺位带来的理解分歧和执行变形，避免对政策工具的反应"迟钝"或"失灵"，实现开放性、引导性和尊重感的系统建设，大力推动教育政策信息服务和监督体系建设。应深入研究社会力量参与教育贫困治理的路径、模式、效果，厘清政府和民间力量合作治理模式的机制建设与功能架构。互联网的发展赋予更多社会力量公益协作的形式，参与教育反贫困事业成为新的实践命题，探索公益协作的合作模式、运行机理、治理风险和系统革新也为总结反贫困治理的"中国经验"提供了理论供给和学术参考。

第四章　项目下沉:县域反贫困底层攻坚的社会参与形式

"中国特色反贫困理论"被赋予了具有中国特色的话语阐释,成为中国共产党国家理念的语言逻辑表达,这一表达通过现代媒介的传播迅速成为政学媒三界的高频热词。在学术话语、政治话语和舆论话语的交叠使用中,治理的内涵不可避免地发生拓展和模糊化。而单一制政体下的地方政府,也必须对中央新的政治话语模式做出回应,治理一词开始频频出现在地方的政策文件中,而政治文本的表达需要学术话语的注解和深化,于是"县政改革""县域政治发展"的表述逐渐被"县域治理""县政治理"等所替代,开始成为新一轮县域政治研究的关键词。习近平总书记指出:"县一级承上启下,要素完整,功能齐备,在我们党执政兴国中具有十分重要的作用,在国家治理中居于重要地位。"①在"国家治理体系和治理能力现代化"这一强大的治理动员语境下,县域治理在整个国家反贫困治理体系中是基础性的,起着承上启下的作用,肩负着县域范围内教育脱贫的公共服务职能,是推进教育治理体系与治理能力现代化的着力点。"项目制"作为教育反贫困具体语境中的一种新的国家治理有效形式,是国家将消除贫困的政策意图纳入具体的项目中,并通过财政转移支付、动员社会参与等形式在项目实施的进程中对体制内外资源进行统合,从而实现教育反贫困目标的一种国家治理方式和手段。

从 2016 年开始,我国精准谋划"互联网＋教育"的扶贫机制创新,尝试

---

① 习近平在兰考县委常委扩大会上的讲话[EB/OL].(2015-09-08)[2023-08-10].http//www.xinhuanet.com//politics/2015-09/08/c_128206459.htm.

低成本、高效能地集聚和创生优质教育教学资源,以最薄弱教育区域为底层攻坚的突破点,将互联网技术嵌入县域教育反贫困的治理结构中。在我国广大的贫困革命老区,如何将大规模集体在线学习从非常态转化为常态,如何对县域内的学校、教师和学习者实现有效的协调管理,如何将自上而下的"他组织"行政动员方式转化为在线"自组织"的课程教学资源生成机制,成为广大贫困县教育行政部门和各学校共同思考与实践的治理命题。

一、县域反贫困治理传统的历史回眸与现实审察

传统中对社会治理的分析更多采用的是"国家—社会"二元分析框架,它把整体的国家和整体的社会作为分析对象,强调政治国家和市民社会二者之间的互动关系,互动的实质是二者之间的权力博弈。"国家—社会"二元框架比较适用于国家层面宏观的社会治理分析,同时为县域层面社会治理的研究提供根本性的理论资源。不过,分析框架落实到县域这一空间中,无论是作为整体的国家还是作为整体的社会都需要转换为具有操作价值的具体行动者。市场经济的深入推进和利益群体的分化加剧,抽象的国家必然越来越多地为具体的国家行动者所解构,而抽象的社会也要通过具体事件中具体的社会行动者来反映。因此,鉴于县域的特殊性,"国家—社会"二元分析架构不足以完整地呈现县域社会治理的复杂性和差异性。"县域"是指县级行政区划之内这一特定的物理空间,而"社会"是涵摄社会行为、社会关系、社会问题以及社会风险等内容的广义指称。有别于传统意义上的县政管理或宽泛意义上的县域治理,县域社会治理的实质是县域多元治理主体之间的协同共治,既强调县域国家力量对社会事务的整合与建构以及对自身管理的优化与提升,也强调国家力量与社会力量双向的良性互动,特别是社会力量对社会治理权力的共享。

县以下政区层级并不像县以上政区层级治理体系那样具有严整规范的制度化安排,却是传统中国县域以下基层社会治理格局中不可或缺的重要环节,并且是体现不同区域基层治理模式差异性的空间政治载体。新中国成立以来,县可以说是整个国家政治运作的枢纽,只有通过县,治理国家的机器才可以运转起来。在我国教育反贫困的整体战略格局中,县级政府的

治理能力不仅是推动县域经济社会快速发展的关键因素,也是全国经济社会发展的驱动力量。城乡二元体制实际上就是从农村汲取各种资源到城市的体制。这一体制带来了中国现代化建设的巨大进步,也带来了巨大的城乡差别。在城乡二元体制下的农村社会,国家人事制度和社会市场制度把农村区域的人才、人力资源以及各种经济社会发展的资源抽吸到城市,留在农村的人口主要是"留守老人""留守妇女""留守儿童",尽管国家采取了许多惠农政策,但许多地方的农村还是出现了越来越严重的凋敝现象。县域政权当前所进行的如"扩权强县""省直管县"等行政体制改革在不同程度上赋予或扩大了县域政府各项权力。县域政府也承担起与其所拥有的职权相对应的职责,接受上级、司法以及公众的监督。

县政作为连接上层与基层、中央与地方、城市与乡村的"接点",成为政治体系中最脆弱的部位。中国县域政治发展,既不是中国传统县域政治的简单循环,也不是割裂中国传统县域政治的凌空虚蹈,而是大转型时期中国县域政治传统的现代化转型。从"乡村"和"农村"两个词汇的内涵来看,"农村"是一个专门从事农业产业的经济单位,国家对它在现代经济系统中的功能定位是生产粮食。而"乡村"则不单纯是一个从事农业生产的经济单元,而是集生活与生产、社会与文化、历史与政治多元要素为一体的人类文明体。① 从这个意义上讲,乡村振兴不是单纯的农业经济的振兴,更不仅仅是农业产业的振兴,而是政治、经济、文化及治理等各方面的整体振兴。"乡村"是以县域为范畴的综合性的全域概念,而农村则是以村庄为范畴的单一经济性质的局域概念。"乡村振兴"就是特指都市之外的地域经济社会的振兴,包括县城、中心镇、集镇、中心村及之外的整个乡村社会的全方位振兴,它以县域为基本单元。"新农村建设"是指城镇之外以村庄为基本单元的经济社会建设,而不包括县城和集镇的建设。

从国家反贫困治理的理论视角出发,以县作为微观分析单位,将宏观历史与微观个案相结合,动态分析县作为地方国家的基本运行机制及其内在结构特征,据此透视中国反贫困的历史逻辑和实践逻辑。有的学者在讨论

---

① 张孝德,丁立江.面向新时代乡村振兴战略的六个新思维[J].行政管理改革,2018(7):40-41.

当下中国县域政治运行机理时,提出了"理性化政治与乡土化政治的碰撞与冲突"的问题,认为在县域政治生活中交织着体现一般规则的统一的国家理性与体现特殊乡情的地方性的乡土文明之间的矛盾关系,县域的主政者正是在国家理性与乡土人情之间运作其政治机器,并力图保持政治均衡,进而达致县域之治。① 这一分析确乎揭示了县域政治运作的基本特质。

国家在基层的治理方式与其在基层的治理目标密不可分。新中国成立以后,建立了高度政治集权与计划经济相结合的经济社会体制,对县域基层的治理能力相对于以往历史时期有所增强,国家通过对农村经济剩余的统一调度和支配,支援了工业化建设。改革开放以来,随着家庭联产承包责任制的推行和市场经济的发展壮大,国家已不再直接干预县域之下农村基层的生产生活,逐步转变为给予型的治理角色,项目制成为国家向基层输送资源的重要实现方式,通过低保政策、扶贫开发等治理工具向县域输送资源。

"项目"作为一个固定的汉语词汇最早出现于二十世纪五十年代,用于"对共产主义国家的援外项目",指的是从事物本身发展的规律出发,在一定的实践和资源限制下,通过精心安排的组织结构来完成既定目标的活动。项目制的兴起根植于转型时期保持原有计划经济体制的双轨制改革。随着分税制改革及技术治理的强化,中央拥有更强的财税实力和再分配能力,越来越多的中央财政资金通过一个个"项目"的形式下放到县域基层。分税制改革在使财权层层上收的同时,也因事权的层层下沉造成县域基层财权与事权的不相匹配,中央需要通过以专项资金为主的方式向地方转移支付。② 集约化的中央管控和自上而下的再分配财税体系为项目制的实施奠定了财税基础,中央决策意向通过专项资金和项目资金来实现,县域基层政府也越来越依靠上级的转移支付。

项目化运行秉承了市场经济资源配置效率至上的理念,但仅仅注重效率又无法兼顾公共物品供给的"公平",于是在治理实践中就形成了既能代表国家意志又体现一定竞争性的项目制。项目制作为超越项目本身的治理

---

① 徐勇.《县域政治:权力实践与日常秩序:河南省南河市的体验观察与阐释》序二[M]//樊红敏.县域政治:权力实践与日常秩序:河南省南河市的体验观察与阐释.北京:中国社会科学出版社,2008:8.

② 周飞舟.分税制十年:制度及其影响[J].中国社会科学,2006(6):100-115.

方式,是指项目在运作过程中已超出单个项目所具有的事本主义特性,成为整个国家社会体制联动运行的机制。① 项目制改变了国家的基层治理方式,它相对于传统科层制,赋予上级更高效的财权、事权和动员渠道,便于上级达成更多的治理目标。② 项目制的组织运作不同于常规的科层制,其行动框架不是垂直地向下输导,而是就某些特定领域和公共事项,进行科层制之外的竞争性授权,从而形成一种自下而上的市场化竞争,以便与自上而下的分权原则相结合,进而形成"条线"之外的分级运作体系。③

"项目制不单指某种项目的运行过程,也非单指项目管理的各类制度,而更是一种能够将国家从中央到地方的各层级关系以及社会各领域统合起来的治理模式。项目制不仅是一种体制,也是一种能够使体制积极运转起来的机制;同时,它更是一种思维模式,决定着国家、社会集团乃至具体的个人如何构建决策和行动的战略和策略。"④项目制是中国特色反贫困治理中重要的增量改革路径,它重构了传统的单一向度的"输血式"扶贫模式下中央和地方合作博弈模式,将一系列类市场经济的竞争机制引入行政组织体制内,形成新的制度安排,既可强化国家体制对自由市场的引导和规制,亦能尽可能规范、合理、有效地提供公共产品和服务。

1986年,国家将扶贫开发确立为国家战略,开始有计划、有组织、大规模地进行开发式扶贫,当年,国务院成立贫困地区经济开发领导小组,并设立日常工作办公室(简称"扶贫办"),确定了国家重点扶贫县。为了层层落实上级任务,相关省、自治区、直辖市和地(市)、县级政府也成立了相应的扶贫办,负责本地扶贫开发工作。在整个扶贫开发过程中,省扶贫办是政策制定者,贯彻落实中央和省委、省政府对扶贫开发工作的战略部署,拟定全省扶贫开发的政策和规划,组织调查研究,协调解决扶贫开发工作中的重要问题,检查、指导全省的扶贫开发工作。扶贫开发是一个从中央到村庄"一竿到底"的系统工程,县扶贫办在整个扶贫工程中则起到承上启下的穿针引线

---

① 渠敬东.项目制:一种新的国家治理体制[J].中国社会科学,2012(5):115.
② 陈家建.项目制与基层政府动员:对社会管理项目化运作的社会学考察[J].中国社会科学,2013(2):64-79.
③ 折晓叶,陈婴婴.项目制的分级运作机制和治理逻辑:对"项目进村"案例的社会学分析[J].中国社会科学,2011(4):128.
④ 渠敬东.项目制:一种新的国家治理体制[J].中国社会科学,2012(5):114.

作用:既要落实上级扶贫办的指示,又与帮扶单位及其驻村干部对接;既组织相应的扶贫指导、培训,又对日常扶贫项目进行督查、敦促。扶贫开发三十多年来,国家不断缩小帮扶的实施单位,从最初的区域扶贫,到县域扶贫,再到整村推进、精准到户。贫困治理目标通过行政发包由省级扶贫办承担国家扶贫开发项目,随之省级扶贫办又将相应治理任务逐层分包至市、县扶贫办,再由市、县扶贫办将扶贫任务具体分包到帮扶单位、村委会,最终建立起一个由县扶贫办、帮扶单位、村委会组成的项目化治理团队。

在科层制的治理架构下,决策权力和各类资源不断向上级政府部门集中,必然导致自上而下的上级决策与自下而上的基层自主性诉求间存在一定的结构性矛盾。从中央发包而来的治理项目经过漫长的行政链条,经过层层转包到县域基层后,国家政策变得很难充分贯彻。一方面地方政府和部门在"抓包"过程中,既要在立项、结项过程中完全符合项目要求的各种形式要件,严格遵循项目预算;另一方面又要掺入自身意图,从县域治理的实际情况出发对项目进行"再打包",重新配置项目资源,实现自己的贫困治理需要;既要实现发包项目本身的政策目标,又要通过"项目"变通来实现县域发展目标。因此,项目制在贫困治理的实践层面常常出现治理预期与实际执行之间的偏差,上级政府需要项目不折不扣高标准地执行,而县域基层政府却愈发需要灵活地执行,高度分化的科层结构所产生的政策与科层组织间的摩擦,降低了项目的执行力并导致政策走样。[①]

近年来,项目制已经成为国家治理的重要体制机制和实施抓手,政策制定者越来越试图从顶层来设计精准化的项目制,以期减少乃至规避项目在基层执行中的跑偏走样。为了让项目靶向精准,在扶贫项目实施前,就要对贫困治理过程形成一整套完整而清晰的认知和研判,并进一步形成相对完备的可具体对标对表的项目落实程序。项目制在贫困治理实践运行中的科学化、精细化进程表明,一方面,项目制从起初的财政转移支付领域扩展到政府治理的各个领域,其治理逻辑业已成为深入基层的一种制度化思维,国家通过各种项目的落地实施影响并操控贫困治理进程,并由此建构出新的

---

① 陈家建,边慧敏,邓湘树.科层结构与政策执行[J].社会学研究,2013,28(6):1.

县域治理的国家意识①;另一方面,这也是技术治理不断迭代、发展和演进的结果,治理工具和治理技术的变革为项目制配置了日益精细、繁复的量化指标、综合档案、电子政务、考核评比等治理手段,让项目设计者可以实时对项目执行与任务落实进行过程监督及结果控制,避免项目经过漫长的科层体制后出现折损与变通。

项目制运作已成为中央和地方各级政府的共识。然而,越是希望掌握精准的基层情况,就越是需要将千差万别的县域基层社会抽象为复杂而全面系统的治理信息。项目制运作技术工具的不断科学和量化,也会带来忽视县域社会逻辑和伦理秩序的风险。项目制作为国家贫困治理的手段,还需进一步对地方性知识有更为深入的了解和掌握,同时辅之以推进国家和县域基层有序互动的配套治理机制,才能进一步提高其自身的适应力和治理效度。

二、县域教育均衡配置的整体性推进

《中华人民共和国宪法》第105条规定:"地方各级人民政府是地方各级国家权力机关的执行机关,是地方各级国家行政机关。"县域政府作为地方权力机关的授权机关,有权按照法定的制度在管辖范围内独立行使管理权,切实承担责任,淡化和消除制度壁垒,树立教育治理观念。治理强调国家权力向社会的回归,强调权力的平行运行或上下互动,进而形成所有利益相关者积极参与的自主网络系统,其运作模式是复合的、合作的和包容的。②

虽然中央并没有明确提出要以县域为基本单元实施教育脱贫战略行动,但是从乡村振兴的内容可以看出教育脱贫的实质是县域脱贫,就是要通过县域组织带动县域内乡村学校实现教育均衡。教育反贫困治理需要在县域范围内统筹安排,中西部地区的行政村多数为无集体经济的村庄,严重缺乏治理资源,国家的转移支付只能维持村级基本运转,而无法进行有效治

---

① 折晓叶.县域政府治理模式的新变化[J].中国社会科学,2014(1):138.
② 刘贵华,王小飞.区域综合改革:中国教育改革的转型与突破[M].北京:教育科学出版社,2015:160-161.

理。那么,教育反贫困治理所需要的权威性资源、物质性资源、组织人力资源等都需要由县级政府统一配置。乡村治理有了资源才能调动师生的力量和积极性,才能通过低成本实现有效治理。

教育反贫困治理的主体包括政府教育行政部门、乡村学校、乡村教师、市场以及各类社会组织,依照治理事务性质的不同而将它们交由不同的治理主体进行治理,才能发挥不同治理主体的特色优势和专业技能。教育治理的制度、规范和体制机制需要在县域范围内进行统一创设,县级教育行政机构是权威性的制度创设主体,可以依据县域的实际情况将基层治理经验规范化和制度化。诸如市场、社会组织等治理主体只存在于县域范围,因此它们的资源只能在县域范围进行配置,要建立县域教育资源均衡配置机制,实现城乡优质教育资源共享,在教育发展规划、教师资源配置、教学设施建设等方面做到"以城带乡、整体推进、城乡一体、均衡发展"。

从治理主体看,县域教育治理包含县级党委政府主导的政策治理、政府与社会的合作共治以及学校自治三个方面;从治理内容看,县域教育治理包括控辍保学、学校撤并以及教师发展等诸多领域;从治理体系看,党委领导下的政府主导、民主协商、社会协同、公众参与的社会治理体系逐步完善,但县域教育治理的协同和科学保障能力不足。提供基本公共服务和产品是基层政府的主要职责。城乡之间最大的不平衡表现在基本教育公共服务资源布局、供给能力及服务质量等方面,教育公共资源供给能力的薄弱仍然是必须补齐的短板。

2016年7月,国务院印发《关于统筹推进县域内城乡义务教育一体化改革发展的若干意见》,在实行"以县为主"管理体制基础上深化义务教育治理结构改革,将县域内城乡义务教育一体化改革发展作为各级政府政绩考核的重要内容。县域是贯彻落实党和国家民生政策的"最后一公里",是保障和改善民生的主阵地,也是脱贫攻坚的主战场。县域是治理不平衡不充分发展的重点,推进改革发展稳定、应对风险和挑战、实现高质量发展的重点和难点都在县域,因此必须积极探索推动高质量发展的新途径。[①] 在教育

---

① 袁金星.以"三起来"引领河南县域高质量发展:基于兰考县实践的思考[J].中共郑州市委党校学报,2019(4):72-77.

脱贫攻坚和义务教育均衡县创建的国家大考中,县域大规模在线教育"以制度保障推动整体设计、以教师认同提升信息素养、以学生接受培养自主学习、以导学助学保障学习效果、以平台建设完善教学评估"的常态化建设形成区域性整体推进。

当前县域教育资源均衡配置整体性推进的举措,仍以国家对贫困地区教育的倾斜性政策为主,不断建立和完善包括政策制定、项目设置、资源投入、资助保障在内的支持体系。国家的顶层设计就是要在贫困地区更为精准地投放资源定点治理,通过详尽的政策清单技术治理有效防治"大水漫灌式的"教育扶贫,杜绝教育扶贫政策执行的形式主义。如以"建档立卡"为数据基础的教育扶贫政策清单,其监测对象包括贫困学生个体的资助、健康和营养状况改善,贫困地区学校教育教学设施设备的更新、改造和扩建等多个政府主导的教育扶贫项目。运用新的数字化治理技术和政策工具,确保贫困治理流程的规范化,治理效果的可视化、标准化,以实现国家、社会与贫困群体的良性互动。上级政府部门将教育扶贫资源和政策执行清单"打包"为项目的形式,县域基层政府开展扶贫项目的"指标化"竞争,争取上级政府部门将更多的项目"发包"到本地,基层政府运用扶贫项目资源,围绕"扶贫项目任务清单、扶贫项目时限清单、扶贫工作举措清单"开展工作,力争做到扶贫项目任务与脱贫时限"一本清账"。在教育扶贫政策纵向运作框架下,上级政府部门持续监测和追踪教育扶贫政策清单实施效果,并将各类监测数据结果与国家、省、市的教育扶贫政策清单规定要求实时比对,厘清教育扶贫的执行绩效差距并以此为据判别县域教育反贫困的治理质效。

三、"互联网+"教育反贫困治理的县域突破口

以教育信息化推动反贫困治理的核心在于县域内组织化统筹、整体性推进,其关键在于教育行政机构和学校、社会三者之间的良性互动及社会各主体的有效参与。互联网最大限度地动员了社会参与,缓解了教育资源和需求之间的矛盾,弥补了政府功能的不足,实现教育资源快速集聚的整体效应。与此同时,借助互联网推进网络自组织的机制形成,从一个侧面体现出县域教育反贫困治理创新对于提升广大贫困人口的"造血功能"有着重要的

积极意义,而县域教育行政机构组织化成为新的竞争优势,成为超越发达地区的发展动能。

(一) 推进教育信息化实现大规模、常态化技术适应

在教育信息化建设的过程中,县域教育行政部门为了迎接教育脱贫攻坚及义务教育均衡验收的双重国考,通过自上而下的组织化动员方式推进各学校的信息化改造。然而结构完整、联系紧密的组织系统通过行政说教或权威压迫式的"组织化动员"方式很难调动教师、学生、家长以在线教育转变学习方式的积极性。家长对于在线学习和空中课堂的认识非常有限,难以实现对在线学习的配合和监督,孩子们在家中对网络学习的兴趣更多来自对手机的合理占有。在县域教育信息化整体推进的过程中,教育行政主管部门、广大中小学教师、学生、家长的观念塑造是先于技术改造的。冲破技术壁垒和观念壁垒,是教育脱贫攻坚中比完成指标、降低贫困发生率更为迫切的变革使命。

(二) 以赋能乡村教师激发数字化信息技术自觉

原有各自为政的学校教育信息化工作的动力来自教学计划的规定任务和上级的检查评比,县级教研的指导也多以信息技术学业水平测试为主,对于以能力提升为目的的与教学活动深度融合的信息技术很少涉及,课程主题的挖掘、课程形态的创生和在课程互动中理解力的动态生成,很多乡村教师的能力难以企及。

乡村学校的教师队伍主要由二十世纪八九十年代中师毕业的教师和特岗教师构成,师资的严重不足和能力建设的乏力使得县域内广大教师对互联网课程的认识处于一种力不从心、放任自流的状态,农村学校的网络课程建设普遍处于非组织化的状态。信息技术与教育教学深度融合的真正动力来自一线教师旺盛的好奇心和求知欲,基础教育信息化发展需要乡村教师以积极、开放的心态和不拘一格的学习力,创设有利于学生开展自主、合作探究的网络学习环境和数字空间。因此,给予乡村教师所渴望获得的网络平台及资源支持,因地制宜地解决乡村学校网络课程建设困难,以更为丰富的教学想象力和课程创造力去引领乡村学校的教育信息化改造,是信息化

数字赋能的重要任务。

（三）以地方文化凝聚多主体参与形成系统合力

互联网的技术联结跨越了空间阻隔将各参与主体联系在一起，而互联网多向沟通的基础是基于共同情感的积极体验。相似的情感和文化体认将一个个分散的个体紧密联系起来，通过课程内容的顶层设计和情感引导形成教育使命网络心理共振场，互联网大规模在线教育发展也需要从现实世界走向虚拟空间的情感动员。乡村学校在城市化取向的过程中缺失对乡村自然的探究，使得乡村少年失去了与生养的土地及地缘文化的联系，乡村学生的情感体验丧失生存的土壤，现实生活就不可避免地出现"情感荒漠化"的现象，无法对乡村学校的学习生活产生情感上的亲近欲和归依感。县域内互联网技术推广中的组织动员和情感动员如何结合，如何通过学校课程形态和实践活动唤起以乡村社会文化为根基的品德规范、情感体验和文化认同，从而在共同情感和信念基础上凝聚形成更广泛的系统合力，也是互联网集体行动的新挑战。

四、项目制：互联网教育资源下沉至"县"的嵌入形式

项目制是教育反贫困背景下资源下沉至基层进行机制嵌入的工作方法，即通过高度动员在一个时期内集中资源解决某一方面的重点问题。国家将教育反贫困任务转化为基层政府为了统筹全局而设定的任务中，教育扶贫专项资金的"抽取"和"下放"，通过一整套严密设计的技术系统，通过立项、申报、审核、监管、考核、验收、评估和奖罚等一系列理性程序，才能最终使项目生效，获得全社会的认可和信任，以达到集中力量办大事的效果。当全社会都具有一种只有通过技术理性才能保证绩效合法性的思维模式的时候，项目治国的理念才能获得精神性的土壤，遍布于社会经济诸领域而畅行无阻。

项目制的组织运作并非常规意义上的科层化的逐层线性传输，而是就贫困治理具体领域的公共事务进行竞争性授权，从而形成独立于传统科层之外的分级运作体系。具体体现在：一是贫困治理单位的治理方式是将各

种优惠扶持政策以"项目打包"的方式导入贫困县及连片特困区域。二是包括专项扶贫、行业扶贫、社会扶贫等国家各种类型的扶贫计划,甚至国际合作等也是以项目化方式分步实施的,如整村推进、产业扶贫、教育扶贫、科技扶贫、定点扶贫等。项目的启动时常伴随着基层政府内部复杂的组织运转模式的调整,通常需要通过政治动员、组织协调、激励强化等方式,使基层治理体系达到高压与动员状态。在治理任务与治理压力的膨胀下,越来越多的工作难以通过常规治理完成,迫使县级政府启动中心工作的动员手段予以推进。然而,与工作量激增形成鲜明对比的是县域高度稀缺的治理资源,当越来越多的治理任务被转换为刚性指标构成的政治任务后,乡镇政府开始转向对非正式治理资源的引入,而民间治理资源的嵌入往往也是以项目制的形式悄然进驻。基层治理体系是国家权力与乡村社会互动的重要组织载体。县乡政府作为属地管理主体与治理风险的承担主体,当上级的行政压力可控时,他们具有一定的协调国家与社会关系的自主动力,以利于政策落实与社会稳定。在组织结构层面,县乡村三级治理体系从有机多元的统筹体系转变为刚性化的压力应对体系。县乡村三级是基层治理体系的核心构成部分,不同层级既存在差异又能有机整合。县级政府的科层完整性最强,能够有效发挥统筹全域的功能,乡村两级具有层级自主性,又具备较强的柔性化治理能力与社会动员能力。

项目制已经成为地方治理中的一种工作方法,这一点对于基层政府来说,显示出更加重要的意义和多元的效果。相对于科层制常规工作,项目制以增量工作为主,从而有利于化解存量工作难以激励的难题;项目制重在"谋划"与包装,从而有利于化解基层被动式治理模式下难以激励的困境;相对于基层职责不清、奖惩难以施行的特点,项目有着非常明确的目标和标准,从而有利于制定清晰的激励标准。项目制在地方治理中成为一种非常重要的激励方式。县域政府除了要对接上级政府的项目之外,为处理本地化的问题和促进本地增量发展,主动以"项目制"为工作方式,去调动基层政府机构和政府官员的积极性。从而在强调监督的背景之下,基层政府仍保持高效率运转。

县域政府在项目运作中处于非常关键的位置,可以说其不仅是项目承上启下的中转站,还可以为项目的"再组织"搭建制度空间和社会场域,这个过程可以帮助地方实现利益最大化。教育扶贫资源按照特定发展规划和意图,把各种项目融合或捆绑成一种综合工程,如"实验区",使之不仅可以利用财政项目政策来动员使用方的资源,而且可以加入地方意图,借项目之势,实现目标更加宏大的地方发展战略和规划。项目制是在国家部门对承包项目的县域政府设立"配套"条款和要求地方主管部门对项目完成负"连带责任"的条件下,地方为实现其综合性的整体发展目标,针对资源下沉实行条线管理的一种策略。如果从因地制宜和"集中力量办大事"的角度来看,可以将地方打包条线项目,看作国家资源和社会资源汇聚至县域后的一种制度创新,无论项目如何运作,县域政府、乡村学校都最终承担着项目"落地"和任务执行、指标完成。

(一) 项目启动前的集体共意

互联网公益项目在县域落地,首先需要通过思想动员在启动阶段为组织行动建构某种超越物质利益的意义框架。思想动员的实质是精神动员或价值动员,是将人们的固有思想、信念进行升华,建立正义的动力机制;是公益的使命和责任驱动下的自觉参与,是动员的最高境界。

1. 产生集体共意

斯梅尔瑟(Smelser)的集体行为的价值累加理论指出,集体行为的产生有六个条件,其中之一就是产生"一般化信念",这种一般化信念一方面是要求对问题产生的原因共享一种解释方式。也就是说,人们在一定情境中形成对某个社会问题的共同认识,形成一个抽象化的概念,这种抽象化的概念是对既有的结构性紧张和诱导性实践的聚集、提升和再造。另一方面是要求对问题的解决方法共享同一种信念。赵鼎新《社会与政治运动讲义》认为,信念是一种精神状态,它是主体在对某种理论观点或学说深信不疑的认知基础上形成的,能促使主体以坚定的意志和满腔的热情对某种价值观或理想目标确认和执着追寻。它往往以响亮的口号形式表达,是认识、情感和意志的有机统一,是一种综合、复杂及持久的心理品质。信念以理想为基础,涉及人的核心价值观,信念支配着人的行动。"一般化信念"的产生和凝结,是在每个参与者个体感受基础上加以凝聚和提炼,形成穿越日常生活的价值理念,具有神圣性的特点,实质上就是群体价值取向的集体共意的形成过程。这种集体共意的形成,与个体的利益、情感相关,但又超越个体,并与人们的最终追求相联系,诉诸社会共同的善。集体共意对社会共同体的产生具有整合作用,它是动员的灵魂,集体行动的精神基础,会产生社会动员的最大能量。

互联网公益项目的"集体共意"是"教育反贫困的共同行动",这不仅是各主体参与教育反贫困行动,为贫困地区输送教育资源,改善贫困山区孩子的教育境遇的治理要求,也是所有项目参与者的强烈愿望和目标。作为从事教育事业和正在接受教育的参与者,追求教育公平,让每个人都能接受平等的教育是一种固有价值和纯粹信仰,各类教育公益项目的出现,让社会潜在参与者的一般性信念与"生活世界"中的实际问题取得了联系。因此,要将"教育反贫困的共同行动"作为一种"集体共意",形成参与者的强烈共鸣和认同,从而吸引潜在的意气相投、志同道合的人,并迅速找到与之相匹配的文化符号,让大家为这种"共意"深深地吸引。

2. 重构行动认知

社会变迁导致社会结构的变化,使人们的思想发生了变化,旧的观念逐渐被侵蚀,新的观念逐步建立,人们在社会变迁持久的主要的因素影响下,其态度、期望与价值取向等也不断发生变化。认知重构是一种心理变化,是客观的社会结构变化而引起的主观认知的改变,体现了客观结构与行动者主观认知之间的"关联"。如果这是一种集体共享的认知,那么公益项目的凝聚力和认同感就产生了。因此,认知重构是集体行动发生的一个重要的变量。

自古以来,我国就有尊师重道的文化传统,隋唐以来兴起的"科考取士"的制度安排,更是早就赋予了教育吸纳底层精英进入统治阶层,实现社会阶层流动,缓解社会矛盾,促进社会进步的重要功能。尽管教育在人们的传统观念中具有天然的正当性,但由于复杂的历史和现实原因,城乡二元结构持续存在,我国的教育事业发展极不均衡,持续的教育扶贫,已经让"有学上"的问题基本得到解决。因此,公益项目对于教育反贫困行动意义的阐发就需要积极寻求与国家的政策话语进行对接,根据教育发展的政策导向和实际需求来重构参与者的行动认知,打破对于高校参与教育反贫困的很多默认的假设和固有观念,如教育反贫困就是资助贫困学生、为贫困地区新建学校、配置教学设施、选派师资对口支援,开展短期支教,通过各种渠道加大对于教育资源匮乏地区的资源投入等"输血式"的反贫困。然而,随着社会的不断变迁,国家对教育的投入持续增加,资源短缺的问题得到有效缓解,教育反贫困需要的是完整的、不断线的教育帮扶支撑,需要营造良好的多方参与、优势互补、精准施策的政策环境使公益项目能够落地生根。社会中集聚了大批素质较高的青年志愿者和理论研究、技术推广的公益团队,在项目规划、智力支持方面,拥有一定的资金、人脉等"硬支撑",但通常缺乏对于贫困山区教育反贫困现状和需求的了解与认知以及精准化、专家化、常态化的行动者网络。因此,重构对于教育公益项目价值和未来发展的行动认知,对项目的落地尤为重要。

3. 宣传动员提升集体共识

宣传是一种专门服务特定议题的信息表现手法,是宣传主体有意识地运用各种符号,传播一定的观念并引导客体接受主体发布的内容,影响人们的思想并使之实施主体所期待的行为。宣传本质上是一个传播的范畴,但又不同于传播,宣传是为了使信息的接收者能够了解、认知和赞同宣传者的思想、观点和行为,本质上是一个为服务特定的目标而进行的传播意志过程。而传播所关注的是信息发出者,是传播者通过特定的媒介发出信息给接收者,从而产生影响的有序动态过程,其本质上仅是一个信息接收的过程。因此,宣传与传播的区别在于"信息发出者具有特殊的动机和意图,信息的流动过程是一个有意志、有情感、有深度的认识扩展作用过程"。"宗旨性"是宣传区别于传播的本质属性,宣传是有明确的宗旨和目的的传播、扩散主体思想的意志过程,是一种开导、感化、说服的理性活动,宣传的目标构成了宣传的核心和灵魂,奠定了宣传的基础。

宣传动员是"一种有意识地控制社会心理的活动"和"一个社会改变或形成民众特殊态度、意见和舆论的重要工具"。为了使宣传客体的心理甚至行为按宣传主体的意志变化发展,首先必须使宣传客体理解、接受、认同、支持和追随宣传主体的观点、主张、思想和所作所为,而且这种意志作用常常伴随着情感作用和深层的认识作用。宣传动员是动员主体有意识地影响控制被动员者心理取向与活动,形成集体化意识与价值观念的主要方式。使宣传客体心甘情愿地加入集体行动中,是公益项目落地首先要解决的中心议题。宣传效果的达到以宣传客体接受宣传主体的观点为前提。如媒体对西部农村地区教育基础设施和教育资源严重匮乏情况的持续追踪报道,就会引发大量的关注并形成公共舆论导向和传播力量,起到宣传特定地点的教育支持需求的作用,动员社会力量有针对性地发起和开展反贫困项目。

宣传动员作为一切运动的先声,是集体行动的支柱,也是最有效的动员方式之一。在社会动员中,宣传动员不仅是重要的组成部分,也是其他形式动员的前奏,更是主体工作顺利开展的基础和其他动员工作的生命线,发挥着巨大的保障作用。伴随着新媒体时代的到来,媒体的影响更能渗透到每个社会成员学习、工作、生活的方方面面,由此产生更为迅速、直接、深入的宣传动员作用。教育反贫困需要以公益项目为依托,以公共利益为感召,通过各种主题宣传活动来有效激发社会参与教育反贫困行动的热情,唤起组织成员的使命感,构建一种命运共同体,使组织成员产生深层次的认识层面的改变,实现"精神变力量的转换"。同时,有组织、有针对性、多样化、有节奏的宣传动员,让媒体不仅是公益项目与社会和公众沟通的桥梁,还构成了项目与社会各方交流的空间。

杰克尔·罗伯特(Jackall R)概括道:"宣传是脑力劳动高度组织化的产物,其目标在于通过对公众已有情感和观念的控制、表达和传递,引导和说服他们产生对组织的依赖、事业的认同或个人的信赖。"[1]宣传动员是一项综合性非常强的工作。宣传主体在宣传过程中占据主导地位,是宣传动员系统的发动机,是宣传动员的发起者、组织者和领导者,决定着宣传基调的确定、宣传内容的选择、宣传策略的选择、宣传动员方式的应用,其功能的发挥直接影响整个宣传动员的效果。宣传是一种意志过程,是一个需要控制的传播系统工程,它要求始终按照宣传主体的意志来运行,必须处于一个良好的组织管理状态中。

框架是一种能帮助人们认知、理解和标记周围事物的解读范式。斯诺

---

[1] Jackall R. Propaganda[M]. New York:New York University Press,1994:2.

认为,集体行动的领导者可以通过框架搭桥、框架扩大、框架延伸、框架转换等四种方式,成功地动员更多的人参与到行动中。宣传动员的功能之一就是搭建意义框架,激发参与者的情感,激起人们参与项目的归属感,产生巨大的向心力、组织凝聚力。塑造集体意义框架是项目宣传动员的重点。集体行动的情感需要持续的互动才能够维持,项目的启动阶段围绕项目的筹资、志愿者招募和阶段性总结,通过网站、微信、微博、抖音等形式进行广泛的项目报道,在意义传播的图片语言和文案语言方面都进行很好的设计,既避免短时间信息过载,又注重保持长期关注的"注意力"。

宣传动员的策略是宣传动员发展的不同阶段具体的实施方案,宣传动员是一项综合性非常强的工作,它是宣传目标的目的性、内容的思想性、表现形式的艺术性、传播渠道的技术性、宣传客体的组织性的集合。拉斯韦尔(Lasswell)认为"运动的生命力来自倾注在公众目的上的私人感情",也就是说,各种集体行动的成长和发展,是参加这些行动的人把自己根深蒂固的个人感情导向公共渠道的结果。① 项目的启动阶段要将个人感情动员至教育公益项目的公共渠道。在项目的持续深入阶段,对于政策资源、媒体资源、社会资源的需求更加旺盛,就需要项目宣传在组织声誉和参与吸引力上持续发力,不断再生产出项目的"注意力"资源,以此保证社会认同和公益资源的持续注入。

项目在持续开展阶段,通过不断地对外宣传,让教育公益资源输入方和接受方能适时地共享目标和经验,有团结感和项目组织一分子的相互支持和彼此忠诚感,以拓展及合理化项目组织对于行动者的动员。布尔迪厄(Bourdieu)指出,语言可以用作一种社会分类准则,用来制造和解散群体,或者创造群体统一的现实和认同的现实。② 项目启动阶段符号化的过程是项目组织者宣传动员的策略行为,需要运用"内外有别"的话语策略,形成一种话语体系。如在一定的范围内,会有重点地展现项目地教育资源的匮乏、留守儿童生活的艰辛以及项目的行动者为教育反贫困行动所付出的努力,以引发更多的社会关注,带来更多的资源投入。项目下沉到县域,行政主管

---

① 陈军,李晓,陈有真.公共关系学[M].北京:清华大学出版社,2018:196.
② 布尔迪厄.言语意味着什么:语言交换的经济[M].褚思真,刘晖,译.北京:商务印书馆,2005:112-113.

部门更多地宣传项目开展所带来的变化和进步,并进一步分析存在的问题,以期调整和改进项目的实施,以行动换取认同。不同阶段选择不同的策略,有组织地进行宣传,让多元行动者形成一种相互增进的关系,为网络中角色各异的行动者提供意义框架,不同的行动者会借用道德心智与文化,以创造各自所理解的行动符号,让各参与主体建构出"我们感",形成一个持续的共同体。

(二) 项目合作中的动态协商

项目合作始于社会力量对于国家教育脱贫攻坚动员的志愿响应,形成以互联网公益协作为主要形式的集体行动。项目的推进和持续开展不仅通过个人、组织或团队针对某个领域或服务对象设计服务内容、安排服务工作、传递志愿理念,自下而上地动员各主体参与其中,更多通过组织渠道"自上而下"传递,而且在正式的组织结构中通过行政力量运行,具有高度的组织化的特点。在任何社会形态下,"组织"都是集体行动发生的关键要素,组织资源是集体行动发生的必要前提条件。梯利(Tilly)将集体行动视为具有一定理性目的的组织化过程,其成败受到行动者的组织能力和组织化程度的直接影响。行政动员与思想动员、宣传动员相辅相成,是其他一切动员方式的先决条件,是其他动员手段发挥作用的基础和根本保障。"组织是权力的载体""思想如果没有组织载体,也就没有行动的力量。"[①]单纯的宣传和传播可能转变受众态度,但不一定导致行动,而组织工作可以促使他们行动。教育公益项目的组织设置与运行机制的设计是自上而下的"组织动员"奏效的关键。

1. 建立组织化的合作结构

组织是指人们为实现一定目标,相互协作结合而成的集体或团体。一方面,组织是技术需要的产物,因此组织必须有目标,必须有分工与合作,要有不同层次的权利与责任制度。组织成员为完成工作任务,实现组织目标,在职责、职权等方面建构起相应的分工、协作体系,形成一定的组织结构。[②]

---

① 王海光.旋转的历史:社会运动论[M].上海:上海人民出版社,1995:234,257.
② 张志宏.组织行为学[M].上海:立信会计出版社,2008:389.

另一方面，组织又是制度环境的产物，相较于技术环境对组织效率的要求，制度环境往往需要耗费组织资源来达到合法性要求，组织为了满足这些相互冲突的环境要求，常常建构起不同的组织结构来加以应对。[①] 组织结构指组织内部各构成要素的排列组合形式，是组织内部各部分、各要素之间的相互关系，它表现为组织各部分之间的排列顺序、空间位置、聚集状态、联系方式以及各要素之间相互关系的一种模式，它决定工作任务如何分配，如何进行分工协作，是执行管理职能的基本体制。组织结构是实现组织目标的桥梁，是组织达到理性的基本载体，不同的组织结构会导致组织内部及其外在特征产生巨大差异。组织结构在整个管理体系中起到框架的作用，系统中的各个要素及其资源才能正常地流通和发挥作用，组织的目标也才能实现。组织能否达成目标，在很大程度上取决于组织结构的合理性、完善性。合理的组织结构具有很强的整合功能，它能对组织中的各种要素进行合理的配置和安排，正是结构的存在，才使得组织不等于组成要素的简单相加或堆叠。通过结构的整合，组织中的各种要素形成一个相互依存、相互作用、相互补充、相互制约、相互协调的有机整体，充分发挥组织中个体和群体的智慧和力量，使得组织既是不同个体的集合又是实现目标的有效手段。

组织在现代社会具有位居中心的、第一位的重要性，为集体行动的开展和有效持续，提供了路径和可靠的支撑。[②] 组织设置既是结构，又是功能发挥的载体，具有双重性特征。因此，设立合适的结构是实现组织目标的有效保障，更是开展特定组织活动的前提条件。在项目的初创阶段和加速发展落地阶段，对于制度环境的变化非常敏感，组织动员结构仍表现为和行政系统长期运行的组织结构和动员方式相趋同的特征，突出地表现为统一化、层级化和网络化。

如项目常常会在纵向的领导小组到职能部门的组织结构基础上，还有以项目制的分工原则设立的组织结构，如宣传组、对外联络组、志愿者中心等由各个条块共同组成的专业机构，增强了横向联系，克服了科层制的职能分割、协调不足、结构僵硬、反应迟缓等缺点，结构的性质不同，功能各异，所

---

① 周雪光.组织社会学十讲[M].北京：社会科学文献出版社，2003：77.
② 费埃德伯格.权力与规则：组织行动的动力[M].张月，等译.上海：上海人民出版社，2005：1-5.

需要的专业特长和技能也各不相同,吸引了各种个性、特长的人员,体现了因事择人、因才施用、人尽其才的原则,提高了组织运行的效率。组织结构是一种矩阵式的结构,领导小组作为专门应对项目组织动员而设立的组织结构,按项目制的逻辑,其运行具有紧急状态特性,项目内部设立的各个小组和中心,是常态化的按照科层制的逻辑运行的组织结构。组织化不仅使基层的动员有了组织的依托和保障,搭建了个体间彼此联结的桥梁,完成了个体的原子化到集体行动组织的转变,同时多种交叉结构如学生志愿公益联盟和共同体的建立,往往使得同一个体具有了多重身份和角色,动员对象被放置到一个新的组织化情境之中。构建了组织成员之间密切相连、紧密合作、多元互动的新型网络联结,使得个体成员能够以新的行动模式与目标参与集体行动。

2. 行政化推动:克服集体行动的困境

清晰的目标是组织有效性的决定标准,也是统一推进的前提条件。只有明确了目标,组织的活动才有方向,工作才具有操作性。如何有组织地推进就成为一个现实问题。这就需要将总目标具体分解,分配给每一部门和个人,使每个部门、每个人的目标成为实现总目标的有机组成部分,这样具体的工作才能落到实处。当组织目标不清楚的时候,组织内部的矛盾就会增多,这个时候组织就越来越依赖外部制度的介入来避免内部矛盾的激化。在项目发展的不同阶段如果没有相对一致的目标和持续的外部行政力量推动,项目组织以及人员之间的工作冲突和集体行动的困境则不可避免。奥尔森(Olson)认为大型组织一般会形成复杂的结构以及根据地位高低和利益多寡而划分的等级,只有这种形式的精英组织才能解决搭便车的困境。[1]

集体行动的目标是争取"共同利益",实现集体利益的最大化,正因为集体行动的目标的"公共物品"属性,作为理性的、寻求自我利益最大化的"经济人",即集体行动中的个体行动者可能不会主动行动去实现他们的共同利益,而是想让别人去为达到该目标而努力,自己则坐享其成,在集体行动中采取"搭便车"的行为策略。项目的打造,是一个争取共同利益和实现共同

---

[1] 奥尔森.集体行动的逻辑[M].陈郁,郭宇峰,李崇新,译.上海:生活・读书・新知三联书店上海分店,1995:译者的话.

目标的过程。但作为理性的行动个体，各个部门可能不愿将过多的精力投入项目之中，在行动策略上采取"最低标准"的准则，寄希望于其他部门努力改进项目以实现目标。

3. 动态化协商：以例会制促进合作

矩阵式的组织结构的建立，为组织化的动员明确了一个组织内各构成部分或各个部分间所确立的关系的形式，它涉及组织中的权责关系、上下级关系、沟通渠道等与组织特性有关的问题，既表现为静态的组织结构，又体现在动态的组织活动中。项目初创和进阶阶段所成立的各种临时性的组织机构都是形式化的，并没有科层制组织所设立的正式部门，规定详细的职责和权限，而是有意识地将科层制的正式结构与项目内部的日常运作分离开来。责任分工的设计、信息的流转、参与者的互动等方面都是在动员过程中不断讨论和协商达成。与此同时，还通过外部的行政力量持续推动，使责任更加明确、运作流程更规范、行为变得更为确定。通过和县域进一步的商讨，基本明确了项目统一推进的责任分工。和项目地做好沟通协调，了解项目地的实际需求，并及时反馈给学校领导小组，通过定期举行项目的例会来商议解决。

自上而下的制度化会议模式是中国特有的受到广泛认可的组织动员的运作方式之一。开会是以被普遍接受的协商方式，在组织体系内部实现的一个制度化的集体互动，体现着多方合作的意愿和意志。会议是组织运行、决策形成和制度安排的主要手段，也是行政动员的一种最直接的方式。通过会议，动员主体把其目的、要求直接告知动员对象，使动员对象更好地领会动员主体的意图。同时，开会也是项目开展过程中进行有效沟通的重要手段。巴纳德（Barnard）认为，组织是有意识地协调两个或两个以上的人的活动或力量的一种系统。在那些必须处理不确定事件、结构复杂、含有不易程序化技术的组织中，沟通最为重要，组织内部及外部环境都会影响沟通在组织中的重要性。[1] 例会协商既是推进项目工作深入进行的有效形式，又是统一发布决策的主要渠道，还是不同部门有效沟通，加强协作的一种重要形式。有效的沟通有助于消除各种分歧、矛盾、冲突，容易使各个部门之间达

---

[1] 巴纳德.经理人员的职能[M].王永贵，译.北京：机械工业出版社，2007：61-62.

成思想和行动的一致,从而进行密切的合作。例会使得项目的决策结构发生了变化,让项目从一开始就是一种在相互交流各自选择基础上的决策,虽然例会本身并不足以改变参与者的行动策略,但有助于在不确定的环境中完成教育扶贫的复杂任务,让参与项目的各方能够跨越职能界限,更高效地互动。例会既形成了制度化的有效沟通,同时也完成了管理的过程监控,让项目在启动之后仍持续有外部的行政力量推动,一定程度上克服了集体行动搭便车行为的痼疾。

(三) 项目持续中的质效追求

贫困治理作为一种社会治理行为,效率是其行动目标之一。政府部门以政策清单作为技术工具,通过项目化的形式将教育贫困治理的复杂实践简化为科层化的管理和标准化的考核,通过一系列数字化的表征来显示教育扶贫项目在量上的达成度。政策清单执行绩效是项目实施成效的显性动态表象,各级政府都在专注于怎样才能以最高的效率和尽可能低的成本完成政策清单任务。因此,教育贫困治理项目的效能评价具有政府绩效评价的特点,是一种工具理性的行动,从效果最大化的角度考虑,借助理性达到自己的预期目的,提高治理效率,节约治理成本。上一层级政府往往通过各种"文件"和"工作规定"使教育扶贫指标任务在向下逐层传递和分解的过程中被层层加码,上下级政府部门之间形成"非均衡"的"数字化""指标化"教育扶贫绩效考核链条,下级政府只能围绕上级政策清单中规定的硬任务,"迎检"和接受考核。国家和省、市出台的教育扶贫政策和考核指标清单,需要县域政府动员一切可动员的力量去贯彻执行,在教育脱贫指标高达成压力之下,"控辍保学"、家庭经济困难学生资助政策、"全面改薄"、实施农村义务教育阶段学生营养改善计划、发放乡村教师生活补助及实施特岗教师计划等一系列政策清单在贫困县域和乡(镇)、村逐步落地。教育扶贫政策的倾斜性和扶贫任务的周期性,进一步强化了遵循技术路线的公共行政价值取向,强调公共行政效率和科学路线。数字化的绩效考核技术作为各种治理关系的载体和表征符号,为反贫困提供方法论、决策辅助和治理驱动,亦成为大部分教育公益项目实施的沟通媒介和实践工具。

现代性虚化了时间,制造了"缺场",让人们越来越置身于脱域的社会关系之中。① 教育公益项目发起者和项目的受益者,大部分从未谋面,更不会有交往,在这样一个超越了熟人共同体的现代治理情境中,急需一种系统性的最大公约数,作为治理架构的交流媒介。②"数字化"的政策清单和指标考核正是可以充当这一媒介的理性工具,既可以督促项目的落实,实现教育扶贫目标的责任制,以量化的指标考核来监督相关工作人员责任落实,进而不断提高项目工作的持续行动力,又可以有的放矢地协助县域政府部门完成上级布置的教育脱贫攻坚任务,提升贫困治理效率,使教育脱贫政策和项目资源的投入真正助力脱贫攻坚。数字化的考核技术的应用,也能够有效实现上级政府对教育反贫困工作的管理、监督和问责,为进一步加强对教育反贫困工作的指导、协调和督促提供了可靠的依据,从而更有效地完成政府主导的教育反贫困任务。

　　教育反贫困指标的绩效的"高达成",牵涉众多的复杂利益、资源分配甚至需要重新出台、调整一些强制性的、短期的制度安排。这并不是严格意义上的教育反贫困治理,而是一种非常态的、不可持续性的自上而下的"运动式"扶贫安排。如在教育脱贫攻坚阶段产生的角色分工和职能权限界定的模糊,导致但凡有"教育"二字出现的,均由教育部门牵头。合作治理被简单地条块化和局限化,造成反贫困立场和目标的异化,反贫困所需的资源配套难以与教育扶贫政策所要求的各部门的合作协同相匹配。政府部门在"指标高达成"的教育脱贫攻坚过程中难免出现政府本位、效率至上、工具导向以及政绩驱动等与教育公益多元、共治、共享的教育反贫困合作治理价值相悖的情况。单一的指标高达成并不能全面反映出教育反贫困的治理质效。我们常常发现:"攻坚"阶段先行启动的一些项目由于县级资源短缺,只能无限期等待上级政府转移支付,项目建设配套资金和后期运维经费迟迟难以到位,导致项目停工或中止,甚至造成了大量扶贫资源浪费。教育反贫困行动中出现精准性、真实性、迟滞性、认同性和交互性的治理风险,影响政策目标和治理价值实现。

　　随着后扶贫时代的到来,教育反贫困仍需义务教育保障体系、职业教育

---

① 吉登斯.现代性的后果[M].田禾,译.南京:译林出版社,2000:16.
② 王雨磊.数字下乡:农村精准扶贫中的技术治理[J].社会学研究,2016,31(6):141.

职业技能培训体系、乡村教师支持计划等长期的政策与资源保障。这就要求我们对于如运动式的治理的异化所导致的风险保持足够的敏感,从数字逻辑转向效能逻辑,通过客观的量的达成度、主观的质的公平性、主客观相结合的有效性三个结构层次从基础保障、能力发展、资源流动、合作协同、多元支持等方面全景式地考量教育反贫困合作治理效能。

在"量"的达成度方面,教育扶贫清单作为一种规制性的技术治理工具,是教育政策清单执行和扶贫信息传递的赋权平台,列全教育扶贫主体的责任清单,划出达成国家规定的教育扶贫目标的"硬杠杠"。这需要政府部门通过科层体系以"权威"为基础,使教育扶贫政策清单技术形成链式供给,通过项目资源供给、项目平台管理、项目绩效考核执行清单规定内容,在此过程中多元主体与政府形成的治理共同体要在完成"指标"上达成共识,通力合作,发挥各自的治理优势,实现治理的行动互补、项目资源的优化供给及供需精准匹配的高达成。

在"质"的达成度方面,教育反贫困治理的公平性直接影响着最薄弱地区和最贫困群体的受助权益,影响教育反贫困战略的实现与项目资源分配的公平公正。在基层的治理实践中,项目资源输入有着多种实现形式:一是国家正式资源的输入;二是市场半正式资源输入;三是社会非正式资源输入。得益于教育反贫困治理共同体的多元主体优势,输入最薄弱地区和最贫困群体的项目资源通常不会依赖某一单向的输入方式,而是采用混合配置的组合,通过社会公益项目的输入为国家和市场资源输入的不足补位。以"乡镇政府、学校、村两委、社会力量"为主体的治理共同体,在"质"的达成标准上充分协商合作、共同评价,从精准识别转向精准扶助,更注重"质"的公平,共同实现乡村教育福利和公共产品供给的有效配置,在政策清单绩效的压力和政策环境、执行过程复杂性的张力之间实现平衡。

在"效"的达成度方面,对于教育反贫困治理效用的考察更要侧重于治理共同体的合作协同、多元支持、持续赋能方面的整体考察。教育反贫困的战略目标是在党和政府的强力动员和权威驱动下完成的,然而贫困主体的可行能力的发展以及抗风险能力的提升需要治理共同体持续赋能,并在进一步的社会包容、接纳、融入和无差异化中实现贫困主体平等地参与社会建设和公平享受发展成果。教育反贫困合作治理的效用主要体现在贫困人口逐步从对外源性支持的依赖转向内源性发展动力的生成,这需要教育反贫困治理主体在"效"的达成方面多下功夫,更多地深入最贫困的家庭和最偏僻的乡村小规模学校及教学点,精准赋能贫困人群,使其具备一定的主动参与能力,减少贫困人口边缘化现象。贫困群体也可以通过更丰富的渠道向治理主体反馈信息,进一步表达其利益诉求和发展需求。

传统的"数字指标"逻辑的量化评价,是建立在政府主导的科层体系下的扶贫绩效考核。各级主体对照教育扶贫政策清单按照不同层级、职责分步骤、按阶段实施,处于最基层的扶贫主体需逐级反馈工作实践中的实际问题,扶贫对象也需逐级反馈自己的脱贫诉求。然而在教育反贫困合作网络中,多元主体通过合作网络共同分担社会转型时期的教育反贫困重任,处于扶贫对象的网络节点的同时也是反贫困治理网络的行动者,可以直接通过合作网络提出需求、对接资源并对治理质效开展评价。合作网络以一种开放的、多元的、整合的方式,弥合了政策制定主体、执行主体和治理对象之间"脱域"的割裂关系,通过厘清教育反贫困资源"供给者""生产者"和"评价者"的治理责任,形成精准识别—精准扶助—质效互评的全周期的相互支持的教育反贫困治理共同体。在脱贫攻坚与乡村振兴有效衔接阶段,在"脱贫不脱政策、脱贫不脱帮扶、脱贫不脱责任"的政策背景下,不断完善教育反贫困合作治理体系,激活治理共同体的内在动力,进一步提升合作治理效能。

| 第二编 |

互联网公益协作的乡村实验

第五章　L县样本：整体推进"互联网+"县域经验

　　L县位于河南省西部，地处黄河、长江分水岭南北两麓，跨崤山、熊耳、伏牛三山，这里群山苍茫，沟壑纵横，是秦巴山区连片特困地区扶贫开发工作重点县，也是河南省政府确定的全省13个革命老苏区县之一。境内有大小山峰4037座，河流溪涧2400多条。L县是全国扶贫开发重点县，也是著名的革命老区，1934年红二十五军转战于此，是鄂豫陕革命根据地的核心区域，1994年被省政府确定为全省13个革命老苏区县之一。《三大纪律、八项注意》这首著名革命歌曲就是在L县官坡镇兰草小学诞生的。"一沟十八岔，岔岔有人家，多则三五户，少则一两家"，这首民谣真实反映了河南省L县人口分布的特点。L县地处豫西边陲，位于豫陕两省八县接合部，总面积4004平方千米，总人口37万，是河南省面积最大、人口密度最小、平均海拔最高、人均林地最多的县份。独特的地理环境造就了L县独特的自然风貌，也给当地教育发展造成巨大困难。作为河南省海拔最高、面积最大、人口密度最小、最偏远的国家级贫困县，L县389所各级各类学校在山间河汊之中星罗棋布。全县优质教育资源匮乏，城乡差距大、发展不均衡，教育发展相对滞后。农村学校量多、点散、规模小，办学成本高，教育质量低。截至"十三五"末，全县共有22所农村初中，学生总数占比不足全县的40%，其中学生数不足200人的就有11所；全县75个教学点学生数仅占全县的11%，学生数不足20人的就有35个。城区学校量少人多班额大，优质资源缺乏，学生入学难。"十三五"末，城区共有初中7所，学生数占比超过60%，70%的班级人数超过标准班额；城区共有小学15所，学生数占比54%，80%超过标准班额。加之随着城镇化的加快，越来越多的农村学生涌入县城上学，农村生源急剧下降、学校规模大幅萎缩,"城挤乡弱村空"的问题日趋突出。这样的自然条件和经济发展水平导致县直学校早已迈进了三门峡市先进行列,而乡镇学校却因师资力量不足、教学水平偏低,严重制约了当地教育发展。

一、革命老区贫困县的"教育反贫困"国家大考

国家级贫困县、革命老区县、深山区县的L县如何走出交通不便、学校布局分散、教师匮乏、学校规模极小、教学资源奇缺的发展困境?怎样利用教育阻断贫困代际传递的功能,使L县63134名农村贫困人口脱贫致富、使12896名贫困学生享受优质教育资源?如何解决深度贫困造成的教育教学资源不均衡、教师素质不均衡、学生素养发展不均衡等问题所直接导致的教学质量发展不均衡问题?如何实现"互联网＋课程"促进教师的快速成长和提升学生素养?如何通过区域整体推进和改革评价模式实现互联网技术与课堂教学深度融合?如何通过社会共育协同发展提升教育内涵式发展,保障教育信息化落地生根,开花结果?

教育资源分布不均,是各地区教育普遍面临的难题。互联网和数字技术的广泛应用,为促进教育资源均衡,缩小区域、城乡和校际差距带来了契机。改变,从一根网线开始。L县从一根网线不用一秒钟就可以把消息传到千家万户中得到启发,将教育信息化作为山区教育发展的突破口。自2016年开始探索,L县的教育工作者抓住"互联网＋教育"这个抓手,让优质教育资源可复制、可传播、可分享,让规模化的在线教育成为可能,迅速推动了区域教育的均衡发展,不足五年时间,L县的教育面貌就发生了巨大的变化。

二、L县"互联网＋"县域经验的整体架构

过去推动教育均衡发展只能采用两种方式进行:一是不惜成本地开展全县规模的教育、教学活动;二是县教体局人员奔波于各乡镇调研指导,常常是早出晚归、精疲力竭,而指导工作却只是蜻蜓点水,起不到太大的作用。怎么办呢?我们把目光投向了互联网直播平台。我们坚信:一根网线可以联系千家万户,天堑即刻可以变为通途,利用网络直播平台我们也一定可以

把几百个教学点联系在一起,让教师足不出校参与到教育、教学活动中来。

——L县教体局某领导

从2016年开始,L县就着力精准谋划"互联网＋教育"的机制创新,运用自上而下与自下而上相结合的动员模式,尝试低成本、高效能地集聚和创生优质教育教学资源,以最薄弱教育区域为底层攻坚的突破点,将互联网技术嵌入县域教育反贫困的治理结构中。

2016年10月20日,D小学二(4)班、二(6)班因为水痘疫情停课两周,任课教师利用CCtalk平台开设网络课程,确保学生正常学习不受影响。同年11月22日一场暴风雪突临豫西大地,教研室迅速响应市教育局号召,组织实施网络课程,这两个事例在群众和教育主管部门中影响很大。大家从"三门峡云课表"中可以看到,这场活动中共计直播30节课程,有20节来自L县,占全部课程的一半还要多。L县广大教育同仁在使用CCtalk直播平台的过程中,发现CCtalk直播平台有以下6大优点:一是直播设备要求简单,有了电脑、网线、摄像头,就可以开展直播活动。二是可以同时开展多路直播。三是在直播过程中可以进行现场互动。四是终端设备要求低,电脑、智能手机、iPad均可作为终端参与直播活动,特别是智能手机的应用为师生跨时空学习提供了便利。五是直播活动结束后可直接生成视频,保存在直播群里。六是生成的视频可以为群成员所共享,丰富了优质教育资源。正是由于CCtalk具有轻量级、低成本、高效益的优势,因此深为广大教师所喜爱。教师队伍很快掀起了学习CCtalk直播技术的高潮。

——L县教研室教研员

(一)以"15553县域模式"统领顶层设计

L县教育行政部门始终围绕"县域教育均衡发展"一个中心,达成了L县的现实条件迫使L县的教育只能走"互联网＋"城乡教育一体化道路的共识,研究部署"互联网＋"教育推进的策略和方法,成立了以教体局正副局长为正副组长、教研室和电教馆主要领导为组员的领导小组,制定出台了《L县"互联网＋"城乡教学教研一体化实施方案》《L县网络课堂研究实施方案》《L县均衡创建课程直播活动实施方案》等文件,要求全县各级教育部门和教育工作者运用信息交流、教育交流、视频会议、录制直播、CCtalk 和钉钉等"五大"网络平台,实施互联网＋优质课程资源的共建共享,实现教学资源均衡;引进五级名师课堂、县域紧缺名师课堂、县域名师精品课堂、公益名师课堂、乡土特色名师课堂等"五级"课程,特别是创造性地开发和实施县域网络公益课程,并借助网络平台适时发布国家课程资源、校本课程资源、网络直播课程,各校按需要选择使用,建立反馈机制,实时按需要建设和推出新的课程资源,进一步细致规范做好互联网教育教学工作。通过"研送用管"四个环节的网格化管理,实现城乡课程均衡;通过构建京卢协作、郑卢协作、卢灵协作、县域协作、校级协作等"五级"教研协作区,实现跨区域网络教研,借力提升教育内涵式发展水平,实现教研均衡。最终达到山区县教师专业水平提升、学生学习方式改变及信息技术素养提升、教育高质量发展的"三大"目标。

(二) 以国家级信息技术教学实验区实施项目引领

"15553"县域模式的探索,盘活了 L 县教育这盘棋:"引",由牵头单位做好统筹、协调、指导、引领、评价等工作,落实工作计划的制订和推进、共同体协作、网络主题、教研开展、科学评价等方面的指导;"研",一研五级名师课堂,二研县域学科教学瓶颈问题找出最佳突破方法,三研名师课堂远程互动提高、影响、带动能力,四研课程资源开发达到共研共享;"用",在紧缺课程资源方面"整体用",在教师教学能力薄弱之处"环节用",在教师提升困难之处"片段用";"带",把已得到验证的研究成果推广辐射、运用于实际教学,带动县域各学科教师共同成长。"通过互联网＋机制创新、互联网＋区域协作创新、互联网＋教研协作创新、互联网＋课程创新、互联网＋学习创新"五大创新项目促进区域内学校之间教学协同、教学资源与教学实践协同、教师成长与学生素质发展协同、课内教学与课外学习协同、学校教育与家庭教育协同、学校活动与社会实践协同的大协同观念的形成。县、乡、校三级联动,整体推进,县级顶层设计,资源配送,采取过程性督导评价,促进学校纵深性发展;乡镇配送乡级资源并管理辖区小学互联网＋课程实施情况;村小因校制宜接收课程并实施。经过几年的实践探索,2020 年 L 县获批国家级信息化教学实验区。

(三) 以"四五"县域模式打造应用实践共同体

L县基础教育教研室利用各种便捷的网络平台，建立定期网络集体备课制度，跨县、片(片区化教研)、校形成三级教研共同体，教师借助互联网，不断获得各种课程资源的学习渠道。这种"互联网＋集体备课"的方式，增强了最偏远教学点老师们的教学规范意识，让他们借助互联网冲破了几百千米的地理区隔，也让城乡学校的师生在互联网上迅速找到了归属感并培养起信任感，逐步形成该县特有的"四五"模式实践共同体，为L县教育高质量发展做出了应有贡献。

"四"是利用信息技术推送名师课堂应用实践中"研、送、用、管"四个关键环节。"研"的含义是研发，研究本土名师课堂，也包括引入域外名师课堂；"送"的含义是选送和推送；"用"的含义是使用、活用和互动；"管"的含义是管理、评价和奖惩。多年的实践证明，这四个环节不出差错，实践共同体的建设和运行就会顺利进行，某一环节出了问题，实践共同体的建设和运行就停滞不前。"五"是五种名师课堂，即五级名师课堂、县域紧缺名师课堂、县域名师精品课堂、公益名师课堂、乡土特色名师课堂。"五级名师课堂"主要起引领、研究、提升教师素养的作用。教师通过"一课三观"开阔眼界和学习研究，提高教学水平。"县域紧缺名师课堂"主要起补齐县域教学短板，促进教育均衡的作用。"县域名师精品课堂"主要作用是研发本土名师课堂，培养学生的家国情怀。"公益名师课堂"和"乡土特色名师课堂"主要作用是提高学生的自身素养。四年来，经过全县教师的共同努力，建立起了以教研室为牵头单位，以L二小、D小学、C中学、M中学、S中心校、Z小学等为成员单位，辐射带动全县所有学校的实践共同体。2020年，L县获批教育部教育信息化教学应用实践共同体研究项目。

三、革命老区"互联网＋"教育均衡的高质量实现

(一) 探索从"实验校"到"试验区"的谋篇布局

L县域整体以"城乡一体化推进教育信息化技术与教育教学实践活动

的深度融合"为核心理念,建立国家主导的信息化硬件建设和公益助学扩大优质教育资源覆盖面的协同合作;鼓励学校通过与互联网公益助学力量合作,对接优质网络教育资源,探索教育公共服务新方式;教育行政组织特别是县(区)级教育部门与民间助学组织的协同机制,激发动力机制和提供必要的制度保障,跨地区培育互联网教研共同体。互联网搭建的合作平台,得到了郑州大学、河南大学、扬州大学、北京怀柔一中、南京市栖霞区教师进修学校、河南省第二实验中学的专家学者和特级教师的全程指导。尤其是教育公益组织"互+计划"和真爱梦想基金会,一方面为L县域内农村小规模学校的综合实践活动连接优质教育资源进行"输血",另一方面积极配合三门峡市L县基础教研室探索符合自身发展的"互联网+德育"模式,激活"造血"功能。通过互联网公益协作调动河南省内外高校、教育研究机构、社会组织、专家学者跨省、跨市、跨地区在线合作,并为县域高质量发展提供面向全国的跨域舞台。

2017年,友诚企业家扶贫基金会、北京师范大学、沪江网互加公益团队共同助力乡村小规模学校"M实验校"。M学校保质保量地开足开齐了课程,解决了师资力量薄弱,"音、体、美"专职教师缺乏的难题,使学生摆脱时空限制与城市孩子们共享名校名师的优质教育,学生的学业素养得到了系统化、科学化的提高。在"M实验校"的基础上全县19个乡镇的19所村小共同推进"实验区"建设,县教育行政优先提供政策保障和资金技术支持,开展网络教研、网络课程、网络学习,实现同步上课、同步教研、同步活动。县东城学校八十多名教师全部注册了网校空间,拥有了自己的网络"责任田",在网校空间上累计发表了5000多篇日志,网校资源库中分类存放教师上传的课件、教案、反思、试题,教师们在群体促进中获得了课程创生能力的极大释放。

(二)实现从观念破局到教研协同的发展进阶

2016年开始,县教体局基础教研室利用各种便捷的网络平台,建立定期网络集体备课制度,跨县、乡、校形成三级教研共同体。教研室在建设网络国家课程资源(语、数、英、思品、体、音、美等)、校本课程资源(学校特色建设课程、留守儿童课程、德育课程、班会、综合实践课程等)的基础上,根据各学校和教学点需要推出同步课堂、专递课堂、名师课堂网络直播课程表。教研员的信息素养走在全县教师前列,培育出了"网红教研员",角色定位从信息化政策的执行者转向国家课程地方化的网络课程设计者及优质课程创生的服务者,实现了专业化、主题式、项目化的"专业引领"。互联网协同教研也成为优秀教学行为和教学经验展示、传播的平台。2016年9月以来,全县"一师一优课,一课一名师"活动录课7000多节,1000多节课被评为市级优质课,100多节课被评为省、国家级优质课。

我们把网上说听评三位一体研讨课、巡视检查中教师课堂直播、学校特色课堂展播三方面结合起来,实现榜样带领和差课曝光。直播课堂实况,引起学校和教师高度重视,推动了高效课堂步步深入。除此之外,我们还把优质课大赛、课题立项活动、大型实践活动通过网络直播方式进行,借此提高课题立项的透明度,也提高了教师们对课题的重视程度,更提升了课题研究的质量。

——L县教研室教研员

在区域推进中,遇到了家长观念差异、校际管理水平差异、教师技术能力差异等诸多困难,部分学校对于互联网平台直播存在畏难情绪。教研员们对于师生人数较少的教学点进行了有针对性的指导,避免全覆盖、运动式的行政指令所造成的"边缘化"局面。对于部分存在惰性和推诿的学校加强沟通,选派有经验的教研专家点对点进行合作开发,通过实时体验调动参与积极性。为了教会老师更好使用互联网直播,教研员们下乡随身携带简易网络设备,走到哪里教到哪里,成为移动教学体。"互联网+教研"在全县实现了全覆盖,没有一个学校掉队。

(三)推动乡村学校"微共同体"建设实现校际均衡

信息技术与教育教学深度融合的真正动力来自一线教师旺盛的好奇心和求知欲,基础教育信息化发展需要乡村教师以积极、开放的心态和不拘一格的学习力,创设有利于学生开展自主、合作探究的网络学习环境和数字空间。

给予乡村教师所渴望获得的网络平台及资源支持,因地制宜地解决乡村学校网络课程建设困难,以更为丰富的教学想象力和课程创造力引领乡村学校的教育信息化改造,是信息化数字赋能的重要任务。通过互联网直播平台的联系,L 县的城镇学校和乡村学校以及教学点不再按原有的地域划分,区域的共时性和在地性使得学校迅速成为一个县域整体系统。基于地理区域的县域组织化促进了以乡村小规模学校为基本单位的"微共同体",偏远的教学点开始跨越几百千米的疏离状态而进入网络教学科研的共同社区。"一校一师"的教师们也开始摆脱孤独和沮丧感,在网络共同体中逐渐活跃起来。

　　Z 小学背依海拔 2000 米的熊耳山脉,距离县城 65 千米,仅有一名教师和不到十个学生,一、二年级加学前班。L 老师一个人承担十名左右的学生从学前教育到小学三年级的所有课程,借助互联网进入县域"微共同体"之后,通过直播吸引更多的社会关注,不断获得各种课程资源的学习渠道。"互联网+集体备课"增强了最偏远教学点老师们的教学规范意识,以学科区长为统领,区域联合的各年级、各学科共同开展网络"深度备课"活动,按照"创建平台—学科分工—主备校(人)初备(主持、主备、协备、签验)—网上审阅—传修改意见—主备人汇总—集体讨论修改意见—整理定稿导学案"的有序流程组织备课集体行动。

　　教学点的老师不再孤军奋战,互联网冲破了几百千米之间的地理区隔,城乡学校的师生们在互联网上迅速找到了归属感并培养起信任感。L 老师获得"2018 年度中国好老师"奖和 2019 年"走遍中国·寻找最美教师"奖。

(四)县域专递课堂开齐课程加速课程资源共享

　　2016 年 11 月 20 日,三门峡市普降大雪,地处深山区的 L 县通过 CCtalk 直播平台开展"停课不停学",在县教体局基础教研室的组织协调下,分散在县城、乡村、山区里的近 300 所中小学和 44000 多学生一起完成了区域性大规模网络学习的"初体验"。常态的县域专递课堂帮助农村学校开足、开齐课程。

　　① 小学 2018 年上学期送课 8 门 96 节,收课 2021 节;2018 年下学期送课 8 门 88 节,收课 3387 节;

② 小学 2019 年上学期送课 7 门 102 节，收课 3980 节；2019 年下学期送课 7 门 84 节，收课 4120 节；

③ 小学 2019 年下学期送课 9 门 102 节，收课 510 节；

④ 初中推出音乐、美术、真爱梦想名师在线课程 6 节，收课 860 节；

⑤ 县域精品名师课程"红二十五军在 L""L 地理""L 童谣"10 节，收课 1860 节。

2020 年春节前后，新型冠状病毒肺炎（COVID-19）疫情暴发，大中小学普遍推迟开学，教育部发布了《关于 2020 年春季学期延期开学的通知》。"停课不停学"作为一种应对突发性自然灾害或公共卫生事件的大规模网络化协作学习取代了传统的学校与课堂学习，其技术支持、课程建设、质量监督等问题以一种急遽的方式摆在了全国教育系统和广大师生、家长面前。据不完全统计，疫情发生期间 L 县域内在线学生共 45352 人，其中高中学生 6464 人，初中学生 14504 人，小学学生 24384 人，得益于前几年在线教育的实践积累，L 县表现出强有力的信息技术组织化能力，在统筹运用国家级、省级优质课程资源的基础上，县域自主开发优质公益课程近 1000 节，有效地降低疫情对正常教育教学秩序的负面影响。

在统筹运用国家级、省级优质课程资源的基础上，县域自主开发优质公益课程近 2255 节，表现出强有力的信息技术组织化能力。经过四年的大规模、集体性、常态化的整体性推进，县域协作大规模在线教育机制稳定，在制度保障、观念共识和机制建设方面都体现出了"互联网＋教育扶贫"的建设成果，展现出了革命老区"弯道超车"的比较优势。

四、德育先行："互联网＋教育脱贫"整体推进实验

L 县开展寒假综合实践活动，不仅仅是教师素养提升的机会，更给孩子们提供了展现才华、提高思想认识的舞台，密切了学生与自然、与社会、与生活的联系，也使家长对如何引导孩子更好地走向成功人生有了进一步的认识。学生核心素养的培养是 2017 年 L 县教育的主旋律，这次直播活动吹响了号角，下一步我们要做得更精彩。

——L 县教体局某领导

长期以来,现实条件造就了 L 县教育的三大不平衡:① 教育教学资源不平衡,县直学校已经做到了教学资料的优选,乡镇学校大多还是一本教材一本教参上课;② 教师素质不均衡,县直教师多数是优选而来,乡镇教师大多为特岗教师,很多教学点还配不齐体、音、美教师;③ 学生素质发展不均衡,城区教师凭借优势条件,积极组织学生参加丰富多彩的社会实践活动,学生素质发展较快,乡镇学生学习课本知识之外几乎没有任何活动,学生素质发展缓慢。三个不平衡最直接的后果是城乡教学质量的不平衡,县直学校教学质量早已迈进了三门峡市教育的先进行列,很多乡镇学校却发展缓慢,质量较低。在县域整体推进的过程中,L 县基础教育教研室确定了"德育为先,立足课程,结合校情,整合资源,活动拉动,借助互+,众筹共享,区域辐射"的综合实践活动课程思路。

在整体推进县域教育信息化的过程中,县教体局将德育综合实践活动课作为大规模在线提升教育信息化综合能力的切入口。从 2017 年开始,基础教研室在寒、暑假期间通过 L 县教研网络直播平台将综合实践活动进行全县展播,并且以文件形式对直播活动的评估、评比、表彰进行了明确的规定,要求各乡镇教育行政机构给予充分的制度保障和技术支持。2017 以来寒假综合实践活动,县域内学校共申报近 200 项,活动主题涵盖了社会生活、人文历史、自然环保等方方面面,其中以红色精神传承、绿色环保等为主题的实践活动最具特色。与此同时,通过多部门联动机制对全县范围内可挖掘的社会资源进行了梳理,鼓励跨区域、跨学校、跨年级的横向联合,同时吸纳部分优质的培训机构参与,为综合实践活动课程密切联系生活实际提供了最广泛的社会支持。

(一)综合实践活动引领网络直播整体推进

综合实践活动课是新课程改革的一个重要举措,也是培养学生创新精神和实践能力的重要途径之一。经过十几年的实验、推广,这门课程开设和实施的状况仍不容乐观,还有不少地区没有真正开课,开课的学校其课程实施的有效性也亟待提高。冯新瑞领导的课题组专门对农村地区 300 所学校的开课状况做了小范围的抽样调查,调查结果显示,农村地区开设综合实践活动课程的学校不到一半,上级领导不重视、教师缺乏培训、学校条件不足是其不开课的主要原因。① 此外，调研发现广大教师对于综合实践活动课的设置价值持怀疑态度，尤其是贫困地区在师资短缺的情况下，教师没有积极性再去开发课程资源或进行课程设计，即便开了课的学校，课程的开设也不够规范，课时难以保证。

地方教育行政部门的支持是综合实践活动课程得以顺利推进的强势力量。在三级课程管理中，它起到了承上启下的作用，一方面具体落实国家的课程政策，另一方面具体管理和指导学校课程的开设和实施。综合实践活动是新课程的亮点，更是难点，在没有课标、没有教材、教师没有教学经验的情况下，地方教育行政部门的管理就成了综合实践活动课程在学校能否顺利开设和实施的关键。②

2017年1月，L县基础教研室下发《关于开展中小学寒假优秀综合实践活动评选的通知》。通知为实践活动公共系统规划了九大主题：

红色L·红色精神传承；我爱L·保护绿色家园；L人文·探秘L古文化；家乡变化·我看新农村建设；社区服务·送温暖献爱心；学科实践·学科拓展和应用；春节文化·L民风民俗；我爱我家·今非昔比说变化；研究性学习·跨学科深度融合。

这九大主题无不彰显德育性、注重过程性、突出探究性，充分体现了L县的区域人文、地域特色，更是对学生进行爱家乡、爱L、爱生活的德育教育最好活动资源。2017年6月底，L县基础教育教研室下发《关于开展L县中小学2017年暑假优秀综合实践、学科活动课实践及研学旅行活动评选的通知》。要求L县所辖学校领导高度重视，教师和学生积极参与。与此同时，对于综合实践活动成果分小学、初中和高中三个学段进行评选。小学、初中学段的内容主要是综合实践活动或学科活动课，高中学段的内容主要是研究性学习。在文件中明确提出活动要符合综合实践活动和高中研究性学习的课程理念，活动主题彰显教育性、注重过程性、突出对问题的探究性和活

---

① 冯新瑞.农村小学综合实践活动的现状与改革对策[J].新课程研究,2014(1):49.
② 冯新瑞,田慧生.区域推进：综合实践活动课程有效实施的重要策略[J].教育研究,2015,36(11):71.

动体验性,能够体现本区域人文、地域特色,可操作性强。

为了更好地将优秀的课程设计和实施成果提升为具有推广价值的课程资源,教研室以学校为单位按所分配的名额择优推荐上报到县教研室。参评名额分配高中9个、城区各中小学不超过3个、乡镇中心校及中学各2个。教研室根据活动方案设计的整合性、实践性、自主性、开放性、生成性等特点,安排寒、暑假期间在L县教研网络直播平台进行全县展播,同时根据活动质量和视频点击率评选出县级一、二等奖,获奖比例为一等奖30%、二等奖50%,由县教研室颁发获奖证书,并择优推荐参加市级综合实践活动评选。

为了加深各学校对综合实践活动课重要性及价值的认识,L县基础教育教研室的工作人员反复研讨,对本地校情学情进行了深入了解。对于条件成熟的学校,教研室高标准、严要求,对于部分存在惰性和推诿的学校加强沟通,规范综合实践活动课程的管理,保障了课程的顺利实施。教研室在教育局领导的支持下,为本区域综合实践活动课程的开展提供专业引领和人力资源保障。寒假活动全县共申报103项,活动主题涵盖了春节民风民俗、红色精神、绿色家园、爱心服务、学科与生活融合等多个方面,可谓百花齐放,精彩纷呈。暑假活动全县共申报93项,其中以红色精神传承、经典阅读、绿色环保等主题的实践活动最具特色。

(二) 研学旅行课程中的学科统整

在综合实践活动实施过程中,突出学生的主体地位,充分发挥其主体作用。从活动主题的提出,到活动方案制定、活动实施,再到活动的总结、交流与评价,都应尽可能让学生自主进行,教师做好跟踪和有效引导、指导,严禁教师包办代替学生活动和进行总结。L县基础教研室在通知中明确提出:

> 方案设计要环节齐全、过程扎实,能够充分体现自主、体验、实践、多元、评价、校本性,将单一活动变为系统课程,彰显课程的育人价值。

而对于"研学旅行"这一类通过集体旅行、集中食宿方式开展的研究性学习和旅行体验相结合的校外教育活动,《教育部等11部门关于推进中小学生研学旅行的意见》明确要求:"各地教育行政部门要加强对中小学开展研学旅行的指导和帮助。各中小学要结合当地实际,把研学旅行纳入学校教育教学计划,与综合实践活动课程统筹考虑,促进研学旅行和学校课程有机融合,要精心设计研学旅行活动课程,做到立意高远、目的明确、活动生动、学习有效,避免'只旅不学'或'只学不旅'现象。"

准确把握研学旅行的基本定位和主要目的,关注研学旅行对于学生品格成长的价值及面向所有学生的原则。要避免将研学旅行与单纯的研究性学习等同,避免与夏令营、出境游等面向部分学生的游学混同;避免过于追求单一的学术性目标而忽略了对学生情感体验的教育。要充分利用本乡、本县的教育资源,根据不同年龄段学生的身心特点而设计成本低、教育价值高的研学内容,避免增加学生的经济负担和课业负担。

——L县教研室教研员

在综合实践活动的顶层设计中,从主题策划到内容实施无不彰显德育性、注重过程性、突出探究性,充分体现了L县的区域人文、地域特色,更是对学生进行爱家乡、爱L县、爱生活的德育教育最好活动资源。

以多种形式及时收集整理活动过程性资料。利用互联网平台直播展示:将制作好的活动幻灯片、音频、视频、微课等在L县教研网络平台展播。展示时间:15—20分钟。紧凑、精致、涵盖信息量大。

直播展示平台为CCtalk平台:

初中组群号为81553295(直播联系人W老师)

小学组群号为81553296(直播联系人Z老师)

高中组群号为81553297(直播联系人M老师)

活动结束后,根据活动质量和视频点击率按一定比例评选出县级一、二等奖,由县教体局颁发获奖证书,并择优推荐参加市级综合实践活动评选。

——摘自L县教体局开展综合实践活动的通知

2017年春节,L县通过"县综合实践活动直播平台"直播了103场社会实践活动,从直播情况来看,有60所学校、300余名教师、1200余名学生参加了寒假综合实践活动。活动涉及L县人文、地理、民俗等9大主题,涵盖了学生人文底蕴、科学精神、学会学习、健康生活、责任担当、实践创新等核心素养。直播中,还有许多外省市教育名人加入互动行列,截至2017年5

月,视频总回放量达 230 多万次。

——L 县教研室教研员

"绿色德育"是 L 县教育体育局局长期坚持的建设思路与标准,"绿色德育"充分体现出统整、协同、均衡、共享的教育发展观。方炳林先生在中国第一本教育生态学著作《生态环境与教育》一书中指出:"就生态学的字源而言,生态是'栖息之地',亦就是环境的意思。果真如此,则'生态环境'变成'环境环境',殊无积极意义。所以,这里的'生态',是用其引申的意义——生物彼此的关系以及生物与环境的关系,尤其重在'关系',彼此交互作用的关系。"传统德育模式往往片面强调道德知识的传授,割裂了德育内容与社会生活的联系,使学生知行脱节。而综合实践活动课程具有丰富学生经验的价值指向。"绿色德育"中蕴涵的生态观从学生的经验出发,关注学生的现实生活需要,让学生通过生活体验来理解社会道德要求,因而具有独特的德育生态化价值。在综合实践活动中,以间接经验为主的"学科知识"和以直接经验为主的"生活知识"在相互作用中提升学生的理解和应用。"绿色德育"的发展观重视学生的生活体验,大量采用探究发现、大胆质疑、调查研究、实验论证、合作交流、社会参与、社区服务以及劳动和技术教育等积极、主动的学习方式,有效发挥了学生在自我教育和自我发展中的主体作用。

(三)信息化技术支持教学资源生成

刚放假,我们就制定了实施方案,顶着严寒搞活动,晚上大家就在活动群里热烈讨论,还要对学生的活动日记认真批改,写评语。孩子们很受感动,我们也备感欣慰。从大年初一至初七,我们没有时间走亲访友,就在家里忙着制作课件、剪辑视频、试播。每当遇到困难,教研室就会伸出援手,释疑解惑。这种从课堂走向生活实践的学习方式,让学生收获了知识,更收获了全新的自己。回顾本次活动的开展,我们由迷茫到欣喜、到感动、到学习,再到收获满满。庆幸我们能在这样强大的团队中前行,相信我们会更优秀!

——L 县城关一小 Y 老师

让教育阻断贫困代际传递,使 L 县 63134 名农村贫困人口脱贫致富、使 12896 名贫困学生享受优质教育资源,向 L 县教育人提出了严峻的挑战。L

县横跨黄河、长江两大流域,境内有崤山、熊耳、伏牛三座大山。迫于这样的现实,L县过去的教研一直处在百里奔波开大会的模式中。费时费钱之外安全也难以得到保障,如果遇到大雪封山或者河水暴涨,则更是寸步难行,教师们只能"望会兴叹"。L县教研室把目光投向了"互联网+"。精准扶贫,瞄准扶贫对象,进行重点施策。扶贫必扶智,让贫困地区的孩子们接受良好教育,是扶贫开发的重要任务,也是阻断贫困代际传递的重要途径。自强不息的L县教育人将破解困境的关键瞄准了"互联网+教育",以低成本、高效能地汇聚优质师资和教育教学资源,多角度、多选择地匹配优质教育资源和薄弱教育区域,以显著的综合效能有力地促进学校教育、区域教育方式革新和质量提升。

从2016年开始,L县教研室利用各种便捷的网络平台的出现,各类教研QQ群、微信群、飞信群迅速建立起"集体备课联盟",可以跨校、跨乡,甚至跨县、跨市进行集体备课,毫无滞碍。极大解决了小规模学校,尤其是一人承包一门学科教师的备课问题。为方便偏远地区的老师,L县教体局还适时开通了教育资源平台和视频课平台,全县各学科教研员组织优秀教师上传自己的教学设计、课件、训练题、课堂实录、特色课程等内容,供教师们下载使用。目前资源网上保存着近六千份课件、视频、试题资料,任何教师都可以凭账号密码随时获取。迄今为止,L县已在县直和各乡镇建起了25个录播室,并在2015年的"一师一优课,一课一名师"活动中,录课2150节,860节获得市级优质课。2016年录课1825节,191节获得市级优质课,再次夺得全市第一。2017年录课1632节,234节获得市级优质课,连续三年蝉联全市第一。

2016年9月14日,L县第一次网上"说听评三位一体展评活动"顺利完成,一周一次已经成为惯例,从未间断过。到目前为止,L县已在县直和各乡镇建起了26个视频会议室,县级教研平台1个,学科平台20多个,班级平台30多个,学校平台500多个,直播课程近60门,线上线下学习不下于5万人次。一线教师纷纷为学生开设网络云课堂。东城小学一年级数学老师郑靖说,她感觉身上的"使命"更重了,因为百里之外山沟里的孩子,可能正通过网络在听她的课。条件稍好的实验中学、杜关中学、沙河中学等正在探索平板电脑及手机进课堂,实施翻转课堂,每人一台平板电脑,尝试个性化学习,语文老师利用投影在上面讲课,通过终端将题目推送给学生,随时进行问答,如同一档访谈节目,课堂上不时传来欢快的笑声。

综合实践活动需要多场活动同时直播以及户外直播,成为本次网络教研的核心技术难题。教研室把目光投向了沪江 CCtalk 直播平台,这个直播平台,可以用电脑录课直播,用不同账号同时播出多场活动,尤其便捷的是,它可以使用智能手机作为终端观看直播,在讨论区还可以展开深入研讨,直播以后可以生成视频,变成教学资源,便于反复观看。

每天直播,孩子们早早进入交流群,积极地为自己小组直播的老师和同学加油助威,也急切地与其他直播活动作比较,估测自己活动小组的分数。谈起活动的收获,学生们要说的话很多:

以前过年,我就认为是个"吃货节",吃吃喝喝睡睡,看看书,写写作业,乏味透了。通过这次活动,才知道从腊月初八到正月十五,天天都有讲究,丰富多彩呢!

我曾经以为 L 县就是深山窝,通过活动我才知道,我家的旁边就是红军长征路,刘华清、徐海东曾从我家门前走过,军歌《三大纪律、八项注意》就是在我们这里诞生的。

我是留守儿童,总以为我最不幸,通过参加活动,我和许多留守儿童家长或见面或通电话,知道家长比我们更不容易。我们要好好学习,对得起他们的付出……

在综合实践活动课开展过程中,河南省 L 县中小学教师热切参与直播技术的学习和探讨,家长们则对孩子们的变化欣喜不已。

平常沉迷在手机中的孩子喜欢与人交往了;喜欢独来独往的儿子知道团结协作了;嫌农村土里土气的孩子开始认认真真学剪窗花了;以前贪图享乐的孩子有了勤俭节约的意识了……

老师,我和许多家长都看了你们的直播,真是太好了。这次活动让孩子们学会了感恩,懂得了如何做人,最主要的是孩子们对学习有了更大的兴趣和独立的想法,这一切让孩子受益终身,谢谢您!

一个贫困的革命老区县在过年期间,竟有 60 所学校 300 多名教师指导

1.2万名学生开展了103个综合实践活动,活动结束后有万名学生、家长参与直播互动,视频回放量高达230多万次,像料峭寒冬中的春讯给素质教育带来一份暖意,像扶摇直上的旋风在L县刮起并迅捷辐射到部分省市。

(四)德育主题和红色情感的在地体验

  一代宗师曹靖华的光辉事迹,让我们的心灵受到了很大的震动,也陶冶了我们的情操。感谢老师对我的信任把直播这个重任交给我。我反复练习,认真推敲每个句子,把旁白和串词改了一次又一次,有几个晚上都是由老师把我送回家的。一遍又一遍的试播,喉咙都练哑了我也顾不了那么多。明明记忆深刻的话却因为紧张给忘了,幸好老师提前告诉我看到什么画面就介绍什么,但还是出现了断续和表情不自然的情况。我很愧疚,如果我能表现更好点、随机应变能力更强点,我们的分数可能会更高。直播结束后我长长地出了口气,真是"台上一分钟,台下十年功"啊。"梅花香自苦寒来""不经历风雨怎么见彩虹"这些让耳朵长茧的话现在感觉它们是那么亲切。

——五里川完全中学八(一)班C同学

  地域文化是一个地区的文化传统、生活历史沿革和精神观念的结晶,是该地区最为宝贵的资源和财富,是当地人民在漫长的岁月中为生息繁衍和社会进步而创造的物质文明和精神文明的总汇。① 基于地域文化的"互联网+绿色德育"是以地方文化资源为依托,从德育课程的目标、课程内容和实施路径三个维度进行设计。通过体验式德育课程,引导学生感悟自然、感悟生活和感悟社会,唤醒和诱发学生的道德情感,产生"内在意义的交流",促使学生知识的活化、情感的升华和能力的增强。

  1. 红色L·红色精神传承,让长征精神成为学生成长路上的精神动力

  L县是红二十五军长征途经地。充分认识红色老区,重走长征路、弘扬长征精神是L县各中小学校德育教育得天独厚的教育资源和重要内容。因

---

① 李才俊.基于地域文化的体验式德育课程设计初探:"文化生活"综合实践活动课程的新视角[J].课程·教材·教法,2010,30(7):61.

而在寒、暑假期的综合实践活动中,以"红色L"为主题的实践内容居多,如育才中学的"寻找家乡红色记忆"、文峪中心校的"探究水峪河边的红色印记"、木桐中心校的"红色木桐,红色精神传承"、官坡二中的"探寻25军兰草足迹,弘扬三大纪律红军精神"、东明一中的"学长征精神,做红色传人"、范里一中的"游览红色圣地,感受先烈精神"、官坡一中的"红色L,红色精神传承"、徐家中学的"重走长征路,传承长征精神"、L一高的"探寻红军足迹,弘扬长征精神"等活动,各活动团队通过实地走访、考证,探寻老区的红色印记,让师生重温革命峥嵘岁月,光辉历程。

2. 亲近宗师·树立家国情怀,追思伟人,文脉溯源,营造尊师风尚

五里川镇是我国著名教育家、文学家曹靖华先生的故乡。五里川中学的"我们身边的'一代宗师'"主题活动,通过对一代宗师曹靖华先生故居的实地探访,透过一件件实物,师生们仿佛看见了曹靖华少时刻苦求学的场景,深深地激发了孩子内心的家国情怀。矗立于五里川中学校园内的鲁迅先生亲自为曹植甫先生撰写的《教泽碑文》,被毛泽东主席称为"以不朽之文,传不朽之人",通过瞻仰,师生们真切感受到曹老先生"位卑未敢忘忧国"的报国之情。该题材活动团队做得很用心,在师生中产生了深远影响。

3. 爱我L·争做环保卫士,将绿色环保理念植入学生心田

L县实验小学的"减少我们身边的垃圾"实践活动紧紧围绕"我爱L,保护绿色家园"这一主题,精心谋划,大胆实践,带领学生走进L县垃圾处理场,让孩子们真切感受环境恶化带来的严重后果。朱阳镇、瓦窑沟乡是著名的"南水北调"的水源地,瓦窑沟中心校的"保护淇河、送爱到北京"、育英中学的"清清L,环保我先行"、实验中学的"争做环保小卫士,共建绿色新山城"、双龙湾中学的"给双龙湾一片蓝天"、杜关中学的"追源春节生活垃圾,携手共筑家园净土"、朱阳关中学的"拒绝环境污染,保护绿色家园"等活动,都把关注的目光投向了"环保"这一主题,以此强化了孩子们的环保意识,从而更好地保护家乡的蓝天绿水。这类主题中,特别值得一提的是瓦窑沟中学的"爱我淇河 保护水源"、狮子坪中学的"同饮一江水 京L一家亲"等活

动,以自身处于西南山区、南水北调水源地的独特地理位置,活动主题聚焦南水北调工程的水源地保护。活动中学生通过查找资料,了解南水北调工程的战略布局、重大意义、经过路线及水源地水资源的现状等等,组织学生在村民中进行环保宣传,以实际行动开展捡拾垃圾、保护植被、保护水源等力所能及的活动。活动的立意之高、影响之深远,必然会产生潜移默化的德育力量。

4. L人文·探秘L古文化,体验家乡魅力文化,激发爱L爱家乡的深厚情感

行知双语小学的"走近河洛文化,感受L魅力"活动彰显了"L人文,探秘L古文化"这一主题的内涵,师生们走进文化馆陈列室,真切感受到了河洛文化的魅力。木桐中心校的"探索木桐'猿人山'"、杜关中心校的"探秘杜关药王楼"、城关镇中心校的"走近古城墙,探寻古文化"、城关一小的"走进城隍古庙,探究历史文化"、L一高的"从老照片看L民生之变迁"等活动内容无不凸显出L县厚重的历史文化积淀及翻天覆地的发展变化。

5. 家乡变化·我看新农村建设,触摸改革建设成就,树立志成才、报效祖国之志向

东城学校的"说说俺村的新变化"活动紧扣"家乡变化,我看新农村建设"主题,通过实地考察走访,真情讴歌了新农村建设取得的巨大成就。汤河中心校的"家乡变化,看看我家的新房"、横涧中心校的"火车经过我家乡"、朱阳关中心校的"L南大门——朱阳关新风"、横涧中心校的"脱贫之路——我看家乡新变化"、范里二中的"从范里镇住房变迁看新农村建设"等,从不同侧面见证了新的历史条件下党的惠民政策、扶贫攻坚给老区带来的巨大变化。实验小学的"小眼睛看县城,大美L是我家"、L一小的"同看城市新变化 携手希望共成长"、东城小学的"关爱留守儿童,爱心播撒阳光"、沙河小学的"走进县城、感受现代文明、播种希望梦想"等活动,为城乡孩子手拉手共成长搭建平台,引导同学们树立乡村自信和未来建设新农村的理想抱负。

6. 社区服务·送温暖献爱心，唤醒感恩之心，诠释尊老、敬老传统美德

范里一中的"春节与留守，回家与感恩"紧紧契合"社区服务，送温暖献爱心"的主题，将浓浓的真情献给了身边最需要的人。横涧一中的"心系老人，春节送暖"、城关镇中学的"爱心送温暖，行动夕阳红"、朱阳关中学的"青春伴夕阳，温暖敬老行"等活动则完美地诠释了"尊老·敬老"这一中华传统美德的真谛。

7. 学科实践·学科拓展和应用，品味经典阅读，引导学以致用、知行合一的治学态度

L县一高的"L山河我来测，让数学走进生活"活动，围绕"学科实践，学科拓展和应用"这一主题，师生们通过实地测量，感受到了家乡山河的壮美，学生明白了数学不仅仅是枯燥的公式推理，让数学走进了生活。L县一高的"家乡特色农业发展状况调查"活动，师生们走进田间地头，通过走访与实地调查，了解了L县特色农业的发展现状，为同学们未来投身于"美丽L县"建设奠定了基础。L县一高的"寻找家乡景区中的英语文化"活动，师生们走出校园，走向自然，不仅欣赏了景区的美丽景色，陶冶了情操，更领略了景区的英语文化。L一高的"爱数学，让数学在生活中起舞""化学与健康——生活饮用水""L县栎类植物的利用和保护调查方案"、东城小学的"我和蔬菜交朋友"、范里中心校的"小学数学在农村生活中的运用"、沙河中心校的"学科实践——走近食用菌"、城关镇中学的"打折销售中的数学"、横涧一中的"魔力新春，化学的精彩演绎"、横涧二中的"测量在实际生活中应用"等活动，师生们走出课堂，躬身实践，真切感受到了学有所用的成就感。L县一高的"走出校园的学科实践，走进书店的经典品读"、实验小学的"品味经典诗词，传承传统文化"、实验中学的"全民阅读我先行，传承文明放飞梦"、L县二小的"与经典同行，促全民阅读"、行知双语小学的"圆梦蒲公英，经典伴我行"、城关镇第二小学的"同读经典，共享成长"等活动，引导学生对国学经典的阅读、感知、热爱，充分展现了传统文化的德育浸润魅力。

8. 春节文化·L县民风民俗，鼓励在继承传统文化中赋予时代气息

寒假实践活动的开展适逢新春，"春节文化，L县民风民俗"也是师生们关注的热点话题。实验小学的"浓浓年味，话说春联"、行知小学的"巧装饰迎新年，品美食话习俗"、东城学校的"我家的春节"、东明中心校的"浓浓年味，永久传承"、范里中心校的"我们的压岁钱"、官道口中心校的"豫西古镇官道口的腰鼓传承"、L县一高的"品味L的'过年'文化"、L县一高的"春节美食文化——舌尖上的L县"等共四十多个活动，相同的活动主题，从不同角度深入挖掘家乡的春节民俗，丰富多彩，异彩纷呈。

从2017年开始，L县在过年期间，共有60所学校300多名教师指导1.2万名学生开展了在线直播综合实践活动，活动结束后视频回放量高达400多万次，辐射到周边部分省市。每个综合实践活动按主题申请不同的直播间，广大师生通过账号切换进入不同网络空间，课程全过程用电脑或智能手机终端直播，方圆百里之内的教研员、学校老师、学生、家长在各自电脑前观看直播，群内留言，相互点评，在讨论区还可以进行高频次的互动。直播结束后生成教学资源进入县域学习资源库，可通过视频回放进行教学反思和教学评价。逐步改变了家长对于在线学习和"空中课堂"认识有限，信息素养缺乏，难以实现在线学习的配合和监督，孩子们在家中对网络学习的兴趣更多来自对手机的合理占有的状况。L县教研室把小学音乐、体育、美术系列网络课程建设的任务分包给了县直的优秀音乐、体育、美术教师，目前共配送500余节课。在网络的一端，县直的教师们直播着音、体、美课程；在网络的另一端，深山区的孩子们看着大屏幕兴致勃勃地进行着各种学习活动。跟不上直播教学节奏的学校，可以自行利用CCtalk生成的教学视频组织音、体、美教学，效果依然良好。为了确保网络教研县域全覆盖，教研室还通过"扶贫助研"活动，为偏远小学送去教研员捐献的智能手机，带动了一批教师积极加入网络教研行列。

（五）多元主体参与的常态化作为

十九大对"教育公平"提出新要求，站在新时代，我们要在确保弱势群体有公平接受教育机会的同时，实现公平而有质量的教育，让城乡教育的质量同步提高。"L县模式"让我们看到，以互联网技术为手段，推动优质教育资源向边远、贫困、革命老区倾斜，向薄弱学校倾斜，中国的乡村教育能够在新时代实现跨越式的发展。

——国务院参事、国务院扶贫开发领导小组专家委员会副主任 T 教授

三门峡 L 县将社会协同共育作为解决自身资源缺乏问题的重要抓手，积极促进政府、学校、社会三者形成一个平等的协作模式，吸引各方社会力量围绕共同的德育建设目标开展协作运动，形成以"互联网＋绿色德育"为引领的开放式教育治理体系，通过互联网快速度、低成本、高效能、影响持续性的链接特征将社会力量纳入体系之内。通过协调、优化、整合系统内部的协同环境，促进教育公平、完善教育结构、提高教育质量。借由教育系统内部的宏观有序升级与系统外部环境良性物质交换，对体系外部发展与有序环境产生助益，同时从体系外部汲取有益力量改善内部环境。省科技处、基教处、教研室、省电教中心、三门峡市教育局等职能部门给予大力支持，为活动开展保驾护航。

"互联网＋绿色德育"综合实践活动获得了社会各方力量的关注与支持。地方各职能部门如县档案局、法院、交通局、水电局、文广新局、建设局、环保局、消防大队及新华书店、文化馆、县医院、中医院、养老院、产业集聚区、旅游景区、移动公司、污水处理厂、垃圾处理厂等单位对活动大力支持与协助。活动中，学生第一次走进职能部门及厂矿企业的大门，听工作人员的讲解叙述。面对学生崇敬的眼神，工作人员心中多了对职业的神圣感和使命感；孩子们从这里了解社会、了解职业，孩子未来的职业选择也许会从此刻萌生。小活动大德育，实践活动再次彰显出无穷的德育魅力。

互+计划为各学校"创建义务教育优质均衡发展区"提供技术支持保障体系，全程直播技术服务，为活动直播提供技术指导，激活区域"互联网＋德育"自主发展的内驱力，通过互联网公益实现德育工作整体推进的政策实施落地。

在社会共育的机制推动下，中小学德育不再是刻板说教，不再是单向灌输，"互联网＋"整体推进下的大规模综合实践活动课激发了社会各界的参与潜能，而主题式的分类指导让学校之间、班级之间相互连通，结成共同体式的合作探究，呈现出四个典型特征：

第一，真实。德育综合实践活动课不是"走过场"，学生们真正参与、体验、感悟活动，真正通过自主参与获得道德体验并转化为道德行为。

第二,真情。通过实践活动,活动团队的师生对国家级贫困县的县情、乡情、家庭的实际状况有了更为深切的了解,也多了一份课本之外的对社会、生活的真实体验和理性思考。

第三,真切。真实的活动、真实的了解,孩子们在活动中的感悟必然是真情的表达流露。活动在丰富孩子们内心世界的同时滋养着孩子们的思想情感、道德情操。

第四,真心。所有的参与主体在本次实践活动开展过程中,都将学生的德育目标作为共同的使命和责任,形成了强大的教育凝聚力。

五、系统自组织创新的内生模式

县域是贯彻落实党和国家民生政策的"最后一公里",是保障和改善民生的主阵地,也是脱贫攻坚的主战场。县域是不平衡不充分发展的重点,推进改革发展稳定、应对风险和挑战、实现高质量发展的重点和难点都在县域,因此必须积极探索推动高质量发展的新途径。在教育脱贫攻坚和义务教育均衡县创建的国家大考中,L县大规模在线教育"以制度保障推动整体设计、以教师认同提升信息素养、以学生接受培养自主学习、以导学助学保障学习效果、以平台建设完善教学评估"的常态化建设,成为整体推进的县域样本。2018年12月,L县成功创建国家义务教育发展基本均衡县。2020年2月,河南省脱贫攻坚领导小组研究认定,L县各项指标均已达到贫困县退出标准,正式脱贫"摘帽"。

(一) 从"组织化"到"系统自组织"的治理结构创新

我国欠发达地区的县域教育信息化若想实现常态化发展,必须从增强自身的内生发展动力着手,形成运作良好、有序的自组织系统,才能从根本上摆脱对行政权威的组织依赖和资源依赖而获得内生的动力和活力。社会层面的复杂系统的自组织是指许多独立的个体在没有外在组织力、没有中心控制的情况下,进行的相互作用、相互影响、自然演化。[1] 也就是说,自组

---

[1] 苗东升.系统科学精要:第2版[M].北京:中国人民大学出版社,2006:130-154.

织的演变、进化是在内部要素的驱动中完成而不是外部力量的强制下实现的。乡村学校教师作为在线学习的引导者和网络课程的实施者，其教学行为的改变需要一定的外部力量加以激发和动员，但其常态化的持续力量还是来自从他组织到自组织，从技术直觉到运用自觉，从杂乱无序到井然有序。现代信息技术赋予了课程教学"自组织"的可能性和拓展性，在教育行政"组织化"推进的基本规则引导之下，课程的开发者和实施者拥有了更大的独立思考的空间，其课程想象力也得以激发。自组织的前提是广大乡村学校、教学点的教师形成对互联网组织课程形态的接受和认同，同时借助教育行政部门的制度化"组织化"推进，逐步在观念、制度、技术、文化层面进行系统性的改变。

L县教育信息化是从"三件宝"开始的，即一个笔记本电脑、一根网线、一个摄像头。2020年基本具备了信息化教学应用的硬件要求。2017年，L县整合财政资金2.33亿元，向国开行融资贷款7.2亿元，用于全县学校软硬件升级达标，其中信息化建设规划资金近亿元，对"校校通、班班通"进行全面升级。建设了县信息中心及门户网站，安装了视频会议系统，建成包括县域内64个点的教育VPN城域网和校园智慧安防运维系统，确定"数字校园"示范学校2个，建成云桌面计算机教室75个，网络录直播教室93个，购置触摸一体机1050套，安装智能云阅卷系统8套，对所有学校网络进行了扩容提速。L县这个山区小县教育信息化从民间到官方，从公益到常规，从分散实践到共同体建立，一步步发展壮大，起关键作用的是硬件建设。目前已经构建了信息化应用相对完备的支撑系统。县域教育行政对互联网课程形态的官方认可和激励消除了乡村教师长久以来对教育信息技术的疑虑和自我设限，一些长期通过远程学习与教育公益组织接触并获得技术应用能力提升的乡村教师曾经被视作教育体制中的特立独行者，甚至被孤立和边缘化。教育行政的组织化打破了教育信息技术在贫困县域内乡村学校的集体冷遇，让更多的乡村互联网精英获得了体制内的认可，其在线课程开发示范效应带动了更多师生的学习热情，同时在课程设计和教学能力的评价标准与督导上加大建设力度，也让"空中课堂"的情境建设和资源建设更加规范和科学。

经过五年试验，参与试点的学校发生了显著变化。教学点开设了原本开不了的科学、品社、音乐、美术等课程,中小学教师的素质和能力得到显著提高。如L县狮子坪颜子河小学距县城150千米,原来在科学、品社、英语、美术、音乐等课程开设上存在困难。实行"双师"教学后,教师结构性缺编的现象得到了缓解。瓦窑沟乡庙上小学的齐业磊老师本是语文老师,"双师"试验后,他已经能非常熟练地给小学三、四年级的学生上音乐课了。官道口中学的马瑞峰老师,他所带的初二(1)班的数学平均成绩提高了20多分。

2018年L县高考普通类一本共上线348人,比2017年增加111人;二本上线1486人,比去年增加166人。中考成绩在城区学校中位居全市前列,乡镇基地学校各项指标完成率增长幅度很大。小学段的教育教学质量,由于评价手段的多元化,小学生综合素质如学习习惯、实践能力等明显提升。

(二) 从"课程创新"到"课程扶志"的教研高质量发展

教育扶贫的国家行动有效冲破了城乡二元制度的约束,诱发了城乡体制的一系列变动。互联网将L县域内各乡镇的学校链接起来,城镇学校和村小、教学点之间的空间距离被消弭,乡村学校大规模在线教育所表现出的开放性、动态性、协同性以及共生性超越了城乡对立、技术壁垒。系统要素是系统的基本组成部分或基本单元,或最小组成单元,而处于网络平台中的学校、教师、学生成为系统中各层次的要素点,城镇学校—乡村学校—教学点成为系统中的三级层次,当网络展播或直播开始的时候,系统要素之间、子系统之间、层次之间、系统与环境之间存在的线性关系被非线性的相互作用所替代,加快了教育信息化整体推进的速度,非线性的相互作用激发了系统自组织的活跃度,产生非平庸的涌现性。

五年以来,"15553县域(L)模式"构筑了网络教学、教研保障体系,通过"五级课程"输送优质课程资源,"五级跨区域大教研"促进教师快速成长,同时通过"互联网＋绿色德育"和"互联网＋研学旅行"激发革命老区红色记忆,凝聚多主体的参与热情。自2015年至今,L县网上资源保存了五万多份课件、视频、试题资料供全县教师选择使用,县域内教师凭借账户密码可以从资源库下载海量教学资源,选择使用,毫不费力。2020年上学期疫情期间设计、制作、推送县域在线名师课共 2255 节。其中省市级名师 33 人，承担省级录播课 79 节、市级录播课 14 节。县教研室推送的各类在线名师课堂，保质保量满足了全县中小学生在线学习的需求。2020 年使 80% 以上的农村学校学生、100% 的城镇学校学生，90% 以上的农村学校教师、100% 的城镇学校教师建立了个人网络学习空间，100% 的中小学校建立了机构网络学习空间，为名师课堂的在线送课、接收课程提供了网络技术保障；按区域配置网上阅卷系统，为全县中小学调研考试、中高招模拟考试等提供了扫描、识别、采集、分析等服务，实现基于大数据的精准化教学评价，为名师课堂的教学质量评价提供了可靠保障。

逐步建立起的学生"教育身份证"数据库，实行中小学基于数据实证的"教—学—评"一体化精准评价机制，实施大数据跟踪分析，对教学质量及相关影响因素进行监测和调控，通过检测、分析、反馈与调控等手段，引领教育观念转变，提升教师专业水平，促进学生全面发展，以此保障名师课堂的效果和效益。每一所学校的课程团队都成为课程设计、实施的自组织，而县教研室的教研员提供技术支持和平台维护，各课程团队可结合学校所在区域的环境资源、社区资源、家校共建资源与学生日常生活相贴近，激发学生道德情感，尤其是乡村小规模学校与教学点，教师的课程意识也在逐渐被唤醒，成为潜在的自组织动力。每所展播学校所迸发出的课程自组织力不断产生涌现机制，县域教育信息化整体改革涌现是一种从低层次到高层次的推进，是在课程开发主体不断提升自我学习、交互学习的基础上，从传统的应付式工作蜕变出新的课程教学生态。

（三）从"观念共识"到"经验传播"的县域经验

2017 年，"让绿色德育在综合实践活动中找到生长的土壤"获得教育部中小学德育工作优秀案例；2018 年，信息技术助力 L 县实现教育均衡发展"获得全国基础教育信息化应用典型案例；2020 年 8 月 L 县获批国家级信息化教学实验区；2020 年 10 月 L 县获批河南省人工智能实验区；2020 年 11 月 L 县获批中央电教馆"在线教育应用创新项目"区域。

L 县在教育扶贫的战略中认识到了教育信息化带给贫困老区底层攻坚的重大价值，进行组织化、多频次、大规模在线教育的集体行动。经过三年的大规模、集体性、常态化的整体性推进,县域协作大规模在线教育机制稳定,保证了对新冠肺炎疫情期间"停课不停学"的积极应对,在制度保障、观念共识和集体心理建设方面都体现出了"互联网＋教育扶贫"的建设优势。通过五年的整体推进完成了大规模在线教育的深层次底部攻坚,接近13000名贫困学生及家庭通过互联网体验在线学习,逐步形成获得优质教育资源的能力。

帕特南《独自打保龄——美国社区的衰落与复兴》一书认为,最深厚的归属感来自人们感觉最亲密的社会网络,而所谓紧密的网络结构是公民对社区公共活动的积极参与,以及由此引发的人们之间的高度信任。"空中课堂"开放性和无边界特征可以容纳大量的社会力量参与其中,尤其是城市街道、乡村社区与学校的课程合作,而地方建设的革命纪念馆、民俗文化馆、历史博物馆等文化场所成为课程资源重要的共享基地,对于课程设计、资料搜集、内容建设有着重要价值。在互联网直播呈现出的课程画面中,各种参与主体与学校师生同时出现,共同构建出共时性与共在性的课程情境。尤其是重走红军长征路的研学旅行活动,大量历史资料和历史画面在直播中与学生们的体验活动相互穿插,将不同历史时期的人物故事在课程体验中再现,理想信念教育的德育意图被学生充分感知,也同时感染了观看直播的其他师生和家长。课程直播的形式增强了各部门各单位的主体意识,在共同设计课程的过程中,专业人员将丰富的历史、文化、科技、环保知识通过互联网输入课程内容,并且通过学生的认知转化为普及性的社会知识,再通过互联网向更多的公众传播,研学旅行的内容维度和价值维度都出现外延的扩张,进而促进了课程价值内核的自组织变革。"以信息化实现教育扶贫资源与服务的多来源供给,激发多元主体供给活力,创新供给方式……实现以学校教育带动家庭、社会教育功能的整合与互动,也能体现教育信息化在教育精准扶贫供给侧改革中的独特作用。"[1]

在巩固脱贫攻坚成果与乡村振兴统筹衔接的历史交汇期,教育反贫困的重点从数字时代的绝对贫困人口的消失转向能力发展和权利赋能。"教

---

[1] 向磊,左明章,杨登峰,等.信息化促进教育精准扶贫供给侧改革:作用机理与实施对策[J].中国电化教育,2019(10):65.

育公平是社会公平的重要基础,要不断促进教育发展成果更多更公平惠及全体人民,以教育公平促进社会公平正义。"①从县域教育行政的组织化到互联网自组织机制创新,在突发公共危机中展现出"弯道超车"的比较优势,为从根本上消除教育发展不均衡的"中国之治"贡献了县域样本,对全国贫困县域教育脱贫攻坚向高质量发展具有借鉴价值和启示意义。

---

① 习近平.习近平谈治国理论:第 2 卷[M].北京:外文出版社,2017:365-366.

第六章 J县模式:文化接受视角下的课程突围

　　J县位于甘肃平凉市西部,总面积2193平方千米,辖24个乡镇、1个城市社区管委会、333个行政村、14个社区,总人口47.5万人。J县历史厚重,是"红色圣地",境内有仰韶文化、齐家文化等文化遗存148处,建县置郡已有2000多年历史,红军长征五次途经J县,毛泽东、周恩来等革命先驱曾在此宿营,是红军长征中的"领袖驻地",是红军三大主力静会地区大会师的"中心基点"。J县区位明显,是"陇口要冲",位于西安、兰州、银川几何中心位置,曾是古丝绸之路东段中线上的重镇。J县是苹果之乡、全国苹果规模栽培第一县,"J县苹果"先后荣获8张国家级名片和17项大奖。2020年2月,J县经审定正式退出贫困县行列。J县素有崇尚文化、重教兴学的优良传统,全县现有各级各类学校446所,先后被评为全国教育先进县、全国扫盲先进县、全国农村职业教育和成人教育示范县等。J县一中、J县文萃中学等学校呈现出文化厚重的历史传统和鲜明的地域特色。教育名人辈出,教育成果斐然,人文积淀深厚,正是J县教育的典型特征。自恢复高考以来,全县累计12.3万名学子考入大中专及以上院校,76名学生考入清华大学、北京大学,城乡居民户均有一名大中专以上毕业或在校就读大学生。投资12亿元建成文屏教育园,占地5000亩,包括2所高中、1所小学、1所幼儿园、1所职业学校,可容纳1.3万名学生就读。

一、乡土文化成为小规模学校文化自信的"源头活水"

　　习近平总书记强调"要深入挖掘、继承、创新优秀传统乡土文化。要让有形的乡村文化留得住"。乡土文化内涵的研究一直都是学界所关注的话题,由于研究视角、研究背景、研究方式等方面的不同,研究者对乡土文化给予不同领域所独有的界定,20世纪80年代,费孝通先生在《乡土中国》一书中就对乡土文化的价值及内核进行过分析:"文化是依赖象征体系和个人的记忆而维持着的社会共同经验。……历史对于个人,并不是点缀的饰物,而是实用的、不能或缺的生活基础。"乡土文化起源于农业社会,是历史发展的遗存及形成的文化载体。乡土文化既承载了乡村的传统物质和精神文明,也传播和继承了乡村传统文化,并维系着乡村、宗族、社会、经济、文化等多方面的发展。[1]陈琛等认为乡土文化具有"物质"和"非物质"的双重属性,它包括物质性文化和非物质性文化两个层面,是物质文明、精神文明及生态文明的综合,它包含了聚落空间、乡土建筑、乡土景观等物质要素,也包含了诸如语言、习俗、价值观、宗教信仰、社会组织形式等农民群体祖辈形成的文化因子,既涵盖了中华传统文化中的一些共性因素,又涵盖了具有地方特色的民风、民俗、价值观和社会意识。乡土文化博大精深,在其漫长的发展过程中逐渐形成了深厚的内涵。它起源于农业社会,本质上是农业文化,是中国传统文化的重要组成部分,它是在一个特定的地域内发端流行并长期积淀所形成的,具有鲜明的地域特色。

从基层上看,中国社会是乡土性的。[2]然而现代随着世界一体化趋势的不断增强,当前我国正处于社会转型、体制转轨、利益调整的重要时期,政治、经济、文化等领域都发生了复杂而深刻的变化。文化在"互异"前提和"融合"趋势的共同作用下在全世界范围内流动,乡土性和世界性在时代的快速发展中激荡,二者之间产生不可避免的碰撞,加速了多元文化场域和语境的形成。有国家以多种文化渗透途径,推行文化霸权和文化扩张,严重威胁着其他国家的文化发展和文化安全,开启了一场没有硝烟的文化战争。文化危机和教育危机相互纠缠,这些文化战争也给教育工作者带来极为严峻的挑战。正如毕红梅所说:"在全球化的浪潮中,我国处于发展中国家的劣势,与发达国家的不平衡发展必然会冲击和消解我国的文化,削弱社会主

---

[1] 卢渊,李颖,宋攀.乡土文化在"美丽乡村"建设中的保护与传承[J].西北农林科技大学学报(社会科学版),2016,16(3):69.
[2] 费孝通.乡土中国[M].南京:译林出版社,2020:1.

义意识形态的防御能力,使民主非意识形态化倾向严重,歪曲人们的思想观念和价值取向,加大了教育的难度。"① 现代教育越来越倾向于灌输一种使受教育者与乡土中国相分离的价值观念。潘光旦先生称之为"忘本的教育"②,它脱离了中国社会的传统思想,也脱离了乡土中国的实际。因此,应坚持以乡土文化为核心的文化主体性,强化乡土文化自信、乡土文化认同和乡土文化自觉,探寻从文化"失根"到文化"生根"的教育新路径,寻找现代教育发展的"务本之义"。在城乡二元结构的限制与约束中,农村教育必然需要打破制约的格局,开启全新视角。这就要求教育学研究要基于本土立场,做好本土研究,在解决本土实践问题的过程中,发掘出教育的普适性规律,构建既能引领本土实践,又能为他者提供借鉴参考的教育理论体系。

(一) 学校的空间位移断裂了乡土文明的连续感

县域教育均衡发展的推进引发乡村学校布局的大幅度调整,坐落在村落中心位置的农村小规模学校或者教学点正逐步向中心学校合并。统一规划和建设的乡村学校在文化建设上的趋同性愈加明显,也反映出教育均衡发展对乡村区域文化差异性缺乏认识。2001 年以来,对农村义务教育学校的布局调整及城乡一体化,尽管持续了 20 多年,但对于历经千年风雨的乡村学校来说,却仿佛是一夜之间。教育的"文化选择与排除"的力量在这里得到了淋漓尽致的表现。乡村学校在城市化的进程中,关键不在于对城市价值的追求,而在于对乡村文化的放弃。③ 课程文化上则是城市取向导致乡村少年与乡村生活经验的联系越来越少,乡村学校的精神离土导致乡村少年们对乡土文化的无感和对城市文化的向往。

J 县的新建乡村学校大多外观整齐划一,校园环境建设趋向城镇学校,缺少原本乡村的氛围;在课程设计方面,城镇学校的课程设计呈现的是远离乡土原有的文化和乡村大自然的教育,乡村少年与乡村的距离经由学校教育而变得越来越远。乡村学校在城市化取向的教育过程中缺失对乡村自然

---

① 毕红梅.全球化视野中的思想政治教育研究[M].中国社会科学出版社,2006:46.
② 潘光旦.夔庵随笔[M].天津:百花文艺出版社,2002:310.
③ 薛晓阳.乡村学校"在乡性"的危机与应对:以"乡村文化教育"作为一种应对战略[J].陕西师范大学学报(哲学社会科学版),2022,51(1):92.

的探究，使得乡村少年失去了与生养自己的土地及土地上的文化的联系，成了介于城市和乡村文化夹缝中的"无根之木"。在其品德形成的过程中，乡土人文教育的缺位，难以促进乡村少年对日常生活实践的人文反思，难以讨论和反思人生的意义。①

　　对我们农村小学来说，生源外流是很正常的。父母在城里打工，会把孩子带在身边上学。有一些家长虽然自己没进城，仍然把孩子送进城读书，就连很多乡村教师自己都会把孩子送进城上学的。

　　如果招不到学生，学校也是办不下去的。

——J 县大寨小学 W 校长

　　化解生源衰减难题、引导学生回流走向是大部分乡村学校校长和教师的基本共识。"农村孩子应该接受怎样的教育"，这个问题蕴含着对乡村教育发展道路问题的审思、对学校教育价值出发点的凝视，内隐着小规模学校如何办好教育、留下学生的现实思考。

（二）文化自信的匮乏加剧了乡土课程的割裂感

　　教育主体是指按照社会培养人的总的要求，有目的、有组织、有计划面向学生开设乡土课程的组织和教育者。教育主体是乡土课程建设中的组织领导者，主导整个接受活动，负责规划、协调、推动、控制和统摄全局。从接受结构的系统观来说，教育主体在接受活动产生的过程中起着十分重要的作用。教育主体在一定程度上可以改变影响的性质和程度，根据接受者的接受特点和接受心理选择和决定教育材料，并应用行之有效的教育方法等，以促进接受主体接受行为的提升。不仅如此，教育者的自身素质与教育者行为本身也能直接影响接受者的接受状况。所以理论上说，教育主体对整个接受活动进行着调控与引导并在一定程度上决定着接受主体在乡土课程接受过程中的方向和最终实效性

　　作为学校教学主导者的教师，其教学水平直接影响着学校教育的质量与水平。然而调查显示，乡村师资的"质"和"量"情况令人担忧，教师数量难

---

① 石中英.人文世界、人文知识与人文教育[J].教育理论与实践，2001(6)：14.

以保证。L县的174位乡村教师中，74.4%的教师是大专及大专以下学历。通过与相关地方教育部门人员和多名校长的访谈，团队进一步发现，乡村学校的教师队伍主要由二十世纪八九十年代中师毕业的教师和特岗教师构成。特岗教师队伍由师范类大专生和非师范类本科生组成，特岗教师的专业是不受限制的，如工程、医学、旅游专业的只要是本科生都可以参加招募，其教育教学基本功远落后于师范专业的教师。特岗教师在村小工作满三年就可以申请调离，大部分特岗教师期满选择离开，这也造成了乡村学校师资培养和教师的专业成长缺乏连续性。

例如，在对乡村学校德育教学方式的调查中发现，受到传统教学观念的影响，大多数德育课程的教学方式还是以纯知识性教学模式为主，"教师讲、学生听"的课堂教学一以贯之，当问及"你怎样理解'学校德育课程教学重德育知识的传递，以说教为主'?"时，有41.1%的同学表示完全赞同，有47.9%的同学表示比较赞同；同时有19.8%的教师表示完全赞同，有48.0%的教师表示比较赞同。学生、教师的回答反映出乡村学校德育课程出现了缺乏创意、形式呆板、内容空洞等一系列问题。德育课程本身抽象程度高，概念较为深奥，需要学生具有一定的逻辑思维能力。如果再延续传统的德育教学模式——以课本为主，依靠黑板、粉笔这样旧式的教学工具，重理论而轻活动，脱离学生的实际生活，那么必将会影响德育教学目标的实现。

从乡村学校德育教学的模式就可以窥见，乡村少年时常被教师们灌输"好好学习，走出大山"的思想，出现了一种片面追求"理性"的倾向，教育中的情感因素往往得不到应有的重视。当乡村学生的情感体验丧失了生存的土壤，他们的现实生活就不可避免地出现"荒漠化"的现象，单薄的文化课知识之外，他们成长过程中的情感无所寄托，需要更专业和更适合的教育教学方式。在乡村振兴重大战略布局和基础教育新课改的合力助推下，越来越多的教育研究者将关注热点和研究重心放在乡土课程上，乡土课程也被赋予更多方面的教育守望与价值期待，例如传承与复兴乡土文明、培养乡村少年的健全人格、重建乡村生活方式、修复我们栖居的土地等。以乡土为中心，以课程为载体，建立个人与乡土的和谐联系。引导孩子回归自己心灵中熟悉的土地，让学生通过课程"触摸"乡土，通过发现、重温和贴近这些资源，有所启发，有所感悟，有所进步。

这就要求教育主体必须受过专业训练，精通乡土课程理论体系并掌握接受结构与功能的特点和规律等，在实践中培养自身作为教育主体应当具备的可以有效传导乡土课程教育教学内容的一系列素质，例如理论素质、人格素质、能力素质等，进一步承载始于乡土终于育人的文化责任和价值教育，促进孩子心系家乡的情感养成和激发其为乡土发展奋斗的潜在可能。

（三）文化统整的薄弱阻滞课程组织的参与性

乡村教育想要实现振兴乃至现代化，就必须从乡村教育的最小单位即乡村小规模学校入手。自2012年《国务院办公厅关于规范农村义务教育学校布局调整的意见》政策出台后，村小和教学点被撤并的现象得到缓解，但当今的乡村小规模学校仍处于弱势地位，存在一系列亟待解决的问题，其中尤为重要的一点就是乡村文化沉默。小规模学校中传递的文化知识与学生的日常生活存在较大的时空距离，常常会出现难以理解而无法吸收的情况。与此同时，学生们也很难认同周围的乡村文化。随着乡村的振兴与人民生活水平的提高，乡村文化的独特价值日益凸显，并成为乡村小规模学校特色化发展的重要资源。乡村小规模学校的教育内容不能局限于单纯的课本知识，要立足于地方性知识、立足于乡村文化，对已有的乡村教育模式进行创新，真正做到对学生的思维、价值观和态度的形塑。乡村小规模学校传承乡村文化并对其灵活运用，为乡村人民反哺乡村打下基础，这也是乡村文化振兴的前提。

《中小学德育工作指南》中指出：学校、家庭和社会是学生成长三个重要领域，三者只有协调一致，相互配合，共同构建有益于学生身心发展的实践活动，才能从整体上为学生营造健康的成长环境，从而进一步增强学生的社会责任感、创新精神和实践能力。校园不是封闭的象牙塔，学校、社会、家庭是德育综合实践活动三个不可分割的重要组成部分，学校、社会、家庭只有在保证各自功能的正常发挥的基础上，在社会共同体系中相互合作，彼此整合，形成教育合力，才能真正高效发挥教育的作用，一旦失去一方的力量，实际的教学效果必定大打折扣。父母和学校都坚定各自德育的权威性，在这种情况下，乡村少年时常被提出各种要求，难免会产生一些冲突。比如当与同伴发生争执时，有些家长就会教育孩子"别人打你一下，你就打别人两下，不能让他们觉得你好欺负",主张以"武力"解决问题,但显然学校是不欢迎这种行为的。

问:您认为家庭教育主要应该关注孩子的哪些方面,为什么?

答:比较关注教育,有在家的教育,当然更重要的是学校的教育,好的教育能让孩子受益终身。

问:那您平时会与孩子进行品德方面的交流吗?

答:一般不怎么交流,但是如果在外面看见了,就顺便说一下,比如说说怎么站、怎么坐等等。

问:那您觉得家庭、学校和社会,哪些方面应该承担品德教育的主要责任呢,为什么?

答:家庭,我们孩子还小,分不清社会的复杂性,作为父母要认真给孩子讲清楚道理。

——乡村流动少年家长 M 的访谈记录

家庭教育潜移默化影响乡村少年,其内容随机和不成体系,但往往能十分贴近生活;而学校德育则恰恰相反,它虽以教材为蓝本且体系清楚,然而往往讲解得不够全面。这两者的矛盾导致乡村少年可能在学校与在家里是两种样子:在学校十分"勤快",总是帮助老师做事情,因为他们知道这样能够得到老师的欣赏;相反,在家就什么都不做了,对父母大呼小叫,与平日在学校的样子大相径庭。很难苛责他们这种行为,因为不同的教育内容,会使得他们改变自己以适应不同的要求。

乡土课程的教育目的也在于培养孩子"一种在活生生的现实生活中思考、体察、产生意愿,并切实采取行动的能力"①。引导学生全面深入地了解真实的社会,更要超越"乡土",在更为广阔的天地中推动个体自我实现与社会发展的和谐共进。挖掘乡土课程超越"乡土"的深远育人价值、设计系统多元的乡土课程内容体系、制定科学规范的乡土课程实施策略需要教育主体内部有效地协调运作形成教育合力,"单打独斗"会导致教育主体在乡土课程建设中"分身乏术",甚至不堪重负。因此,加强学校、家庭、社区之间合

---

① 博比特.课程[M].刘幸,译.北京:教育科学出版社,2017:2.

作的教育组织形式是课程建设发展领域的重要问题,在三者之间开展必要的经济支持、情感支持、心理支持,树立"教育主体共同体"精神,方能够协同合作,攻坚克难。

(四)乡土情感激活小规模学校的课程想象

各地区长期的历史发展形成其独特的地域文化,将其中所蕴含的文化价值、人文因素等有选择地融入课程,可以有效地冲淡传统基础教育课程唯理性、唯科学的色彩。《中小学德育工作指南》提出:"要结合地方自然地理特点、民族特色、传统文化以及重大历史事件、历史名人等,因地制宜开发地方和学校德育课程,引导学生了解家乡的历史文化、自然环境、人口状况和发展成就,培养学生爱家乡、爱祖国的情感,树立维护祖国统一、加强民族团结的意识"。根据《指南》的要求,可以对乡村少年所需的品德教育的本质属性进行初步概括,即以树立学生认识乡土、保护乡土、热爱乡土的价值观念,增强学生建设乡土的理想信念为重要追求目标;以促进乡土经济发展、乡土文化传承与发展为重要追求目标,在"乡土情境"中以中国精神与乡土资源为内容来源的课程,即乡土德育课程。

我国自古以来就是农业大国,上下五千年的农业生产是中国传统文化发展的根基,也是孕育农耕文化的重要基础。中国农耕文明在历史的传递与嬗变中,不断地取长补短,形成了各个地区独有的优秀农耕文化。农耕文化是指由农民长期在农业社会中形成的一种传统文化,它以农业、农民、农村为主体,集合了历史文化、民族文化、宗教文化、民俗文化等形态,并形成了自己独特的文化内容和特征。费孝通指出,"中国社会的基层是乡土性的",这一论断在当今中国社会仍然具有重大的现实意义。根据课程与文化之间的互动性,以农耕的乡土性为底色的课程文化具有两层含义:一是乡土性的农耕文化为学校课程提供丰富的教学资源;二是农耕文化课程的教育性与当地文化有机融合,引领农耕文化的发展。围绕农耕文明所开展的乡土课程建设能够提升学生学习体验、改善学校发展生态、培育学校办学特色,实现农村教育自信。经过如此思想论证,J县很多乡村小规模学校的校长和教师们共同确立了基于乡土资源建设课程的信念和意志,把一粒小小的种子埋进土里,坚定而踏实地耕耘出希望的田野。

1. 农耕文明乡土课程开发:农耕文明代代传

(1) 开发背景

甘肃省平凉地区属于陇东的核心地区,是中华民族重要的农耕文化发祥地之一。《诗经·豳风·七月》中所阐述的周先祖时期农耕文化的早期形态就囊括了甘肃省平凉地区,它以其独特的农耕文化流传至今。

J县作为平凉市的重要组成部分,以农耕为主,也兼营养殖、林业、园艺和家庭手工业,其农耕文化独具多样性与典型性,民间流传的农谚就达上千首,水、肥、土、种、密、保、管、工等都是农民伯伯总结出的适应当地农业生产的经验,是农民伯伯智慧的结晶,是勤劳勇敢精神的体现。农耕文明作为乡村少年独有的课程资源,其德育价值值得深入挖掘和研究。

(2) 开发理念

本课程以农耕文明为主题,以农知农事探秘、农作农耕体验、农习农情传创为三个板块,开展集自我探究与教师教学为一体的综合实践活动。在农知农事上,通过图片、视频或邀请老一辈农民给孩子们上课,听听老一辈们讲述如何创下如今的这片满是丰收的土地,同时帮助学生充分了解当地特色的农作物、农具,学习农谚,学唱农歌等等,构建新颖的农耕物化环境,传播农耕物态文化;在农作农耕上,村委会协助学校建设农耕园课程基地,以班级为单位开展的各类农耕文化种植实践活动,给学生提供课堂以外的户外实践机会,通过亲身体验播种、灌溉、丰收等完整的过程,感恩敬佩农民伯伯,学习农民伯伯身上"不怕苦不怕累"的精神;在农习农情方面,J县有很多农耕习俗,比如"打场""迎喜神"等,要组织学生参与其中,传承与创新农耕习俗。

J县县域内的部分小规模学校逐步开启围绕农耕文化进一步开展学校乡土空间建设的探索。他们希望通过打破传统圈养式的教学模式和对常规教学模式的延伸,克服教室墙壁的限制,将学生带到真实的学习情境中培育更健康的人与自然、与社会、与地方文化的关系,这体现了一种教育的空间转向。乡土课程让学生回归乡土真实空间,了解地方的历史、文化和传统,将思想和精神的触角与乡土接壤,从而将自我存在的根基扎在乡土之中,将乡土文化渗透进个体心理、意识与生活世界的互动,帮助个体在真实场域的体验中形成文化记忆,加固乡土文化在个体生命中的存在和延续。

乡村教师是开展乡土文化教育和乡土课程建设的关键主体,是与乡村小学共成长的"教育人",他们用自己并不丰厚的基础知识和能力,撑起乡村基础教育的一片蓝天。随着新一轮基础教育改革的不断深入,课程与地域文化的融合也更加紧密,J县乡村小规模学校开始借助平凉金果的区位优势,联结孩子的在地生活,创办"以苹果为核心的自然生态教育"。如2020年大寨小学首次开设了"小苹果经济"课程,其中包括数据收集、数据整理和研究、研究总结三大教学板块。该课程项目以训练学生思维、解决数学的难点问题为直接目标,与此同时让学生的学习在生活中回归,在真实生活中探索,以为学生改善生活、过美好生活为长远目标,在总结实践经验基础之上进一步探索思考,进行"小苹果德育""小苹果经济"等课程建设,不断进行地域文化与教育的融合,开创新课程。"一种教育必须需要相应文化背景的全面滋养,需要本土文化的悉心呵护,那才是全方位滋养一个人的精神生命、发育人生各种细微情感的沃土。"①

二、乡村小规模学校乡土课程理想与实践

我2002年从平凉师专毕业后,先是在自己家乡四河镇的村小做了十年老师,所教学生成绩在考评中名列前茅。随后调到三十多千米外的城川镇,来到大寨小学。我看到的是一所正在渐渐失去活力的学校:学生考试成绩在全镇倒数,老师们普遍感到倦息。改变一定面临着巨大的压力,一开始我也一筹莫展。可是我也不愿意混日子,睡觉吃饭,上班下班,我不愿意过这样的日子,怎么办?当时我也不知道怎么办,我始终坚持学校作为乡村文化的中心,理应肩负乡土资源在乡村新一代中发展创新的使命,我就搞了很多活动,凡是能搞活动的时候一定要搞,比如带学生们去六盘山红军长征纪念馆,开展二胡、航模等社团活动,开发农耕课程。我开始立足本土资源进行乡土课程的开发和实践,让乡土特色课程走进乡村校园,让各科课程对乡土

---

① 刘铁芳.乡土的逃离与回归:乡村教育的人文重建:增订本[M].福州:福建教育出版社,2022:33.

特色素材进行充分挖掘,将乡土特色融入学校的教育中成为我们村小的突围之道。

——J 县大寨小学 W 校长

始建于 1958 年的大寨小学,位于"平凉金果"主产地 J 县城川镇,该地区地处黄土高原丘陵沟壑区,土壤主要以黄绵土为主,属暖温带半湿润半干旱气候,四季分明,气候温和,光照充足,气温适宜,独特的地域、气温、土壤特点,非常有利于苹果生产。大寨小学是一所村级完全小学,教学班 6 个,1 所附属幼儿园。现有小学生 84 人、幼儿园小朋友 47 人、专任教师 12 人。然而,这所典型的乡村小规模学校面临着许多的尴尬:学生学习兴趣不浓,课业负担较重,学习成绩不突出,不能满足家长的期望;家长(村民)也面临着许多困难:优质的苹果价格连年走低,种植苹果的成本逐年增长,外出打工没有一技之长,贫困感逐渐加剧。

(一)"苹果"系列乡土课程的开发

乡土课程资源是乡土课程的知识来源、源头活水,她是课程的母体,是课程原初的土壤[①],可以说乡土课程资源是乡土课程的根系所在,是师生和学校所处的某一个具体的行政区域内的自然条件、社会经济和科技人文等方面的反映群众文化心理并且带有积极教育意义的系列内容。[②] 乡土课程资源具有乡土性、校外性、素材性、普遍性、原生态、教育性、民族性、历史性、文化性、情感性等特征。通俗地说,乡土课程资源也可理解为存在于本地区域内一切人、事、物及环境之中且未经过任何加工处理的具有先进性、积极性意义的能为课程所利用的教育资源。[③] 具体而言,从不同层面划分可以包括人物典故、道德情感故事、地方风俗习惯、文化实物、生活方式等内容[④],也可以是地方戏、乐器、语言、饮食、婚姻、节日等。[⑤] 周顺心根据基本组成要素

---

① 杨萍.超越界限:乡土课程资源开发的性别思考[J].教育理论与实践,2007(24):46.
② 黄浩森.乡土课程资源的界定及其开发原则[J].中国教育学刊,2009(1):81.
③ 陆丹.少数民族地区乡土课程资源的开发研究:以贵州省雷山县例[J].贵州民族研究,2012,33(4):169.
④ 宋建申.基于乡土文化的学校德育特色实践策略[J].教育理论与实践,2017,37(17):29.
⑤ 杨兰.构建乡土教育课程 促进乡村文明回归:以贵州长顺县乡土教育实践为例[J].教育发展研究,2013,33(15-16):59.

的不同,把乡土地理资源分为自然乡土资源和人文乡土资源,自然乡土资源是指天然赋存的、各地理区域大自然长期发展变化的产物,如自然生态、动植物资源、地理风貌等;人文乡土资源是指由人类创造发明或者受到人类影响和长期作用的产物,如民俗风情、特色建筑、戏剧手工艺等;按照区域不同划分为城市地区乡土课程资源和农村地区乡土课程资源,这个分类顾名思义,即将乡土资源以所属地域进行划分,分为城镇和农村。王颖莉在此基础上对乡土课程资源又进行其他维度的分类:按照乡土课程资源的来源分为校内和校外乡土课程资源,校内乡土资源相较于校外乡土资源非常稀缺,所以也是学校弥足珍贵的财富。根据乡土资源的呈现方式分为真实生活乡土课程资源和虚拟生活乡土课程资源,可以将其理解为显性乡土课程资源和隐性乡土课程资源。所谓真实生活(显性)乡土课程资源是指真实存在的、看得见、摸得着的,如动植物资源、自然地理风貌等,而虚拟生活(隐性)乡土课程资源,则是指不以传统物质形态所存在的乡土课程资源,例如大运河精神、神话故事等。① 以上是关于乡土课程资源分类的相关研究,但这不等于乡土课程的分类。乡土课程可以综合各种乡土资源按教学所需而任意搭配,例如可以从校内乡土资源引申到校外更为辽阔的土地、自然、人文乡土课程相结合等等。乡土课程资源是乡土课程的根系,乡土课程是在此基础之上生长起来的大树,以大树的树干枝丫为载体,乡土资源沐浴在阳光下郁郁青青、生机勃勃,以课程的方式再次耀眼绽放;乡土课程也得益于乡土课程资源的肥沃土壤而葱茏苍翠,能带给学生美好的生命价值体验以及专属于本土学生生命的独特养分。从乡土课程资源到乡土课程是乡土课程建设尤为关键的一步。

1. 乡土空间建设

伴随着三级课程体系的探索和实施,W 校长萌生出建设校本课程的想法,这要求校长提升在地化教育领导力,带领教师在薄弱和贫乏的办学条件

---

① 王颖莉.农村幼儿园乡土课程资源开发与利用的问题及对策的个案研究[D/OL].长春:东北师范大学,2011:3[2023-5-23].https://kns.cnki.net/kcms2/article/abstract?v=xNq_RSSxtttHiIL4BwCOBMMdZOAtUDO3-VLRJk0Wen95u2yDrhLvkk3MeaUXgE3-b1knjESE1gEzV1GWwQAFH-v7GcxEYRItP4FtStXgYrdt4OIJKLBtZh-4k7ahsfj_5aAWF1BrOzpLE_-sNK40XA==&uniplatform=NZKPT&language=CHS.

下,探寻符合大寨小学自身实际条件的发展道路。

大寨小学依傍葫芦河畔,这里遍地是苹果园,苹果是老百姓赖以生存的产业。这里的孩子春天在芬芳的苹果花海中徜徉,夏天和淘气的苹果嬉笑打闹,秋天无数红红的脸颊在枝头荡来荡去,冬天伴着淡淡的清香温暖着千家万户的梦。大寨小学的围墙没能挡住浓浓的乡土气息,而是很自然地从围墙外飘进校园,给校园里的乡村孩子一种熟悉的、真实的乡土生活感受。开发以苹果为内容的乡土课程,让传统的农耕文化和学生的在地生活转化为孩子们建设家乡幸福生活的基石。

乡土资源蕴含着无限的教育价值,让农村教育在地发展既可以克服大寨小学先天资源和条件不足的现实难题,又能够减少办学消耗和经费支出去获得更多资源。学生面对乡土资源,也会产生天然的亲近感和求知欲,有助于孩子更好地学习。

知识不仅存在于课堂里,更在我们习以为常的生活中,我们每一次和自然、和生活的互动都可以使学习行为发生,但是受制于标准化和规范化的教学形态,我们往往会忽视这一点。如果将课堂延伸到田野、乡村,我们的课堂会焕发勃勃生机,学生会收获不一样的学习体验。

——J县大寨小学 W 校长

"苹果熟了红艳艳,树枝压得弯又弯,人说J风光好,最美还是苹果园。苹果熟了红艳艳,树枝压得弯又弯,遍地都是苹果园,J苹果大又甜。""苹果谣"跨越了形式的学校围墙,进入孩子的生命世界中,引起了孩子的好奇,激发了他们探索感受乡土的野性,也营造了课堂教学氛围,孩子们在这种天然的环境中无意间濡化到乡土气息,产生了一种淳朴自然的美好情绪体验。

——大寨小学 Z 老师

为了更好地继承和发扬文化根脉,形成社会、家庭、学校三位一体的和谐育人环境,营造家长、学生、教师共同参与的良好氛围,大寨小学把濒临失传的民俗文化、农耕文化引进校园,号召全体师生继承传统文化,将中华民族的农耕文化融入各种教育活动当中。为了了解和继承农耕习俗,学校充分利用改建后的橡檩,挽救传统的农耕、生活用具,用原生态乡土生活的场景教育学生,师生共同创建了集教育、娱乐为一体的儿童乐园——忆风润园。园内以二十四节气为主线，配合相应农事，建造了"农耕墙"，利用辘轳、石磨等模拟过去人们的生活场景，让学生在综合实践活动课中参加农耕劳作，获得农耕文化的深刻体验，使学校特色文化空间建设立足于深厚的乡土文化基础之上，让学校在乡土文化资源的丰厚土壤中氤氲着这片土地上独有的泥土芬芳。

2. 乡土课程资源挖掘

大寨小学创建了从"苹果"课程到"苹果谷"课程体系的教育实践，以"相信孩子，一起生长"为办学理念，以"借助苹果元素，把抽象的意象具体化，为我们的学校聚魂，让孩子喜欢并认同脚下的土地，让家长、教师从中看到希望，让新时代农村小规模学校蓬勃发展成为可能"为追求，以"从零散探索到体系化的课程推进"为核心，努力实现从教师单方面的校园教育到构建全新完善的乡村教育生态系统的转变。

学校规模小、科研力量弱，基于如此现状，我们决定采取"小步走、不停步"的策略，以年级组牵头，每月利用一周左右时间进行原有学科课程的乡土化重构，再造教学流程，形成"乡土+"的课程设计模式，同时实现不同年级教师及不同科目教师间的协同联动。但是理想的摸索和实现永远比萌芽难得多。我们的老师很有干劲，早出晚归，行动力很强，就这么几个人开始了校本课程开发……我们当时没怎么考虑顶层设计，就每周一个主题地试，自己摸索着来，就是凭着一股劲往前走。当时压力不小，我们一个一百多人的乡村小学，哪里找得到专家、教授给指导，何况家长都看着你呢。我们的老师干劲足，但在课程定位方向、开发评价以及体系的凝练统整等方面实在不行，好在老师拿着我们的课程去参加学术会议论坛，过程中认识了很多来自大学、教育局的专家，他们给予我们很多指导，这对我们而言是很大的鼓励和信心。

——J县大寨小学W校长

3. 乡土课程开发

乡土课程实施的重要目的在于让孩子爱上学校生活，为此大寨小学开发与实施了"苹果谷"课程体系，具体包括小苹果德育、小苹果美术、小苹果经济和小苹果科学等课程。

小苹果德育

本课程通过家庭、家乡与国家三个阶段帮助学生实际理解"国家"这一抽象概念。不仅要让学生意识到国家对家庭和家乡的影响,还要培养爱己、爱家、爱乡、爱国的情怀,从而思考个人对国家应尽的责任义务,做习近平总书记口中"伟大的人民"。

(1) 学习目标

① 通过学习收入来源的变化,感受和了解祖国的发展。

② 通过观察学生对一些陌生行业的存在有更清晰的认识,认识到人生拥有的万千选择。

③ 通过作业挑战,学生能发现自己的兴趣和梦想需要学习和更具体的步骤才能变为现实。

(2) 课程流程

① 课前准备。

② 发现问题。

学生小组分别讨论课前的三个问题,汇总学生获得的资料和答案。

引导学生发现收入来源的变化。

(3) 新知介绍(历史到现在)

① 收入来源的变化之一,改革开放。

简单讲解过去毕业就可以获得工作分配,后来因为这样的方式无法满足经济发展需求,所以国家进行了改革。改革开放后新的行业和职业出现,人生可见的选择开始丰富起来。包产到户就是自己的地生产自己的粮。

② 观察游戏:不同职业的人。

根据不同职业的人的图片,说说这些人是做什么工作的,是从哪里看出来的。

结合人物及职业符号(工作道具、职业标志)引导学生观察:

律师——天平　商人——马化腾等　设计师——衣服、尺子等

导演——摄影机　画家——作品和笔

(4) 探索与分析(现在到未来)

"我喜欢,我想做,我成为"的小游戏。课后作业挑战,采访支教老师获得贴纸,了解自己的6种兴趣爱好和职业能够对应的人生选择。

(5) 课后反思

游戏环节的设计不够严谨,有些兴趣和职业无法搭配。但学会取舍对学生而言也比较重要。可以在下堂课给学生设计有关取舍的游戏并将兴趣和职业的关系给学生讲明,或者在设计游戏的时候将兴趣与职业完全分开。

(6) 课堂记录

马银平老师评道:教学设计非常新颖,但是历史是不是与学生的生活离得太远?游戏环节非常有趣,可以看到学生愿意积极参与。总体而言还是一堂成功的课。

活动前要求学生访问父母及爷爷奶奶,了解父母及爷爷奶奶的工作情况,以及爷爷奶奶那个年代的收入情况。

学生从苹果故事的演绎中汲取成长的营养,逐步形成良好的人格,落实立德树人根本任务。从世界的苹果到家乡、校园的苹果,甚至是一些特别的苹果,孩子们由远及近,由抽象到具体,从不同的苹果中感受不一样的故事,汲取不同的营养与智慧。在课程中,通过理念果(德)、经济果(智)、体育果(体)、艺术果(美)、行知果(劳),实现了五育融合,践行了大德育的教育观。例如在以"忆苦思甜,爱的雨露"为主题的"谷雨"实践课上,学生们在挖野菜、捡野菜、煮野菜、吃野菜的过程中既体会到了父辈曾经生活的不易,珍惜和感恩的种子无形中在孩子心中生根,又知道了身边唾手可得的野菜具有的药用价值,乡土的自豪感也油然而生;在"烂苹果的高光时刻"课堂上,孩子们将有缺陷的苹果制作成各种既美味又美观的艺术品,平凡的一节课带给孩子的是实用的生活技能、创作的成就感和对于家庭经济作物如何获得高收入的思考萌芽。

小苹果美术

总目标:用大自然的力量启迪孩子成长:求真、向善、唯美,启迪孩子认识自我、认识家乡。以苹果为媒介的美学感知,从真实生活入手,在不断想象、思考和动手中培养孩子们的艺术感受力和探索能力。

(1) 教学目标

① 学生认识校徽设计的重点,经过观察、比较掌握校徽设计的基本方法和步骤,并能设计大寨小学校徽图标。

② 学生更深入地认识自己的学校,培育学生对自己学校的热爱之情,

提升学生的创新能力,丰富学生的想象力。

(2) 教学重难点

学生认识校徽设计的重点和基本方法,并能实质着手设计一个校徽。

(3) 教学准备

教师准备:课件、彩笔、白纸等。

学生准备:尺子、铅笔、橡皮擦等材料。

(4) 教学过程

① 看图导入。

出示一些标志图提问:你认识这些标志吗?选取你认识的和大家说一说它的名称。

(大概有:中国国旗图片、北京奥运会会徽、宝马汽车车标、北京大学校徽、禁止喧哗图标、公共厕所图标……)

师:这些图片都是某种事物的标志,你看到这个标志就能想到相应的事物,就能知道标志想要传达什么信息。

② 认识标志与校徽。

a. 比如,看到这个符号,你的脑子里会想到什么?(禁止吸烟)

b. 什么是标志?

标志是用一种特殊文字或图像组成的大众传播符号,是人们互相交流、传递信息的视觉语言。

c. 那么今天课题中的校徽与标志有什么关联呢?

校徽:学校徽章,上面标有学校名称,是一所学校的象征与标志。其主要的目的是分辨人员、留存纪念和通过图案、文字来介绍学校的性质和学科,同时校徽也在无形中给佩戴者增加了纪律的约束,规范学生的行为,提高学校的知名度。

校徽形状:分为椭圆形、圆形和盾牌型等,其中以圆形最多。

d. 各个学校的校徽是什么样子的呢?

它们的基本元素有哪些呢?

下面同学们就跟老师一起去欣赏一些校徽设计吧!

在欣赏的时候,同学们要开动小脑筋,想想这些校徽设计里包含了哪些内容。

北京大学校徽

上海市浦东新区东方小学校徽

③ 校徽设计方法。

a. 学生看图总结。

校徽的设计一般包含哪些基本元素呢？（名称与特色理念）

b. 教师带着学生深入认识大寨小学。

第一，学校的办学特色在哪里？如果要选择一种动物来代表学校，哪一种动物最合适？为什么？如果要选择一样植物、颜色来代表学校，哪一种最合适呢？

第二，学校的名称可以用多种方式表达，可以尝试选择抽象图案、字母和文字等，多画草稿加以选择。

④ 动手设计。

设计要求：

a. 首先要确立校徽的主体形状（如北大校徽的圆形）。

b. 设计图案、字形均有内在含义，不能随意添加。

c. 简约美观，色彩鲜明，体现学校的理念和特色。

设计完成后，写一份关于徽标图案意义的解释说明。

小提示：优秀作品会成为大寨小学校徽的初稿，真的会把学生作品作为正式的校徽。

（5）展示与优秀作品评选

（6）教学反思

本次主题属于小苹果美术课程维度里的商业奇思 & 设计与运用，贴合小苹果美术乡土课程的总目标，贴近儿童的生活，符合学校的需要。

课堂记录：课堂上一半的学生乐于表达，一半的学生较为沉默，针对这样的情况，老师需要慢下脚步关注到沉默的那部分学生，鼓励支持他们积极思考与表达，平衡课堂中学生的状态。

W老师说：本堂课教学逻辑顺畅，节奏紧凑，学生积极参与和表达，但内容设计过于简单，学生设计校徽不只可以画出来，也可以准备橡皮泥、彩纸等材料让学生动手做出来。

W校长评道：教学设计、教师的教学表现已经做得很好了，但是课堂容量过大,教师还需慢下来,给学生更多理解和接受的时间,教师自身也能更加从容不迫。

小苹果美术课程会继续注重孩子们创造性思维的开发与个性化的呈现,力求用最简单易懂的教学语言,挖掘孩子们真实的感受,为孩子们提供自由创造的广阔天地。

小苹果美术课程是以苹果为媒介的美学感知,培养创新思维,用大自然的力量启迪孩子认识自我、认识家乡。主要以课程和主题的形式开展,内容分为平面和立体两部分。平面部分有点线面、剪纸拼贴、四格漫画、明信片、乐乐的服装设计、蒙德里安小苹果墙绘等,使孩子能够对平面设计有初步的认识。立体部分有纸片插接苹果树、友谊卡、苹果园里的石头画、摄影、面具制作、瓶盖环创、空间设计等,丰富多彩的立体设计活动不仅发展了孩子的空间思维,更提升了孩子的审美感知能力。

一幅幅充满童趣的美术作品是对小苹果美术课程开设的最佳反馈。孩子们通过美术课既学习了如何画画,又以画画为手段讲述着自己与苹果之间的故事和朴素情感。可以看出,苹果已在孩子心中深深扎根,苹果不再是心底不愿提起或不值得提起的家庭谋生之物,而是承载梦想和期待的自豪之物。

小苹果经济

引导学生参与苹果从生产到销售的过程,感知真实的社会生活,理解人类经济活动的规律,了解投入和产出、决策和管理的相互依存关系,知道小苹果经济是人类社会生活的重要组成部分,从而认知自我,追求幸福与完善的生活。

(1) 设计理念

小苹果经济的课程目标核心是决策和管理,也具有一些辩证的意思。以"春天的果园"情境为内容,在情境中带入锚图工具,把学生的学习、生活、家乡联结起来,选择更为高效的方法服务于自己的学习和生活。

(2) 教学目标

① 了解春天果园里的特点和场景,使自己与家乡生活建立联结。

② 用锚图的方法展现春天的果园,在实践中经历"经济"的学习和表达,掌握锚图的设计步骤和布局特点,初步有意识地应用这种方法。

③ 把"经济"的方法应用在日常的学习和生活中,激发学生的积极性,体会锚图的价值。

(3) 教学流程

① 借助"中国娃"锚图教学的 PPT 构思创作锚图"春天的果园"。

② 小组创作并展示。

③ 巩固练习:请选择其中的一个主题创作一个锚图。

a. 小英雄雨来　b. 加法　c. 我　d. 我的学校

④ 作业设计:自己构思,选择感兴趣的主题参与"2022 年度乡村儿童锚图设计大赛"。

⑤ 课堂小结:借助锚图工具,让自己的学习生活变得更轻松,更有成就感,是我们学习这节课最重要的目的,请大家记住这样三句运用锚图学习的箴言并践行:不会画画没关系,有想法很重要;画得不好看没关系,要敢于动手画;从简单到复杂,多练习最重要。

(4) 课堂记录

学生积极回想自己及家人春天在果园里的场景,有的同学说现在爸爸妈妈在果园里给果树施肥,有的同学说爸爸妈妈正在修剪果树,有的同学提到他的家人正在挖掉老树补栽新树,也就是老园子改造等等。在收集、筛选、创作、展示中不仅锻炼了学生的逻辑思维能力、语言组织能力和口头表达能力,还能引导学生思考为什么要进行果园改造,使学生的生活和乡村产业结构调整、新农村建设建立了联系。有同学在挖掉的老树旁画了小树苗,并且在小树苗旁边写了希望两个字,这小树苗不仅是果农的希望,也承载着乡村振兴的希望,应该也有教育的希望吧!

W 老师的课程导入新颖有趣,首先是通过创设情景,说明春天到了,果园里苹果花相继开放,各地游客纷至沓来,由此引出本节课的任务及重点——讲述苹果树开花前果园的情景,苹果和果园是孩子从小接触并熟悉的事物,有此环境背景能够充分地调动学生学习的积极性,还可以牢牢抓住学生的注意力使之迅速进入学习状态并沉浸其中,以下是需要肯定学习的几点:

1. 目标定位准确,能很好地根据教学目标切实可行地定出本节课的教学目标

2. 教学设计合理,能充分考虑这一年龄段的学生的年龄特点,教师的引导和以学生为主体有机地结合起来,使得整节课充满了生机和活力。

3. 教学理念新颖,在课堂中能充分地应用PPT教学、小组讨论交流。教师能恰到好处地进行引导,课堂氛围良好,师生关系融洽,教师充分激发了学生的热情。

4. 学生指导细致、学法深入,整节课的教学体现出学生的学习方法变了。教师耐心、细致地引导学生学习,使他们感到了学习的快乐。

诗与远方:

开发实践乡土课程,进行最贴近生活的教育,是乡村教育的诗和远方。

小苹果经济课程的目标是通过参与真实经济实践,感知真实社会生活,并借助丰富的乡土资源,培养孩子的思考力。课程开展的形式丰富多样,主要有种植实践和销售实践等。

小苹果科学

运用科学、技术和工程,人类创造了丰富多彩的人工世界。技术与工程领域的学习可以使学生有机会综合所学的各方面知识,体验科学技术对个人生活和社会发展的影响。技术与工程实践活动可以使学生体会到"做"的成功和乐趣,并养成通过动手做解决问题的习惯。

(1) 教学目标

① 观察并描述不同的船帆材料和形状及如何利用风能。

② 知道船帆捕捉风的能力受到船帆的材料、形状和大小、自重等因素的影响并比较不同帆的性能,判断哪些属性对船帆性能的影响大。

③ 通过设计风帆学生能够掌握单因素对比实验并设计实验。

(2) 教学准备

PPT,帆船航行轨道,船帆材料(A4纸、海绵纸、木棍、锡箔纸、剪刀等)。

(3) 教学过程

① 复习回顾风的形成并进行风的作用预估,观看帆船行驶视频,引出帆船的动力来源于风,动力大小与风帆的不同有关。

② 材料的认识,每组同学选一种材料并制作风帆。

③ 小组制作风帆,并进行实验验证。

④ 总结哪种风帆材料更加好用。

(4) 作业

设计两种不同的风帆,只能改变一个条件,如:重量、形状、连接方式等。

(5) 课后反思

学生能够在课堂中回想风的形成并且对帆船的运动有所了解。在课堂上三个小组的同学都能完成他们的风帆制作,但是本节课的内容对于学生来说比较遥远,因为当地水比较少,基本不会有帆船。难以见到帆船,导致课程不够乡土化,需要改进。

(6) 课堂记录

课堂整体纪律有点乱,教师需要注意课堂管控。氛围比较好,学生实验兴趣浓厚,很有探究欲望。

M老师评道:教学设计在本堂课中已经做得很好,但是设计量有点多,比如第三个教学目标在整个教学中体现得不是很明确,知识在课后总结中体现了,可以选择进行课时拓展。

小苹果科学课程的目标是培养学生的学科知识融合应用能力、科学工程实践能力、提升未来人才核心素养等。大寨小学先后开展过"苹果是这样变红的""秋天的影子"等与科学课融合的特色课程。其中,具有代表性的是"苹果酵素口感探究"的科学课,孩子们通过观察苹果酵素、品尝苹果酵素、制作苹果酵素、推销苹果酵素、设计广告语等活动体会到了学习的快乐,还激发了自己的兴趣,提高了表达能力、思辨能力和创造能力。

系统性、结构化的校本课程开发绝不是简单、机械的短期工程。大寨小学"苹果谷"乡土课程开发是在十余年的实践探索基础上开展的逐步深入和完善的长期工程,从最初"一贫如洗""一穷二白"到今天的特色凸显、结构完善,其中包含诸多苦辣酸甜。如今,"苹果谷"乡土课程成为大寨品牌校本课程,所建设的劳动教育课程基地拿下"城乡一体化劳动教育实践基地"项目,W校长获评"2018马云乡村校长奖",学校也因此获得一笔资金支持。W校长和教师们商量决定将这笔资金用于小苹果饮品研发基地和悦享生活创意工坊的建设,学校苹果文化展示了丰收时节硕果累累、丰收在望的喜悦,勾勒出W校长建设、开拓、发展乡村教育的理想和信念,也是对乡村教育和乡村孩子的大爱。

（二）乡土课堂融通乡土生活

中国乡村文化绵延至今，乡村学校是文化传播的中心，教师是文化传播的承担者，课程是文化传承的载体。学校与乡村从地理位置到心理距离都是亲近而相互渗透的，乡村也会因为有学校的存在变得更加完整，学校、村民和乡村文化构成了一个完整的文化群落。而乡村学校德育课程的文化价值就在于通过学校课程形态和实践活动传达以乡村社会文化为根基的品德规范、道德体验和文化认同。课程改革的关键在于课程的文化角色、品质、功能的转变，如果单纯地就课程改革的具体政策进行现象化的分析与解释，就会因为陈旧的思维方式而使改革流于形式。[1] 乡村教师们在课程建设中的想象力和创造力会因为对乡村文化价值的忽视而受到限制，对于乡村社会文化的过去、现在和未来既缺少历史追问，也缺乏现实尊重，面对未来的文化冲突和选择也就失去了判断和选择的能力。在全面深化改革、落实立德树人根本任务、加快推进教育现代化的形势下，学校课程改革和实践需要激发乡村学校开发和统整资源的活力和创造力。

乡土课堂是融通乡土生活的课堂。这里不断地丰富着学生的学习经历，发生着学生的乡土情怀、社会责任感、实际问题解决能力得到增强与提升，和优秀乡土文化得以传承发展的生动故事。

1. 融通乡土生活，解决实际问题

乡土课堂具有一般课堂的共性，更有自己的特性：课堂教学源于生活又回归生活，生活即学习，与日常生活融会；课堂的社会功能，把当地的需要问题纳入课堂教学，构建学习生活一体化的大课堂。苹果乡土课堂实践有着重要的意义。以学生最为熟悉的内容搭建学习场，让每个孩子找到自己喜欢的内容，在实践中重拾自信。留守儿童大多学习能力较差，对前途迷茫，身陷困境。通过苹果乡土课堂实践，孩子们融入较为宽松的学习环境，不知不觉中爱上学习。

随着社会需要结构的变化，优质的苹果价格逐渐走低，果农的生活水平

---

[1] 郝德永.新课程改革中的文化学研究[J].课程·教材·教法,2004,24(11):17.

逐渐下降,苹果产业的结构调整迫在眉睫,学校开设以苹果加工为内容的实践课程,让学生在实践过程中获得科学、阅读写作、美术、网络、实践等知识。有位学生在苹果干分享会中如是说:"我长大了要让我的苹果干销往海外,走遍全球,改变家乡的面貌";"我还要做苹果醋、苹果派、苹果酵素";"学习原来可以这样有趣"等。比如"苹果酵素口感探究实践课"共分为三部分:第一部分是酵素品尝,应用科学知识对原浆酵素的过滤,之后利用溶液的稀释相关知识过滤后的酵素进行调兑,然后就是品尝酵素的味道,借助互联网认识味道与味觉的区别和联系;第二部分是苹果酵素口感探究,这部分分组完成,根据自己的喜好和特点,调制一定口味的酵素,这一部分的学习充分发挥各种可能,对孩子的思维不加限制,可以是加热、可以是加入调味剂、可以是制成各种不同的东西……可以求助于网络,可以问计于家长,可以……总之想怎么设计就怎么设计,只要符合孩子的逻辑即可;第三部分是品牌的设计、包装与营销,这其中重视孩子的思维训练,更融合了各个学科。整个学习实践过程中参与了整个乡村,构建了新型乡村关系、村小生态。苹果干、苹果酵素的制作只是学校开展的"自然农法工作坊"的其中之一。这样的课程虽然不能立刻解决现有的矛盾,至少为解决问题埋下了伏笔。

每一位学生学会客观地评价自己和别人,都有意识站在别人的立场上思考问题,从而在这一过程中获得认识世界的实践、交往的实践和自我完善的实践。我们还将交往合作、诚信守纪、完成学习作为评价点,通过圈圈、画画、写写的形式,进行自评、互评、小组评,引导学生真实记录活动体会,并在推介销售分享会中进行交流,反馈学生实践过程中教育目标的达成度,促进互相学习、共同进步,提升综合素养,树立建设家乡信念。学生从学校课堂走到了社会大课堂中,他们在活动中边观察边实践,培养了团结协作的精神,综合素养有了不同程度的提高。在社会大课堂中,学生对家乡的昨天、今天和明天有了深入认识,懂得了家乡的发展与个人成长息息相关,激发建设美好家乡、建设美丽祖国的信念。

——摘自大寨小学实习教师感悟随笔

大寨小学在架构课程内容之前会以师生对话、课堂观察的形式了解学生的内在需要。深入了解学生对乡土的诉求和期待,按照生活化、时代感、科学性、发展观的原则进行内容优化,既有对传统乡土内容的继承和延伸,又要结合时代背景进行拓展和创新。围绕乡村日常生活劳动、生产劳动、服务性劳动三大主题,致力于国家课程校本化、校本课程生活化、地方课程特色化,设定低、中、高三个学段的体验性劳动课程内容,开发综合实践课、劳动技术课、发现探索课、科学实验课等不同类型的课程学生在获得劳动体验的同时,了解家乡农业生产智慧和精神创造,进而体悟农民对土地的深厚情感,激发其热爱乡村、振兴乡村的责任感和使命感。

2. 融入乡土情境,实现浸润式成长

"苹果谷"系列课程注重学生在乡土教育中认知和实践的主观能动性、自主选择性、创新超越性,建设"浸润式成长"的教学情境并探索从如何"施教"转向如何提升学生的接受效果,从单向的"灌输论"转变成双向的"互动论"。充分利用各类场馆开展劳动教育,涉及职业体验、公益劳动、果树种植等基于体力劳动与物质生产劳动、探索性创新劳动、艺术审美性劳动、公益服务性劳动的实践活动。整合校外支持力量,引导长期关心学校发展的科研院校、社会组织、公益组织等关注"苹果谷"劳动教育课程,用叙事的方式传承红色文化,用实践的过程实现绿色发展,用探索的行动创造金色生活,实现"乡土融合"的育人目标。

"乡土课堂"是以与乡土生活世界融会为核心特征的课堂,其在拓展型、研究型课程实施领域和基础型学科课程实施领域中有着不同的价值与特征。在基础型学科实施中的乡土课堂对当前学科课堂教学变革的价值、特征与实践行动。

乡土课堂对当前课堂的教学转型变革的推动作用在于:育人导向,由育"被动生存方式的人"向育"主动生存方式的人"的转变;学习方式,由"被动学"向"主动学"的转型;教的方式,由"为教会而教"向"为主动学而教"的转型,这也是课堂转型变革的"根",只有把根扎深,转型实践才能枝繁叶茂。"乡土课堂"对课堂转型的推力,用乡土生活情境呈现学习任务,促进新旧知识的实质性联系;用乡土生活情境问题解决逻辑展开教学过程,实现主动学的变革目标;用新的乡土生活情境问题去检验、巩固与内化学习结果,促进新知的有效迁移;学习结果与日常生活情境融会贯通促进学科育人价值的实现。"乡土课堂"的特征与变革行动,教学目标编制上突出两个关注,关注课堂教学来自生活又回归生活,与日常生活的融会贯通,要关注课堂的社会功能建设发展的需要;学习任务呈现以乡土情境为主要形式;教学过程展开上以乡土情境问题解决学习过程为逻辑;学习结果迁移与内化上以在新情境问题解决实践中得以实现;教学时空拓展上把课前、课中与课后整合。

乡土课堂就空间来说是个大课堂,有生活的地方就有乡土,就有教育,就有乡土课堂。乡土课堂是以融通乡土文化在地生活(包括生产、生态),丰富学习经历,培养家园情怀、主体精神、学习品质,传承发展乡土优秀文化为核心特征的课堂。它"来自生活",即学习内容来源于生活,"在生活中"即强调在真实生活中学习,当然更应该是"为了生活"即在学以致用中得以体现。"一方水土养一方人"这是对"一方水土"与"一方人"之间必然关系的简约而生动的揭示,什么样的水土就会养育什么样的人。主要包括"利用乡土""认识乡土"和"探究乡土",其核心是借助乡土资源,使课堂中发生的教与学的过程更符合教的原则和学的规律,实现书本世界与生活世界、知识学习的理性科学与感性生动、知识原理掌握与实际应用融为一体,让学习目标更可能以深度达成。促进学生乡土情怀的激发与养成,传承乡土优秀文化。探究乡土让学生在真实的乡土情境中感知、判断、思考丰富经历,增强乡情,实现共生永生。

3. 超越乡土,助力乡村复兴

回顾中国绵延千年的农耕文明,城镇化终会结束,乡村永远存在,必将成为"望得见山,看得见水,记得住乡愁"的民族文化之根和心灵家园。乡土课堂实践则能融合课程的文化、科学、民主、技术以及人的发展和需要。与乡村生活达到"深度融合",助力乡村复兴。纵观当前的乡土课程在建设和实施中过于强调"乡土"特色,追求"乡土"特色的保存与传承,使乡土课程陷入"乡土自闭"的狭小范畴内无法突破,且成为需要学校课程、教师和学生为之服务的对象。应把握"乡土中国"过渡"城乡中国"背景之下"乡土"的时代内涵,把"乡土"放在更广阔的历时和共时背景下,从乡村儿童成长的视角探讨其价值。大寨小学紧紧围绕"立德树人"教育根本任务,以"五育"融合为理念,以劳动教育学习方式转变为核心,以学校为基点,建立融劳动实践、探索创新、成果分享于一体、指向传承红色文化、促进绿色发展、创造金色生活的乡土实践活动课程体系，推动个体自我实现与乡土课程建设发展的和谐共进。

（三）W校长心中的村小模式

我生在农村，长在农村，任教在农村。从2002年任教以来看着村小的孩子由每班五十多到现在每班十几个，看着家长由原来的无所谓到现在的焦虑，我一直在思考与践行着，试图寻找一条村小突围的路，面对着村小的持续减少，我坚信村小是有出路的。我认为村小发展一要借助乡土资源的开发继承传统文化；二是公益协同体共同发展村小教育；三是以开放融合的模式促进村小内涵式发展。

1. 借助乡土资源的开发继承传统文化

认识乡土资源，在继承中发展。乡土资源是最廉价最有价值的资源，廉价是说随处可见，最有价值是说它是认识家乡、建设家乡的基础，是家乡认同感和做有根之人的基础。比如我校开展的乡土课程"农耕课""二十四节气课程"和"苹果课程"，这些资源在我们学生和教师的生活中随处可见，我们的父辈本来就是以种地为主，随着苹果产业的发展，认识原来的农具，汲取营养，立足"平凉金果"地域优势，面向未来，二十四节气又具有明显的地域特点和科学因素。如"犁"的课程中，同学们通过犁的发展，从最初的"刀耕火种"，到"二牛抬杠"，到"软套独耕"，再到"机械耕作"，感知农耕文明的发展历程，树立强烈的民族自豪感，在对犁的深入探究中渗透了爱国主义、民族主义情感。在学习过程中兼顾了历史、语文、数学知识的学习。在探究中还有同学提出了现代"机械耕作"不如"软套独耕"的问题，让"生态保护、健康饮食"的主题成了辩论的焦点。学生在批判性思维中成长。"水渠"的课程重点在于认识水渠的流动，主渠、支渠和毛渠的关系对应果树修剪理论和实践，为乡村复兴播下种子。"谷雨"的课程，孩子们在挖野菜、拾野菜、煮野菜、百菜宴中体会这美好生活的来之不易，作为现代生活的娇儿，更要珍惜这美好的生活，珍惜这来之不易的幸福；同时，认识植物的生与死，食物的生与熟，以及不同植物的特点与特性。

合作交流实践，在体验中思考。这其实是最重要的一点，在信息化高度发达的今天，个人认为真正面向未来的教育，是以科学武装思维，从容应对未知世界能力的教育。未来永远是未知的，在大数据信息化的今天，面对未知世界，是教育的最高目的。重视过程交往、注重思考实践、在主题活动中质疑探究、合作交往。借助各种科学探索和实验，鼓励孩子们猜想、设计、观察、分析、归纳和反思，不断训练孩子们面向未知的思考力和解决问题的能力。而这些正是孩子们学好各科知识所必需的能力。科学教育的重点在于思维训练、知识整合和连接。比如："农耕课"学生喜欢有更广阔的学习空间，更多的学习资源，丰富多彩的学习活动，我们携手走出校门，来到田间地头，来到博物馆、档案馆……通过体验、观察、走访、辩论等多种形式让学生在快乐的体验中获取知识、提高能力。乡土课程的开发不是教孩子们种地，而是在猜想、验证、分析、分享中训练孩子的思维，使之学会思考，学会面对未知。如农耕乡土科学课"草帽艺术"学生在对"草帽"的设计、制作，以及"走秀"策划和实践的自组织中，学会面对未知的事与物。苹果课程"苹果酵素"，不仅好玩，还能让学生明白微生物的反应，更能融入可持续发展的实践与思考中。

思考辨别实践，在思维中成长。这个层次其实就是自我内心实践和完善的过程，基于"主题认识、实践探索"之后的"自我完善与创造"，而这整个过程以"主题、探究、表现"为单位的综合性"学的课程"，是"活动的、合作的、探究的学习"。比如"秋天的影子"主题探究中，孩子们在认识到秋天的树叶、秋天的颜色、秋天的树皮、秋天的野草、秋天的雨、秋天的虫子、秋天的……的同时创造出了"秋天的影子绘本"和"秋天的影子文集"，值得称道的是孩子们的"秋天的行动"，捡树叶、摘苹果、拔萝卜、掰玉米……融入秋天，感受秋天，收获在秋天，成长在秋天。一个三年级小朋友这样写道：家乡的秋天真是美不胜收。红彤彤的苹果像一个个小灯笼，人们兴高采烈地去摘它们，有的爬树摘苹果，有的踩梯子摘苹果。我去帮二叔叔家摘苹果，因为我小，就提了一个小篮子去帮他们。我们分工摘苹果，二叔叔摘树上的，我摘树下的。我轻轻地将苹果放在篮子里，防止碰伤或摔伤。就这样，我们摘了一篮篮、一箱箱的苹果。我虽然累得满头大汗，但我很高兴，因为今天我又帮助了一次别人。天空中慢慢地飘过一朵淡淡的云，云为什么飘得这么慢呢？也许是要记下这人间迷人的风景吧！面对这样的习作、这样的孩子，作为教师是多么欣慰，怎能对这份职业不有所留恋？

2. 互联网公益协同体共同发展村小教育

激发内需动力，做最好的自己。我们村小、我们村小的孩子、我们村小的老师不应该是怜悯的对象，公益也不是一味付出，我们都有自己的优势，也有自己的需要。要在未来社会扮演好自己的角色，可持续地发展。我们每个主体必须找准自己的定位，做最好的自己，用自己的优势与有需要、有资源的主体交换。举个例子，我们"三色堇"联盟搭建的"草芽儿"睡前故事会，加入自由退出自愿，只要你喜欢讲故事、听故事、议故事都可以参与，在惠及自己村小孩子、自家孩子的同时还有陕西、河北等地的孩子参与，我们只是搭建了一个平台，聚合了优秀的人力资源，让每个主播尽情地展示自己讲故事才华的同时也惠及了更多的孩子，成为一种公益，故事会中的每一个人都是公益的主体。

各取所需、共同发展，建立各种形式的联盟。我们的周围有着多种形式的联盟，我们之所以要建立"三色堇"村小联盟，是因为我们需要相互影响，相互学习，相互教研，相互促进，相互激励，资源共享，优势互补，抱团发展；我们的联盟是自组织，没有刚性的要求，因为需要，所以我们的队伍逐渐庞大，健康成长。从当初的4人到成立时的9人，到第一次年会的24人，到这学期研学走教活动的54人，1200多位听故事的书虫和联盟校的800多名孩子。我们的"草芽儿"故事会是推广阅读的联盟，我们的"童心原创"是写作交流的联盟，我们今天的聚会也是一种联盟。只有找到了自己的需要，才能知道你希望成为一个什么样的人，你想成立一个什么样的组织，我们相信每个人心中都有梦想，只要把梦想点燃了，他一定会做出非常棒的成绩。

公元前两百多年阿基米德说，"只要给我支点，给我一个足够长的杠杆，我可以推动地球"。两千多年来人们应用杠杆原理解决了许多问题。村小教师面对村小"三座大山的"的困境，着力建设我好你好他也好的"学习共同体"，而它的载体就是师生在地生活的乡土课程实践。

3. 开放融合的模式促进村小内涵发展

融入农耕乡土元素的乡土课程撬动村小突围。乡土课程撬动兴趣，学生爱上学习自主探索。教师家长层面,学生的改变使教师的工作更有成就感,还可以课题研究为着力点,促进专业素养的提高,为满足人的最高需要提供可能,让教师看到希望充满力量;家长更需要孩子健康快乐地成人成才,为过上幸福的生活做好准备。各取所需,共同发展。只有融合了人的需要的学科融合才能让学习变得简单高效。扎根乡土,融通生活,做最好的自己。贫困的山村学校无须超越,它就是美丽的百花园。

三、公益协作力量推动乡村教师的"弯道超车"

作为"乡土知识传递者"的乡村教师是教师群体中的重要组成部分,他们保障了乡村学生知识的理解与掌握,也相应地对乡村社会的进步与发展起到推动作用。乡村教师是乡土课程建设中的组织领导者,主导整个接受和灌输活动,负责规划、协调、推动、控制和统摄全局。从影响接受的角度来说,教育主体在接受活动产生的过程中起着十分重要的作用,可以在一定程度上改变社会环境的影响方式和影响程度。调整和改变接受者的心理状态,选择和决定适应接受者需要和特点的教育材料,采用行之有效的教育方式等,从而对接受者产生吸引力。不仅如此,教育者自身素质与教育者行为本身也能直接影响接受者的接受状况。所以从理论上说,教育主体对整个接受活动进行着调控与引导,在一定程度上决定着接受主体在乡土课程接受过程中的方向和最终实效性。目前,中国农村已经进入乡村振兴时代,进行农村精神贫困的治理迫在眉睫。农耕文明所孕育的生活方式、文化传统、农政思想等,与家庭所提倡的和谐、共享、低碳等理念十分契合。[1] 乡土课程既是乡村振兴的重要动力来源,也是整个时代进步的要求。因此,越来越多的科研院校、社会组织、公益组织开始关注乡村小规模学校以农耕课程的文明性为主题的课程开发,从查阅资料开始进行乡土课程的积极构建,到开展活动对乡土课程的完善,直至带领学生走出校园深化乡土课程,将农耕文明与乡土课程进行深度融合。

---

[1] 朱启臻.乡土文化建设是乡村振兴的灵魂[N].光明日报,2021-02-25(16).

（一）乡村学校的文化自觉在苏醒

教育与文化间进行着开放交流的联通,地域的社会发展与文化的不断选择影响着教育状况,相应地这种教育状况也是维持地域文化存在并促进其发展的重要能动力量。乡村文化建立了乡村的秩序,是广阔乡村土地发展的灵魂,在这种意识形态之下乡村学校自发地进行适应性调试,乡村学校的文化自觉也日益得到凸显。地域文化的不断融入使得乡村现代学校教育趋于本土化发展,校内各种教学活动能够得到大家的积极配合、参与,同时获得当地人对教学内容与效果的认可。由此可见,文化和教育自诞生之日起就形成了密不可分的关系,文化定义着教育的内涵,教育建构着文化的"生命机制"。

闻道有先后,术业有专攻。在接受主体接受乡土课程之前,教育主体同样也存在着对乡土课程的接受问题,而且教育主体接受教育是组织、建设、开展乡土课程的前提。教育主体只有首先真正接受了乡土课程,开设的乡土课程教育才可能是正确和有效的,接受主体的接受效果才可能是理想的。在这个过程中如果教育主体因其接受需要、接受能力等因素的制约而对接受客体理解不透、把握不准,那么传导给接受主体的信息将会是片面的。教育主体还须全面理解和深刻把握教育的目标要求,充分了解和掌握接受主体的思想,并能够按照教育目标要求,有针对性地组织教育过程,才可能引导好接受主体接受乡土课程。这就要求教育主体必须受过专业训练,对乡土课程理论体系比较精通;掌握接受的结构与功能的特点和规律等,并在实践中培养自身作为教育主体应当具备的可以有效传导乡土课程教育教学内容的一系列素质,例如理论、人格、能力素质等。

2017年9月14日,"甘肃平凉三色堇农村小规模学校联盟"在平凉市J县成川大寨小学成立。联盟在平凉市教育局教科所的指导和关怀下,致力于推动平凉小规模学校间的内部交流,凝心聚力办好农村小学。结束了平凉村小"单打独斗""老死不相往来"的僵局,开辟了和衷共济、风雨同舟的新局面。

平凉市政府督学Z、平凉市教科所所长C、平凉市教科所教研员Y、静宁县教科所所长S、J县城川镇教委主任Z、"甘肃平凉三色堇农村小规模学校联盟"发起学校负责人、J县城川镇大寨小学W校长、Z县柳梁乡牛沟小学B校长、H县东华镇南村沟小学W校长,以及热衷于农村小规模学校教育事业的H县安口镇武村铺小学Z老师、Z县南湖镇高房小学S老师、J县余湾乡王湾小学W老师、Z县柳梁乡河湾小学Z老师、Z县南湖镇席河小学Y老师等共14人参加了会议。

Z督学宣布"甘肃平凉三色堇农村小规模学校联盟"正式成立并作重要讲话。平凉市教科所C所长针对联盟发展和团队建设作了指导性讲话。由W校长解读了联盟性质,并达成共识:第一,联盟致力于推动农村小规模学校间的内部交流,形成小规模学校共同体,实现资源对接,凝聚各方力量办好农村小学;第二,建立联盟管理制度;第三,招募志趣相投的乡村优秀教师;第四,相互学习,相互探讨,共商农村教育大计;第五,发挥各自优势,创新发展思路,走个性化发展之路;第六,服务地方,做小规模学校发展的"点灯人"。B校长宣读通过了"甘肃平凉三色堇农村小规模学校联盟"章程。W校长介绍了"甘肃平凉三色堇农村小规模学校联盟"团队成员并强调了联盟工作要点。平凉市教科所向联盟捐赠了九套教育专著并对联盟发展给予鼓励和希望。

"甘肃平凉三色堇农村小规模学校联盟"特聘请平凉教科所所长C为顾问。通过举手表决的方式选举成立了联盟理事会。由W校长担任联盟理事长;B任联盟秘书长;W、Z任联盟副秘书长。"三色堇农村小规模学校联盟"下设四个管理部门:课堂教学部、学校管理部、特色发展部、社群学习部。

随着时代的进步,以及城镇化、新农村建设、小移民搬迁项目的带动,进城务工随迁子女增多,生源流向趋于集中,催生了贵族学校、示范学校、重点学校,它们以其高大上的硬件设施、高精尖的师资队伍、高新先的管理模式,塑造着教育的象牙塔。学校越办越洋,规模越来越大,它们以优越的区域优势、丰富的生源优势,还有政策的"特别关注"优势,占尽了天时地利人和,在人、财、物富集的环境中,领跑教育发展的前沿。但是,总有一些搬不动、迁不了的穷困家庭还坚守在偏远山村,农村教育形成了"学校越来越小,学生越来越少"的普遍现象,造就了山村小学学生人数逐年锐减,许多学校"撤之不能,办之难继"的现状,此时"甘肃平凉三色堇农村小规模学校联盟"应运而生。他们将精诚团结,互相交流,积极探索寻求适合农村小规模学校的发展之路。

——摘自"甘肃平凉三色堇农村小规模学校联盟"成立的新闻稿

2017年12月,在河南濮阳召开的全国第三届农村小规模学校联盟年会上,刚刚发芽的三色堇崭露头角,Z校长代表联盟畅想了三色堇的未来。那次我也参加了分享活动,在小平分享结束后,对三色堇走过的短暂而曲折的道路进行了阐释。2018年,三色堇驶入了快车道,联盟教师互动平台、联盟资源库、草芽儿故事会、农事课程开发、师生研学活动,走出了一条属于三色堇自己的、致力于农村小规模学校抱团发展的道路。联盟由最初的3所学校、14名教师发展壮大为近10所学校,百余名教师的集体。

城市里示范学校、重点学校以其高大上的硬件设施、高精尖的师资队伍、高新先的管理模式,塑造着教育的象牙塔的同时,三色堇坚守在偏远山村……用他们的精诚团结,互相交流,探索着适合平凉农村小规模学校的发展之路。我们有理由相信,三色堇会越来越艳丽,与城里高大上的学校比翼齐飞。

——平凉市教育科学研究所 C

很多时候,在公众眼中,村小、村小的学生和教师都被赋予了悲情色彩。诚然,村小的发展受到多种条件限制,但村小也有自身优势,只要有一点微光,就可以将自己照亮。在获得政府支持的同时,村小也应该积极寻求与成立公益联盟或共同体,各取所需,优势互补。"三色堇农村小规模学校联盟"成立,为村小发展搭建起一个资源共享、优势互补、抱团发展的平台。

——H县东华镇南村沟小学校长 W

"三色堇"联盟是自组织,没有刚性要求,村小在自主发展的动力下,结成共同体。随着队伍逐渐庞大,联盟的架构愈加丰满:"草芽儿"故事会是推广阅读的联盟,"童心原创"是写作交流的联盟,等等。学校借助三色堇联盟开展"草芽儿"睡前故事会活动,教师、学生和社会工作者自愿加入,只要喜欢讲故事、听故事、议故事,就可以成为主播,为村小孩子编织一个个五彩斑斓的梦。当我们面临教学或发展困境时,联盟或共同体就成为支点与杠杆,每一所村小借助它开展基于师生生活的乡土课程实践,发挥育人力量。

——M县柳梁镇牛沟小学校长 B

乡村学校的文化自觉意识很大程度上受到公益协作力量的推动，而这种文化自觉包括校本课程的开发、教学资源的开发、学校管理机制的革新等多个方面。例如，从教学资源出发建设联盟资源库可以从两个方面入手，一是教育教学资源库；二是教育教学智囊库。"两库"的建成既可以为联盟学校提供办学思路、活动方案、理论支持，又能为联盟教师提供优质教案、作业、试卷等教学资源。实际上，"两库"也是联盟学校、教师受益面最大最广的一项举措。另外，挖掘乡土课程超越"乡土"的深远育人价值、设计系统多元的乡土课程内容体系、制定科学规范的乡土课程实施策略，需要教育主体内部有效的协调运作形成教育合力，"单打独斗"会导致教育主体在乡土课程建设中"分身乏术"，甚至不堪重负。因此加强教育主体内部之间合作的教育组织形式是课程建设发展领域的重要问题。有效的教师合作是加强教师校内和校际沟通与交流、形成教师校本教研的基础，同时也是学校教师经验共享、智慧借鉴、相互评价、自我反思、群体认同的有效形成方式。教师之间提供必要的经济支持、情感支持、心理支持，树立"教育主体共同体"精神，能够协同合作，攻坚克难。

（二）乡村教师的文化选择在自主

文化选择的特征表现为具有较强的主观意识，进行文化选择的主体有积极的能动性。事实上文化选择贯穿了教育的始终，从自上而下的角度出发，当今时代的地方、学校、教师从教材编制到课程开发、从课堂教学到课后评价、从制度建设到实际管理，多个主体的文化选择自主性日益提升。全面协调可持续的科学发展观是当代教育选择的重要基点，教育的文化选择不仅影响着知识的建构，也反映着当今社会的文化价值观。

作为文化人，乡村教师往往被打上"乡村文化的守望者和创造者"的使命烙印。然而，在乡村社会转型、乡村文化重建之际，教师逐渐沦落为乡土文化的"异乡人""陌生人"和"边缘人"，陷入专业主义误区，导致乡村教师的教育信念受到挫伤，对乡土文化和乡土课程的育人价值认知产生疏离和解构，消除乡村教师对乡土课程"耗时耗力"且"事倍功半"的错误认知和质疑迫在眉睫。

乡村教师是传统乡土社会的文化载体，是乡土文化传承与传播的责任人,也是乡土文化再生产的使命担当者。乡村教师存在的意义不仅仅是进行乡村教育,该角色在推动乡村社会经济、文化发展方面发挥着巨大的推动作用。乡村教师与乡村振兴的关联逻辑在于乡村教师推动乡村学校振兴,乡村学校推动乡村教育振兴,乡村教育推动乡村文化振兴,乡村文化推动乡村整体振兴。由此,唤醒乡村教师的自觉意识,提升乡村教师文化选择的自主性恰合时宜。

随着对乡土文化的日益关注,乡村教师由原本的接受国家课程、地方课程,开始尝试利用当地的资源,开发具有地方特色的校本课程。有的教师围绕国家课程进行拓展,使课程资源由课堂延伸到课外、由校内延伸到地方,学生日常生活所涉及的方方面面都能被纳入课程资源之中。教师是课程的最终实施者,教师如果不能主动地参与到课程开发之中,那么乡村学校的校本课程将处于悬置状态无法填补,学生也不能积极主动地参与到知识学习中。因此,教师文化选择的自主性直接影响了校本课程的发展进程,对于教学质量的提高具有重大意义。乡村教师是乡土课程建设中的组织引领者,主导整个接受活动,负责规划、协调、推动、控制和统摄全局。从影响接受的角度来说,教育主体在接受活动产生的过程中起着重要的作用,一定程度上决定着接受主体接受乡土课程过程的方向和最终实效性。

乡土课程资源建设研究有助于促进教师的专业成长,单纯的学校环境所提供的文化涵养和价值教化是单一的、薄弱的,满足不了教师个体生命在多元文化中的自由涵泳。特色与乡土文化作为重要的精神与物质财富,是学校重要的师德建设以及心理疏导的资源。[①] 所以从教师专业成长的视角来看,乡土课程资源的开发过程,实质上也是乡村教师的专业成长过程。倪建平认为:首先,开发乡土课程资源有利于激发教师的"乡土情怀",当今教师无法置身于乡土的"气氛"和"风气"中,久而久之,将与乡土世界的文化产生阻隔乃至背离。学校课程难以照顾到地域文化特色,对乡土文化的适切性观照不够,缺乏从地方文化、资源特点和发展需要出发,开发与建构承载地方性知识的乡土课程的意识和制度安排。所以对教师而言,开发乡土课

---

① 倪建平.通过乡土文化建设化解农村青年教师不良心理的实践[J].上海教育科研,2008(10):79.

程资源,能够不断唤起乡村教师的"乡土情愁"。其次,开发乡土课程资源有利于重组和优化乡村教师的专业知识体系,促使他们对乡土知识进行学习和应用。乡土课程资源的开发,还能够促使乡村教师关注自己专业以外的知识领域,更多地接触到具有乡土性、地域性、生活性、实用性的乡土知识,从而优化乡村教师的专业知识结构。最后,开发乡土课程资源有助于提升和优化乡村教师的专业能力。乡村教师在乡土课程资源开发实践中,对乡土课程资源进行收集、整合、重组的过程,不仅进一步提升了乡村教师已有的专业技能和专业能力,也提高了乡村教师课程开发与应用能力、课程评价和反思能力,从而促进乡村教师的专业成长。①《乡村教师支持计划(2015—2020年)》明确鼓励与支持地方政府和师范院校探索乡村教师的本土化培养模式,乡村教师是乡村小规模学校乡土课程开发的主要力量,需要通过持续不断的学习与修炼以及对自我、社会的体悟和洞察,明确自身的使命,树立乡土育人的教育信念,以便对乡村学生进行认识、立足、服务乡土的教育活动,培植学生适应现代化生活的知识与能力。而乡村小规模学校乡土课程开发,则能进一步增强教师与社区的交流与合作,不断消除乡村教师的社会情境迁移障碍,逐渐改变教师的乡土认知,增强乡村教师乡土教育行为能力,从而提升乡村教师的乡土教育素养。②

(三) 乡村儿童的文化认同在内化

文化认同是指人们从观念到心理直至行为,在很大程度上认可、接受和融入某种文化。一般而言,文化认同是指处于同一民族和国家内的个体或群体,对长期生活在其中的文化身份或地位认知、承认、认可和赞同,并由此产生对民族和国家文化的归属意识,获得民族文化自觉和自信的过程。文化认同首先要做到文化自觉,这在一定程度上为文化自信奠定了基础。同时这种自觉不是与生俱来的,而是在对自身文化的历史传承反思批判中、与其他文化的交流对比中逐渐发展形成的,在这种内外矛盾的推动下对文化产生认同,从而实现文化自信。

---

① 刘星.乡土课程资源开发:乡村教师专业成长的新视角[J].基础教育研究,2019(7):36.
② 杜建群,刘丹.乡村小规模学校的乡土课程开发[J].教学与管理,2021(21):82.

传统的乡村文化具有封闭性、单一性的特点，相较之下城市文化的开放性与多元化更加得以凸显，在这种强烈差异之下，乡村文化由于不断地吸收城市文化而受到巨大的冲击。如果乡村对于城市文化只是进行被动地全盘吸收，那么传统的乡村文化将会最终被湮没于时代的浪潮中。乡村教育为增强乡村儿童的文化认同，在政府部门的领导之下，从学校到社区形成了组织联盟，致力于开发本土教育资源。政府组织、教育组织、社区等形成联盟，积极开展课程开发，将本地的文化、习俗、产业进行课程融合。同时为满足乡村文化变迁带来的儿童文化娱乐需求的改变，开展丰富的集体娱乐活动、形式多样的德育课程等来加深乡村儿童的生活体验。在多角度的教育教学中，乡村儿童的文化认同已经发生了悄然改变，他们逐渐拥有正确稳定的文化认知、主动传承乡村文化，也就是所谓的逐步"内化"文化认同。

乡土课程的生命在于人，在于生长在乡土场域的人，学生携带着扎根在心灵、行为、情感上的乡土文化特征，对乡土有着天然的亲切感和归属感。教师应当允许学生自己说，就课程的目标、内容、形式与教师一同协商，并在学生的乡土心田里精耕细作，使课程成为教师和学生的共同创造。学生参与课程建设不但会使课程建立在他们真实的定向期待视野上，而且会令他们体会到，课程是"我们的课程"，而不是"他们的课程"，从而增强对课程的期待感、自主感和拥有感，进而强化接受的动机。而且注重学生的定向期待也是接受主体产生创新期待的基础和前提，是不断打破其惯有的视野结构的必要条件。

如大寨小学的"苹果生态"课程建设处处体现"接受者中心"的思想。就乡土空间的建设而言，乡土空间是学生接受乡土课程的主要场所，在空间建设之前，老师们会提前了解学生如何与乡土空间发生互动、建立联系，以及明晰学生的空间需求是什么，学生的理想教学空间是什么，对反思和探索乡土课程的空间建设具有重要的意义和价值。在教学方法的选择上，大寨小学不断在实践中探索学生们怎么去接受，而非过分注重教师怎么去教，从研究如何"施教"转向研究如何提升接受效果，学生在学习"我们为什么要种苹果"的时候，教师们不会直接将概念性的知识灌输给学生，而是让学生们去农业科技园里自己探索和发掘这段历史，最后通过演说、讨论、辩论的方式与学生互动，引发学生思考和习得，让学生在主动的实践、思考、综合中领悟知识;从单向的"教师灌输论"转变为双向的"师生互动论"。

在学习"三角形的稳定性"这个知识点时,老师会带领同学们去苹果园里,给学生们竹竿搭农作物的雨棚,竹竿一定要斜着插,而且距离、间隔要匀称,绳子捆好后要记得把土踩紧。大家不断探索和试错,有圆柱体、长方体、正方体、三棱锥的雨棚,最后经过抗压测试,发现三棱锥的雨棚最为坚固和稳定,学生在具有意识的、经过思虑或凭深刻行动的情境中接受了该知识点。

——大寨小学 M 老师

很多学校的课程一度忽视甚至无视教育过程中受教育者作为具有主体性、能动性的真正的完整的人的存在,存在着"人的空场",这是对教育本质的遮蔽,也是对生命本体的漠视。在大寨小学乡土课程的建设中,我们看到了学生作为接受主体在课程中活跃积极的生命状态,看到了充满主人翁意识的、理性的碰撞、情感的交流和心灵的相遇,这是学生接受视角下乡土课程价值架构的灵魂所在。

(四)课程管理的文化张力在突围

目前我国教育管理体制为分级管理模式,在最终实施这种模式前,我国教育管理体制历经集中统一、地方分权、统一领导、分级管理、地方负责、分级管理几个重大历史时期。在教育管理学中我们一直强调将教育管理权下放,把管理权合理分配至中下层,使教师、学校、地方对教育中日常事务的有关问题能够有较大的自主权自行处理,各方面的管理都在融入"柔性管理模式",原本的被管理者拥有了更大的发展空间和自主权。传统意义上的被管理者在一定程度上已经成为自下而上的逆向管理中的主体,他们充分发挥自身的能动性,积极主动地利用自己所拥有的知识经验为上级的决策提供支持。这种逆向管理模式不仅符合逻辑的发展,也是实践的必然要求。

在管理活动中,每个成员既有管理人员组织的能力、行为一面,也有受管理者的一面。管理者与被管理者并不等同于上级管理下级,被管理者不再简单地依附管理者,而是在目标基本一致的基础上尝试建立一种自下而上的逆向管理模式。一般而言,乡土课程的建设过程由教师绝对主导,通过编写课程方案,在实践中直接实施。此过程中的接受主体是"基于传递的学生形象",学生是"无知的新手",唯课堂之"权威"是从,镜面反射一般予以全部地、准确地接受,"学生话语权"在这其中被忽视,教师无法从学生的声音中了解其对课程的理解与认知、评价与期待,从而判断课程实施的实际效果,并基于学生反馈改进后续课程方案以适应学生的发展需求,从而真正提高学生的有效接受性。

学生接受是乡土课程建设的重要归宿,一切教育措施都应以促进学生的有效接受为目的。传统课程中教师掌握控制权和管理权,倘若学生拒绝接受教育内容或者接受效果不好,教师仍然可以通过刚性要求的约束及强制性的命令(例如作业、考试甚至惩罚)来使课程实施具备一定的实效性。在乡土课程中,教师无法通过硬性规定和命令来保障教育的接受效果,需要超越以往传统课程实施中只强调学生记忆背诵抽象知识,或者只重视让学生简单体验和感悟乡土实践活动的做法,教师需要遵循知情意行协同并进的原则系统设计乡土课程的实施策略,引导建构自我与他人、社会、自然、生活的有机联系,并探索所学知识内容同一方水土和自己的社会经验的连接、课堂教学与当地社区的连接,通过在真实情境中的亲身体验和创造探究,达至个人知识力、创造力、合作力、沟通力、思维力、情感力等多种能力的发展,使自己成为扎根乡土并有能力奔向远方的有根的人。与传统课程相比,受教育者是否接受是乡土课程能否顺利开展的前提,学生的接受问题对于乡土课程来说较之传统课程是更为重要、更为根本的问题。

乡土课程建设并非一朝一夕之事,教育主体之间的有效合作能够形成教育合力,这是加强沟通与交流、形成教师校本教研的基础,同时也是教育主体间经验共享、智慧借鉴、相互评价、自我反思、群体认同的有效形成方式,更重要的是,团结协作能够形成理念、观念、智慧、认识等方面的心理契合与共享,生成乡土课程行稳致远的内生力量。然而师资力量不足、结构性缺编、教育资源匮乏等问题在农村小规模学校中日益凸显,这导致教师在教育教学实践中分身乏术、各自为政、机械重复,甚至不堪重负,严重影响和制约了教师们的施教环境,间接影响学生们的接受效果。作为教育活动的设计者、组织实施者及评价者,教育主体制约和影响着学生接受的方向和行为,故应创造有益于接受行为稳定发生的施教情境,从而影响学生的接受状态,甚至对学生们的道德品质、文化素养等构成的整体形象产生潜移默化的影响。而这些也需要促进教育主体之间的协调与配合,提升教育主体的整体影响力,增强教育主体在接受过程中的作用和影响,从而提升接受主体的接受效果。具体包括:

① 在建构学校乡土课程整体课程信念与教育目标的同时,激发教师合作的共同愿景和信念。

② 依照乡土课程建设的整体规划以学科或接受主体水平为单位,建立教师之间的互动组织关系,同时不断强化教师们的组织关系,形成合作纽带和组织成员的一体化思想。

③ 建立长效性的组织机构。例如 W 校长作为大寨小学的管理者和"三色堇"联盟的发起人之一,在联盟内部建立起"三色堇"课程建设委员会,加强对乡土课程的研究、开发、实施和管理,同时组织、监督和评价教师参与合作学习研究。在课程管理的过程中设计了大寨小学的乡土课程结构、政策供联盟内各校参考,与此同时,强调联盟内各学校发展的基本理念,根据学校的具体情况和发展方向进行动态调整。

④ 建立评价机制以形成持续有效的动力机制。如大寨小学在乡土课程建设的实验和探索之中,改变了一元独断的课程建设方式,通过评价机制的创新吸收学生参与到对乡土课程的建设之中,学生是乡土课程建设的数据来源、积极反应者以及共同研究者[①],这里面既包括对乡土课程总体规划的宏观评价,也注重对某一节具体课程的微观评价;既有对学生自身发展的思考体悟,也有对课程建设方向的决策建议。除此之外,大寨小学还会召集组织课程评估研讨会,围绕整个乡土课程的建设过程展开陈述和研讨。学生在此过程中表达自己的观点,这有利于教师更全面地了解学生对课程的理解与认知、评价与期待,从而有利于教师判断课程实施的实际效果并改进后续课程方案以适应学生实际的发展需求。为了让学校教师对学校管理有更高的参与度,校长还协助教师们对真实情况进行正确、深刻的把握,在此过程中提高各位参与者分析问题、解决问题的能力。在多元主体的广泛参

---

① FIELDING M. Students as radical agents of change[J]. Journal of educational change,2001,2(2):123-141.

与下，营造出大寨小学良好的学习氛围和文化，将组织的成员凝聚在共同目标之中，引领学生的全面发展。

四、"互联网＋"激活教育反贫困内生动力的文化内驱力

县域教育组织若想实现可持续发展，必须从增强自身的内生发展动力着手。推动自身形成运作良好、有序的自组织系统，才能从根本上消除县域教育发展过程中面临的障碍。乡土课程开发的核心环节是将各关联主体组织起来，而目前的农村学校的乡土课程建设普遍处于非组织化的状态。在缺乏外部压力的情况下，师资的严重不足和能力建设的乏力使得县域内对乡土课程的认识和组织还处于一种放任自流的状态。"自组织"是指一个系统在内在机制的驱动下，自行从简单向复杂、从粗糙向细致方向发展，不断提高自身的复杂度和精细度的过程。也就是说，自组织的演变、进化是在内部要素的运动中而不是外部力量的强制下实现的。乡村学校教师作为课程的实施者实现大规模的学习和开发需要一定的外部力量加以激发和动员，使其作为自组织的内生动力得以唤醒。

（一）"互联网＋"激发乡村文化精英的自我认知

在社会快速发展的背景下，村小所需要做的，就是以开放融合的心态，去主动迎接挑战。扎根乡土，融通生活，做最好的自己，乡村学校无须比拼赶超其他类型的学校，因为它自身就是美丽的百花园。

——J县大寨小学 W 校长

互联网技术发展迅速，在教育领域，以"慕课（MOOC：massive open online courses，大规模网上开放课程）""微课（micro-lecture，微小课程）"为代表的网络教育平台以其灵活的、不受时空限制的学习方式和丰富的学习资源迅速赢得了大批受众。此后新兴的移动媒介也在不断诞生和变革，众多企业及高校投入线上学习平台的建设之中，例如 bilibili 设立学习区、抖音开始教育直播的新探索等，线上学习平台体现出教育资源的共享性、学习系统的开放性、教学策略的多样性、学习方式的灵活性，最大限度实现学生的

"个性化教学",其"以学习者为中心"的学习模式引发社会对传统课堂的思考,被誉为"一场数字海啸"[①],寄托了网络时代教、学、研方式变革的新希望。

改变乡村的教育面貌是很多乡村教师的自觉使命,乡村教师大多兼有"农民"和"教师"的双重身份,他们身上蕴含着从中国农民身上传承的、天然的突破藩篱、自我革命、自发组织、自觉的基因。有效冲破了城乡二元制度的约束,诱发了城乡体制的一系列变动。Z 镇 M 小学距离 L 县城 65 千米,仅有一名教师和不到十个学生,一、二年级加学前班。通过互联网进入县域共同体之后,不断获得各种公益课程的学习渠道以及各种社会组织争相扶助。相较于当地其他乡村小规模学校的校长,S 校长敏锐地捕捉到了社会资源对于发展乡村学校的作用。

我们学校缺什么,我就想办法,其实社会上有很多愿意捐助的企业家,他们不知道往哪捐,甚至会对捐款的使用有些不信任。

如果跟他说,你不必直接给我们钱,就说缺什么东西让他自己采购,大多数企业家还是很愿意做这样的事情的。后来学校的条件改善后,我就利用假期时间参加公益培训,把外面有趣的课程带回学校,通过直播课的形式,让孩子们和外界互动交流。

——J 县大寨小学 W 校长

一个好的老师可能真的影响一群孩子,一个乡村中心学校的校长带动的是一方乡村教育体系和理念的进步,我们希望在县域里找到真正爱学生、懂教育、有情怀的好校长和骨干教师,来共同推动整片区域的教育进步。

——某教育公益基金理事长 Z 女士

现在主动联系公益机构的乡村校长越来越多,一些优秀校长和特岗教师会非常积极地找到公益机构参加培训活动、对接联系公益课程、选拔志愿者老师,有的甚至直接走向大学,跟大学的团委、学生会、支教协会联系合作,直接把大学生的夏令营活动带到自己的学校。近年来乡村学校对于社会资源的引进表现得越来越积极,"尤其是我们扎根的地方,彼此的信任度很高"。

——某公益协会会长 X 先生

---

① 朱庆峰.我国高等教育"慕课"发展的困境及理路选择[J].教育发展研究,2014,34(23):73.

J县越来越多的乡村教师意识到,对于乡村教育而言,课程内容与乡村现实生活的脱离并不意味着它没有与乡村互动和循环的途径,事实上它是选择了从城市"移植"而非在乡村"催生"现代化的方式来加入乡村改造的,因此,作为中国农村文化精英的代表,乡村教师渴望获得更多的自主平台,因地制宜地解决乡村学校课程建设的僵化和保守问题。

项目式学习(Project-Based Learning,简称 PBL)是指教师综合考虑学生的经验设计驱动问题,学生运用已有知识经验自主开展主题探究活动的教学模式,注重学习的问题性、合作性、探究性、过程性和真实性,从制定驱动问题到设计规划项目再到管理项目过程,各环节环环相扣,点拨、激发和唤醒学生的主体意识,实现学生全身心积极主动的沉浸式参与,以增强接受主体自主探索的主人翁意识。[①] 在"三色堇"联盟学校的乡土课程设计中,乡村教师们就敏锐地捕捉到了互联网对乡土课程开发的巨大推动作用,自觉形成了"互联网+"项目式学习的教学模式,如语文老师设计"寻找我家的年味"任务群项目式学习,让学生们从被动接受教育信息的接受者成为自觉探索、自主设计和创造的"小小导演",从选取主题、构建大纲、撰写脚本到拍摄视频、配音剪辑、成果呈现,学生在此过程中更加积极主动,乐于探索和寻求构建项目式学习。

我们在抖音、微信都上传了我们的视频。起初只是想拍一拍做个过程记录。后来慢慢地别的学校就开始找到我,问他们能不能下载这个视频,在课上给学生们放,我心里很高兴,这当然可以啊! 之后我们就开始比较系统地、有目的地拍摄、整理,现在已经做了好几个板块了,比如农耕系列、非物质文化遗产系列、中华传统美食系列、农耕器具介绍,以后我们还想做土地故事、土地文化,邀请前几代人给学生们讲一讲这片土地上发生的故事,学生们对乡土的认知越来越丰富了,通过前辈们讲的故事、文化激发孩子们对土地的情感共鸣,这也是很重要的啊。

——L 小老师的访谈笔记

校长之前在视频里拍做芝麻汤圆,还有腌咸菜,我回家和我妈跟着那个

---

① 胡红杏.项目式学习:培养学生核心素养的课堂教学活动[J].兰州大学学报(社会科学版),2017,45(6):165.

视频学,芝麻汤圆做得很成功,比外面卖得还好吃。腌咸菜也是,给亲戚朋友们都分掉了,没吃几口,等今年冬天我继续做,你要吗,哥哥?

我拍过三次那个视频,种苹果树、盖温房还有修剪果树,接触了我才知道,原来种植这么复杂、这么难做,这些都是在书本里学不到的。

——L 小学生的访谈笔记

"三色堇"联盟内的小学于 2021 年正式开始在抖音、微视等平台建设和分享数字化乡土课程资源包。课程资源包区别于课程和教材,它是在针对学习者和组织者需求的基础上开发建设的,且需要根据课程实际情况和使用对象的特点不断地更新变化和完善。数字化课程资源包的共享为教师和学生提供了丰富的教学素材,并且可以根据不同的教学策略满足课程学习的差异化需求。随着乡土课程通过互联网广泛传播和大受欢迎,乡村教师文化精英的自我认知也被不断唤醒和激发。

(二) 乡土课程建设生成"文化共同体"

接受主体原有的认识结构(包含知识、经验、思维方式等)及价值观念体系是其接受活动的选择器和承载器,是其接受理论的主体性条件和内部准备状态,因此重视接受主体认知结构和价值体系以提升其接受水平,是提高学生接受乡土课程实效性的关键。但是学生以往固有的思维方式、相关知识和经验等影响着他们对乡土课程的态度和判断,产生相应的认知结构障碍,从而引起接受主体的接受抵制。例如教育现代化进程中,呈现出"离农"价值取向的教育将学生培养为可以离开乡村而适应城市需求的人才,切断学生与一方水土的联系,在此状态下,学生认知结构和价值观念体系是"去乡土化"的,学生对乡土课程的接受效果也因此微乎其微,但在今天城乡统筹发展阶段,乡土课程的价值取向呈现多元化的发展趋势,"培养既有农村情结知稼穑,又有城市企盼能工商的现代人"是当今乡土教育的目标。[1] 还有同学认为,乡土教育并非"主课",是"副科",所以不需要听,乡土课程很浪费时间等等,所以教育主体需要调整和改善学生对乡土课程的固化认知和情意,减少"不想听""不愿听""听不懂"等接受障碍的产生,这对学生的接受

---

[1] 史宏协.论我国农村教育的有效供给[J].经济体制改革,2005(1):83.

过程而言尤为重要。

课程作为组织化的知识,未必仅仅归结为制度化的学问。学习某种知识,个人不仅单纯地在获得知识,而且结合知识的学习参与到学习共同体中。如何借助现代信息技术把乡土知识从课堂内延伸到课堂外、从校园内延伸到校园外,使学校课程的实施环境由校内拓展延伸到广阔的乡村社会,让师生在乡土课程实践活动中,通过亲身体验、感知体悟、团队协作,认识自然、认识自我、认识社会,借助综合实践活动的肥沃土壤,着力寻找乡土教育的生长点,更好发挥育人的功能与价值,是开展乡土课程思考探索的重要内容。

让"三色堇"联盟内的学校和平凉市县域内的小学结对,通过互联网,每周学生们的数学课让城里的骨干教师上专题课,劳动课程、乡土课程就搬到联盟的小规模学校。我想怎样实施不是问题,如果能让家长、社会看到这种融合的价值,这些问题都会迎刃而解。学生在城乡往返的成本,从大寨小学到县城坐公交需要5元钱,如果专线运营的话,每个孩子一天的路费可以控制在10元以内。我对此信心满满。如果将来大寨小学送走了最后一名学生,希望学校能转型成为乡土课程实践基地,和城市学校结对合作,让城里的孩子来这里接受乡土教育。

——J县大寨小学W校长

组织化的前提是广大乡村学校、教学点的教师形成对互联网组织课程形态的接受和认同,同时借助教育行政部门的制度化"他组织",逐步在观念、制度、技术、文化层面进行改变。互联网将平凉市县域内各乡镇的学校链接起来,城镇学校和村小、教学点之间的空间距离被消弭,通过"三色堇""自组织"教学所蕴含的开放性、动态转化性、协同性以及对人的关照等特质,超越了技术理性的教学形式,迸发出别样的活力。乡土课程充满着关注课程创生主体的精神品质及生命意志,将课程内外部要素相关联,敦促课程主体从整体角度思考课程问题,并将课程置于关系脉络之中,形成网络化、整体性课程思维,不管是学生还是老师,都在课程设计和开发及实施中主动参与,实现师师合作、生生合作、师生合作、校内外合作、家校合作等一体化合作的"共同体模式"。

（三）以根性精神唤醒乡村学校的在地使命

乡村的自然风貌和生活方式与学校生活是紧密联系的，较之于被高度同质化的商铺街道包围的城市学校，乡村学校则被不同的植被、田地、物产所拥抱，大部分村小都会在村委会附近，乡村学校也会自觉承担起农民教化、乡村治理的责任和使命。

J县基于地域文化的乡土课程是以地方文化资源为依托，从乡土课程的目标、课程内容和实施路径三个维度进行设计的。通过体验式乡土课程，引导学生感悟自然、感悟生活和感悟社会，唤醒和诱发学生的道德情感，产生"内在意义的交流"，促使学生知识的活化、情感的升华和能力的增强。主体的接受活动总是以一定的知识经验为基础而对接受客体进行反映、择取、加工和内化，这种从接受主体以往的认识、实践、交往活动中所获得的理性经验不仅构成了人们认识框架结构的原材料、形成思维方式和价值观的物质基础，为主体接受信息提供选择和评价的对比材料，而且也同思维方式和价值观念共同形成主体的思维定式，制约和影响着接受主体的接受广度和深度。身处于特定地域的学生能够触摸该地域特有的真实的乡土，感受到乡土文化的深层滋养，置身于乡土的气氛和风气中，具备特有的地域个性、经验、价值观等，在他们的头脑中，有这样一片他们倾注深厚情感并在成长历程中打下深远烙印的场域。他们在接受乡土课程时，会基于自身在这片土地上，从以往的认识、实践、交往活动中所获得的理性经验与课程产生"乡土共识"，从而自然而然地、创造性地将适切的、丰富的课程内容转化为自己的认知框架结构。

在J县教育整体推进的过程中，"三色堇"联盟小规模学校在教育局领导的支持下，对于全县范围内可挖掘的社会资源进行了梳理，通过互联网进行跨区域、跨学校、跨年级的横向联合，同时吸纳部分优质教育公益组织和公益培训机构等社会力量参与，制作形成了"三色堇"数字化乡土课程资源包。课程包注重"校本化"提炼、"协同性"建设和"体验式"开发。如从劳动形态的剪纸作品美育体验到村民运动会的切身体认，从体育学科教师训练学生春种秋收能力到语文学科教师通过"护苗行动"提升学生耕读能力，"三色堇"联盟学校立足于学校的软件（教师、学生）、硬件（基础设施、教材等）以及周围村镇所处的历史文化、自然环境等,开发适合学生开展体验教育的课程资源,并以学生为主体录制短视频上传至网络平台,将劳动实践生成的资源以文本、音视频等方式记录下来,并通过大数据、云平台等发布出去,学生可以自主选择观看,自由安排学习时间,并在线上与同学积极讨论,其可视化、生动性和高度参与性满足了学生们的认知接受心理,提高了学生的存在感和参与度,提高了学生的学习兴趣和主动性。教师也可以资源包作为自己课堂教学的素材,使课堂的综合性、生活性和生动性极大增强。互联网集体行动从地方共同情感联系和文化认同入手,引导学生在文化滋养中获得生命体悟,唤醒和诱发道德情感,促使学生知识、情感、能力在自组织动力中获得共生共长。

五、"互联网+"嵌入乡土课程自组织的机制生成

马克思指出:"对象如何对他来说成为他的对象,这取决于对象的性质以及与之相适应的本质力量的性质。"① 接受客体是接受主体在接受过程中所接受信息的来源,是接受过程的重要因素,体现了教育主体对接受者的要求和期望。乡土课程与个体生活息息相关,既是一种了解历史的教育,也是一种立足现实并面向未来的教育。接受主体生于乡土,长于乡土,对哺育自己成长的土地会抱有天然的亲切和情谊,正所谓"人不亲土亲"。但不同接受主体之间也存在接受差异,他们更倾向于选择接受那些与自己的需要、利益、接受能力、思想觉悟、道德水准、社会阅历、兴趣爱好、个性特点等相一致的知识和信息,而忽视和忽略那些与自己"不相干"的东西,具体表现为接受水平、接受程度、接受质量、接受途径等方面的差异。因此需要充分尊重接受主体的个体差异性,这些差异是学生形成其创新期待的现实表现,也是诞生"精彩观念"的契机与可能。② 这就要求教育主体要留给接受主体适当的弹性空间,开展"有差异的教学",针对学生的个体差异,设计并组织弹性的、灵活的、动态生成的教学活动,让学生在自主选择和差异共享中,实现个性

---

① 马克思恩格斯全集:第 43 卷[M].北京:人民出版社,2002:304-305.
② 达克沃斯.精彩观念的诞生:达克沃斯教学论文集[M].张华,等译.北京:高等教育出版社,2005:13-14.

化接受与差异性发展。同时教育主体也可以基于学生的个性差异增强课堂教学的生机和活力,丰富学生经验,开阔学生视野,实现差异共享,让学生对"异域"信息进行意义建构,以期获得接受主体对原有差异在适应基础上的超越,实现适应性发展与超越性发展的统一,从而促进个体经验体系的更新及接受能力和水平的提升。

"互联网+"实现了教育优质资源互通与共享、师资队伍的交流与优化、教育投资的互助与扶持、教育品牌的凝练与打造以及教学质量的提升与共赢。乡村县域区域联盟以共同发展与均衡发展为前提,寻求地域之间、城乡之间与校际的联盟合作。除了资源的共享以及城乡的合作,区域内师资水平的统筹整合以达平衡也尤为重要,并且要针对我国的城乡二元结构建立制度保障机制和相应的基金帮扶机制来加强区域联盟自组织的稳固性。

(一) 在跨越网络时空中触发师生的创新力

乡土教育就是打破城乡之间的藩篱,让乡村的孩子能享受到和城里孩子一样优质的教育。城市教育也存在问题,比如说大班额不能实现个性化教育。乡村教育有不可替代的优势,它有丰富的乡土资源,它最贴近真实的社会生活,它可以建设有根的乡土课堂。当我们认识到乡村教育和城市教育各自的优缺点后,就可以将两者结合,给孩子们提供最好的教育。

通过互联网直播平台的联系,J县的城镇学校和乡村学校以及教学点不再按原有的地域划分,区域的共时性和在地性使得学校迅速成为一个系统,城乡学校的师生们在互联网上找到了归属感并培养起信任感。

每一所学校的课程团队都成为课程设计、实施的自组织,而县教研室的教研员提供技术支持和平台维护,各课程团队可结合学校所在区域的环境资源、社区资源、家校共建资源设计与学生日常生活相贴近的课程,激发学生的乡土情感。在100多个展播学校背后还有200多个教学点,点上的教师的课程意识也在被激发,成为潜在的自组织动力。每所展播学校课程自组织力不断提高,J县的课程改革从低层次向高层次推进,课程开发主体实现了自我学习、交互学习。为了增强网络展播的吸粉能力,课程设计重视学生的生活体验,大量采用探究发现、大胆质疑、调查研究、实验论证、合作交流、社会参与、社区服务等积极、主动的学习方式,有效增强了课程的影响力。

清华携手村小，状元叫卖苹果
给"苹果课程"注入新的内容

J苹果，是甘肃省J县特产，中国国家地理标志产品。在J县城川镇大寨小学，我们基于乡土乡情，开设了"二十四节气校本课程"和"农耕课"，就是让学生认识脚下这片土地、学习科学知识与传统文化等，促进其学习、领会、交流，使其融入社会和实现自我的不断完善。其中"苹果课程"最受师生欢迎。

一、进度安排
- **12周**：进行推文、海报等编辑和制作，为第14周直播积攒私域流量
- **13周**：在助教处完成直播相关信息报备：主题（产品）和直播小组名称（格式：课堂号_自定名称），直播时间（每小组两次，每次至少60分钟）
  从指定的**4**个时间中确定**2**个直播时间
  12月19日（周六）❶12:00-13:00，❷20:00-21:00
  12月20日（周日）❸12:00-13:00
  12月23日（周三）❹20:00-21:00
- **14周**：面检各小组准备情况（**方案**）及直播技术答疑（上课时间）
- **14周-15周**（12月19日-23日），直播实践（两次，每次须60分钟）

二、作业评判标准

（一）直播报告 18分

1) 直播准备（8分）
   1.1) 直播面检（2）[教师在教室面检，第14周课堂时间]
   1.2) 直播宣传（6）[私域流量的准备，若有宣传推文、海报、朋友圈截图等，请一并打包提交]
2) 直播方案策划（5分）
   产品选取和主题定位、直播目标、结合直播平台特点的直播方案、团队合作分工
3) 直播数据分析（5分）
   两次直播的数据汇总：目标达成情况、流量积攒与转换、团队合作成效

（二）直播实践 12分
评分者：教师、助教、直播策划者、直播达人，共计24人
各项分数计算：A=3，B=2.5，C=1.5， D=1，总分（12-4）
1) 直播间的印象（包括布置、标识清晰、人气等等）（A、B、C、D）
2) 直播产品的介绍（A、B、C、D）
3) 直播互动和节奏（A、B、C、D）
4) 评分者行为：A. 购买 B. 想买 C. 关注 D. 路过
两次直播分值计算规则：
若第二次高于第一次，取最高分计算
若第二次低于第一次，取平均分计算

人面苹果相映红——小苹果科学之"金果漫山红"。

大寨小学低年级开设小苹果美术课，中年级开设小苹果科学课，高年级开设小苹果经济课。当然，还开办一些与苹果有关的主题活动和社团活动。

谁料到，"苹果课程"会在 2020 年引入"直播带货"这个新鲜玩法。

清华大学有一门"计算机文化基础"的课程，大多数人想到的最终作业是：用 PS 修出一张精致的图案，学会做出完美风格的 PPT，或者是自己写一个简单的网页，甚或是写 500 行的代码……然而，结果往往以出人意料的方式出现。2020 年，修这门课程的学生，万万没想到，结课作业竟是直播带货！

在中国娃乡村教育创新俱乐部发起人 L 老师的牵线下，2020 年 10 月，清华大学的学生们找到了大寨小学。

看到这个作业，说实话起初我是有点懵的，因为我不知道我要做什么，能做什么，以及怎样做。

直播带货虽然不再稀奇，但在偏远的乡村，直播更多的是留守妇女消遣的事情，我曾写作《在直播中消磨生命》痛批家长领着孩子吱吱呀呀的直播娱乐活动。但真要自己动手直播，感觉无从下手。

经过多次线上讨论，我豁然开朗，就村小的孩子而言，这是一个"寻求苹果卖出高价钱"的项目实践，这个项目包括：市场调查、成本核算、收益分配、直播带货和包装设计等。

经过讨论，我们把这次实践活动命名为"清华携手村小，状元叫卖苹果"。接下来的实践过程，我是完全参与的。

两次直播，取得了意想不到的效果，除了有"白花花的银子"收益之外，孩子们在实践过程中不断思辨否定和成长。

本次直播带货其实只是小苹果经济课程中的一项，围绕"直播带货"开展的其他主题活动才是重点，比如市场调查、成本核算、统计图、利润分配等，诸事虽多有挑战，但孩子们报以难得的热情，不断攻坚克难。值得一提的是，孩子们为了直播的十分钟，加班加点积极准备，但当面对镜头时，一度出现尴尬，太不自然也缺乏自信，自己准备的词也忘了。当直播结束后，我看到的是孩子们相互交流也有抱怨，但依旧很兴奋。在随后的一节课中，我们达成了共识：真实的世界原来是这个样子的，我们还存在很多的不足，相约一起努力。

在这样的学习中孩子眼中有光

这个实践过程,我用"真实""挑战""未来学习"三个词来总结。

"真实"是说学习内容的真实。无论是大学生还是小学生,都在实实在在的做事中突破了自己、完善了自己。面对挑战的真实,所有问题都是实实在在的,绝不杜撰也无从杜撰,解决和未能解决的问题都来自真实的情感体验,都有真实的思考。

比如,我引导孩子就收益如何分配制定方案时,孩子们出现两种声音,而且争论不休,直至写下这段文字还没定下来:一种声音认为他们付出最多,参与了市场调查、直播带货和包装运输等,是这次活动的主体,应该多分一点;另一种声音认为他们在实践中,已经经历了学习的过程,收益很大,应该给其他人多分一些,况且,如果没有协助老师、没有清华同学、没有小苹果美术团队,就不会有这次较为完美的经济课实践。

这样的争论很难给出确定的答案,争论也许就是最好的结果,这其实是一个关于道德和价值的争论。当然,在收益分配中也有统一的认识,大家一致认为需要预留30%的收益作为总结会的活动经费,这样的仪式感和存在感也许是未来需要关注的点。

这种亲身参与的过程体验,也许就是最好的学习。"学而时习之,不亦说乎"就是讲学习与实践结合才是快乐学习的源泉。况且,智慧的生发和高级思维的发展,就是在富有挑战的实践过程中实现的。

虽然,这次实践只是个案,有一些科目的学习也很难这般实施,但我已看到了其强大的生命力,因为我看到在这样的学习中孩子眼中有光,并且作为教师的我也一起成长着。

在这个联结中,我们三三组合成六人团队,有分工、有协作,相互交流,都是一种全新的体验。尽管实践过程中出现了许多意外,但这是一次难得的与真实世界的接触。

科技高速发展,在努力实现中国梦的今天,所有的事都不是个人的,未来生活更加开放、更加包容,更多的是协作。无论是学习还是教育,都是这样。

不妨畅想一下,未来的乡村教育,不只是教育主管部门的事了,全社会将会在教育主管部门的协调下有序加入，最先进入的也许是公益，紧接着是高校研究团队，还有大部分的社会精英，包括退休的人士。而这种关系除了联盟（各取所需，共同成长）之外，更是一种情怀，那就是"中国梦"。

——J 县大寨小学 W 校长

经历了实属不易的 2020 年，更多人重新认识了互联网的本质——连接。近 20 年来，通过连接类型的不断升级迭代，这个由人类共同打造的新结构，不断释放新活力催化着人类社会方方面面的模式创新。

在 2020 年的最后 2 个月，聚焦一门村小的经济课和一门大学的计算机课程，积极尝试各种载体连接教改的两支教学队伍，采取一种互联网现象级行动将两门目标不同的课程、年龄不同的学习者连接起来，用相同的策划方案和行为模式去验证不同的学习结果，在网络世界里打造了两个平行空间，在数字虚拟中验证和升级着真实的认知和思考，这就是一次对未来教育资源连接的尝试与探索。

——清华大学计算机系副教授 L 老师

大寨小学的苹果经济课和大学生们进行直播活动策划，通过参与设计和运输成本调查，让孩子们对真实的世界有了认识，让孩子们进一步在生活中理解数学、理解网络、理解经济。这次直播带货的实践探索，使小苹果经济课的教学形成一个闭环，在最后的教学探索中，接触经济活动中很重要的一环——分配。怎么分配这次卖苹果的收入，应该让孩子们去讨论和理解：

1. 什么是公平？用什么可以衡量出结果是否公平（数学概念）？投入产出怎么测算？

2. 为什么要公平？如果不公平，会有什么坏处？可以举例子让孩子们讨论，这个算是逻辑和道德教育。

3. 怎么才能做到公平，分配方案是什么？

4. 如果出现分歧，争执不下，有没有解决分歧的方案？

这样的教学过程，逐渐打磨，动员孩子去思考、讨论、计算、写作，孩子们对学习就有了感觉，课程形成了闭环，而且家长、老师们也会越来越觉得价值很高！

——中国娃乡村教育创新俱乐部发起人 L 先生

在参与直播的同时，我在 Y 大学给乡村师范生们也同步上了一节乡土课程,让大学生们看到村小的乡土综合实践活动课的真实场景,以及与清华大学同学们的网络互动。

乡土资源在乡村环境中,乡土意识是每一个乡村教师在专业发展过程中必须培养的。乡土课程不仅传递知识,更有能力的训练、家乡认同的培养和建设美丽乡村愿景的传递。

我把师范教育的"课程扶志"和乡村教育的"课程扶志"融为一体,希望能在更大范围内传播"苹果课"的价值,让更多的准乡村教师在未来的职业生活中将乡村少年们培养为"有根的人"。

——Y大学教授、博士生导师L老师

由于和学区老师有联系,我及时关注到了这次苹果园里的小学的直播带货活动,令人耳目一新,并作为一个购买客户观看了直播。这是令人惊喜的尝试。

首先,农村教育需根植于"乡土情结",摒弃"羡慕"和"妄自菲薄"的心理,建立文化自信,发扬耕读文化传统,这是一次非常好的尝试。

其次,农村的孩子们需要锻炼自己的镜头能力,习惯于曝光,勇于曝光,这是他们需要补齐的短板。其实,他们完全可以做得像城市的孩子一样优秀,只是需要多多实践。第一次面对镜头有些失误,但这是弥足珍贵的开始。

再次,从身边的"经济学""市场营销学"开始,是拓展孩子们思维和视野的很好的教学机会。相信这个案例中有可以持续挖掘的教学要点。我很高兴地购买了苹果,作为对孩子们的支持。希望他们中间会出现未来的经济学家和市场营销专家,更希望2021年还能通过直播带货买到J县大寨小学的苹果,希望2021年见到孩子们在镜头前挥洒自如。

——关注乡村教育者,本次直播活动购买客户L老师

在互联网直播呈现出的课程画面中,各种参与主体与学校师生同时出现,共同构建出共时性与共在性的课程情境。在互联网直播形式的嵌入中,对乡土教育的价值共识成为"自组织"课程形态的重要推手,其所蕴含的立体性、动态性、广泛参与性以及对历史、文化、环境的深刻关切等特质超越了传统教材的平面内容,迸发出时空对话和情境还原的生动性和交互感。在社会共育机制的推动下,基于"互联网+"的大规模综合实践活动课激发了

社会各界的参与潜能,而主题式的分类指导让学校之间、班级之间相互连通,开展共同体式的合作探究。

(二)在认识地域生态中构建网络对话空间

《中共中央 国务院关于实施乡村振兴战略的意见》对"传承发展提升农村优秀传统文化"进行了全面部署。我国乡村地域文化中有着丰富的课程资源,充分挖掘地域文化丰富而深刻的教育因子,让学生树立正确的民族观,铸造中华民族之魂,这是广大教育工作者在课程改革与建设中不容推卸的历史使命。每个学校所拥有的地域条件不一样,每个教育关系主体的社会关系都有其独特的一面,这使得基于地域文化的综合实践活动课程有可能成为具有独特魅力、最具吸引力的课程。通过互联网开发和利用地域文化并将之作为乡土课程的材料,一方面能进一步弥补学生知识结构的偏狭,形成健康多元的文化观;另一方面还可"就近取材",对本土资源进行教育化的开发,使乡土课程的资源库臻于完备,结构更加均衡,并向更加广阔的空间传播和应用。互联网工具的运用,让地域文化这一丰富、鲜活而得天独厚的课程资源更具有重要、独特和全方位的教育价值。

1. 推动广泛的社会意义和积极的个体意义相统一

顺应乡村振兴和课程改革发展举措的乡土课程,承载着乡土文化传承、乡村儿童培育等多重价值期待。对乡土课程发展方向、立场、路径的认识,在很大程度上影响着学生的接受实效。因此,在互联网时代,把握"乡土"的时代内涵,把乡土课程放在更广阔的共时和历史背景之下,打破时空的区隔,是学生接受视角下乡土课程建设的重要任务。首先,乡土课程要满足为社会发展服务的社会功能,将学生塑造成能够肩负和承担社会发展重任的人才,培养"乡土"社会的主人、未来中国社会的建设者。其次,满足接受主体的需要,使个体在感知乡土课程的基础上,培养对乡土和天下的认同,从而成长为真正适应社会发展与变迁的现代人。需强调的是,乡土课程应从广泛的社会意义和积极的个体意义出发,仅仅在乡土资源内部借助原本处于边缘地位的乡土内容和方式进行人才培养,难以实现对乡土资源的创新性利用,进而陷入故步自封的困局,虽不能否定其对社会发展和学生个人成长的助益,但学生在此过程中的接受是暂时且短浅的,是面向过去和现在的,学生们在未来进入更广阔的世界,势必会产生怀疑、排斥甚至抵制。总之,乡土课程应确立为个体发展铺路基、为国家发展育英才的广阔视野,实现广泛的社会意义和积极的个体意义相统一的价值愿景,推动个体自我实现与社会发展的和谐共进,这也是保证学生接受实效性的必经路径。

2. 密切教育内容与学生生活的联系

乡土是学生们的成长与居住之地,是个人倾注深厚情感并对主体未来成长发展具有深远影响的场域[①],但随着现代化的发展以及应试教育的不断压迫,乡土社会中的地方性知识体系在学生培养体系中的缺失,造成了学生对乡村文化的"不适应",故应密切乡土课程与学生生活的联系,引起教育内容与学生之间的情感共鸣;拨动学生心弦,促进他们理解和接受,使学生体会到乡土课程是鲜活生动的、贴近现实的、丰富多趣的。首先,从接受主体的审美经验入手,以接受主体在接受活动之前就已经具备的认知结构、价值取向、情感需求等作为选择乡土课程教育内容的前提和预定指向,以满足学生对乡土课程的期待视野、实现学生与乡土课程的自觉联结。其次,根据科学教育规律以及接受主体的身心发展特点精心组织,通过专业科学的教学内容设计,创设学生与原生性的乡土知识的有机连接,让新知识与学生"初次见面"时便是"老面孔"。但需注意的是,乡土课程的建设不能是"为了乡土而乡土",乡土知识不可僭越其原本为课程目标和学生发展服务的应有定位,而转化为需要学校课程、教师和学生为之服务的对象。从乡土内容切入后,应给予学生分析、思考、决策的条件和机会,引导学生发现自我,达成良好的接受效果。最后,应让学生的真实生活情境和学生所接受的知识产生碰撞和交融,并检验学生的接受效果,从而密切和整合教育内容与学生生活的联系,促进学生生活阅历的丰富、审美水平的提高以及接受视野的不断拓展。

3. 超越乡土创新拓展性内容

乡土隶属于学生原有视界,此时的学生们虽直观地感受着乡土的忙碌和充实,体会着乡土知识技能的单纯和古朴,但感到单调无聊而丧失接受的

---

① 姜子云,刘佳,王聪颖.重构与重建:教师教育公共教育学课程建设的"乡土表达"[J].教育发展研究,2021,41(21):79.

动力和兴趣。仅仅是简单的"乡土陈列"的乡土课程遮蔽了乡土课程育人的深刻思考，存在着止步于乡土而疏于育人的突出问题。因此需关注乡土课程促进多元文化整合的有效途径，通过互联网引领乡土向天下的无限延伸，给予学生超越乡土的惊喜，使其跳出原有的平淡的感觉和思维定式，行走于乡土原野之上，但亦可触碰浩瀚无际的知识的天空，继而发现新的现实、领悟新的意义，从而充实、拓展其原有的视界，并获得愉悦的审美体验。

"对学生成长而言，一切知识都应该是可征询、可批判、可分析、可研讨的对象。教育教学绝不是对库存知识的简单打开，不能仅仅把知识当成'展品'展现在学生面前，而应该通过对人类认识成果的丰富学习过程，生成新的意义。"[1]具体拓展范式如下：第一，挖掘、利用乡土资源并按照其文化内涵和内在知识结构的相关性进行单元化和模块化调整，形成主题相关、内容相关、知识相关、互补相关等不同关联程度的模块化单元。第二，剖析乡土资源的育人价值，结合接受主体的学习经验、生活经验，挖掘其中的课程要素和育人价值，从而丰富乡土资源的底蕴和色彩。第三，根据教育目的和国家课程的目标导向在乡土资源育人价值的基础之上形成积极的叠加效应，按照乡土资源育人的原则设计和开发乡土课程，以此促进学生的深度学习并进行高阶思维训练，最终以知情意行协同并进的原则实现超越乡土的课程内容设计。

构建教育促进人力资源生长的环境，实质上就是构建一个和谐的、多元共生的空间场域。"草根"联盟实际上就是指立足于乡村的本土文化与特点，扎根于实践的土壤，凸显平民化、校本化、实践化之特性的教师联盟。随着城乡交流的不断深入，乡村小规模学校的教师队伍越来越年轻，教师的专业发展也备受瞩目。以"草根"联盟为载体的校本教研是提高教研活动质量的重要手段之一，教师充分借助区域联盟的平台，与联盟学校的名师深入沟通，经过"教学—研讨—反思—再教学"循环往复的打磨来提升教师的"课堂教学技术含量"，促进教师的内涵发展，为其教育教学特色发展奠定基础。

教育反贫困治理的核心在于县域统筹、整体推进，其实质在于多元，是多元主体对社会事务进行的有序管理活动，强调的是政府和学校、社会三者

---

[1] 郭元祥.知识的性质、结构与深度教学[J].课程·教材·教法,2009,29(11):18.

之间的良性互动和社会各方主体的有效参与。借助互联网推进课程自组织机制的形成，从侧面体现出县域教育治理模式对于解决我国广大欠发达地区的教育资源匮乏问题有着重要的积极意义，而县域教育行政机构统筹则成为关键性因素。

J县小苹果劳动教育基地(大寨小学)

基地简介：

这是一所苹果园里的学校，这是一所特殊的学校，苹果园就是一所学校。教材是果园，是大地，是自然，是世界。苹果树是老师，是父母，是同学，是玩伴。和苹果树一起经历春风、夏雨、秋霜、冬雪，或发芽开花，或肆意生长，或硕果累累，或积蓄力量，在陪伴中，找到自己、生长自己、成就自己。

核心理念：

小苹果，向未来！

相信孩子，一起生长，办以"苹果"为核心的自然生态教育。扎根中国大地，做有根的素质教育。

价值目标：

1. 在实践中体验劳动的快乐、创造的快乐、成长的快乐；了解家乡、认同家乡、热爱家乡，爱自己、爱家乡、爱祖国、爱世界。

2. 在城乡一体化发展背景下，协助留下的孩子成为最美的自己，为县城的孩子提供优质的课程实践，给社会提供亲子课程和研学选择，追求公平且有质量的教育，积极创建J县劳动教育实践基地。

3. 探寻新时代农村小规模学校转型之路，为村小寻找一种可能，助力乡村振兴。

基地构建：

一、四大课程

课程定位	1. 在劳动实践中实现从五育融合到五育并举。 2. 劳动只是过程，育人才是目的。课程关注劳动体验，更关注精神成长，培养德智体美劳全面发展的时代新人。			
课程设置	果香探源	果艺缤纷	果创未来	果植生长

续 表

课程维度	历史与生活	科学与艺术	经济与未来	生命教育
适合年级	低年级	中年级	高年级	全年级
课程指向	我是谁？ 从哪里来？	科学素养？ 生活是什么样的？	去向哪里？ 要过怎样的生活？	成为我自己
课程素养	文化基础： 人文底蕴 科学精神	自主发展： 学会学习 健康生活	社会参与： 责任担当 实践创新	认识生命 珍惜生命 尊重生命 热爱生命
课程内容	1. J县的那山那水那些人 2. J县彩陶焕发时代光芒 3. 神奇的地方饮食 4. 悦享健康生活	1. 苹果园的自然之美 2. 农耕文化中的自然科学 3. 一方水土一方人 4. 创造美好生活	1. 我们为什么要种苹果 2. 如何种出好苹果 3. 设计未来苹果谷 4. 苹果谷的狂欢会	1. 我和苹果一起生长 2. 在挑战中迎接美好 3. 争做苹果"五娃" 4. 苹果娃向未来

二、十大空间

十大空间作为四大课程实施的基地，同时还有属于各自空间的特色课程：

空间	重要内容
"忆风润园"农耕教育基地	课程意向： 借助传统农耕背景下的农具和生活用具开发的实践课程。其一，让同学们受到传统文化的滋润；其二，同学们在探索中认识家乡、了解家乡、认同家乡；其三，在实践探索中，提高孩子的核心素养 还在规划： 1. 保护与修缮 2. 设计一个半径6米的课程实践场地——"热土"
有机苹果种植实践基地	课程意向： 以苹果生态种植为内容，协助孩子参与实践，帮助孩子们理解现代农业、未来农业。实现人与自然的和谐相处，树立可持续发展的理念 还在规划： 1. 校园整体规划完善 2. 建设2个有机苹果园，1个苹果百花园 3. 200平方米墙面粉刷及其布置

续　表

空间	重要内容
苹果饮品研发基地	课程意向： 继承传统酒、醋酿造工艺，融合现代科技、文化，在实践研究中实现跨学科学习，从而提高学生综合素养 还在规划： 1. 空间建设（积极争取北京向荣公益捐赠） 2. 课程研发
悦享生活创意工坊	课程意向： 以项目化、主题式课程设计为主要课程类型，以过好当下生活到创造未来美好生活为目标，在实践中继承，在继承中发展，在发展中创造 1. 陶艺　2. 彩绘　3. 木工　4. 雕刻　5. 扎染　6. 剪纸　7. 刺绣　8. 布贴 还在规划： 1. 空间建设（积极争取公益捐赠） 2. 课程研发
小苹果食育工坊	课程意向： 希望每一个孩子拥有维护终身健康的能力，悦享健康生活 1. 营养健康教育课程：以烹饪为教学载体，弘扬传统饮食文化，传递营养健康知识，培养良好的饮食习惯，以及用餐礼仪、协同合作、创新思考、审美能力等的培养 2. 太空食育课程："太空饮食发展史""太空舱里的食物""太空舱里的水和饮品"、太空食育游戏、太空美食体验等 还在规划： 1. 空间建设（积极争取公益捐赠） 2. 课程在地化
马云乡村少年宫	课程意向： 让乡村儿童看世界、见未来、遇自己 研发在地化的课程，应用VR和编程等现代高科技工具，助力苹果种植和销售、管理自己的生活，激发好奇心与想象力，培养孩子们的智商、情商和爱商 还在规划： 1. 部分设备完善 2. 课程研发
小苹果益智迷宫	课程意向： 集苹果文化、科技艺术、学生素养为一体，寓教于乐 还在规划： 1. 益智迷宫建设 2. 课程开发

续 表

空间	重要内容
35°J县苹果文化展室	课程意向： 了解苹果的前世今生、世界苹果文化、苹果成就、苹果发展等，J县苹果的发展历程、重大成就、重要人物
从百年村小到新乡村教育文化展室	课程意向： 了解J县城川镇大寨小学办学历史及其成长足迹，跟进新时代中国式乡村教育历程，守根逐梦 还在规划： 1. 布置展室一间 2. 课程研发
亲子活动体验空间	课程意向： 在体验、参与中修复紧张的亲子关系，追求理想的亲子关系；在共读、释压等方面进行咨询、指导和协助 还在规划： 1. 布置亲子活动室一间 2. 课程研发

三、校外基地

1. 35°苹果谷(距离基地3千米)：集地方产业、经济、旅游、文化为一体

2. 德美有机苹果种植基地(距离基地2千米)：现代高科技示范基地

3. 德美智能选果中心(距离基地7千米)

4. J县高新苹果种植基地(距离基地7千米)

5. J县苹果产学研实验示范基地(距离基地13千米)

6. 大地湾人类史前遗址(距离基地35千米)

四、课程类型

学生课程、亲子课程、家长课程

五、学习方式

行走学习、实景学习、问题学习、项目学习、融合学习、跨学科项目学习等。

第七章 Z县思路:高校互联网公益嵌入地方治理结构

　　Z县处于我国滇桂黔石漠化连片贫困区域,县域内以山地为主,地势北高南低,主要表现为低中山、低山,丘陵及河谷盆地。一方面土层瘠薄导致生态脆弱,历来有"九山半水半分田"之说,耕地零散难以发展规模化、产业化的农业生产;另一方面土层浅薄,难以积蓄涵养水源,境内沟壑纵横,山峦绵延,重崖迭峰,交通建设难度大成本高,交通不便也进一步加剧了该地区村庄的闭塞和贫困。Z县辖5个街道,7个镇,3个乡,365个行政村,总面积1717.3平方千米,总人口41.2万人(2019年),境内长期居住着汉族、布依族、苗族、仡佬族等23个民族。作为典型的"老、少、山、穷"地区,Z县于"八七"计划期间被确定为国家重点扶持的贫困县,2012年,被划定在14个集中连片特困区中,再次被划定为新一轮扶贫开发工作重点县,在扶贫领域持续受到高度的政治关注和经济扶持。直到2019年4月,贵州省人民政府正式批准Z县退出贫困县序列。Z县现有中小学81所,其中小学69所(完全小学40所、教学点29个),初级中学9所、九年一贯制学校3所(民办1所)。建成农村寄宿制中小学31所,改扩建中小学51所,整体搬迁Z县第二小学、Z县民族中学,县城新建1所小学(第二实验小学),新建1所九年制学校(思源实验学校),撤并小学39所、初中6所,改扩建学前教育学校16所。"十三五"末,小学在校学生30362人,初中在校学生12864人;小学有寄宿学生4490人,初中寄宿学生7891人;小学入学率达99.85%,初中毛入学率达99.28%、净入学率达91.39%。2015年全县各中小学所有班级均已安装"班班通"终端设备;2017年,全县学校通网率为72.4%,中心城区11所中小学,全部接通网络,通网率为100%,且中心城区学校带宽均为30兆以上光纤,学校添置图书137万册,电脑3281台,"班班通"设备1279套,教学仪器设备72.4万多件(套),全县义务教育学校的图书、仪器、计算机配备率均达到国家规定的标准,多媒体教室覆盖率达到100%,实现了优质教育资源班班通。尽管教育脱贫攻坚取得很大成就,但Z县基础教育发展仍面临以下困境:义务教育优质均衡发展任务艰巨,素质教育存在系统性缺位;学校布局有待进一步优化,教育基础条件的级差显著;经费保障水平有待进一步提高,师资力量存在结构性失衡;留守衍生问题复杂,教育生态存在内生性矛盾等。

一、高校参与教育反贫困的具体行动

(一) 大学生支教的组织形态

伴随着青年志愿者服务国家脱贫攻坚行动逐步走向规模化,Y大学的青年组织很早就投入教育反贫困的志愿服务行动中,青年学生群体主要以支教的形式参与教育反贫困行动。从支教活动的组织机制来看,Y大学的支教活动有以下四种类型:西部计划研究生支教团的支教活动,寒暑期"三下乡"社会实践的短期支教活动,学校共青团组织发起的支教活动,班级、社团或学生个人牵头组织的支教活动。

1. 研究生支教团项目

1998年,共青团中央、教育部联合下发了《关于实施青年志愿者支教扶贫接力计划有关政策的意见》,正式将支教作为青年学生参加教育扶贫的长效形式与制度安排固定下来。2011年8月开始,研究生支教团项目重点将服务地安排在中西部的民族地区,志愿者根据服务的年限和考评情况享有不同的待遇和福利。"研支团"项目是由共青团中央发起的,共青团中央是整个西部计划项目组织机构最高层的管理机关和顶层政策设计方,联合教育部等其他部委,共同制定"研支团"项目的发展规划、承担指导协调工作。Y大学自2013年首次争取到研究生支教团项目名额后,将之嵌入两个从属连接的组织架构中:一是,Y大学所在地的江苏省级团委负责指导、协调项目高校做好志愿者招募和岗前培训等工作,Y大学成立"研支团"项目管理办公室,负责本校的研究生支教招募、组建工作。项目办在本校研究生推免生遴选工作领导小组指导下开展工作,高校团委书记或副书记担任项目的督导员,Y大学项目办负责志愿者的培训派遣和跟踪管理,落实政策保障;二是,Y大学"研支团"服务地——贵州省级团委负责指导、协调服务地项目办做好志愿者的派遣和接收等工作,对服务地项目办和志愿者进行统一管理,并负责调整和增加服务地的申报工作。根据项目的统一要求,每届"研支团"管理工作的时间跨度为三年:第一年9月(志愿者大四开学)进行统筹规划,10月至11月进行招募选拔,12月至次年7月由项目高校组织进行第一阶段的分散培训,8月进行集中培训并统一派遣上岗;9月至第三年7月为志愿者在项目地的支教服务期,由所在地和高校项目办共同提供管理服务;8月之后,各级项目办组织总结表彰活动。Y大学自2013年加入该项目以来,每年通过公开招募的方式,组织7名具有保研资格的应届毕业生到服务地贵州省Z县,开展为期一年的支教工作,并开展力所能及的志愿服务活动。服务期满后,由下一批志愿者接替其工作。Y大学在教育主管部门和共青团组织宏观部署下,将政策资源、高校资源、社会资源凝聚在一起,形成了"接力服务、定期轮换"的长效工作机制。该项目周期固定,去往的地点也基本固定,学生能在项目地真正充当教师的角色,将周期性的教学活动长期化,但准入门槛高,要达到一定的成绩要求,并经过层层选拔才能够入选。

2.寒暑期的"三下乡"社会实践

大多数Y大学青年组织和学生都会选择在寒暑期参加短期支教。据统计,从2003—2019年近20年时间内,Y大学社会实践团队一直在增加,以短期支教为实践内容的团队比重甚至一度接近全校所有社会实践团队的60%。Y大学每年动员学生参与寒暑期社会实践的通知文件中,都会设计以支教为主的"教育关爱类"社会实践项目,并评选优秀的团队和项目予以表彰奖励,再加上暑期的社会实践对于Y大学的学生而言是本科人才培养方案的必修环节,对学生参与的实践内容没有具体的规制,因而参与短期支教项目往往成为学生志愿者根据自身实践兴趣及意愿进行的主动选择。支教这一实践主题的选择,是青年自组织的一种合作尝试。支教的自组织是由网络中的行动者,针对某一个支教实践的具体项目自发建立的临时性组织。志愿者在开放的情境中达成主题共识、自发组建团队、设计支教项目、开展团队建设,其组织内部并不要求严格的层级制度,不设置诸多进入门槛,通过志愿者自身的资源关系网络或借助互联网等信息手段联系沟通,确定实践区域和目标学校。暑期支教实践非常需要各类社会资源的介入和支持,志愿者们往往需要提前主动联系企业、社会组织等申请支持,或动用各类社会关系获取各类资源以供实践之需。由于暑期的短期支教主要是学生自发行动并开展的教育反贫困活动,实践效果参差不齐,"组织者如何管理、设计支教活动对于支教项目的持续发展具有很大的影响"。

3. 日常定期的支教活动

Y大学团委还依托大学生志愿服务中心进行日常支教活动的组织。Y大学团委和各二级学院分团委以志愿服务分队或分会为载体开展支教类的志愿服务。日常支教活动主要是去往Y大学校区周边的农民工子弟小学、残疾人康复学校、农村社区和拆迁安置小区等。这是一种典型的以项目制为组织形式的支教活动,具有明确的服务群体、合作意向和合作目标。Y大学的各级团组织往往与项目需求方有较为固定的联络,有服务需求的单位组织(如街道社区、乡镇、工会、妇联等群团组织)或个人通常会主动联系Y大学的共青团组织。Y大学团组织整合志愿服务、拓展素质、集体建设的项目资源信息,为学生搭建平台,将志愿服务与青年群体的自组织建设作为双重任务整合在一起,以整个班级、团组织、学生社团为动员对象,形成专业、班级、党团组织等合作网络。日常支教活动常常由受助方主动寻求和发起,学生日常支教时间较为有限,招募选拔过程会由需求方和团组织的负责老师直接参与。Y大学青年志愿服务中心和青年志愿者协会都会负责组织,提供资金和培训等多种支持,并根据项目开展情况记录相应的志愿服务时长,在一定的周期内进行评比和表彰。此种类别的支教需要志愿者能够迅速接受任务、胜任工作并实现项目目标,所以不同于研究生支教团和寒暑期的社会实践,其更看重志愿者的团队组织力、合作力和社会工作经历,对于团队合作沟通、遇事积极处理等方面的能力要求较高。以项目制为组织形式的日常支教活动为广大青年学生提供志愿服务的实践锻炼和社会适应能力提升的机会,使得更多同学得以参与到支教中,对高校参与教育反贫困行动的意义和价值有了进一步深入的了解。

4. 学生社团的支教活动

Y大学长期存在着热衷于支教事业的公益类学生社团。Y大学2017—2019年的一项统计数据显示,全校有132个社团,其中规模最大、参与人数最多的是3个支教类社团,长期开展的支教类项目46个,有26%的学生通过支教类社团直接或间接参加过支教活动。如YG协会成立于2002年,由志愿关注大别山地区基础教育与农民发展的在校大学生组成的公益团体,该社团每年暑期定期到安徽金寨县开展一个月的支教支农活动。GZ反哺支教社团成立于2010年,由Y大学贵州籍同学牵头组建,以捐资助学、支援家乡、回馈家乡等社会公益活动为主,努力解决传统支教活动中遇到的现实问题,励志"饮水思源,反哺故土"。NJ团成立于2013年,是由Y大学在校贫困学生发起组建的,主要服务贵州、青海等教育资源缺乏的地区,进行暑期支教,以公益励学、扶智援教为工作范围,立足校园,面向西部。这些规模较大的社团组织都是向学校团委正式申请成立,并得到注册和认证后才能合法运行。社团所运行的支教项目通常先由组织者形成关于支教助学的理念和思路,通过社团成员或一些社会组织联系需求地的学校。在校内通过义卖、勤工助学的形式筹集经费,志愿者们也会在共同理想和目标的指引下,主动运用各种社会资源联系企业、社会组织和个人,为社团的支教事业提供长期支持。此外,在Y大学校园中还有一些零星、分散的学生小群体自发组织的支教活动,大多没有长期稳定的项目团队和名称,但同样致力于开展短期或针对个体的教育帮扶专门服务。这些由公益社团或是小团体发起的支教项目灵活多样,在不同层面发挥着独特作用。以学生社团组织为载体的支教活动,筹资机制、动员宣传机制、招募选拔机制、社会参与机制、志愿者资源储备机制都有多元主体的参与,形式灵活、注重实效。但因为其对外部资源的依赖非常强,所以支教团队成员的日常组织能力和资源拓展的业绩是这类组织运行最为关注的内容。与项目制组织形式相类似,社团组织的支教往往是先建立一个意义机制,围绕某个支教主题建立团队,通过学校学生社团政策认证获得"社团资质"后,依靠志愿者的共识和目标机制撬动社会资源,通过合作和竞争形成支教使命,将活动打造成"品牌项目"来延续支教活动。

高校的青年组织和青年群体以"支教"活动响应国家脱贫攻坚的动员,如自上而下动员和运行的"研究生支教团项目"和"大学生三下乡社会实践活动"发挥政策工具作用,一方面为支教活动的深入开展整合资源、搭建平台、拓展空间,另一方面也为鼓励和支持大学生发起和参与支教助学项目营造了良好的发展环境。与此同时,来自社会的资源支撑力量也让大学生支教活动不断成长、成熟,如企业、社会组织等源源不断地为支教活动提供项目和物质支持。媒体对于大学生支教的报道也会起到放大活动意义和传播行动理念的作用,引发更多团队或个人的模仿行为。大学生支教活动的组织和开展主要以高校为平台进行,不同的主体从活动的开始就相互结合,也让支教这一高校参与教育反贫困的行动从发起、进行到发挥作用、项目延续都变得更为复杂,行动者网络呈现出多元、开放的运作逻辑。在这样的背景之下,以"支教"为切入点,政策资源、高校资源、社会资源、媒体资源尝试进行协作,找到核心行动者,通过转译者这一黑箱,改变碎片化、分布零散的行动者本应表达的意义或元素,在教育帮扶贫困地区脱贫的共同目标作用下完成网络的整体建构,成为"支教"这一普遍行动选择向治理跃升的关键。

(二)"益往黔行"的项目嵌入

"益往黔行"项目于 2014 年 4 月正式发起,总结 9 年的历程,我们可以把项目的发展分为探索和困惑、转型和积累、扩大和壮大、调整和规范等四个阶段。项目最初起源于学生社团的乡村助学活动,发起人是 W 同学。2013 年,一次偶然的机会,当时正读大一的 Y 大学学生 W 从媒体上得知贵州大山深处学校的学习环境非常艰苦,很多孩子整个冬季只有一件御寒的衣服。自己也是贫困生的 W,多年来一直受到社会和学校的帮助,孩子们艰难的生活现状深深刺痛了他,于是他和周围一些多年来同样受着社会帮扶的贫困生决定尽自己的力量帮助贵州山区的孩子们。为了帮助贵州的孩子们募集衣物、图书等物资,他们利用课余时间,通过义演等方式到各社区开展爱心募捐。因为没钱雇用车辆,每人拎着一只学校发的牛津包装运公益物资。这种简朴但真诚的方式感召了许多志愿者加入他们的队伍中。随着参与群体规模的不断扩大,W 同学和几个骨干成员正式向 Y 大学团委申请成立社团。

  当初就是想着为山区的孩子做点力所能及的事儿,并不想成立什么社团,抬着大大的牛津包,一开始真不好意思,怕别人以为自己是骗子,但事情一旦做起来,也就觉得很自然了。募集来的一些衣物,我们就自己清洗晾晒,为了将募集到的资金尽可能多地寄往山区,我们也在很短时间内就自己动手学会了真空打包、集约装运。刷盘子、发传单、下车间……有的同学利用课余时间勤工俭学,有的拿出自己的奖学金,甚至有的通过义演、捡垃圾等方式筹集经费。一个月内,我们就筹集了两万元"爱心基金"。短短一个月的时间就有这么多人参与,还有不少媒体报道,让我很吃惊,也让我和 Z、C 等几个同学觉得有压力。一方面,因为没有一个组织的身份还真挺麻烦的,我们一合计就先向学校申请成立一个校级社团。另一方面我之前也跟着其他团队支教过,还有很多孩子求学之路很坎坷,就想着能有什么方式持续地去帮助他们,以接力的形式帮助山区孩子完成"读书梦"。我们在义卖义演的时候就有很多学生还有社会上的好心人和企业问我们,会不会利用寒暑假到我们送物资的地方去支教,我们一直就联系着这个事儿,后来正好赶上学校暑期社会实践要征集优秀的项目方案,我们社团内部就先商定了一个"益路黔行"的暑期社会实践的项目名。

——"益往黔行"项目创始人 W 同学

1. 短期支教助学的"意义建构"

  社团或个人自发组织的支教助学项目采用的是一种"意义建构"的动员模式,活动的组织和资源的筹措也都是围绕着"教育扶贫"的意义进行建构的。在这种模式下,高校的青年学生群体先围绕某个地区和支教主题来组建团队或是社团组织者发起活动后再进行志愿者招募,意义的建构也是以组织建设为导向的。相比一些运作非常成熟的教育公益项目(如美丽中国),以一种志愿者全面介入的模式,在贫困地区开展教育公益行动,更多的是志愿者并不全面介入,只是短暂地去往贫困地区,补充当地教育的不足。很多时候,人们会因为这是青年大学生的组织而不太重视,毕竟高校是"铁打的营盘流水的兵",近年来,媒体也多次曝出短期支教活动的娱乐化和安全问题。很多学生支教团体很不稳定，高校也以强调安全、规避风险的"不出事儿"的逻辑，在思想意识形态上进行总体把控，具体的社团发展事务，以学生为主体，并不过多过问。

  NJ 社团给我的印象就是发展很快，相比学校其他的老牌支教类社团来说，成立的时间是比较迟的，但他们的动员力和组织力比较强，毕竟一个以贫困生为主体的社团，整个团队的使命感很强，不仅有对支教和志愿活动所产生的认同，还对他们自己的社团有很强烈的认同感，也是把支教作为他们理解的一种使命和事业去做。而且他们有努力与其他支教项目"竞争"的意识，也就是所谓的"品牌意识"，比如一开始他们就用"NJ 团"的名字一下子吸引了眼球。2013 年还没放暑假，他们就开始发起了"益路黔行"的支教项目，招募志愿者，各个校区报名的学生就超过 2000 人。

——Y 大学团委 B 老师

2. 青年组织的政策资源动员

  随着国家教育脱贫攻坚的不断深入，原先义务教育需求与供给缺失的矛盾得到很大程度的缓解，对于制度外供给的大量需求也开始逐渐回落。政府在资助、动员和教育反贫困实践中扮演着非常重要的角色，政策资源无疑是大学生通过支教参与教育反贫困行动的最强有力的推动力量和支教项目能够持续发展的重要保障。Y 大学自 2013 年加入"西部计划"研究生支教团的支教项目以来，按照上级政策文件的要求，研究生支教团服务地的范围定在"基层贫困地区的县级下中小学"，并要求志愿者在一线的教育教学岗位上完成一年的支教工作任务。Y 大学的研究生支教团正式开始运行之前，就把支教地选择在了贵州 K 县，支教团有着教育主管部门和群团组织的政策直接支持，资源对接和意义塑造就变得容易了很多，支教地学校的实际需求成为整个项目安排的核心。而对于类似于"NJ 团"等 Y 大学内从事短期支教的社团来说，长期合作的受助学校和稳定的经费支持是项目得以持续的生命线。2014 年"NJ 团"和研究生支教团都面临了发展路上的问题。"NJ 团"原已经联系好的暑期实践要去支教的学校，因学校接到当地教育主管部门的通知文件，明令禁止学校在假期召集学生返校参加各类形式的培训活动，面临"无教可支"的困境。Y 大学研究生支教团也因为当年支教地撤县并区,当地教师资源得到了极大的改善,不再需要研究生支教团的支教老师。"西部计划"项目办提前跟 Y 大学进行了沟通,建议 Y 大学变更支教地并及时上报共青团中央、教育部备案。

  当时接到贵州当地校长打来的电话,我懵了好一会儿,怎么办？招募的支教志愿者都已经几轮面试完了,好多人车票也买了,图书也打包好了,这次去的资金也都到位了。受到很大打击,觉得社团要完了。我赶紧打电话问了其他也准备去支教的社团,安徽那边听说也不让去了,贵州这边也是好几个地方都婉拒了,还有一些是打着擦边球,勉强能去。看来是形势变了,暑假的支教也确实得换一换思路了,政策环境变了嘛！当时真是羡慕研究生支教团,不用为支教地发愁,于是我就想着找团委的老师,看看能不能帮我们也联系联系,毕竟支教团那边有政策支持嘛。我和团委老师还有研究生支教团进行了几次"头脑风暴",我们就把项目名字改成"益往黔行",一语双关,不管遇到什么困难我们都会一往前行的。

——"NJ 团"Z 同学

  面临"无教可支"的状态,Z 来找过我好几次,希望学校团委作为主管社团工作和志愿服务工作的"正规"部门,为他们提供支持。作为负责人他很担心这个闻名全校的支教社团会砸在自己手里。"NJ 团"的成员也都在四处忙着联系新支教地,尽管"NJ 团"还和一些社会组织有良好的合作,但一直没有确定的消息。相较于 Z 的焦虑和无助,我们研究生支教团团长 C 同学就淡定了许多,他觉得研究生支教团学校不会坐视不管,毕竟这牵涉到保研名额、学校声誉等一系列问题,他认为支教地的确定是迟早的事儿,学校团委会为他们考虑好的,他们只要按部就班地完成培训,7 月去支教地上岗完成 1 年的支教任务就行。不过到后来,我们把支教地调整好了,"NJ 团"短期实践的事儿也安排妥当之后,我们把他们召集起来深入地探讨了咱们今后发展的路径,一拍即合,正式把项目命名为"益往黔行",跟领导汇报后,领导也觉得挺合适。

——Y 大学团委 M 老师

  "NJ 团"成员大多都有短期支教经验,社团也建立了灵活有效的筹资机制、宣传动员机制、招募选拔机制、社会参与机制、志愿者资源储备机制。然而，苦于无固定资金投入、项目的短期性、未来的不可预期和环境的不可控等因素，会对之前苦心建立起的各种机制产生毁灭性的打击。而研究生支教团对于政策资源存在路径依赖，它的志愿机制基本就是自上而下执行各种文件精神，团队成员数量固定，团队成员动机各异，有的学生参加该项目主要是因为可以适当放宽保研对于学业成绩排名的要求，还有部分学生是有较强的公益动机，希望有机会去基层锻炼。青年学生和青年组织参与教育反贫困行动有其自身的理性选择和价值取向。

二、高校参与 Z 县的"互联网十"结构嵌入

Z 县以中央和上级扶贫政策为依托，结合地方经济社会发展的现实情况，逐步建构起以扶贫专设机构和政府职能部门纵横结合的政府扶贫为主体，跨层级、区域的对口帮扶和外部扶贫计划和项目共同参与的反贫困行动场域。

高校在参与教育反贫困的过程中面临着一系列的悬浮困境，不同程度地影响了高校参与反贫困行动"应然"作用的发挥和角色定位的实现。Y 大学参与教育反贫困的实践欲望与愿景构成了"益往黔行"项目团队的行动理由，它蕴含在远大理想与现实境遇的交互关系之中，是高校团队将反贫困理论外化为行动实践的内在诉求，更是不同主体进行博弈以消弭隔阂、化解矛盾的内在依据。行动理由从主体内在目的性与教育外在规范性等两个维度直接影响主体行动结构的形成。根据哈贝马斯对行动类型的划分，高校参与的教育反贫困行动首先关注外在的客观世界，以具体目标为行动取向，经过反复的比较与权衡利弊后，选择更为有利和有力的手段达到反贫困目标；其次是关注社会世界的规范调节行动，高校置身于行动者网络之中，受到特定的共同价值的规范和约束，需要遵守行动网络共同认同的价值期待而选择相应的行动策略；再次是关注主观世界的戏剧式行动，需要通过一定的媒介在公众或社群面前选择性地展示教育反贫困行动的成效，以此实现吸引一定的社会和舆论关注的目的；最后它更是一种关注生活世界的交往行动，需要以话语、言说、行为、动作为媒，遵循相互理解的规约，将主体间的客观世界、社会世界和主观世界中所涉及的事物融通起来，以形成指向彼此理解

的自己所解释的生活世界的视域,达成共同合作。① 四种行动类型兼而有之的高校参与教育反贫困的行动结构不仅体现于从意欲到行动,从权衡到选择,从决定到评价的观念活动,而且渗透于行动者与对象、行动者之间的关系,并以主体与对象、主体与主体间的互动与统一为形式,关涉从做出决定到付诸实施再到评价调整的整个过程。

(一)借助互联网进行政策资源的结构性嵌入

波兰尼(Polanyi)在其著作《大转型——我们时代的政治与经济起源》中,首次提出"嵌入"概念,即经济并非是自化的,而是从属于政治、宗教与社会关系的,市场交易有赖于信任、相互理解和法律对契约的强制执行。②"嵌入"是一事物内生或根植于他事物的一种现象,是一事物与他事物的联系以及联系的程度。"贫困治理领域的嵌入性主要是指反贫困主体依靠某些机制进入反贫困领域的过程和状态,是包括政府、市场和社会在内的各行动主体对贫困治理结构与治理关系进行适应和整合的过程。"③高校参与教育反贫困行动具有嵌入性质,这种嵌入不是机械的嵌入,而是具有主动性、策略性和反思性的。制度与行动者之间存在着能动的制约关系,一方面行动者参与政治活动的空间与行动目标由制度所决定,制度还潜移默化地影响着行动者的行动偏好和策略选择;另一方面行动者具有不可忽视的能动性,行动者可以对一定的制度和环境进行理性的解读甚至重构,利用资源和制度空间主动地激励、干预行动过程或特定事件。④ Y 大学作为参与 Z 县教育贫困治理行动者网络中的异质行动者之一,意欲在贫困治理中发挥更大的作用,在明确自身优势的同时,要充分嵌入当地的政治结构、社会结构和文化结构之中。同时,高校作为一种外部输入力量,要在贫困治理场域中获得更大的发展空间,就必须针对贫困县域已有的贫困治理结构进行适应性的

---

① 哈贝马斯.交往行为理论:行为合理性与社会合理化[M].曹卫东,译.上海:上海人民出版社,2004:135.
② 波兰尼.大转型:我们时代的政治与经济起源[M].冯钢,刘阳,译.杭州:浙江人民出版社,2007:41-50.
③ 郭儒鹏,王建华,罗兴奇,等.从"嵌入"到"互嵌":民族地区贫困治理研究的视角转换:基于贵州省 T 县调研[J].贵州社会科学,2019(11):160-168.
④ STEINMO S. The new institutionalism [M]//CLARK P B, FOWERAKER J. The Encyclopedia of Democratic Thought. London:Routledge,2001:782.

改变,在尊重已有的治理结构、已有的贫困治理经验的基础上,吸收合理的地方性知识和经验,将自身的工作方式与贫困县域独有的结构紧密结合起来,不断充实和发展高校的教育反贫困行动。

1. Z县教育反贫困治理机制的基本结构

Z县主要依托党政部门已有的机构、人员和科层体系来建构反贫困场域,以期通过跨层级、跨部门的合作与协同,贯彻落实党和国家的各项扶贫政策,打赢脱贫攻坚战。Z县扶贫工作由纵横两大体系具体推进,横向体系主要包括财政部门、发展改革局、教科局、农业农村局等政府职能部门,纵向体系是从县到乡(镇)的垂直的扶贫开发领导小组以及扶贫开发办公室。这种纵横交织的工作体系是在职能和区域管理相结合的政府管理体制下形成的条块结合的工作网络,中央和省级的扶贫政策与项目资源到达Z县后通过这一网络传递与执行。此外Z县还有跨层级、跨区域的对口扶贫、定点扶贫项目。例如,贵州省直单位与Z县贫困村(组)结对帮扶项目,山东省Q市区级政府实施的教育、卫生对口帮扶项目。在Z县,也有少量社会组织、慈善机构和企业等发起的社会扶贫项目,由于其规模不大、资源不稳定,运行效果和社会影响力都较为普通,不具备自主运行的能力,因而此类扶贫项目和资源往往被纳入政府扶贫体系之中,形成与政府组织某种资源交换或依附关系。

Z县政府扶贫体系具有科层化的路径依赖,扶贫目标和扶贫工作在不同职能部门之间职责划分明确。如县教科局负责国家教育系统中的中小学教育、职业教育的教育扶贫,扶贫开发办则承担农村劳动力技能培训、继续教育等教育扶贫工程中的工作。非人格化的规章制度和工作程序,使部门之间形成明确的职能分工,不同项目以资金来源为依据进行严格的区分供不同的扶贫职能部门使用。以Z县扶贫办公室为例,作为扶贫开发领导小组的常设机构理应更多地承担起职能部门扶贫工作中交叉职能的协调工作。但在调研过程中笔者发现,扶贫办多是承担专业职能工作而不是统筹、协调工作。Z县扶贫开发办工作重心在于村级道路修建、劳动力专业技能培训、产业扶贫和小额贴息贷款的利息补贴等具体职能工作层面。由于缺乏一定的统筹协调,政府职能的条块分割,一方面加剧了各个条块对于扶贫

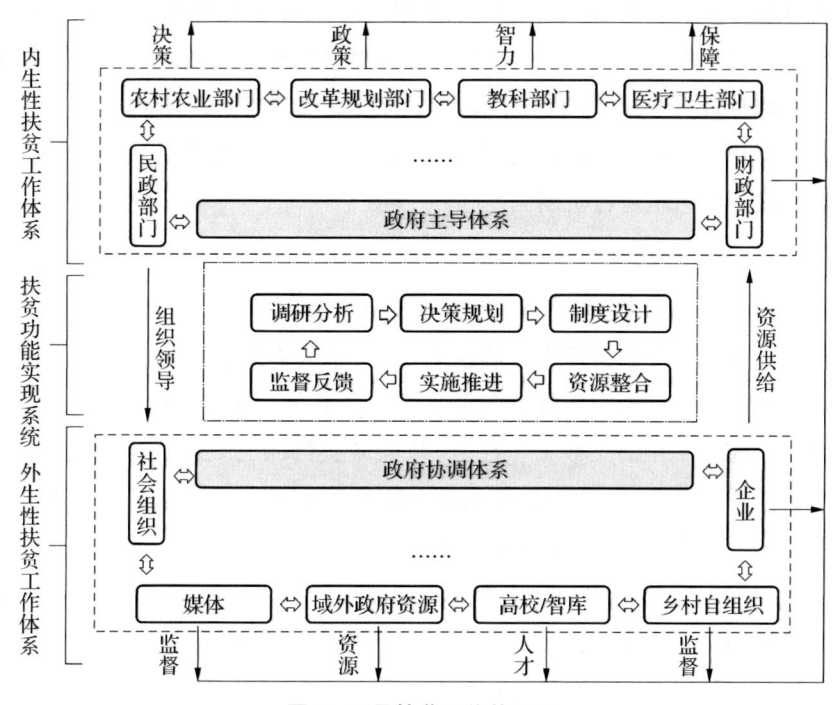

```
┌─内──┐  ┌─决─政─智─保─┐
│ 生  │  │ 策 策 力 障 │
│ 性  │  ┌──────┐ ┌──────┐ ┌──────┐ ┌──────┐
│ 扶  │  │农村农业部门│⇔│改革规划部门│⇔│ 教科部门 │⇔│医疗卫生部门│
│ 贫  │  └──────┘ └──────┘ └──────┘ └──────┘
│ 工  │    ⇕                                    ⇕
│ 作  │  ┌───┐                              ┌───┐
│ 体  │  │民政│           ……                │财政│
│ 系  │  │部门│  ┌──────────────────┐    │部门│
│     │  │   │⇔│    政府主导体系      │⇔  │   │
└─────┘  └───┘  └──────────────────┘    └───┘
扶贫功能          ┌────┐ ┌────┐ ┌────┐         资
实现系统   组织   │调研分析│⇒│决策规划│⇒│制度设计│        源
         领导    └────┘ └────┘ └────┘         供
                 ┌────┐ ┌────┐ ┌────┐         给
                 │监督反馈│⇔│实施推进│⇔│资源整合│
                 └────┘ └────┘ └────┘
┌─外──┐  ┌───┐  ┌──────────────────┐    ┌───┐
│ 生  │  │社会│⇔│    政府协调体系      │⇔  │企业│
│ 性  │  │组织│  └──────────────────┘    └───┘
│ 扶  │  └───┘            ……
│ 贫  │  ┌──┐ ┌──────┐ ┌──────┐ ┌──────┐
│ 工  │  │媒体│⇔│域外政府资源│⇔│ 高校/智库 │⇔│乡村自组织│
│ 作  │  └──┘ └──────┘ └──────┘ └──────┘
│ 体  │    ↓       ↓         ↓         ↓
│ 系  │    监督    资源      人才      监督
└─────┘
```

图 2　Z 县扶贫工作体系图

资源的争夺，导致重资源输入而轻项目执行，缺乏行动中的自主意识。另一方面进一步造成政府职能部门的专业分工和部门界限固化，项目的产生源于资源争取，项目执行趋于保守，由此产出的反贫困公共产品，可能与贫困群体的实际需求存在偏差。Z 县倾向于花大力气争取中央、省市重点扶持的项目，其政策扶持力度大、专款资金多，在基层推进落实的成效立竿见影。如 Z 县通过争取到的国家专项教育和培训的扶贫项目，兴建了一所职业技术教育中心，该学校的硬件设施包括学生宿舍、食堂等一应俱全，且规格较高，同时该校的在籍学生每年都可获得县政府、县扶贫办的补助，函授、农民工短期技术培训全部费用均由扶贫办承担。相形之下，承载了全县大部分义务教育功能的乡镇中心校和村小教学点却难以得到持续的教学条件改善。

随着 Z 县贫困发生率的整体下降，原有的"区域整体扶贫开发"的反贫困绩效也在不断下降，Z 县剩余的贫困人口分散于发展资源贫瘠的各个少数民族山寨，县域经济增长很难影响到这部分群体，这就要求 Z 县扶贫制度安排转型升级。一方面要围绕扶贫制度瞄准目标,因地制宜,以提供更符合贫困人口实际需求的公共产品。另一方面要从原有的扶贫科层运行体系中寻求资源整合,把分布在不同职能部门的扶贫项目资源以所瞄准的目标为单位,跨越既有条块进行有机整合,在提高资源利用率的同时建立能够提高"制度弹性"的组织运行机制。

2. Y大学的政策资源嵌入

Y大学通过共青团组织实施的"大学生志愿服务西部计划""中国青年志愿者扶贫接力计划研究生支教团项目"的政策资源嵌入Z县的反贫困场域。自2014年起,Y大学每年选派7人到Z县的中小学,在一线的教育教学岗位上完成一年的支教工作任务,并在Z县的团县委兼任副书记。Z县每年也会主动和Y大学沟通,尝试选择留几名研支团成员在各个机关或扶贫工作组兼职工作,在支教的学校安排相对少的教学任务。在2014年,Y大学校领导造访Z县和Z县主要领导交流时,Z县的领导主动提出这样一种"构想",希望Y大学研究生支教团能够在现有的制度环境中,发挥更大的作用。对此,Y大学校领导也表示高度认同和支持,当即表示"要让Y大学支教团"融入当地宏大的脱贫攻坚事业中。双方领导的交流会还形成了相关的会议纪要,由Z县政府办行文发给了县各个部委办局。通过这样一个契机,Y大学和Z县在"制度弹性上"达成了共识。因此Y大学虽然没有像其他教育部直属高校"向定点扶贫县至少选派1名优秀挂职扶贫干部,担任县委或县政府副职,时间一般为2—3年,至少选派1名优秀干部到定点扶贫县贫困村担任第一书记,时间一般应干满2年"的刚性要求,但出于Y大学和Z县在"制度弹性"上的共识,"研究生支教团"项目,既解决了Z县高素质人才紧缺,急需源源不断的新鲜血液注入科层组织的问题,又为Y大学迅速了解和适应Z县的扶贫场域并打开局面,实质性参与Z县教育反贫困提供了机遇。

(二)通过"局中人"关系性嵌入治理网络

任何一个行动主体要想获得更大的发展空间,都需要借助一套较为稳定的社会关系网络,这个网络在微观层面上有基于血缘、地缘与业缘构建的关系,也有宏观层面国家、社会与市场三者复杂的关系网络。主动嵌入作为Y大学在Z县扎根的目的性行动,得益于"政策"和"权威"这两种较有力量的手段和方式来达到自身的目的。然而,在此过程中由于政策信号的模糊性和实践的动态性,Y大学团队在具体行动中常常难以根据预设的规划展开实践。对于Y大学团队来说,要获得Z县各政府部门的实际支持是一个事关行动空间的基本问题。政府部门一旦成为行动的支持者,就意味着它要为Y大学的项目团队行为承担一定的连带责任。

在Z县的贫困治理场域中,行动主体之间关系的嵌入程度,直接影响着彼此的发展空间与贫困治理效率的高低。Y大学通过研究生支教团的政策资源嵌入Z县的"条""块"和"党群部门"结构之中。与此同时,由于研究生支教团成员的"稳定性",项目成员除完成日常的支教工作外,经常被抽调到不同的条、块扶贫工作组,使高校这一外来主体,能够嵌入Z县不同条块的反贫困网络之中,作为"局中人"关系性嵌入贫困治理网络,从而理解"条""块"与党群部门对于高校参与教育反贫困行动的作用。

1. 与"条"合作的行动逻辑

"条"是指如教育、人社、公安等从中央到地方各级政府中工作性质一致、工作内容相同的职能部门。"条"有其具体而专业的业务领域,强调行政履职的标准化和技术化。反贫困的政策规划和行动实施在不同的"条"有着明确的职能划分,并在此基础上形成了相对专业的分工和部门边界,一定程度上导致了政策部门化。面对高校这一外部的行动主体,"条"的总体逻辑是将高校作为科层体制外的"事务承接者"。[①] 支持高校的组织在有限领域活动。由于每个"条"都有相对清晰的业务领域,"条"支持高校在与其自身业务相关的领域开展活动。如Y大学最初是以"研究生支教团"的项目进入Z县的,通过Z县团委和教科局进行沟通联系,确定了支教项目的落地。因而Y大学在Z县所设计和组织的相应的活动都要通过Z县教科局进行初次审核,而除了教育领域之外的"医疗卫生扶贫""农业技术推广"等不在"教育"条口内的反贫困项目,教科局往往不太支持。但对于本县其他职能部门商请借调Y大学志愿者参加临时性的如公安的禁毒宣传、人社的精准扶贫入户调研等本地科层体系的政务工作比较支持,对其他职能部门想要涉足与Y大学的项目合作持不关心的态度。② 对高校行动地域的选择持宽容立场。"条"关注的是Y大学支教团的管理和业务水平提升,重点就支教团的教学质量等方面进行监测和评价反馈,而对于支教团在教学工作之外开展的教育扶贫行动和内容通常并不关注,秉持着"不出事"的逻辑。③ 支持Y大学在教育反贫困行动中的自主决策。"条"实际很难监督Y大学在Z县的教育反贫困行动,与Y大学在面上形成一定资源对接和合约之后,工作重心就变为以不同的形式监督Y大学按约定提供相应的公共产品,这表明与"条"的合作具有较大的组织自主决策空间。

每年你们Y大学支教团到七月份轮换的时候,我们局里都要开一个专门的办公会,把团县委书记也请过来,商量好7个支教老师分配到哪几个学校,这几年你们选的支教老师都很好,"寄中"和"一中"都是县里数一数二的初中,对教学质量的要求也很高。这几年你们来的支教老师,教的班级成绩都提高很快,升学率也上去了,不容易啊。几个支教老师在我们教科局这边参加控辍保学的工作组,工作做得比我这边的工作人员做得都细致不少,我经常把他们的工作笔记当作样板在局里表扬。你们学校是综合性的大学,学生很积极,学校里的领导也为我们县的发展着想。之前跟我们讲了几次,包括农业、医疗方面的专家可以请过来,主要是不属于我们教育口子上的。我也帮着联系过农业口的工作人员,他们可能一直比较忙,都在驻村扶贫呢,后来我也没再关注追问了。

——Z县教科局F局长

2. 与"块"合作的行动逻辑

"块",指的是由不同职能部门组合而成的各个层级的地方政府,在县级层面,各乡(镇)、街道社区,通常被视为县域基层管理的"块"上机构。对于"块"来说,发展与Y大学的合作,不仅意味着外部资源的带入和反贫困模式的创新,而且还可能借助合作关系拓展更多的资源更好地完成上级考核的指标任务。因此,Z县不同的"块"之间与高校的合作存在着竞争性关系,具有一定的排他性。因而"块"倾向于独享与高校项目的合作。① 支持高校自主决定活动领域。在这方面,"块"给予Y大学的自主空间比"条"更大。随着贫困发生率的不断下降,Z县扶贫瞄准的目标从县、乡向村、家庭转移。因此 Z 县的"块"大多支持鼓励 Y 大学的项目团队基于实际需求灵活地确定活动领域。② 倾向于控制高校的活动地域。这一行动逻辑主要依赖两种机制：一是区别性的公共资源供给机制，"块"对 Y 大学提供的能在短期内见到成效的项目会提供或配套更多的公共资源，而对于一些需要长期投入和发展的项目则相对冷淡。二是区别性的合法性支持机制，当前公众对于外来的反贫困主体仍存有一定的疑虑和不信任，此时"块"是否为高校项目团队提供合法性证明，对其能否成功扎根贫困社区具有重要意义。借助于这些机制，"块"上政府能有效地控制高校参与的反贫困行动的活动范围和领域。③ 象征性地引导高校参与反贫困行动的运作过程。多数"块"上政府，会象征性地行使"引导"高校参与反贫困行动的"职责"，如安排一位负责教育卫生医疗的副镇长，专门对接 Y 大学的项目团队，负责协助 Y 大学的项目实施运行。

  2014 年的时候 Y 大学就来我们镇搞社会实践，还是团县委的 L 书记带过来的，我们镇上从那会儿就高度重视。以前都没有来过那么多大学生，镇党委的 Y 书记亲自给联系安排的支教学校。那年开始还来了几个医学院的专家，趁着赶集的时候给我们搞了个义诊，那是人山人海啊。后来我们在镇卫生所还专门弄了间诊室，挂了牌子，Y 大学的领导还来揭了牌，里面的医疗设备包括药品都是 Y 大学提供的，镇上的学校里的医疗室也全是 Y 大学医学院的师生长期对口维护的，每周都搞网上的治疗。每届支教团里都会有医学院的学生在，他们十天左右就来我们镇一趟，真不简单。镇上人也不多，家家户户都知道 Y 大学的"益往黔行"，后来他们在镇里熟悉了，跟各个村里也熟悉，还经常会去做点入户调研，我们也会请他们帮着一起做点事情，大家配合得都挺好，时间长了感情也都挺好。这几年我们镇上脱贫攻坚的指标不行，Y 大学有的时候跟我们搞入户调研的时候，镇里中心校的音乐、美术、体育这些课，都是他们来给上的，一个村小的教学楼也是他们给帮忙盖的，一下子就把我们落后的指标给搞上去了。我们镇里面班子换届调整了两次，但都和 Y 大学保持着密切的联系，我们还请学校的老师同学们把镇里的招商项目带回江苏去宣传宣传。

——马厂镇 F 镇长

3. 与党群组织合作的行动逻辑

从一般意义上看,党群部门并不构成与"条""块"并行的序列,因为"条""块"都在同级党委领导下开展工作,其构成也都包含组织、宣传、统战和工会、共青团、妇联等党群部门。但随着脱贫攻坚战的深入,Z县党群部门也都围绕相应的脱贫攻坚目标,发展出了与"条""块"相互叠加的组织网络。党群部门与Y大学的项目团队合作,通常以政治性或社会性目标为主,积极打造属于地区品牌的创新项目,支持高校在非量化型的任务方面的工作创新,形成一条甄选、支持、包装并上升到基层或地方经验的"项目创新链条",赋予其在反贫困行动过程中更多的自主性。如在2014—2018年,Y大学就和Z县党委宣传部、团县委共同合作,打造了"爱心一公里""马背上的第二课堂"等教育扶贫和"土壤医院"科技扶贫的品牌项目。但从2019年开始,在迎接省脱贫攻坚成效考核和国家考核的压力型体制下,党群部门从"政治任务"的高度,逐步加大对Y大学项目团队在意识形态领域的引导与管控,对Y大学项目团队合作方的企业与社会组织,逐渐由项目进行之初所展现比"条""块"更宽松的态度,转向对于Y大学项目团队内部运作的过程性管控,强化政治引领。如直接负责Y大学研究生支教团的各项工作的Z县团委,从2017年开始对支教团所开展的活动有明确的程序审核要求,团队去乡镇学校的活动要提前报批,事后如果发新闻稿要提前进行内容审核。

Z县这几年上了几次央视,都是报道Y大学在Z县的支教和扶贫情况的,也是好事,帮我们做了宣传,可你们也知道现在舆论收得很紧,我们团县委也没办法,上面的任务压得很紧呢,就怕出点什么舆情事件来,我们也担心Y大学的师生总往乡镇跑,路上出什么安全事故,你看看这几年研支团在安全方面出的事儿也不少,马上就要进行"摘帽"的省考和国考了,谁都不希望这个节骨眼上出什么问题,这一阶段我们就立足于在易地扶贫搬迁集中安置区定期开四点半课堂,还有去J乡那个原先的极贫乡镇做做脱贫攻坚夜校,其他的事儿就交给其他部门吧。不过这么多年下来,大家相互之间也有了信任,在乡镇做项目我们都很支持的,他们创新的做法也很多,我们县里也都知道Y大学在这儿做了不少实事,他们不少人也在县里其他部门帮忙,所以也能理解有时候我们工作上的一些要求,基本没有给我们"添麻烦"。

——团县委 S 书记

由此可见,尽管有政策性的资源可供 Y 大学结构性嵌入贫困治理网络,但其中又蕴含着复杂性。国家的政策层面为大力支持高校在脱贫攻坚中发挥更大的作用,相继出台了若干文件,但政策信号的着力点各不相同。宏观政策信号的模糊性,导致 Z 县的不同政府部门在与高校打交道时,会根据自身的治理逻辑工具性地处理与高校的关系。不同条块的政府部门受到来自上级的"指标—行动"的规训,通过政策清单的量化指标为各条口预设了脱贫攻坚任务,完成指标成为评价其政绩的基本依据,因此包括高校在内的外来主体,能够协助各政府部门完成"指标"成为 Z 县政府部门的现实指引。

高校参与的反贫困行动在实践中所遇到的是高度复杂和不确定的"非协同治理"的制度环境,在与 Z 县各部门的互动中,也给高校提供了不同的预期、激励与约束,各种约束条件和策略行为互为因果。高校在逐步扎根反贫困场域的过程中,其行动逻辑是"小心翼翼"的,行动上更加谨慎和细致,尤其是注意不惹出麻烦,不激化矛盾和造成负面影响,审慎地权衡各方的利益关系及诉求,从一种脆弱的互利关系之中,慢慢尝试拓展行动者网络生长的结构性空间,这也限制了高校参与教育贫困治理的节奏和进度,降低了多元治理的效率,甚至会造成高校参与的悬浮化,象征性地完成政策文件要求的工作内容,不会过多地参与当地的扶贫工作。

(三) 适切性扎根策略的生成

"理有固然,势无必至","理"是事物的发展变化中因果相连的必然性、规律性。事物发展又有其不确定性,而这种不确定性需要通过事物运动变化的"势"来分析、把握和预判。"'势'表现为具有综合形态的实践条件或实践背景……既涉及时间,也关乎空间。"[1]"理"与"势"共同构成了 Y 大学教育反贫困行动的发展规律和行动境遇,直接决定着主体的行动过程和行动路径,并对行动结果产生影响。"策略"作为谋略性知识,是以"智慧"为指向

---

[1] 杨国荣.人类行动与实践智慧[M].北京:生活·读书·新知三联书店,2013:143.

的主客一体的动态存在,除了关注"为什么做""如何做"之外更关注"如何可以做得更好"。"策略"不仅是具体行动方案的程序化应用,更是综合考量行动内容、参与主体状态、现实情境之间的动态关系,代入主体的立场与观念,选取适切的方法并对工具箱进行重组、修正与调整,以体现主体的价值判断和理性选择。正如阿伦特(Arendt)所言,"去行动,在最一般的意义上,意味着去创新、去开始,发动某件事"[1]。行动策略,是将不同的主体、视角、方法与关系整合在一起的谋略,主体既要向他者展示自我,也要在充分理解他者的基础上,差异化地动员主体共同在场,使行动从个体范畴延展到公共空间,为教育反贫困行动主体间的深度交互创造条件。

1. 吸引媒体资源扩大项目影响

媒体的基本功能就是传播新闻、营造舆论,它是观念的引导者。"媒体报道还可以是社会运动传播其思想、主张和认同感的一个最为有效的渠道,是社会运动动员大众和寻求同盟的有力武器,是取得社会同情和关注以及从舆论上击败对手的法宝。"[2]在集体行动领域,媒体所具备的功能和角色充分展示出对共识与认同的巨大建构效应。在我国,媒体一直都是政府意志的风向标,尤其是一些主流媒体。如果媒体对Y大学的教育反贫困行动保持持续关注和肯定,那么对于项目团队建立和维护自身的合法性,扩展潜在的行动范围与获取议题的定义权具有重要的意义。新闻报道也使教育反贫困行动的参与者和组织者感受到自己正在做的工作的重要性。

正如前文所述,Y大学在"益往黔行"项目开展之初就善于利用自身宣传工作的优势,与各级媒体保持良好的互动。与媒体良性互动的一个重要的出发点是需要将自己与媒体放在一个相互平等和需要的位置上。媒体宣传是Y大学项目团队的一种"戏剧式行动",即有意在公众或特定群体面前有目的性地展现自我,以吸引公众的广泛关注。在项目团队还未到Z县之前,Y大学就在校内运用行政化的媒体动员手段,挖掘项目成员容易引起舆论关注的符号和服务项目团队的"行动议题",并通过官方的媒介发出信息给接受者。

---

[1] 阿伦特.人的境况[M].王寅丽,译.上海:上海人民出版社,2009:139.
[2] 赵鼎新.社会与政治运动讲义[M].北京:社会科学文献出版社,2006:268.

Y大学给我们提供的新闻线索和素材,往往既时尚又公益,很容易引起公众的关注。他们在建构议题的时候,凭借符合主流文化和社会价值的公益理念,使得新闻点具有"意识形态的合法性"与"道义正当性"。我印象最深的就是2014年Y大学学生刚到Z县没多久,就发现了教育扶贫领域的一个痛点问题——公益物资的"最后一公里"的障碍。这个新闻是我跟进的,通过网络媒体发出后,立刻得到了《贵州日报》的关注和后续报道,一下子让教育公益物资的捐赠和输送变得"高大上"起来。后来他们不止停留在运送教育公益物资上,在此基础上又开始了针对大山深处村小教学点"第二课堂"素质教育课程的缺失所开展的"马背上的第二课堂"项目,更是很好地"带了节奏"。

——报社记者C老师

项目组建之初以输送教育公益物资、改善Z县教育贫困境况为目标的活动领域显得相对随意和宽泛,也较容易得到Z县政府部门的支持。我们筹集到物资后,会主动跟教科局联系,从那边获取一些需求信息,对接后去项目学校搞一个捐赠仪式,把助学金发放给留守儿童,把教学设备捐给学校。起初几个月也都相安无事,但随着交流的深入,我们也会发现一些新的问题,譬如M小学80多个学生只有一名代课教师,当我们把这些信息反映给一些部门时,得到的答复是"那个教学点要撤并,很快就要搬迁到易地扶贫搬迁安置点了,很快就能改善了"。起初我们也相信了,但实际上M小学的学生家长们说,已经动员过几次了,他们都没有同意搬走。我作为Y大学研究生支教团的成员,同时也在Z县团委任兼职副书记,团委层面希望我去调研M小学的情况,把代课教师Z老师多年如一日的坚守宣传出去,并为他申报团中央"向上向善好青年"的荣誉。当我再去M镇党委和县教科局时,感觉他们对此事有所顾虑,不太希望我们团队过多介入这件事情。他们通常会说,"你们把课教好就行啦,已经很感谢你们提供的这么多公益物资了",一些进一步想做的项目往往会因此而受到掣肘,难以进行下去,有很多因素的干扰。

——2016级研究生支教团志愿者W

当我们所做的事情受到《贵州日报》《中国青年报》《中国教育报》的正面报道时,这些不确定的不利因素往往会迎刃而解,我们的行动似乎变得愈加

"正确起来"。每个月我们都会把所做的工作编制成简报,通过团队在 Z 县不同政府部门和工作组实习的渠道,递送给县里各部门的领导们,我们还会组织项目所有成员,第一时间在自己的朋友圈和 QQ 空间分享新闻报道的链接,让我们所带的班级和家长们也都能看到。

——志愿者 Q 同学

随着"益往黔行"项目的逐步发展成熟,大家也意识到做事情远比找媒体更重要,把事情做好了,媒体不请自来,从而可以用自己的行动去影响媒体。但宣传"度"的把握是非常重要的,让媒体了解自己的同时,也要去了解媒体。尽管 Y 大学项目团队平时非常注重媒体资源的积累,通过参与式的合作加深彼此间的了解和认同,但不同的媒体往往有着不同的市场地位、运营模式、宣传基调。得益于 Y 大学在校内有着良好的宣传动员机制,面对复杂的实际情况会不时地调整方案,既要顾及 Z 县不同条、块和党群部门的要求,也要符合媒体的报道需求,最终借助媒体的力量来推动项目的开展和获取更多的外部支持。媒体从被 Y 大学"益往黔行"所传递的理念所吸引进行专访和报道,到成为行动者网络中的行动主体,持续为"益往黔行"造势,通过行动的图片、文字、视频等来唤起公众对高校参与教育反贫困行动的关注,并将项目发展不同阶段所需的不同的"解读框架"呈现在公众面前,实现了公信力的建构,为扎根在 Z 县进一步深入开展教育反贫困工作争取了行动便利。

2. 以需求互惠为导向动员资源

从宏观上看,政府外的教育帮扶多元主体,在贫困地区教育扶贫体系中的活跃度越来越高。山区支教、成长关怀、课程推广、设施援建等主题公益帮扶项目,促进了贫困地区教育事业的快速发展。随着教育扶贫向纵深推进,高校、企业、社会组织等政府之外的公益主体针对贫困地区教育问题,开展了大量、有益的探索,积累了丰富的多元主体参与教育扶贫治理的实践经验。但从微观来审视,教育反贫困不单纯是教育问题,更是复杂的社会问题。"复杂意味着交织在一起的东西。确实,当不同的要素……不可分离地构成一个整体时,当在认识对象与它的背景之间、各部分与整体之间、整体与各部分之间、各部分彼此之间存在相互依存、相互作用、相互反馈作用的组织时,就存在复杂性。"①教育反贫困是在国家扶贫政策演化与推进的复杂背景之中嵌入贫困地区经济社会发展的一种"交往行动",需要以话语、言说、行为、动作为媒,遵循相互理解的规约,将主体间的客观世界、社会世界和主观世界中所涉及的事物融通起来,以研究共同的状况规定达成合作。

(1) 均衡互惠的动员策略

一个集体行动的框架努力是否能够取得成功取决于潜在参与者自身的信仰体系,以及框架努力获得潜在参与者"生活世界"共鸣的水平。教育的公共性和非竞争性让多主体参与教育反贫困的集体行动框架具有一定的天然优势,但在实际运行中常常因缺乏系统化的引导和整合而难以形成"共鸣"。高校和其他主体的"交往行动"常常建立在"既相互怀疑又相互需要"的脆弱的互利关系之上,与当地政府也形成一种不平衡的权力关系,缺乏更合理有效的制度性规范与约束,为此不少高校在教育反贫困场域也会抱有不求有功,但求无过的心态,成为小心翼翼的"行动者"。只有在教育反贫困这一集体行动中找寻到各参与主体真实利益关切,才能产生均衡的合作结构。

帕特南(Putnam)将"互惠"作为一种重要的规范,并区分了"均衡互惠"和"普遍化互惠"两种。均衡互惠是人们同时交换价值相等的东西,普遍化互惠是指在特定的时间里是无报酬的和不均衡的,但是它使人们产生共同的期望,现在己予人,将来人予己,是一种具有高度生产性的社会资本。遵循这一规范的共同体,把自我利益和团结互助结合起来,更有效地减少投机,解决集体行动问题。只不过这里的自我利益不是纯粹的经济价值,而是包括认可、尊敬、快乐、自我发展、信任、关系、面子等无形的社会价值。② 需求互惠的行动策略生成是 Z 县政府部门、高校、媒体、社会力量等多元主体共同参与、相互作用的结果。如企业希望通过参与 Y 大学在 Z 县的公益活动,来改善自己的竞争环境,将社会目标与经济目标结合起来,能够带来企业形象的树立、知名度美誉度提升、政府和媒体的支持等内在的实惠;Z 县不同条块的政府部门希望通过 Y 大学链接到更多的资源,来帮助他们解决"棘手问题";社会组织希望借助 Y 大学在 Z 县的合法性资源,深入实施他

---

① 莫兰.复杂性理论与教育问题[M].陈一壮,译.北京:北京大学出版社,2004:27.
② 帕特南.使民主运转起来:现代意大利的公民传统[M].王列,赖海榕,译.南昌:江西人民出版社,2001:201-202.

们的公益项目。

"益往黔行"受到互惠规范的启发,在资源动员的行动策略上力求做到多元行动主体的互惠共赢。首先是发现需求,通过长期扎根 Z 县,Y 大学能够深入了解和发现教育反贫困行动很多实际的需求。其次是运用 Y 大学在 Z 县自身的合法性资源,寻找和动员资源,做到借"势"成"事",顺"势"而"行"。再次是输送资源并获得新资源,实现良好的资源循环,既要解决实际问题,又能提升"益往黔行"项目的声誉,提高其进一步动员资源的潜在能力。然而,在 Z 县的教育反贫困行动者网络中蕴含着不同类型的行动主体,Y 大学作为核心行动者连接着异质的行动资源。在这一行动者网络中,不同的参与者共享其对行动者网络的理解,这种理解与他们所进行的行动及行动在他们生活世界的意义和共同体的意义紧密相连,他们共享各自异质的"经验库""技能库""语料库""信息库"和"智慧库",不同的主体在理念、情境及评价标准之间都会存在矛盾、冲突与博弈,Y 大学团队又时常会面临服从权威与独立判断,群体意志与个体抉择间的张力拉扯。

随着我们团队的"名气"越来越大,一些企业和教育公益组织还有个人都会主动联系我们,有的企业想冠名我们的活动,不少社会组织想和我们合作推他们的公益课程和项目,一些热心公益的人主要是希望我们能够帮他们找到合适的长期资助的留守儿童。资源一下子源源不断地涌来,开始我们都不知怎么办。资源的涌入很快就造成了冲突,每个人都有不同的想法,他们根本不了解 Z 县的情况,却一味地要我们执行他们的方案,这些脱离实际的方案又会引起当地的不满和不配合,好难啊!比如说,我们所主推的针对乡村教师的成长项目,在合作者看来教师的问题应该是 Z 县政府应该解决的问题,不属于我们公益行动的范畴,而现实的情况是 Z 县政府部门觉得这是迫切需要外部资源帮助解决的实际问题,这些资助的问题常常得不到圆满的解决。

——项目指导老师 H 老师

(2)"合法则性"与"合目的性"的行动调和

在动员异质行动者资源的过程中,Y 大学团队寻求的是"合法则性"与"合目的性"的统一。合法则性意味着行动的生成要合乎普遍法则、规范和框架,合目的性是指行动的生成既要合乎Z县教育反贫困的实情,又要合乎不同参与主体的情感,以满足资源提供者和需求主体的多重需求为出发点。"合法则性"与"合目的性"相统一的背后,是"合情"与"合理"的行动策略生成的内在诉求。一是遵循"正当原则",即行动策略需要合乎教育反贫困的价值及与之相应的实践规范;二是遵循"向善原则",即以行动本身的意义为出发点,结合具体的实践情境与主体欲求来考察行动策略的价值意义;三是遵循"有效原则",以多元主体的评价为评估依据,破除理性与感性之间的壁垒。行动策略生成还会受到"权威性话语"和"内部说服性话语"影响,权威性话语一般是教育扶贫的政策制度与判断,包括当地不同政府部门的权力话语,要求不同的主体承认它,并将其作为行动生成的规范性指南。内部性说服话语,一般具有去权威的性质,是行动主体基于"实情"进行的推论、权衡、选择与改造并付之行动的指南。

Y大学团队通过设计多样项目互动平台,以公益参与带动资源投入。"支教夏令营""公益体验周"等一系列的教育公益活动,充当了链接公众、媒体、社会组织、政府部门等异质行动者的重要媒介。以"事"成"势",主动建构,凭借高校聚集了大批高素质的政策制定、理论研究和实践推广团队与丰富的扎根Z县的"地方性"经验优势,找准其他主体在地方化的专业、技术、经验等生态"软资源"方面不足的痛点,在项目规划、智力支持、社会信用、项目实施等环节,积极营造有利于各方资源互惠共识达成的行动氛围。在活动中搭建政府、企业、社会组织、公众充分沟通和交流的平台,创设内嵌于教育反贫困行动实践转化过程的公益情境,并对其进行改组、改造与利用,以消解边界转化的张力,将显在的利他驱动和可能的、潜在的利己驱动结合,在与资源提供主体持续的非等价的交换互动中,以道德、尊敬、形象、自我发展等非实体资源来吸纳以人、财、物为主的实体资源,从而完成资源的转换与汇聚。如面对部分村小教学点易地扶贫搬迁规划中2—3年的窗口期,Z县政府在政策和制度的层面无法再多投入新的资源改善教学环境和师资条件。Y大学团队将这一实际需求转化为资源动员的项目,在各方充分了解和沟通的前提下,根据"向善"和"有效"的原则,形成共识并及时投入资源,解决了合法则性和合情理性的矛盾。互惠的资源动员行动的生成既受到实践情境的制约,具有权宜性特征,也有效用性诉求,需要 Y 大学团队兼具自主与自制、理性与协商、信任与批判的行动品质。在行动的技术层面进行反思;在操作步骤、执行运用层面服从当地的权威;在实践性行动层面,对外部权威采取一种开放且自主的态度,就自身经验与行动意义进行自我理解、自我诠释和自我反思,通过主体间的协调与共生,转化出一种价值共享体系,化解矛盾与冲突。

3. 抓住机遇拓展组织生长空间

程序能为主体建立一个规范的行动序列,使行动在相对固定的环境中稳定地加以执行。但当主体行动的外部环境发生了变化,程序就要中断,并在适应新的环境后再进一步调整确定。而策略可以审时度势地研判确定性和不确定性因素对于行动水平的影响,以提升行动可行性为主要原则,不断优化调整行动方案。特定背景下的行动,策略应优先于程序,应根据行动中瞬息变化的信息、遭遇的偶发事件或发展机遇做出及时的修正。

(1) 机遇:项目发展的关键事件

机遇,指时机、机会,通常被理解为有利的条件和环境。机会结构是指"社会结构的变迁所带来的政治权利关系变化的总和"[①]。这一变化对于集体行动者而言会造成一定程度的限制或提供进一步发展的可能性,也许会进一步提升或者节省行为动员所需的花费和成本。社会结构的变迁会带来价值关系变化进而形成新的价值机会结构。广泛动员社会力量参与,激发贫困地区内生动力,构建多方参与、协同推进的教育脱贫大格局,既是"益往黔行"项目组织成立和发展的政治机会结构也是价值机会结构,为项目的发展提供了牵引力,也提供了达到教育反贫困目标的机遇空间。但正如甘姆森(Gamson)和迈耶(Meyer)指出的,机会并不是完全结构化的,相当一部分机会不是先于集体行动而存在的,而是集体行动的积极分子在行动实践中通过策略选择而发展和创造出来的[②]。机会结构仅仅是一个启动的原点,还必须有能够将机会结构的功能机制进行传递和效益放大的组织能力结构和组织活动结构,将其转化为项目发展的关键事件。关键事件能够影响项

---

① MCADAM D. Political process and the development of black insurgency:1930—1970[M]. Chicago:University of Chicago Press,1999:64-90.
② 赵鼎新.社会与政治运动讲义[M].北京:社会科学文献出版社,2012:197.

目发展进程,是促进组织成长的重要助推,对于组织成员来说要有非同寻常的资源、精力和情感投入,既可以是某一单独的事情,也可以是某一类型的事件集合体,能够促使组织成员的认知产生一定的冲突,并引发认知和行为的改变,促使组织作出某种特定的选择,加速组织成长的进程,并有可能成为影响组织发展的重大转折点。

(2) 参加全国志愿服务项目大赛

中国青年志愿服务项目大赛暨志愿服务交流会,是集合志愿服务项目展示、组织交流、资源配置、文化引领和社会参与的全国性的交流展示平台。

参赛和获奖是促成"益往黔行"项目组织发展的一个重要里程碑。项目2014年刚刚成立,4月份在和当地团县委及教科局的负责人电话联系研究生支教团的支教事宜时,说明了学校在研支团的支教地,长期开展教育帮扶行动。Z县教科局的李局长也是北京一所高校的挂职干部,当即表示很欢迎,并邀请学校先行派人来开展调研。5月底的时候我们就先去了一趟Z县,当时主要的想法还是把研究生支教团支教的学校安排好,同时联系一下暑期社会实践短期支教的学校,想固定在一个地方,落实领导小组商定的短期支教和长期接力相结合的模式。2014年刚去的时候还是挺震撼的,条件比现在差多了。去大山深处的乡镇中心校的时候,才发现由于信息闭塞、进出大山的路途阻隔等,很多公益资源都到不了乡镇,更别说到下面的村小教学点了。乡镇中心校里有一些捐的书,也是好几年前的了,甚至还有《高等数学》和《剑桥商务英语》。我们跑了好几个乡镇,也差不多都是这个情况,随后我们把资源需求理了理,回去给领导小组做了汇报,紧接着就根据当前了解的教育资源需求,先策划了第一期的活动——"爱心一公里",想通过我们高校的青年志愿者的参与,打通社会公益资源到达乡镇和村小教学点的阻塞,让资源配置到实处。当年7月,我就带着30多个志愿者中心招募的学生志愿者,先坐30多个小时的火车再转汽车来到Z县,随身带来了很多社会捐赠的图书,连投影仪和投影幕布都带了。Z县的团委书记和教科局的同志来接站的时候都很感动,觉得我们Y大学真的是来做实事儿的,说他们这儿来过很多大学社会实践的团队,从来没有像我们学校这样的。

——项目指导老师L

我们是2014年7月份跟L老师一道来的,要在Z县支教一年,学校的短期实践团暑假走了之后,我们就定期下乡镇和村里,除了给孩子们补习之外,最重要的任务就是把学校定期从江苏通过物流运过来的物资送到乡镇中心校和下面的一个叫木厂小学的教学点,用肩扛,用马拉,硬是把几个小学校给"武装"起来了,现在想想都很自豪。县里面9月份通知我们支教团,让我们申报项目去参加志愿服务项目大赛。我们当时很开心,但看了一下大赛的参赛要求,一周之内要填写项目申报书,要做网络展示搞投票还要参加贵州省的比赛,入选后才能参加国赛,觉得有点遥不可及。我就打电话给L老师,说了我们的想法,想暂时不报了,踏踏实实把项目做好就行。结果L老师当即表示反对,还批评了我,说这个机会很难得,我们一定要好好把握,学校这边会想办法,一起把比赛工作做好。后来,经过我们项目团队的共同努力,先是以高分通过了贵州省的比赛,后来我又到广州代表项目团队参加决赛,捧回了金奖。

——2016级研究生支教团志愿者Q同学

Y大学学生一来就跟以前其他高校来的团队不一样,开展工作的思路清晰,目标明确,当时条件还很艰苦,他们就一趟趟地往乡镇跑,运物资、做调研、搞支教,忙得热火朝天,把县里老师的力量都给调动起来了,开着自己的车帮他们运物资下乡,是名副其实的"爱心一公里"。于是省里面发通知要我们推荐项目参加比赛时,我们毫不犹豫地推荐了"益往黔行"去参赛,果不其然捧了金奖回来。当时去广州观摩比赛的阵容可强大了,省里的副省长、省文明办主任、团省委书记都去了,现场副省长还跟项目的C同学说,"爱心一公里,真不错,听了你们的介绍,要是都能像你们这样把一公里打通那就脱贫在望了"。

——Z县团委书记L

参赛和获奖作为项目发展的"关键事件"让Y大学迅速跨越了教育公益项目常常会面临的合法性不足的困境,在Z县乃至贵州省有了一定的美誉度。Y大学充分利用了国家支持、志愿服务组织和社会力量参与教育脱贫攻坚的契机,在校内进行组织化动员的时候就统一了思想,打破了通常高校参与的专项资金支持、荣誉激励机制、信息共享与协调平台和协调机制缺乏困境,把握住了当时"社会需求、志愿服务项目、社会资源三者对接不畅、信息不对称、公益资源配置效率低下"的教育反贫困行动的痛点,极大拓展了"益往黔行"项目开展和进阶发展的机会空间。机会空间并不是事先存在的,也不是均匀分配的,常常会受到地方权力关系的支配和调整,对于教育反贫困行动而言,政府政策推动、社会支持和项目的组织内聚力是影响机会空间的重要因素。教育反贫困行动并不是单纯拥有善良的动机就可以实现的,还需要高校和项目团队把握关键事件的机会结构,运用适合的策略为项目注入不断更新、持续发展的动力。

(3) Y大学校领导率队赴Z县走访慰问

Y大学是江苏省属高校,并没有教育部直接分配的对口扶贫的西部省份项目地,"益往黔行"项目启动之初,是借助共青团中央和教育部"研究生支教团"项目的政策资源和Z县的团委与教科局建立起了联系。

2015年5月,在"益往黔行"项目实施1周年之际,Y大学党委副书记带队一行7人赴贵州省安顺市Z县,在Z县委、县政府领导的陪同下,走访慰问第一年在Z县支教的Y大学研究生支教团,实地调研考察项目开展情况,在三个学校举行了首届"益往黔行"奖助学金颁奖仪式,给结对帮扶的困难学生送上助学金和慰问品。随后,在Z县政府举行的交流座谈会上,校、地双方领导认真听取了支教团队们近一年来的工作报告和"益往黔行"项目开展的情况,听取3所支教地学校主要负责人对支教工作和项目开展的情况反馈。Y大学党委副书记对支教队员的工作给予了高度肯定,作了总结讲话,"希望大家珍惜荣誉,把获得志愿服务项目大赛金奖作为一个起点,锤炼品格,做一名意志坚定的支教志愿者;要虚心学习、大胆实践,做一名勇于开拓的支教志愿者;要坚定信念、严于律己,做'益往黔行'项目在一线的骨干力量,在高质量完成支教工作的同时,结合当地实际,大胆创新落实好项目,做一名甘于奉献的支教志愿者"。Z县常务副县长致欢迎辞,Z县县长最后总结道,"衷心地感谢Y大学对Z县教育事业的关心,不仅选送了这么优秀的学生来Z县支教,还针对当地教育资源不足的困难,主动开展'益往黔行'项目长期精准帮扶,让我们深受感动,正是实实在在的教育扶贫工作,让项目取得了荣誉,更促进了我们县的教育扶贫事业发展。希望校地双方以支教团为纽带,深入开展项目的合作交流,为Z县早日脱贫提供宝贵的智力支持和人才支撑"。

——Z县政府办公室相关会议记录

Z县政府办L副主任事后回忆起此次接待Y大学校领导的慰问考察经历:"一年来的工作实绩积累下了良好的声誉和口碑,省市媒体也都上过好几次,县里的领导早就关注到了,去年年底参赛后,贵州团省委的领导也关注了Y大学的项目,还特地打电话来县里,要求跟Y大学把项目对接落实好。县长也出面、常务副县长全程陪同,在县里这种情况还真不多见呢。"

——Z县政府办L副主任

校领导在回程的路上说,来之后就觉得学校在这边很受重视,之前校内做的动员工作是完全正确的,长期坚持下去,肯定能做出品牌和示范,要把座谈会上谈的一些初步的合作意向迅速地让相关部门落实。

——Y大学党委办公室M老师

一个领域中的组织程度越高,越易于控制符号资源,越易于建立合法性基础,影响人们的认知取向。高校组织实施的教育反贫困项目依赖高校这一组织的"官方背景",比其他类型的组织更容易获得在地政府部门的认同和信任。"益往黔行"项目在Z县的实施和逐步深入开展,是建立在一个经过社会解释的意义系统基础上的。社会承认逻辑的基础是"合法性"机制,该机制导致了其他各种制度设施的出现,使各个组织不断地接受制度环境的约束,走向趋同化。[①] 合法性机制使得组织采纳那些"合乎情理"的社会角色和行为,以便得到社会承认,促进组织发展。Y大学校领导到Z县走访这一关键事件,使原本没有较密切的政治关联和社会关系的远隔千里的校、地双方,以颁奖仪式、座谈会等形式铸就了一个外省省属高校与贫困县良性互动的链条,激活和调动了日常情感,让互动常态化、情感化。相比技术化的扶贫项目的开展,领导间的互动是一种扩大"益往黔行"项目合法性基础,让教育反贫困行动得到Z县政府和社会进一步接受和认可、放大声誉和影响力的更加立竿见影的方式。"经济学的解释逻辑强调,声誉和影响力的基础是组织或个人的过去表现,取决于组织内部的自我努力,社会网络理论强调有关组织或个人在网络结构中的地位是声誉和名声的基础,制度学派的理

[①] 周雪光.组织社会学十讲[M].北京:社会科学文献出版社,2003:265.

论强调组织或个人的行为必须建筑在社会承认的基础之上,行为必须为更广泛的社会群体所接受。"① 同样的是高校造访,不同学校 Z 县的接待规格也不一样,一方面是因为社会承认的逻辑建立了区分不同行为的标准,提供了所谓的"高标准接待"和"一般性接待"的等级制度产生的基础,并通过"社会承认"在"合乎情理"的基础上发挥作用。另一方面社会承认的行为使得我们必须正视并受制于价值观念制度及其意义秩序,这也是项目逐步适应与融合的基础。

（4）省委领导的回信

随着 Y 大学"益往黔行"项目影响力的不断扩大,2018 年 5 月初,Y 大学支教志愿者接到 Z 县县委办通知,要求团队做好去贵阳参加"学习贯彻习近平总书记 5 月 2 日在北京大学考察时的重要讲话精神"座谈会并发言的准备,省委领导参加。接到参会通知以后,志愿者 S 同学第一时间向 Y 大学的团队老师打来电话,希望得到老师指导后,准备座谈会的发言稿。Y 大学项目办迅速召集了宣传组和活动组的指导教师和团队核心成员进行会议讨论,共同商讨发言的主题和提纲。会议期间 L 老师大胆地提出了一个设想：今年是"益往黔行"项目团队在 Z 县的第 5 年,可以将 5 年的工作做一个总结,正好借着这次座谈会的机会,以写信的形式呈送给省委领导,一方面实事求是地反映 Y 大学在 Z 县做的实实在在的工作,另一方面也以这种形式进一步放大"益往黔行"的影响。大家一致认为这是个好主意,由于时间很紧,会上还做了分工,由宣传组负责起草信件,项目组负责收集近年来的项目图片和文字资料制作画册,活动组负责收集"益往黔行"项目开展的过程中有意义的实物资料,作为座谈会发言的展示。

很快信件以邮寄和座谈会现场递送的方式交到了省委领导手中。5 月 18 日,Y 大学党委接到贵州省委办公厅和教育厅的电话,得知省委领导给团队回信,贵州省已经由团省委、教育厅等部门牵头,在全省发起学习省委领导给 Y 大学支教团队回信精神的系列活动,希望学校能结合回信精神在校内进行学习和宣传,号召和引导更多的青年学子投身到脱贫攻坚的伟大

---

① ZHOU X G. The institutional logic of occupational prestige ranking: reconceptualization and reanalyses[M]. American journal of sociology, 2005,111(1): 90-140.

征程中。随后的一周,贵州省以座谈会、学习交流会、现场会的形式密集开展了对回信精神的学习。Y 大学"益往黔行"项目在贵州的影响和声誉在短时间内迅速提高。不少高校的项目团队都慕名前来学习经验,企业和社会组织寻求和 Y 大学团队合作,Z 县周边的市、县希望 Y 大学团队能把教育扶贫的经验和资源进一步拓展过来。

没有想到省委领导会给我们回信,当时也就是抱着试试看的心理,在老师指导下把信写好,还用钢笔誊写了一遍,信里还附了几张我们团队有代表性的照片。座谈会本来安排了我作为代表发言,后来到现场临时调整了,又不需要我发言了,觉得很沮丧。本来想借着发言的机会提一下我们写信的事儿,但突然没有机会了。当时就暗下决心,座谈会一结束借着合影的机会把信递给领导,这毕竟是我们团队 5 年来那么多伙伴辛勤耕耘的成果啊。写信的时候就在想,如果能有省领导给我们回信,那不仅是肯定我们的成绩,后面我们影响扩大了还可以干更多的事情。

——志愿者团队 S 同学

Y 大学 S 同学突然拿出一封信和图册给省委领导的时候,我们还真挺紧张的,按照正常的流程,座谈会的发言都经过几次审稿和打磨,而这个在合影之后本来都要结束的活动,怎么节外生枝了,会后肯定要被领导批评了。不过转念一想,Y 大学在 Z 县的工作做得不错,递的材料应该会是一个以正面形象示人的东西,有这个机会他们能跟省委汇报一下也好,借着这个途径,可以把咱们省的青年志愿者工作给书记展示一下,也挺好。后来我还"批评"了 S 同学和 Y 大学项目办的老师,建议他们下次再给省委递材料,得给我们先审核一下内容,万一不合适怎么办。谁知道他们比我还"专业",他们的顾虑是,如果事先通气的话,这个事儿大概率是做不成的,一层一级的内容审核把关,再修改,日期早过了。说得倒是真有道理。如果真是事先安排好的话,相关部门考虑的因素就会很多了。现在回想起来,倒也是个好事,对 Y 大学后续在贵州的工作推进来说是一个很好的机会。

——贵州团省委 D 巡视员

我们当时谋划以给省委领导写信的形式来总结团队 5 年在 Z 县开展教育反贫困行动的成绩,就是希望省委领导能够回信的。我们常说"有为才能有位",踏踏实实在 Z 县做了一些事儿,希望能通过这种方式来进一步扩大我们的影响和知名度,对 Y 大学来说是一个阶段性的总结和交代,几年来动员了不少资源参与到 Z 县的脱贫攻坚行动中,能够得到省级层面的认可和赞许,固然是项目后续在校内得到进一步支持的关键,对 Z 县来说,也可以借此机会,扩大和 Y 大学项目团队的合作,获得更多的支持和实惠。

——项目指导教师 Z 老师

"扎根策略"的生成既受到行动的历史形态影响,又基于当前的现实样态做出识时务的调整,还要为主体未来的发展趋向谋篇布局,它是主体行动直接相关的必然之理与影响主体成长的偶然因素共同决定的,是多维向度的行动逻辑。它意味着要通过对共时与历时、已成与将成、现实形态与可能形态、目标确定性与方向不确定性等关系的审视、判断、抽象,形成有利于 Y 大学推进项目发展的"行动境域",放开参与教育反贫困的能动空间与多重机会结构。教育反贫困是在特定的场域中进行的治理实践,高校作为反贫困治理中的行动主体,打破地域性活动的支配,通过人员在场、组织在场、资源在场等形式,客观存在于反贫困实践的各相关行动主体交往互动所共同构成的关系网络中。一个组织的社会关系网络地位反映了同一领域中人们所公开认可的等级制度,这一网络地位所发出的信号即表明其知名度和人们接受认可的程度,促进它与其他组织的交往,提高竞争优势。而这样一种信号即是"声誉",它作为组织所享有的一种资本具有提高未来双方合作可能性的价值,贯穿于组织的整个运作机制中。美国社会学家威廉·J. 古德说:"声誉之所以有意义,正是因为人们对于其行为或品质无法加以确实无疑的评估,而必须得到与声誉持有者有社会距离的群体的承认,声誉不仅仅是一种客观的品质与能力,而且是主观的评价。"对于反贫困项目来说,声誉主要表现于它的服务成果之中,是组织区隔的一种标志和标准。扎根策略并不一定能抽象成一种概念化的话语表达,也并不一定能够用相对应理论来捕捉到它具体的表现形式,它是与教育反贫困行动者、网络异质行动者之间形成生活世界共鸣的过程,其形成于行动主体每一次独特的实践活动环节中,呈现多层面、多维度、多关系与多视角的样态。高校实施的教育反贫困项目,其组织目标与组织行为必须"小心翼翼"地获得项目所在地政府与社会的承认和认同，才能具有持续发展的内生动力。Y大学与Z县的合作过程也是不断行动累积声誉，提升"益往黔行"项目在Z县的治理网络地位的过程。

三、持续的公益"创业"应对不断变化的环境

在我国，个人或公益社群实施的零星的教育公益行为始终存在，改革开放以来，伴随着社会组织的成长、企业社会责任的觉醒，有组织、有资源投入的教育反贫困公益实践进入一个快速发展时期。教育公益组织作为政府、乡村教师、村民之外的"第三方"参与贫困地区乡村教育建设由来已久，成为推动贫困地区乡村教育发展的一支重要力量。"益往黔行"作为一个连接多元参与主体的组织网络，合法性和可持续发展所依赖的制度环境、社会环境等外部环境处于不断的变化之中，新的事物和矛盾层出不穷，而组织内部的诸要素也处于动态的变化之中。各种信息技术的广泛应用、政策的规制与推动、社会公众观念的转变以及企业、社会组织的营销理念与商业运作等市场的逻辑对"益往黔行"的渗透等组织外部环境的变化，必然会导致组织内部环境的深刻变化。这就要求"益往黔行"组织反应敏锐，及时感知环境的变化，适时进行自我调适，不断进行公益"创业"，用长远的眼光来对待未来组织内外环境的变化，从而大大地提高组织的适应能力，使其能适应今后更加复杂、动态的环境，得到更好的发展。

（一）搭建"潜在公益"开发平台

"益往黔行"项目中以合作关系作为基本组织结构的行动者网络，每一个节点都能与其他节点共享信息并具有决策活性，在此基础上，节点能依靠自己的能力、知识、经验对信息进行加工，发布新的信息内容或格式，创造新知识。因此，网络的知识集聚和主体间的信息交互，必然是其运行的基础。对于"益往黔行"来说，正是要通过组织的运作和管理，让各个节点的信息流得以汇聚，知识的汇聚和管理在组织有效运作中占据核心地位。因此，正是通过组织内部知识管理平台的运作，各个节点的信息流得以汇聚，组织也才拥有了稳固的资源支撑。

"益往黔行"生存发展的资源基本都依靠组织自身获取,需要具有可渗透性和灵活性的组织结构,随时和外界进行信息交换,并随时接收加盟者,使各个节点、组织间的边界模糊化,保持组织的柔性和开放,以利于知识在各部门间的传递和对称分布。运行之初,在 Y 大学志愿者的技术支持下,"益往黔行"就借助互联网技术打造了项目的"潜在公益"开发平台。"潜在公益"是指人们内心的公益愿望因为现实限制并未付诸实施的公益潜在意识或行为,平台既是虚拟空间的一个公益服务网站,又在 Y 大学校内设有实体的展厅和场所。以公益参与带动公益投入,激励人们从"潜在公益"走向现实的公益。组织的运作可以超越节点边界、时间和空间限制,不同参与者、团队的节点间具有无障碍的即时的信息沟通能力,这为项目动员更多的资源和更高效地解决问题带来了可能。

在"益往黔行"的架构中,一方面需要长期扎根在 Z 县的一线志愿者团队搜集和整理 Z 县教育反贫困领域急需的资源,不断完善需求数据库,并加以核实和验证。逐步提供有效的公益项目自助参与的信息服务对接平台,并在此基础上将参加公益协作的组织成员在 Z 县开展教育反贫困行动的图片、项目开展成效、有关宣传报道、经费去向等在平台上进行分享,从而实现更好的互动。"潜在公益开发平台"就是一个公益需求和教育反贫困志愿行为的"精准发布和对接"平台,人们各取所需,能够更便捷地参与教育反贫困行动,并愿意为此投入更多的时间和精力。如平台运营之初就将 Z 县各个乡村学校拥有图书室的情况和图书需求情况进行汇总发布,以便更好地基于数据来精准地接收和分配图书资源。平台提供公益信息交流和公益互助,扮演的是链接行动者网络的智能代理角色。一方面能够激发公众潜在的参与教育反贫困的公益愿望,使他们能找到适合自己行动的方式和途径,另一方面通过平台实现组织间信息、知识和智慧的共享,使 Z 县乡村学校更多需要帮助的人得到帮助。

"潜在公益"开发平台的运行,是"益往黔行"组织致力于设计让大多数人都能便捷参与的公益项目,并通过组织的管理和资源的聚合来保持项目的延续性和一致性,让参与者都能切身地感受到潜在公益意识转变为实在的教育反贫困行动的变化的一个创新性举措。为跨空间区域、跨组织和跨职能的教育反贫困行动者网络奠定了良好的基础。行动者网络的开放性首先表现在组织对外部资源的吸纳上,利用开放带来知识共享和协作创新。"益往黔行"在发展初期有效地利用了 Y 大学学生志愿者团队的人力资源优势,通过招募网络信息工程专业方向的志愿者,进行"潜在公益"开发平台的技术研发,通过可渗透的组织边界和柔性的组织结构,让网络工作平台发挥其应有的功能。"潜在公益"开发平台集网站、微博、微信、APP 等于一体,不仅意味着"益往黔行"从创立之初就着手打造资源获取的众多途径,同时也昭示着其组织网络的包容性、开放性,主要体现为参与的低门槛和全过程,不管是个人、组织(营利或非营利)都可以加入"益往黔行"的公开项目和活动中,平台让跨地域、跨组织的参与和公益协作不断成为现实。

"和其他一些传统的志愿支教社团和公益组织不同,我们从一开始就没有设置参与的门槛,而是希望有更多人和组织加入'益往黔行'行动,为 Z 县的教育扶贫多出一份力。你可以不参与组织,甚至都可以意识不到组织的存在,但是你能够及时了解需要我做什么和我可以做到什么,在这一过程中,项目会为你提供信息、告诉你方法和行动的流程,并提供交流分享的虚拟和实体平台。通过口口相传及行动感召,让参与者站在台前,全程参与项目的过程,再通过更大规模的复制和传播,发动更多的群体共同参与协作,达到预先设想的服务于 Z 县乃至黔南地区每所乡村学校的目标。"

我们的方法:为实现问题的真正解决,我们先是参考其他公益组织的通常做法,设计一些短期支教的项目,在校园和社会上招募志愿者,后来发现报名的人数远远超过我们的预想,说明很多人都有参与教育扶贫的公益初心,于是我们尝试新的公益扶助的思路,能让想参与的人,直接就能参与到项目具体活动的运作中,通过大众的力量改善 Z 县教育资源缺乏的现状。信息收集:通过长期在 Z 县的志愿者收集资源需求的信息,并通过平台进行分享和传播。活动组织和参与:参与者可以通过平台查找和联络乡村学校,也可以自己组队形成服务小组,由 Y 大学长期驻点 Z 县的"益往黔行"研究生支教团,对接好那边的学校,为它们提供长期的服务。社会创新:让参与者在我们的平台上给大家分享参与服务的经历和感受,我们把最佳的团队实践传播出去,进一步提出创意,努力为教育公益创新做一点贡献。

我们如何做:受到前几年一直很火的暑假"公益旅游"和研学热的启发。Z 县具有丰富的旅游资源,每年暑期不少江苏的家庭都带孩子到 Z 县来旅游。2015年,我们在Z县逐渐站稳脚跟,提出了一种创新、有效的参与方式,倡导"潜在公益"开发平台上支持过或准备支持"益往黔行"项目的公众,在旅游观光之余,多花半天的时间,来Z县的乡村学校实地走一走,亲身参与一次活动。这个倡议迅速得到了大众的认同,并使"益往黔行"成为传播最迅速、最广泛的教育公益行动之一,甚至Y大学所在地的电视台和省电视台都深度跟随团队进行跟踪报道。通过公益研学和公益旅行,一下子解决了很多困扰"益往黔行"的资源匮乏问题。

——摘自Y大学核心志愿者团队负责人S的项目推介发言记录

"益往黔行"致力于打造"潜在公益"开发平台,意欲以开放的平台和新兴的技术方式吸引更多的人能够无门槛参与,通过自我管理、自我组织让行动者在项目的引导和服务下实现广泛的合作,更便捷地为Z县的教育反贫困行动提供有效支持,激发更多的教育公益协作创新。

自己亲身参与和看媒体的报道是很不一样的,潜在的慈善爱心一下子被激发出来。这两年暑假我们已经组织了20多批次的公益研学和旅行,下一阶段我们的重点是在Y大学再培养一些熟悉Z县情况的领队,有领队就能有更多的人参与,可以撬动更多的资源,解决更多的问题。

——研学团队领队C老师

给予参与其中的人更大信任,赋予他们更多参与机会,这就是我们的理念。而如何让这种参与更广泛、更有效,这正是我们要努力思考和实践的。在"益往黔行"中,没有"你们提供资源,我们实施,他们受益"的群体角色的差别,我们提倡的是"我们参与,我们实施,我们受益",在这里,"我们"是参与项目的各方,包括乡村学校、留守儿童、志愿者、合作组织等等。

——项目管理团队指导教师Z老师

一般的公益活动都是通过公益组织去发起,参与者只能在"他者"的"管理"下进行活动,甚至只能参加活动的一部分(例如捐款捐物)。"益往黔行"倡导每个人都可以自我管理,并且全程参与活动,每个人也都可以根据自身的条件和情况,发挥自己的特长和智慧,直接参与到项目中来,甚至能为行动带来重大的改变。"益往黔行"最初形成的模式,就是希望借用参与者的力量——不只是他们的时间、精力、物质上的投入,更多的是他们的智力、影响力,激发他们的创造力,让志愿者更深入全程地参与和思考,让他们成为教育公益的行动者和传播者。通过开放的平台和组织网络,让业余的人做出专业的工作。在这一理念的指引下,"益往黔行"通过"潜在公益"开发平台,从志愿管理团队到Z县地方团队乃至寻常的公益寻访活动,让行动者网络中的每一个行动者,都可以是项目的前期调研者、资源供给者、行动的设计者和发起者、项目的建设者和项目的监督者。"益往黔行"进一步扬弃组织方与参与方、服务者与服务对象之间传统的二元对立,形成了"行动者"模式,每个进入"益往黔行"行动者网络的行动者都是网络组织中的活性节点,都是活动的组织者或其他服务的供给者,这也正是网络组织能够依靠各个活性节点,完成低成本扩张的重要途径。

(二)以"走教"补充师资短板

进入二十一世纪以来,随着学龄人口逐步下降和城市化进程加快推进,农村学生的数量大量减少,"村村办学"的农村办学模式难以适应时代发展需要,以"撤点并校"为主要手段的乡村教育结构调整一直在持续。有数据显示,2000年至2010年,农村小学生数减少37.08%,而农村小学的数量减少52.1%。Z县也通过调整县域中小学布局,将比较分散的中小学校和教学点适当集中起来,重新进行县域中小学网点的规划布局,撤并小学59所,初中12所,新建农村寄宿制中小学31所,改扩建中小学51所,使乡镇中心校的办学条件和教学质量得到了较大改观。

1. 举办"论坛"探讨"项目"转型

大山深处的村小和教学点不断向城镇合并,使深处少数民族山寨的小学生上学越来越难,还因城乡经济差距而产生"剪刀差",许多家长在经济上无力承担在乡镇、县城租房照料小孩的经济负担,造成新的辍学问题。Z县撤并学校的初衷在于集中有限的教育经费重点建设中心校和降低教育系统运行、管理成本,没有充分考虑山区村寨分散、学生分散的实际问题,而村民不愿意政府撤并教学点甚至还引发过多起群体性事件。2012年9月,国务院办公厅发文要求"坚决制止盲目撤并农村义务教育学校","原则上每个乡镇都应该设置初中,人口相对集中的村寨要设置村小或教学点"。2015年

11月,国务院发布《进一步完善城乡义务教育经费保障机制的通知》,要求加快探索建立乡村小规模学校办学机制和管理办法,建设并办好寄宿制学校,慎重稳妥撤并乡村学校,努力消除大班额现象,保障当地适龄儿童就近入学。国家相关文件出台,Z县也放缓了撤并学校的步伐,然而仍面临乡村学校规模逐渐变小,教学资源和师资短缺的结构性矛盾。随着教育精准扶贫战略的实施,控辍保学成为教育扶贫任务的重中之重。乡村学校处在教育和扶贫的第一线,很多时候还要作为政府职能的神经末梢,成为"压力型体制"中的一员。本来就已经捉襟见肘的师资力量,还会临时被抽调完成扶贫工作任务,让Z县教育主管部门更是大为头疼。为此Z县政府部门也多次向Y大学求援,希望Y大学能够通过"益往黔行"项目一起"想想办法"。

由Y大学牵头,邀请Z县教育部门、团县委、乡镇负责教育的副镇长、Y大学教育专家、乡村学校校长和教师代表、各教学点的学生和家长代表、"益往黔行"项目管理团队、核心志愿者、企业、社会组织、公益个人等多方行动者,通过一系列的线上线下论坛,了解行动者网络各方的实际需求,为"益往黔行"逐步指明了行动创新的方向,开启"马背上的第二课堂"进行教学平台建设。

条件能供得上的家庭都会想尽办法把孩子转到县城,留下的大多是家境比较困难,或者父母长期在外打工,把孩子留在家里让老年人照顾,形成的新一代留守儿童。尽管学生数总量不大,却集中着贫困程度较深、无力送子女进城上学、处于社会"后20%"弱势人群家庭子女。学生少了,学校难以维持,教师也想回县里。师生数只有不到20个的学校和教学点逐渐增多,现在国家也不让撤并学校,有的一个年级只有2—3个学生,一名教师包揽几个年级,甚至一个学校的情况在我们县很多,很难按照国家要求配置教师资源。"小"与"农村"往往又会形成恶性循环。许多乡村小学勉强能根据要求开齐语文、数学课,但英语、美术、音乐、体育教师非常少,连镇中心校都没法开齐。我们县里目前的师资结构总体可以概括为普通教师多、精干的高水平教师少,知识传授型教师多、素质拓展型教师少。县里一直在统筹,从教师相对充足的乡镇、街道抽调部分教师进行交流,化解部分学校师生比不达标问题,组织15名县城优秀中层干部和教师到偏远山区学校支教,落实了"三区"支教工作。指导中心学校进行镇内教师交流,统筹县内音体美、英语、信息技术教师通过"走教"形式,部分缓解教学点教学需求问题。随着教育脱贫攻坚战的推进,县里不断加大特岗教师招聘的力度,近两年就招聘了90名特岗教师,按照教师资格认定条件,面向社会认定教师资格100余人,基本解决了一直困扰县里的教师学科搭配不均衡、结构性缺编问题;县里在加大教师招聘和特岗教师招聘规模的同时,仍面临年轻优秀的骨干教师不愿意到乡镇更不愿意到村小"支教",乡镇中心校也很难留住优秀教师的问题,农村学校基本是两类教师,一种是新入职的特岗教师还有就是即将退休的老教师长期坚守。

——摘自Z县教科局副局长L的论坛发言

我们这里中心校教师平均年龄在52岁,去年分配了4个特岗教师给我们,今年就走得还剩1个,平时科学、音乐、美术、体育课就由我们有空的老师带着上一下,还要按计划轮流给村小和教学点送教,我们这边经常下大雨,路程又远,教学活动很难组织,质量也难以提高,学生的艺术素养教育也几乎是空白的。

——摘自J镇中心校C校长的论坛发言

教学点有70多名学生,只有我一个人要教一年级到四年级的所有课程,还要负责学生的免费营养午餐,非常感谢Y大学为教学点翻建了教室、操场。看我实在忙不过来,还为我们学校解决了2个长期在学校帮忙的家长的工资,要不然我们学校真要办不下去了。"益往黔行"给我提供的在线课程,我看了以后觉得真的很不错,今年开始镇中心校有2个老师每周过来送教2次,但他们也快退休了,不是太会用"班班通"设备,网络也很"恼火"(当地方言),有的时候才登录没多久就掉线了。每次支教老师们过来送物资的时候会精心准备,给我们的学生上美术课、音乐课、英语课、信息技术课,很受学生欢迎,现在物资也不缺了,是不是可以把这些课定期上起来。

——摘自M镇N小学教学点L校长的论坛发言

我建议政府特别是县级教育部门与高校的教育公益项目,在前两年有很好的合作的基础之上,着眼长远,改变教育资源同质化参与的局面。

"益往黔行"最大的优势就在于有稳定的志愿者团队能不间断地实施项目,可以和Z县教育部门共同设计调节乡村教师和"益往黔行"中优质的教育扶贫资源的协同机制,通过在地化的实践带动教育资源,形成优势互补的共同体。

——摘自Y大学教育科学学院L教授的论坛发言

自2014年"益往黔行"开启"爱心一公里"教育反贫困行动,用3年的时间和Z县政府部门一起,基本改变了29个村小教学点教育基础设施匮乏的局面,一个个改造一新的校舍,新建的操场、图书室、计算机室,一套套"班班通"设备,使分布在Z县最偏远山寨的所有教学点的图书、仪器、计算机配备率均达到国家规定的标准,班级多媒体教室覆盖率达到100%,实现了优质教育资源班班通。"益往黔行"的志愿者团队也不断收集如木厂、旗山、牛田等教学点教育教学设施不断改善的信息,并及时分享给项目的各行动主体。但随着教学点情况的不断改善,教育公益的需求和供给也发生了变化。如Z县的乡村小学,只有一两名教师坚守一所学校的教育"孤岛"非常普遍,师生对志愿者节假日来学校做活动临时开设的课程非常感兴趣,希望这种形式能固定下来。项目中的企业行动者提出在教育基础设施援建方面能为Z县做的事情越来越少了,除了继续资助留守儿童和代课教师以外,似乎也没有什么其他可以做的。教育公益组织提出,前期为村小教学点提供的远程教学设备,在尝试推广在线课程的时候常常遇到没有师资能配合实施的问题,造成了设备的闲置,精心准备的在线课程也无法发挥作用。各种在地化的知识信息不断反馈给组织,"益往黔行"面临着项目的转型升级要求。

2. 初试"走教"为"项目"发展破局

"益往黔行"在原有的行动者网络基础上,通过"转译"重新进行"问题界定",将解决乡村教育资源匮乏的问题,转型为以服务Z县乡村小规模学校特色发展为核心目标,进行新的"利益赋予"来实现网络稳定。通过"潜在公益开发平台"征召行动者,并发布任务,采用"志愿服务+公益统筹+持续营运"的模式把所有行动者纳入网络之中,实现下沉一线和对接线上的资源统筹,实施"马背上的第二课堂"走教项目,实现教师资源流动、公益资源整合和项目持续发展的有机集合,保障所有网络成员的参与性。

"走教"不同于传统的坐馆授教,是指教育者前往学生处提供教育服务,即送教上门的一种流动型教育模式。对于乡村小规模学校来说,盲目构建全体系、标准化的现代教育教学模式,涉及大量师资投入,不仅拉高了教育成本,且生均资源利用率普遍不高。资源短缺和利用率低的矛盾是制约乡村小规模学校发展的主要障碍。为此,构建"流动型"教育补偿机制是破解乡村小规模学校资源矛盾的重要途径。"走教"是整合区域师资,进行流动式教学服务的有益尝试,是补短板、提效益的有力举措。"走教"在改变教师传统任课观念的同时,通过取长补短,整合共享的方式解决了薄弱学校、薄弱学科教师资源缺乏问题,让更多的学生享有优质教育资源,尤其是针对Z县深度贫困地区的小规模学校,和Z县政府部门合作,通过教育人事制度实现区域师资力量相对均衡调配。县城学校和中心校负责语文、数学等主课的教师"走教","益往黔行"吸纳和动员志愿者开展英语、美术、音乐、科学、体育等小课的走教,有效补齐教育资源短缺、师资力量不足、特色教育难以挖掘等短板,使理念、教师、资源、信息等教育元素充分共享、优势互补,从而推进Z县义务教育相对均衡发展。

2016年初,"益往黔行"项目在29个村小教学点做"走教"时,大部分教学点还没有硬化路面,最初只能以马匹为流动运输载体,开展"第二课堂"走教。后经大家一致商议,将"走教"项目命名为"马背上的第二课堂"。在团队实施公益"走教"项目1年后,国家层面的一系列文件也开始下发,要求规范推进"走教"。如2017年10月,教育部印发的《学校体育美育兼职教师管理办法》,2018年5月《国务院办公厅关于全面加强乡村小规模学校和乡镇寄宿制学校建设的指导意见》(国办发〔2018〕27号)等文件明确要求,鼓励体育美育专职教师以"走教"方式到农村学校担任兼职教师;要关心乡村教师生活,为教师走教提供交通帮助与支持。2019年9月,教育部召开新闻发布会,鼓励地方采取小学科教师"走教制",鼓励乡村小规模学校建立教育共同体,推动音体美教师、专业技术教师等共享共用,教师从"学校人"变为"教育系统的人",打通学校之间的教师"固化",从而加强一个区域内,比如县域内各种类型教师的统筹配置,解决乡村小规模学校发展难题。

3. 持续"走教"的公益资源"再生产"

传统"走教"的思路还是以城镇学校的"低配"版来为农村学校实践"走

教"课程配置的,其核心是以城市学校的质量标准来衡量、评判乡村教育质量。"走教"无非就是在乡村学校无法开设的一些课程中,引入城镇的优质教师资源,使用相同的教材、采取相同的教学方法,课程内容照搬城镇教育,确保村小学生能"公平地"享受到和城镇学生一样形式的教育。乡村文化处于绝对弱势地位,"走教"也仅能补齐村小因条件所限不能开设城镇课程的部分短板。"马背上的第二课堂"克服了既有的仅由地方教育部门主导的行政命令式的走教,或仅以高校学生社会实践团队、教育公益组织开展的,临时性、碎片化、各自为战的假期短期支教活动的弊端。

以构建"流动型"教育资源补嵌体系为目标,以素质拓展教学为主线,统筹行动者网络的教育资源,利用周末和寒暑假,驻扎在各乡镇中心校,往返于各教学点进行走教。在实施"走教"的过程中,受制于教师的时间安排和资源利用效率,要求课程安排相对集中,如果按照传统的课程安排模式,则会导致课程过于分散,也会造成资源浪费和师资成本的急剧上升。项目根据路途的远近、学校规模等实际情况安排授课时间,一些教学点和不足50人的学校,每半个月利用周末时间进行一次集中"走教"授课;班容量在20人以下的教学点合并班上课或合并年级上课,最大限度地发挥"走教"教师的潜能,覆盖每一个村小和教学点。年均为Z县补充"走教"志愿者120余名,每年有500多人次参与"走教",满足补齐师资短板的教育反贫困治理需求。

"走教"项目在资源动员层仍以"益往黔行"组织网络为依托,在之前已充分建立信任的基础上,继续动员各资源供给方与志愿者深度参与"走教",并"生产"出新的公益资源,实现多元主体参与的互惠共进,不断完成"走教"的阶段目标,形成持续发展的良性循环。平台管理层从原先的组织管理模式转型为"Z县教科局+职业公益人+核心志愿者+辅助管理者"的合作模式,构建出平台的核心管理团队和组织结构。

充分发挥教科局的政策资源优势、社会组织在课程资源和培训资源方面的优势及Y大学的教育学专家资源和志愿者资源优势。通过动态协调机制,根据项目执行进度和发展,动态调整服务主客体,将公益的"走教"纳入Z县中心校"走教"课程的统一管理,根据服务对象和内容的差异,建立多元化的考评机制。

220 | 走向韧性：教育反贫困治理的"乡村实验"

通过项目执行层，统筹参与具体项目执行的教科局相关科室，中心校教师、学生，"走教"志愿者等各方行动者。利用 Z 县教育信息化的"电教"平台，在中心校辐射区域内，先行在线上统一规划文体活动、科技活动、综合实践活动，针对不同的服务内容和对象，调动针对性的师资库和资源库，按片区分主题招募志愿者执行和推动课程实践。组织 Y 大学教育专家学者和 Z 县教育主管部门、教研组专家、职业公益人在线听课、评课，激励更多的志愿者不断提升教育教学水平。动员教育公益组织中课程开发方面的职业公益人定期进行"走教"实践；动员企业转变固有的教育反贫困资源投入的思路，以提供"走教"奖励、保障"走教"志愿者基本生活开支和资助走教平台运行的形式开展行动。"走教"项目的持续实施，在实现"益往黔行"转型的同时进一步加强了组织与 Z 县教育系统的互联互嵌。

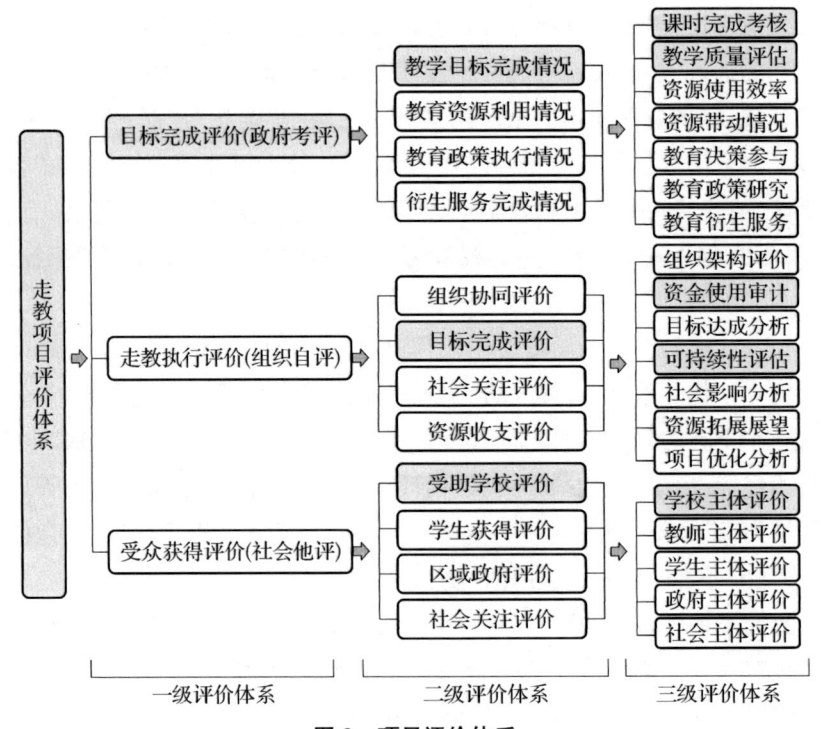

一级评价体系	二级评价体系	三级评价体系
走教项目评价体系	目标完成评价(政府考评)	教学目标完成情况 → 课时完成考核 / 教学质量评估
		教育资源利用情况 → 资源使用效率 / 资源带动情况
		教育政策执行情况 → 教育决策参与 / 教育政策研究
		衍生服务完成情况 → 教育衍生服务
	走教执行评价(组织自评)	组织协同评价 → 组织架构评价 / 资金使用审计
		目标完成评价 → 目标达成分析 / 可持续性评估
		社会关注评价 → 社会影响分析
		资源收支评价 → 资源拓展展望 / 项目优化分析
	受众获得评价(社会他评)	受助学校评价 → 学校主体评价 / 教师主体评价
		学生获得评价 → 学生主体评价
		区域政府评价 → 政府主体评价
		社会关注评价 → 社会主体评价

图 3　项目评价体系

（三）公益项目激发乡村教师发展的内生动力

乡村小规模学校作为 Z 县教育教学活动的基本组织机构和实践单位，长期以来仅依靠经费投入、政策倾斜等"外援式"的扶持，在实际生存和发展中存在学校内生发展动力弱，教育者（教师）既有质量之贫、专业发展之困，教育对象（学生）学力基础薄弱和学业质量低等现实问题。

在 Z 县乡村小规模学校，尤其是边远地区的教学点，教师的数量捉襟见肘，导致教学质量得不到应有的保证。从 Z 县教科局对乡村小规模学校的统计数据并结合"益往黔行"团队实地调研情况来看，问题主要集中在：① 数量紧缺。相当一部分村小和教学点只有 1—2 名教师。2014 年"益往黔行"团队初到 Z 县时，尚有 40 个村小和教学点，到 2018 年仅剩 29 所，平均每年撤销的学校数量为 3 所。随着 Z 县"村村通"硬化路面的工程推进，由乡镇中心校到村小教学点的交通状况得到了极大的改善，自 2018 年开始村小和教学点才逐步稳定下来，但"没有教师"的难题一直困扰着 Z 县村小。② 学科胜任力不足。Z 县绝大部分民办学校代课教师转正后仍坚守在村小和教学点的偏远教学岗位，虽然极具奉献精神，但是被周遭固有的生活方式所影响，加之学生绝大多数来自低收入家庭，而与高收入家庭的学生相比较具有较低成就感、效能感或不良学习习惯[①]，致使教师的持续努力得不到相应或与之匹配的教学效果的回报，获得感与成就感低。知识更新与自我发展的动力不足，难以胜任新形势下的教学需求。③ 教师老龄化严峻。Z 县村小、教学点甚至离县城距离较远的乡镇中心学校的教师，大多为二十世纪六十年代出生，50 岁以上的教师占比超过 75%，其中还有不少已临近退休，尽管每年会招聘不少特岗教师，但不少特岗教师服务期还未满或刚到服务期就考到县城或转到其他岗位上，师资结构"青黄不接"的局面常年得不到扭转。在 Z 县政府部门和"益往黔行"团队的共同努力下，村小和教学点教育教学的基础设施实现了和乡镇中心校均衡发展，然而师资的结构性矛盾成为阻碍这些小规模学校发展的直接障碍。

---

① 杨倩.家庭社会经济地位影响中学生学习成绩的实证调查研究[J].当代教育科学，2016(6):58-61.

教师是 Z 县小规模学校发展的关键资源,教师素养的高低决定着学校的教育质量和学生学业质量,直接影响着义务教育均衡发展目标的实现。但在 Z 县现有的条件下,师资匮乏的现状难以在短期内得以扭转,仍是制约 Z 县教育可持续发展的结构性因素。那么,在既有的条件下将乡村小规模学校助推到良序发展的轨道,形成良性的发展态势,其关键在于激发乡村教师专业发展的内生动力,促成教师成长自觉。"益往黔行"团队在开展"走教"过程中,越来越意识到针对村小教师的专门培训是教师发展支持体系的重要一环,这些教师是承担教学、教育责任的微观主体,培训的缺失将会直接影响学校的发展和乡村教育的质量。为此,团队迅速拿出"益往黔行"公益培训方案,并在"潜在公益开发平台"进行了充分的讨论和交流,商定后,由项目管理团队赴 Z 县教育部门进行会商,研究落实的可行性。Z 县教科局 F 局长认为,培训项目本身非常可行,但县里教育经费基本用于教育扶贫的项目,用于教师培训的经费也仅够维持上级部门刚性要求的培训任务,现在有了 Y 大学和"益往黔行"来牵头专门做村小教师的培训,教科局一定会在政策方面提供支持,经费方面也会从教培经费里拿出一部分来作为基本保障。

1. 公益培训助推乡村教师专业发展

随着现代科学技术的迅猛发展和社会的变革,教育系统内部构成以及群体特征发生了变化,外界对教师群体专业水准的要求和期待也随之提升。教师是具备特定专业知识、良好专业能力、严格专业伦理等综合素养从事专业工作的人,教书育人是其职业使命。就乡村小规模学校的教师而言,他们既有与其他学校教师相类似的专业发展诉求,如提升教育教学能力、学生管理能力、信息技术应用能力等;也有基于小规模学校的现实场域而产生的特殊意义上的专业发展需求,如提升复式教学能力、建立健全小组学习的教学实现形式等。多数乡村小规模学校地理位置偏僻、交通闭塞,生源较少、留守儿童家庭情况较为复杂,这必然要求小规模学校的老师要更加有耐心、更加有爱心、更加有责任心、更加有奉献精神,真诚善待学生、关心关爱学生,真正理解学生,将更高标准的专业伦理内化为自身的道德行为,不断教育小规模学校学生顺利成长。上述的能力维度和伦理维度是乡村小规模学校教师专业发展理想样态的具体实现。

而在现实情境中,小规模学校的教师们除了日常教学工作外,还要从事大量的非教学性事务,如入户扶贫登记、营养餐造表、控辍保学、迎检迎评等,教师常常陷于繁杂的日常事务与非良性日常互动当中,也陷于人性的惰性与惯习之中。教师们"不得不面临发展与自我发展机会的放弃与'被放弃',发展能力基础的不足以及发展制度与舆论的'不友好'问题"[1]。这一系列的现实问题和矛盾冲突,不仅妨碍了小规模学校教师的自主发展,也削弱了他们在专业竞争中胜出的可能性,导致了这一群体在面临外部资源竞争、个人专业发展竞争时常常处于"弱势"地位乃至"边缘"地位。如果说学校所在地域没有吸引优秀师资的条件,导致学校在"教师准入"条件上存在结构性矛盾的先天不足状态,那么教师入职后校本学习和校本培训的需求与制度供给不足之间存在的紧张,以及小规模学校更为普遍存在的"工学矛盾",则更是使得小规模学校教师的可持续发展呈现后天乏力的状态。

Z县的教师培训一般以全县为范围,定期组织优秀的一线教师参加国培、省培,结束之后再逐层对县里各级学校的教师进行培训,有时还会开展短期网络集中培训。但在培训资源的分配上,村小和教学点的老师所获得的培训机会依然非常少。

L村大寨教学点的Y老师谈到县里给教师提供相关培训频次的时候,回答道:"几乎没有,如果在中心小学会有机会去培训。""培训老师线下集中上课的培训效果要远好于对着屏幕看视频。"在和Q小学龙潭教学点Z老师谈到教师培训问题时,她也提到,相比中心小学,下面的学校参加培训的机会少,而且基本上是给一个账号,自己在线学习,电脑自动统计培训时间。当被问及网络培训效果是否好时,她回答:"实话实说,真是没什么效果,很多老师就挂在线上,没有实际学习视频内容。"M村小的W老师是一名50多岁从教30多年的老教师,在和我们谈到培训问题时表示,"很想参加培训,好多东西现在农村的娃娃们都会用手机鼓捣出来,我都不知道怎么用,也想学一学。现在教学条件好了,都配了'班班通'的设备,但是没有机会去培训,走了课就没人上了,学校总不能关门吧。让年轻一点的老师去,我们

---

[1] 汤颖,邬志辉.乡村小规模学校发展之困向度分析:基于H省C县乡村小规模学校实地调研分析[J].当代教育论坛,2020(5):107.

老人代课……有机会就让给年轻人去培训,他们接受能力强,学东西快,他们学回来再教我们怎么用"。

教育行政部门希望通过各级各类培训提升小规模学校教师教育教学质量,以逐步改善小规模学校发展状况,但乡村学校的教育教学具有其特殊性,并不能照搬城市教学模式取向的培训内容,教师们的需求也是多样化、多元化的,培训时的先进理念与培训后"课堂依旧","培""用"的脱节,使乡村教师专业发展收效不多,甚至无所适从。[1] 从Z县的情况可以看出,一是培训机会以中心校为主,忽视村小和教学点的教师培训需求;在分配机制上也存在忽略年龄偏大教师的培训需求等问题。二是教师对于培训形式也有不适应的情况,大部分教师认为,网络培训不如集中面授,去外地培训不如"送培下乡"。加之小规模学校普遍存在"工学矛盾",即使有机会去参加培训,也意味着要打乱整个学校的教学安排,甚至学生要停课。三是培训的内容常常与需求相脱节。村小教师的岗位需要能胜任小班化教学的全科型、一专多能的教师。然而,培训者要么过于重视教育理论和课程知识的讲授,忽视实践经验的转化和操作训练,要么屈从于实践经验,缺乏必要的理论提升和引导。[2]

(1) 为Z县村小教师培训提供外源性支持网络

营造优良的发展环境才能有效地保障乡村教师的专业成长,只有做好顶层设计、搭建发展平台、积极创设有利条件才能为乡村教师乃至乡村教育发展奠定坚实的基础。为此,"益往黔行"整合政府、高校、社会组织、中小学校、优秀教师、企业等各类行动者,迅速建立起以Y大学为必经点的"U—G—O—S—T"(高校—政府—教育公益组织—学校—教师)、"U—G—S—M"(高校—政府—学校—媒体)、"U—S—T—C"(高校—学校—教师—社区)等多元化的行动者网络作为外源性支持。

(2) 为Z县建立常态化乡村教师轮训制度

定期参加培训有助于乡村教师集中交流分享经验,在较短时间内帮助

---

[1] 白亮,王爽,武芳.乡村教师发展支持体系研究[J].中国教育学刊,2019(1):21.
[2] 凌云志,邬志辉,黄佑生.行动学习导向的乡村教师培训模式研究:基于湖南省送教下乡培训的实践探索[J].教育科学研究,2017(8):78.

他们开阔视野、提升专业素养。考虑到小规模学校教学安排的实际情况，"益往黔行"将常态化的轮训均安排在假期进行。由 Y 大学派出优秀乡村教育定向师范生以集中 2 个月教育实习的方式补充到 Z 县师资紧缺小规模学校岗位，为乡村教师集中培训提供固定的时间段。培训内容由 Z 县教育主管部门、乡村学校校长和教师、Y 大学教育专家和教育公益组织的项目负责人、企业等多元主体共同参与商定，专门安排小班化复式教学、留守儿童关爱和多媒体教学等培训内容，并通过设置课程组合培训包，满足乡村教师的差异化和多样化需求。具体的培训模块由 Y 大学和教育公益组织来负责实施。

（3）送培训下乡，提供多样化乡村教师培训模式

联合 Z 县教研室、Y 大学具有基层指导经验的教学研究学者、中小学优秀教师志愿者、教育公益组织课程指导专家等多元主体以"走教"形式送培训下乡。一是送培团队深入走访乡村学校，通过观察、访谈、评测等方式进行问题诊断，确定培训领域、规模、主题等和培训分阶段任务。二是由 Z 县教研室组织参训教师围绕培训主题，按照研修任务，结合校本研修，开展研课磨课。通过名师讲座、跟岗实习、示范观摩课、教学经验共享工作坊等多种形式为乡村教师发展提供丰富化和个性化的指导。三是由送培团队会同乡村学校或研修片区开展阶段性研修成果展示，采取说课、上课、评课等方式展示教学改进成效，通过微课例、微案例、微故事等总结展示多方联动、同享共进的研修成果，推广优秀乡村教师发展经验。

（4）加大资源动员力度确保培训经费保障到位

较之于资金和物资投入等传统的教育扶贫方式，走教、送教和轮训等方式使来自高校、社会组织等外部的理论指导、智力支持、实践引领提升乡村教师发展能力成为可能。但这样一种教育反贫困方式的效果具有长期性和潜隐性，需要在"益往黔行"原有的行动者网络基础上，进一步动员媒体和企业资源，通过媒体行动者对培训项目的持续追踪和报道，让更多人了解"乡村教师培训"的意义和影响。在有固定的企业资助的同时，团队还积极进行项目的包装，参加各类志愿服务大赛和公益创业大赛，在赛事中吸引社会企业、教育基金会的关注，引来相应的资金注入的同时吸引更多的专家型的志愿者加入送培训下乡的队伍，从而有效地保证每年培训经费充足和培训质

量提升。

2. 公益活动激活乡村教师成长自觉

乡村教师是"益往黔行"中的行动者,他们的主体能动性的发挥,不仅依靠自觉自发的行动,还需要"益往黔行"行动者网络的引领和激活。农村小规模学校是"村落中的国家"①,长期置身于"乡土社会"之中的教师,不可避免地受到民族地区传统的生活方式和文化习俗的影响,新到岗的特岗教师也会受到老教师价值观念和周围环境的浸染并融入其中,削弱了自我提高的内驱力。乡村小规模学校往往教师数量较少,教师身兼教学者和学校管理者的双重身份,村小本身相对封闭的状态,使教师自我内生发展的动力相对缺乏,加之缺少相应的激励机制,其考核都交由乡镇中心校负责,对教师教学质量和工作成效的高低难以作出合理的评判和奖惩。

"益往黔行"开展的各种公益活动,打破了Z县乡村教师传统的"自上而下"制度路径依赖和因现实生存困境产生的"习得性无助"。通过"爱心一公里"提供资金上的支持和设施上的援建,解决村小教学点教育教学基础设施不健全问题;通过"马背上的第二课堂"的走教,不断有新鲜多元的能量注入乡村小规模学校,让村小教学点又重新充满了活力。乡村教师既是教学者、管理者同时也是"益往黔行"行动者网络中的主体和在地的行动者,具备在乡村学校场域运作的权力,掌握着学校日常运作的规则与资源,是协调场域中各种特殊力量之间的关系,使诸要素优化组合,形成发展共同体的关键主体。随着公益项目的落地和教育反贫困行动的深入开展,村小也逐步从封闭空间转向开放空间。乡村教师在空间转化过程中必须主动或被动地与其他学校、教育机构、社会组织等行动主体不间断地接触与互动,并受到外部主体的规训和影响,进而形成行动自觉。一是通过参加培训,主动提升自身的教学质量,尽最大努力完成上级教育主管部门对乡村教师发展提出的要求,并通过参与"益往黔行"的各类汇报表演会、总结分享会等形式,以非正式的形式适时地向上级部门展示学校的办学目标与中心价值,在经费、师资、信息资讯等方面争取上级部门的支持,为学校发展提供资源配置保障。二是积极争取"益往黔行"在培训、走教、学生发展、贫困学生资助等方面的

---

① 李书磊.村落中的"国家":文化变迁中的乡村学校[M].杭州:浙江人民出版社,1999:1.

支持,提高学校教育质量,通过与媒体行动者的互动,提升办学声誉。三是主动融入走教民族乡土课程开发行动,让村民也参与到学校教学、管理中来,逐步改善乡村教育"孤岛"的状况,以获得村、社区在资金、人员、场地、学校管理等方面的支持。在这一系列的行动过程中,需要乡村教师从被动走向主动,不再"躺平",积极主动地调和教育系统内部和外部各主体间的冲突,化解矛盾与对立,与教育行政部门、在地政府、乡镇中心学校、村民通过主动联合,建立信任关系,在适应本地区自然生态、民族文化传统、乡土社会结构变迁的基础上,主动借助"益往黔行"行动者网络中的知识、技术与制度,结合本地区力量与资源,寻求自身专业发展和学校可持续发展双提升的路径。

四、知识管理网络是互联网公益协作的基础

参与教育反贫困项目的相关群体构成广泛而复杂,面对不同的参与形式所呈现出的信息样态,配合意愿也不尽相同。行动主体对教育反贫困知识和信息的理解,不可避免地受到政策环境、群体观念、行为等诸多因素的影响,在"信息茧房"的效应下,失去了选择性思考和判断的能力,很容易使合作网络丧失信息控制的能力。如部分来自城市的民间公益组织缺少必要的反贫困领域的知识,以城市教育的标准对教育反贫困目标进行改造。有的行动主体脱离教育公益实际,根据自己的理解自设项目,对于贫困地区教育资源的输入附加的是救赎式的个人英雄主义或逃离反叛式的价值鼓动,造成不良影响。反贫困合作行动中的信息传导和知识传输还常常会超出行动网络的控制,在互联网上存在着超越行动语义的信息传导行为,引发集体性失语,造成了贫困场域真实意见及信息反馈的断裂,使教育反贫困行动的异化成为可能。

相互间的信息沟通和知识汇聚必然是教育反贫困合作网络通畅运行的基础。高校发起和参与的教育反贫困行动者网络要以可以衡量的"内容"、开放的架构让行动者参与到公益协作中来,经过高校这一必经之点的有效累积和组织,形成实质的行动力和影响力。知识管理团队的使命在于提供完整、及时、友好的教育反贫困公益信息,为行动者提供个性化的公益参与

体验。每个行动者作为网络节点都必然与知识管理团队发生"关系"。在Z县开展活动的外部的知识，与对应乡村学校或其他组织合作而获得的信息和知识，传递给知识管理团队；知识管理团队必须考虑到不同行动者学习的习惯和获取信息的途径等方面进行有效的知识管理、分享和传递等等。

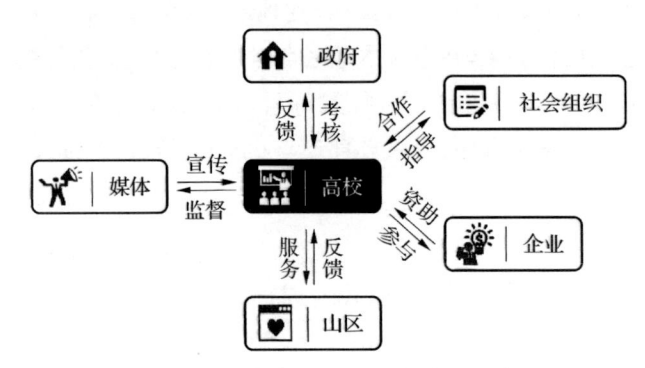

图4 以高校为"核心行动者"的合作模式

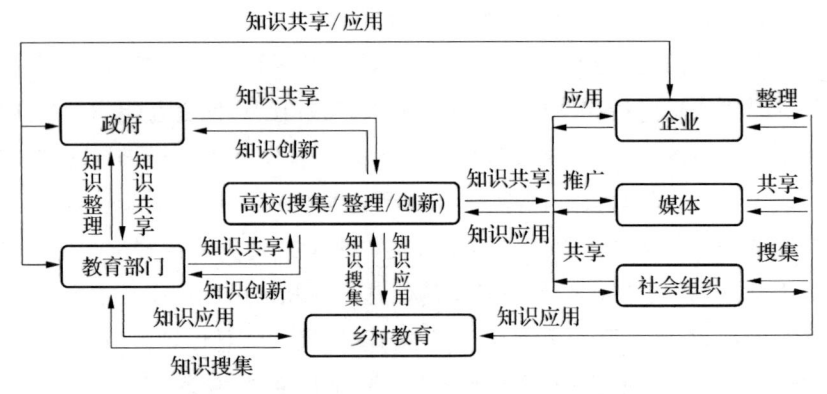

图5 以高校为"必经之点"的知识管理模型

五、"转译"机制成为教育资源下沉的机制保证

随着越来越多的行动者加入高校发起的教育反贫困行动中，合作网络的互动性要不断增强以适应行动转型。高校需要充分发挥对于参与者"重

组兴趣和目标"的转译作用,除了让每个人参与进来,还要让每个人的知识可以共享、传播和积累,并通过知识管理团队的转译让每个行动者都能在项目中找到有共同兴趣爱好或者共同关注的其他行动者,他们可以建立联系,交流和分享公益参与经验,或者是共同建立一些公益服务小组和兴趣小组,为教育公益目标提供可持续的服务。

开放和无边界的"网络公益社群"可以吸引更多的社会关注,并吸纳更多的成员参与其中,对于项目策划、信息搜索、项目建设意义重大。高校的知识管理团队不仅要通过网络平台,以网络开源社区的模式,在合作准则中内设隐性的"参与体系",收集异质行动者对项目看法的数据,还可以通过直播等形式,实时呈现出项目执行团队在一线开展活动的情况,共同构建出兼具共时性与共在性的教育反贫困行动情境。包括微博、微信群在内的新兴网络社区和抖音、快手等新媒体立体化传播公益行动等形式更能够激发多元行动者的主体意识。在共同设计项目的过程中,知识管理团队将丰富的在地化的资源需求、互动经验、预期目标、实践效果不断地交互展现,并且通过转译将信息和认知转化为普及性的知识,再通过互联网等媒介向更多的公众传播,教育反贫困行动的内容维度和价值维度都出现立体化的外延的扩张,进而促进其价值内核的提升和变革。

教育反贫困行动的发展质量还依赖于顶层设计的专业性。高校应发挥自身的专业优势,通过举办论坛,邀请专家学者、政府机构和教育组织等不同领域的行动主体,以开诚布公的交流方式探讨项目方案,使得知识和信息的接收及传输更加丰富多元。线上线下的各种"论坛"将各个行动者连接起来,用知识的汇聚形塑了认同关系,从而产生一系列的网络协同效应。以高校为必经之点的信息和知识的传导与回流反馈形成了信息流,让更多的行动主体能够接收真实情境中的信息,为潜在公益行动的进一步开发和合作网络的发展积累了丰富的社会资本,这既是科尔曼所谓的"生产性的",也是帕特南、福山所认为的群体成员共同遵守的价值观和行为规范。每个行动主体自由参与,知识公开流动,彼此信任,甚至是利用自己的能力、经验和资源,参与治理创新,为教育反贫困治理提供更大规模、更系统化的解决方案。

六、"关键纽带"的双层嵌入决定了反贫困治理质效

教育具有保守功能，教育系统有其自身的结构，不随社会的变化而变化，系统自身就可以把传统的文化和知识传承给下一代，具有自我保存的功能性和继承性。贫困地区的教育系统有着相对封闭的运行体系，系统外在的力量一般很难改变教育系统的运行。我们常常会发现同样是高校发起或参与的教育反贫困行动在制度环境大致相同的县域，项目执行效果却会出现较大的差异。虽然都是以"支教""教育公益资源捐赠"等方式进入贫困县域，但教育反贫困治理技术能否发挥作用则受制于"政府资源支持"，这一"资源"又是潜藏于治理网络之中的。高校对项目所在贫困县域的"嵌入"，直接约束和影响着"资源"支持的策略及效果，这也是教育公益行动治理成效大相径庭的原因所在。

（一）项目开启与合作的共识纽带

共识的达成包含三个层面：一是主体间相互承认和尊重，二是主体间反复沟通与协商，三是主体经过认知与情感的调整，作出必要的妥协，相互间达成"重叠共识"。主流的观点往往认为教育公益只要有资源、有专业技术能力就可以直接在贫困地区发挥影响力，产生较好的教育反贫困的作用。然而，治理技术的应用必须得到充足的组织资源的支撑，没有足够的组织资源支持，专业化的反贫困方案也是空中楼阁而无法落地。高校是在复杂的贫困治理技术和资源交换的网络业已形成一定的制度化环境之后开展教育反贫困行动的，为了"合作"必须获取"体制内"（行政体系及关联主体）资源和"体制外"独立于行政体系的社会资源。如案例高校"益往黔行"以"研究生支教团"为纽带结构性嵌入和关系性嵌入Z县政府部门，在领导层面达成一致后，方在执行层面与Z县方面达成合作的共识，取得体制内的合法性资源。高校和县域政府部门的合作共识在伦理和程序上为项目动员体制外的社会资源提供了便利，为以高校为纽带的合作网络中的社会主体参与教育反贫困治理，补充和优化政府的教育反贫困职能提供了合理性和正当性，这意味着社会力量作为治理网络主体的身份得到确认，具备与其他治理主体

一样的平等身份和地位。然而,合作共识并不必然直接提升项目执行的效果,高校动员资源、建构行动者网络的过程和治理合作状况才是项目落实的关键因素。

(二) 对政府组织和社会网络的双层嵌入

高校参与教育反贫困行动的过程也是行动者网络的建构过程。这个网络包含着多元的行动主体及反贫困行动的各种资源。随着教育反贫困行动的深入,高校相对于其他社会组织、企业等组织在结构上与政府部门相似,都采用科层制的模式,有一定的行政级别。制度理论认为"不同组织之间的结构越相似,组织之间就越容易对话,资源的交换就更容易"。因此,高校要扮演好行动者网络中的双重角色,一方面高校要维系好与合作方"政府"间的关系,进行"政治关联嵌入",这种关联程度将直接影响其掌握体制内资源或间接影响体制外资源。如贫困县域的经费相对紧张,由政府直接购买的社会服务项目较少,但政府可以通过其他形式如推荐群团组织和体制内的慈善总会、红十字会以项目化的形式给予资源的支持,使治理合作更具倚靠体制的"官方性"。

另一方面高校要以"教育公益"为纽带维系好社会资源,进行合作网络嵌入。对于高校来说,即使无法通过政治关联嵌入来动员相对集中的"体制内"资源,也可以通过"合作网络"嵌入来集结行动者网络中分散的、异质化主体以动员教育公益行动所急需的"体制外"社会资源。合作网络的位置特征将影响高校作为行动主体对分散的、异质性的体制外行动主体的动员和凝聚。行动者网络吸纳异质行动者时往往遵循从集中到分散的理性原则,即优先动员与项目联系紧密且资源相对集中的组织,如大型的教育公益组织、教育基金会、校友企业等,然后才会退而求其次瞄准资源相对分散的异质性主体。通常意义上来说,高校在网络中与其他主体形成相对平等的合作关系,而高校嵌入网络的程度越深,越易于获得其他主体的信息和资源。因此,只有当高校在合作网络的关系中占据"枢纽"位置成为当仁不让的核心行动者时,才能够实现分散化、异质化的资源集聚,并保证项目进展顺利,执行效果良好。正如案例高校在发起"益往黔行"项目之初在校内进行了组织化动员,使高校在社会合作网络中占据了中心位置。政治关联嵌入和合作网络嵌入间存在资源可替代关系,即使在嵌入反贫困场域之初或面临体制内资源难以动员的情况,高校也能通过社会合作网络来解决体制内资源不足的问题,维系教育反贫困治理行动。

(三) 打造"双向互惠"的合作治理关系

"合作"关系意味着要高校要在双层嵌入中都能够"左右逢源",形成与政府部门和与社会网络双向互惠的关系。对于贫困县域政府部门而言,合作的前提是"政绩共享"。高校和多元社会力量进入教育反贫困场域所带来的全新的治理理念、方式和精准的资源输送,在短时间内成效明显,但与此同时也会给贫困县域的教育系统带来一定的潜在影响。一是"政绩竞争",当高校等外部行动者提供更好的教育反贫困服务时就会形成"示范压力"。此时上一级的政府和贫困群体对基层政府部门和教育系统会产生更高的期待,这是基层政府部门所不愿意面对的情况。二是"庇护责任",如果高校等外部主体提供的教育反贫困服务和大多数教育公益项目一样,短期松散,甚至是吸引眼球走个过场,那么基层政府和教育主管部门还不得不面对贫困群体的抱怨和苛责,将消极影响归因于政府的扶贫工作浮于表面和不作为。为此理性的基层政府只有在确认高校的教育反贫困治理行动不会"乱来",又能带来"利益"时才会产生进一步合作的驱动力。

嵌入政治关联还仅是"合作逻辑"的初阶表现,而"政绩互惠"才是"合作逻辑"的进阶和升华。在达成基本的合作共识和建立信任之后,高校作为治理网络的纽带和协调者,首先要能够主动为县域政府部门和教育系统"分忧",通过联席会议制度、信息汇报机制等合作参与路径,及时了解政府部门在教育领域的"迫切"需求。与此同时,通过转译和合作网络中的社会主体沟通与协调,在原有项目的基础上增加政府部门所关注的领域,如高校以乡村教师培训项目承接Z县教科局的培训工作任务,主动提供服务并作为成果共享。其次,要争取共同创造"政绩"。

对于社会合作网络而言,强互惠关系的建立并不过多地受到合作逻辑的制约,而是容易受到声誉、认同和情感因素的影响。教育反贫困的公益属性,决定了任一具备设计、发起和开展教育公益项目能力的主体,都有可能链接到社会资源。合作网络中的行动者往往根据网络中的"伙伴数量"(指链接的资源主体的数量及种类)"可信赖性"(指其他行动主体的认可程度)和"影响力"(指主体在网络中"核心"程度)来描述网络中核心行动者的表征。区别于其他民间的社会组织和官办的慈善机构,社会主体更为认可兼具体制内的"官方背景"和"知识生产"专业背景的高校所发起的教育公益项目。合作网络以行动者之间的平等合作为基础,但因其组织化程度相对较低,需要有一个得到其他主体认可的行动者作为合作的中枢和纽带来协调合作行动。因此,高校要发挥易于得到社会主体接纳和认可的优势,主动链接分散的社会资源,创新设计并组织实施具有一定专业要求的教育反贫困行动,提升其在合作网络中的公信力,同时要作为合作网络的行动者代表,通过政治关联嵌入与政府部门,形成良好的协作关系,为各行动主体利益的实现创设良好的制度环境。

七、"核心关联"成为互联网公益协作的关键性因素

随着社会复杂性的增强,信任机制也逐渐衍生出一种元简化的功能。张康之认为信任是随着社会类型的变迁而变化的,对应于熟人社会、陌生人社会、匿名社会分别产生习俗型、中契约型和合作型等三类信任。郑也夫认为在亲族利他、互惠利他、群体选择性利他中分别存在着不同层次的信任,而信任的重要功能正是简化一系列社会秩序中的复杂性。罗伯特·帕特南(Putnam)将信任作为社会资本的核心构成,认为信任能够通过促进合作行为来提高社会的效率。

教育反贫困的治理合作需要相互承诺的信任,信任是非常稀缺的治理资源。社会不信任综合征在公益领域和扶贫领域尤为突出,无疑对多元主体参与教育反贫困行动产生巨大障碍。在信任不充分的社会历史条件下,实践教育反贫困治理合作,难免遭遇困局。如果说多元参与是教育反贫困治理合作的一次重新"结构化"的进程,那么推进合作治理转型的重要策略就要回到"信任再生产"的实践方案中。教育反贫困行动的存在、持续和发展都离不开各异质行动者和社会公众的支持和信任,因此积极争取各方的认同和信任,努力营造基于信任的合作氛围和条件,是教育反贫困合作网络保持生机与活力的必然选择。

八、"融通中枢"维系着互联网公益协作的资源协同

枢纽型组织是一种中介性或支持性组织，是联结政府、社会力量和公众的桥梁，资源整合是枢纽型组织最重要的功能，在个人状态原子化的"陌生人社会"更加需要发挥枢纽型组织的平台作用，作为组织间的润滑剂，联结组织间的信任，消弭不同组织间的分歧，凝聚共识，实现组织间的资源有效交换与协同。这就要求枢纽型组织提高社会资本，不仅需要垂直整合政府资源，还需要横向整合其他社会主体，尤其是企业、社会组织的资源，通过网络节点重构人与人之间的联系。

教育公益领域的枢纽型组织属于知识型支持或中介组织，高校作为网络中的核心行动者，要维系教育反贫困合作网络的持续良性运行，需要尽可能地在教育公益领域开展资源动员和链接，解决好多元主体资源协同的问题。高校作为知识型支持组织，与其他组织建立合作伙伴关系，能有效地缓解其他组织内部的知识资源缺乏现象，但它在其他领域又是缺乏相应资源的，只有纳入尽可能多的利益相关者，将政府资源、企业资源和社会资源（基金会、高校、社会公众、社会组织、志愿者）等资源集聚和整合在一起，以政府资源确保教育公益的政治方向，才能获得组织最大限度的合法性和认同感，避免政治原因给组织带来的危害。同时需要将"层级化"和"非层级化"相互配套，充分吸纳社会资源，关注相关社会主体的发展需求，为其他组织和个人参与教育反贫困行动提供支持和服务。

高校作为枢纽型组织在和企业合作的过程中，供给良好的"公益符号"资源、媒体资源、志愿者资源，为企业在"益往黔行"活动中树立良好品牌形象，并让企业的员工增强对企业文化的认同感，进而产生积极的市场效果。企业通过高校为"益往黔行"提供项目经费支持、物资捐赠、员工志愿者资源，为教育反贫困治理奠定坚实的物质基础。高校通过"益往黔行"在 Z 县的深入调研，不断创新教育反贫困行动，为媒体提供新颖、独家的反贫困新闻素材和信息来源，其新颖的视角和独特的工作方式，决定了其新闻故事的引人入胜，让媒体对党和国家决胜脱贫攻坚行动的报道既符合公众的需求，又具有"意识形态合法性"与"道义正当性"。有了媒体资源的支持，"益往黔

行"社会资本快速提升,社会各方为其提供道义、行政、经济等多方面的干预和援助,为项目的发展解决了很多实际问题。社会组织通过高校为"益往黔行"输送优质的教育教学资源、培训资源和稳定的助学众筹平台通道。高校为社会组织提供最重要的合法性资源,拓宽其知识共享、创新理念和服务模式实践的渠道,使其创新的服务策略和专门的知识技能在贫困县域得以施展。贫困地区也能通过高校这一枢纽型组织的中介作用,在社会合作网络中对接到教育扶贫以外的扶贫资源,为诸如电商扶贫、产业扶贫、消费扶贫等其他扶贫形式建立新的行动网络,加速脱贫攻坚的步伐,这亦增加了教育反贫困合作网络的附加值,拓宽了高校参与其他形式反贫困合作的路径。

此外,高校作为枢纽组织不仅要同合作网络中的中心层行动者保持稳定的合作关系,还要注重和行动网络中其他层次的行动者如志愿者和个人捐助者保持连续关系,即通常所说的弱关系。维持弱关系对于良好的合作网络关系是非常重要的,因为基于合作网络的不稳定性和反贫困目标的阶段性,枢纽组织会根据合作的需要调整或重新链接行动资源,弱联系的存在便于快速与新的行动者建立有效的联系。以高校为枢纽的教育反贫困项目的最大优势在于,项目拥有很多的大学生志愿者,由于学生具有个人和群体的双重性,每一届都有新的成员加入,新的成员都有其家庭、社群的关系网络,这样一种始终存在的弱联系非常有利于新的多元资源的链接和动员。教育反贫困合作网络中其他组织的人员相对固定,而高校的人员始终在不断变化和流动中,会产生新的资源空间,为合作网络持续注入创新活力。

| 第三编 |

走向韧性:教育反贫困的治理创新

第八章 教育反贫困治理创新的理想机制与脆弱识别

　　教育反贫困的治理协作模式在合法性取得、资源组织形式、内部管理机制、助学效果评估方面表现出复杂性样态,探究如何通过多元共治实现行动者互动关系的调整、教育资源配置形态的调整、规则的渐进修正与调适、价值规范认知的方法探寻,发挥多主体参与的反贫困机制的激活能力、组织能力和调节能力,促进多元主体之间形成合理分工、有效合作、相互监督的理想机制,成为教育反贫困治理结构创新的理论需要。与此同时,在复杂的治理环境中,互联网公益协作如何统筹管理民间教育资源的公益性、合法性、适切性,如何引导多元参与主体形成共同价值、准则、规则、决策程序、方案,如何在大规模推广中保持活跃、稳定与可持续性,构成了教育反贫困治理经验中的新命题。

一、理想图景中的治理参与机制创新

　　教育反贫困治理的理想图景是立足中国国情和把握地方实际,在对教育公平发展历程的调查研究、概括总结的基础上凝练得到的。其理论发展得益于持续不断地从传承中华民族守望相助、和衷共济、扶贫济困的传统美德中吸取养料,为决胜教育现代化夯实最广泛的社会基础。理论的本土化倾向表现为理论产生于基层,教育反贫困治理的机制来自中国社会的方方面面,贴近中国基层社会最艰苦的深度贫困和经济薄弱地区。理论的发展来自对教育反贫困事业的生动感知,而这种感知是需要长期在此居住、生活和参与脱贫攻坚才能形成的,只有在"在地"场域内,才能准确抓住教育反贫困政策变迁以及工作机制发展的历史线索。

（一）使命信念"黏合"多元主体参与意愿

《深入学习习近平总书记关于教育的重要论述》一文中提道："推动教育信息化是实现教育公平的有效途径之一。随着教育精准扶贫的大力推进，教育均衡、教育脱贫目标将会如期实现。"消除贫困、改善民生、逐步实现共同富裕，是社会主义的本质要求，也成为全社会的价值共识，进而成为互联网公益协作机制形成的价值认同和情感驱动力。互联网作为链接各参与主体的媒介，其合法性获得和持续性发展所依赖的制度保证、组织保障和监督机制无疑是缺乏的。政府的习惯性垄断、社会企业的创新性焦虑、社会组织的依附性瓶颈等都会成为互联网公益协作的风险来源，因此多元主体的黏合需要更强大和稳定的心理机制。在教育脱贫"阻断贫困代际传递"的全民共识基础上，互联网赋予更多社会组织与公民参与教育扶贫的可能性，同时也成为乡村学校、教师、学生通过网络新媒体获取教育资源的重要途径。多元主体跨越地理空间的区隔后，在网络社群中逐步达成"命运共同体"的集体认同，升华为具有持续吸引力和意愿力的黏性合作稳定机制。

（二）知识集聚"驱动"互联网集体行动

资源作为教育信息化的核心内容决定了信息化的水平，成为推动教育系统性变革的关键要素。内容性资源包括教学课件、多媒体素材、教学案例、课程视频、电子教材与题库试卷等，工具性资源包括应用软件、实验平台、网络学习平台等。《教育信息化十年发展规划（2011—2020年）》中预计到2020年，基本建成覆盖城乡各级各类学校的教育信息化体系，促进教育内容、教学手段和方法现代化，重点加强农村学校信息化基础建设，使农村和边远地区师生能够享受优质的教育资源。在政府主导下保证硬件的基础上，社会资本的支持、技术力量的参与以及教师信息素养的提高，都超越了政府所能承载的范围。较之于以资金和物资扶贫的传统模式，互联网公益协作的资源表现出"轻量级、高效率、整体性、可持续"的样态，主要以师资供给、课程输入和乡村教师培训为主。基于网络平台的课程教学、师生互动、学习反馈实现了空间重构，"补齐短板"的助学原则也落实在了音体美、信息技术、心理健康教育等课程的远程传递上。

从课程形态到师资,数字教学资源共享过程被看作一个资源优化配置的过程,教学理念和方法的共享成为教育资源建设的核心内容。互联网公益协作将政府、高校、社会企业和社会组织整合为合作治理结构,共同参与到数字资源建设中来,在内容性和工具性层面加强沟通与共建,生成不断吸纳新知识、传播新知识的生态体系。互联网公益协作通过对行动者互动关系、资源配置形态、合作机制形式、教育使命共识的调整,发挥资源动员、组织和调节功能,实现不同建设主体之间的良性合作。

(三)地方性知识"激活"乡村教师课程想象

2017—2020年长达三年的互联网公益协作机制探索,席卷了中国欠发达地区的乡村学校。"向外张望"的热潮逐渐退去,乡村教师们逐渐从无条件、无选择、无拒绝地接受外来助学帮扶中觉醒,"向内审思"的理性思考逐步回归。"产业兴旺、生态宜居、乡风文明、治理有效、生活富裕"的乡村振兴战略推进所带来的乡村场景和乡村文明的巨大变化成为乡土课程开发的源泉,"我们需要构建一种课程想象力,将'想象力'融入课程之中,想象力一旦与课程连接起来,课程的终极价值追求也将随之革新,进而走向超越与自由"。与此同时,在乡村社会中以传统习俗、仪式、方言、物产形态存在的地方性知识也面临着断裂的危机,亟待通过学校进行知识更新和再造,而互联网公益协作让来自高校和民间智库的专业化指导力量为乡村教师提供理论指导和智力补给成为可能,打通了地域文化和乡土课程的对外传播渠道,从而使乡村教师的课程发生变革,从一味接受转向文化输出,从而真正实现了教育反贫困的"课程扶志"。灵活生动的实践课程能够迅速激发乡村师生的参与兴趣,加之乡村教师在公益力量鼓舞下生成的使命感、强烈参与意愿与积极行动,为优秀传统文化教育、红色文化教育、审美教育、劳动教育等注入了更多的变革力量。互联网公益协作围绕其特定的助学内容形成了学习社群,乡村教师和学生借助公益平台从资源匮乏的学校走向资源充沛的发达地区,拓展了乡村师生的生活视域和社交空间,进而带动更多的学校"乡村精英"成为积贫积弱的改造者。

（四）地方行政"组织化"推进区域整体均衡

教育反贫困治理通过互联网催生大规模和超大规模的多元主体组织协作，在我国广大贫困地区落地生根，参与力量的大水漫灌一定程度上会造成原有学校布局和教学生态的改变。各种政府力量和民间力量有机整合在一起。当多元化参与力量汇聚到深度贫困地区时，其组织化推进和有序化分配需要借助县域教育行政机构的行政力量。县域教育整体性推进需要在学校布局、教师发展、课程评价的制度层面进行"试验区"方案设计，在观念改变、技术适应、课程建设和师资配备上与互联网公益协作的机制运作相协调，从县城、乡镇、村小、教学点分级推进，同时组织教研员队伍或名师工作室，率先进行公益项目对接和试点学校建设。在公益课程的接受上进行质量和适切性评估，以确保课程的科学性和在地化落实。同时，在县域内进行"试验区"建设，在县域内部实现优质师资和课程向最薄弱地区输送，并且评估公益协作参与教育扶贫的成果质效。

二、多元主体参与教育反贫困治理的悬浮困境

教育反贫困的多元行动主体在进入真实的贫困场域后，往往会面临政策和社会资源缺乏、与政府主体合作的路径依赖、与社会组织合作的资源依赖、与市场主体合作的异化风险。核心行动者在行动网络中的应然角色定位并不会必然转化为现实中贫困治理作用发挥的优势，无论发生何种情况，网络的核心行动者都必须推动与其他行动者的交互关系，识别其需求和利益，这种关系并不是简单的非正式或便利性关系，而一旦发生关系失衡，行动网络就会失去政府的支持，失去贫困群体的信任，核心行动者也会在行动网络中丧失威信，并导致网络虚置最终解体。

（一）教育反贫困治理政策资源缺乏

政府在资助、动员和组织社会力量开展教育反贫困行动中扮演了非常积极的角色，政策资源无疑是公益参与教育反贫困行动的最强有力的推动源，从党和国家对于高校实施教育反贫困活动的政策可以看出，动员广大社会力量

参与教育扶贫的政策是教育反贫困行动得以持续发展的重要保障。

社会参与主体在贫困治理领域的角色和行动，有赖于贫困治理政策的引导和规范，政策资源的作用不可替代。从国家层面上来看，社会力量参与教育反贫困是党和国家政策动员下的一种制度安排。党的十八大以来，多项扶贫制度密集发布，初步形成了精准扶贫的总体制度框架。中央层面，由国务院统一领导多部门参与的教育扶贫协调机制，专门协调解决教育扶贫工程推进中的重大问题。教育扶贫相关政策文件和制度的颁布与实施，对社会力量参与教育反贫困提出要求，但社会组织扶贫和其他扶贫制度、其他类型的教育扶贫制度之间呈现出"制度同构"。如"高校定点扶贫政策"是以部、省为主，由"省负总责、县抓落实、扶持到校、资助到生"，划分具体的县域片区，指派高校直接进入当地的扶贫场域。社会力量反贫困应围绕资源需求方的特点进行教育扶贫的制度设计，在全面考虑各参与组织自身的特色优势与对口支援的贫困地区的实际发展需求的基础上进行合理匹配，才能形成反贫困的长效机制。

在实际的贫困治理场域，并无明确的政策和制度规定社会组织以何种方式参与，参与到何种程度，以何种标准来考量成效，也没有对教育反贫困活动进行组织、协调、监督和支持的政策机制。尽管政府会对其派驻到贫困地区挂职锻炼，担任村第一书记、扶贫项目负责人的人员有一定的业绩指标和工作成绩的要求，教育主管部门也会对定点扶贫进行考核，但扶贫状态的参与式和第三方评价的缺乏，使监督考核往往停留在书面汇报、典型评比等层面，社会力量的教育反贫困面临着政策资源不足的困境。贫困治理场域面临着很多复杂的发展形势，社会组织作为外部主体，可以协助政府调节反贫困的治理结构，解决贫困问题，但其正向功能的发挥，有赖于外部制度环境的改善和自身对于制度环境的适应。制度规约和政策资源的缺乏使社会组织不仅是反贫困行动的设计者、实施者，还是监督者、评价者。教育反贫困治理行动需要更多的政策支持和活动扩展空间而不仅仅是宽泛和鼓励性的政策话语。

（二）教育公益反贫困的"内在悖论"

行动者不是通过任何制度进行身份预设而成为行动者的，而是通过在治理实践中的"作为"和"影响"获得"治理行动者"身份的。与此同时,他也获得了其他行动者的认同并建构了自身的行动者网络连接。例如高校实施的教育反贫困行动是发挥高等教育面向贫困地区的服务作用,通过高等教育助力农村脱贫和乡村振兴,是新时代大学服务社会、担当社会责任的重要形式。潘懋元教授早在二十世纪九十年代就指出,"高等教育要通向农村"可从传播科学文化知识或推广科技成果等为农村提供直接的社会服务开始做起,创造条件向毕业生通向农村与基层过渡。[①]

1. 青年公益组织参与反贫困的"离农"取向

国家统计局的数据显示,我国的农业人口占总人口数的21%以上,具有高中及以上学历的仅占8.3%,由此可见"农村已成为高等教育普及化的真空地带"。"面向贫困地区定向招生计划"是定位于提高贫困人口代际上升和发展机会、发展能力,促进贫困人口家庭代际发展的政策。通过"专项计划"进入"双一流"高校的人数年均约为3.7万人,约占所有"双一流"高校招生总人数的10%。农林类院校是最容易实现与贫困地区的产业对接,直接服务于减贫脱贫和乡村振兴战略的,但从6所部属农林院校2018届本科毕业生就业质量报告可以看出,毕业生就业优先选择大学所在城市、一线城市,到农村基层就业的人数不足1000人,占就业总人数比例约为5%。

尽管国家出台了很多政策推动高校培养和引导人才到贫困地区基层就业创业,如2003年团中央、教育部、财政部、人力资源社会保障部等联合实施"大学生志愿服务西部计划"(简称西部计划),每年招募普通高等学校应届毕业生或在读研究生,到西部基层开展基础教育、医疗卫生、服务三农、基层青年工作、基层社会管理、服务新疆、服务西藏等7个专项志愿服务工作,项目周期为1—3年,服务期满后志愿者可以继续扎根服务地就业创业。2006年,由中央多部门出台的"三支一扶"和大学生村官计划,以自愿报名为主,采取公开招募,选拔和统一派遣方式,分配到包括西部在内的众多经济落后地区开展支援教育、支援农业经济、支援医疗服务等工作。这类人员由政府给予生活保障,工作年限一般为2年,年限满了之后可以自主择业,

---

① 赵叶珠.潘懋元"高等教育通向农村"学术思想初探[J].集美大学学报(教育科学版),2002,3(2):3.

并有一定的择业优惠政策。大学生村官任期为2—3年,期满后可以继续选拔成为当地领导干部,也可以继续深造或者自主创业。但高等教育培养的人才通常不愿意到贫困地区就业,反贫困仍面临着人力资本缺失,高素质人才缺乏的困境。脱贫需要人才培养提高人口素质,高等教育仍不断为城市发展培养高级专门人才,成为高等教育扶贫的"悖论"。

2. 青年服务反贫困的知识生产动力不足

在反贫困场域中高校需要及时变革知识生产的方式,进一步从"学术语境"转向"应用语境",以适应教育反贫困实践的实际需求。高校作为知识生产的重要组织,知识形态的变化和知识生产模式的现代转型对其发展提出了新的挑战。英国学者吉本斯(Gibbons)等人在《知识生产的新模式:当代社会科学与研究的动力学》一书中,将知识生产的模式命名为模式1和模式2,模式1是传统的、学科内的、创造新知识的方法,主要受学术兴趣主导;模式2是基于"应用场景"生成的秉承"多学科交叉""差异性特质""多主体责任"和"多维度评价"等特征的新型知识生产模式。所谓的"应用场景"指的是知识生产聚焦现实问题的应用或解决,围绕更加分散的、多元化的知识结构和社会需求,拟合多重因素共同制约的知识生产背景。所谓"多学科交叉"强调的是知识内生结构、研究方式和生产实践具有源于实际需求的多元化学科背景。所谓"差异性特质"是指知识生产的主体、过程、场所等要素呈现"弥散化""各异性"甚至"矛盾性"的特征,不同知识生产要素通过系统合作和博弈,弥合这种异质特征,从而解决实际过程中产生的新问题。"多主体责任"正是基于这种知识生产的"差异化特征",并弥散于知识生产之"应用场景"整个过程中,产生了多主体、多元化的利益需求,因而需建立责任体系。这种责任体系与知识生产的研究过程、优秀次序、主体分配等密切相关。"多维度评价"指的是,知识生产的质量评估突破了学术活动本身,囊括了生产过程及弥散空间涉及的政治、经济和社会等各种因素。[1]

显然,在教育反贫困场域,知识生产需要来自政府、企业、高校等的不同的社会主体,一起解决在一种特殊性的、地域性的环境中限定的问题。高校

---

[1] 吉本斯,利摩日,诺沃提尼,等.知识生产的新模式:当代社会科学与研究的动力学[M].陈洪捷,沈文钦,等译.北京:北京大学出版社,2011:125-163.

更多的应是进行模式2的知识生产，以知识生产过程的效率和产生知识的有用性作为核心标准，以对贫困地区、贫困群体和国家的脱贫攻坚战略产生实际效用，作为知识生产的内驱力。在当前的教育反贫困实践中，社会组织与青年公益往往更侧重于运用既有的教育资源的优势，而对于合理利用自身的人才资源、科研资源的比较优势，进行模式2的知识生产，更好地服务脱贫攻坚的推进力度仍显不足。教育反贫困实践应处理好"象牙塔"与"服务站"的关系，通过政府和教育主管部门的政策导向，在结合贫困地区政府提供的数据信息和深入调研的基础上准确把握当地发展的实际需求，找准参与力量的学科优势与当地资源禀赋、地域特色的结合点，从激发高校人才、学科、科研的知识生产内生动力出发，突破社会力量与其他创新主体间的壁垒，促进科研成果的转化落地并产业化，定期开展专家咨询服务，探索适应贫困地区脱贫发展的知识生产模式。

3. 教育公益内部反贫困资源协同不够

教育反贫困是一项复杂的系统工程，在具体的情境中，参与扶贫的相关工作职能和任务也因条块归属不同，相对分散的扶贫队伍、资金、项目、技术、信息资源，缺乏合理的规划、整合和统筹协调。仍需进一步充分挖掘内部资源优势，充分调动社会力量参与教育反贫困的积极性、主动性，增强与专家学者的汇聚联动，共同实施教育反贫困行动。教育反贫困多为跨区域实施，具有流动性、动态性和低制约性特征，教育反贫困主体出于自身工作的需要，不可能大批量派驻人员长时间扎根于贫困地区，扶贫队伍大多由青年大学生组成，经常面临人员流动变化的实际问题，难以保证教育反贫困工作队伍的稳定。由于缺乏贫困场域的长期嵌入式经验，教育反贫困目标任务往往是基于自身的优势和特点制定的，工作规划大多是建立在特殊情境下的权益基础上的，缺乏对贫困地区经济社会状况的调研，与贫困地区的现实情况形成较大的反差，在具体的贫困场域中要不断根据实际需求进行动态调整。

教育反贫困具有过程的长期性、效果的迟滞性和价值的潜隐性。教育反贫困实践中的"效率"考量，使周期短、影响大、易操作、投入少的项目成为反贫困行动的首选。如果不把教育反贫困工作与组织自身发展紧密结合，仅在最低限度上履行基本义务，完成国家层面要求和提倡的规定动作，那么

"教育反贫困"工作无疑会给组织的发展带来额外的"负担"。当反贫困成果与组织的社会形象相关时,公益协作会在某种程度上演变成为一种政治任务和形象工程。

(三) 社会力量与政府主体合作的路径依赖

"政府主导、社会参与、自力更生、开发扶贫、全面发展",是符合中国国情的扶贫开发道路,是中国反贫困事业取得成就的主要原因。中国特色反贫困之路的首要经验就是"政府主导",在精准扶贫之中表现得尤为明显。

1. 行政治理扶贫模式的影响

党的十八大之后,贫困治理在继续发挥市场作用的同时更加强调社会公平原则,精准利用政府行政主导的手段进行资源的再分配,建立以国家为中心的反贫困资源的配置机制,以应对贫困人口数量以及社会结构变化所导致的反贫困的科层失灵与市场失灵问题。李小云将中国的贫困治理经验概括为一个实践性概念——"行政治理扶贫","主要指的是在扶贫治理场域国家权力的回归与加强,行政力量的主导和干预成为实现扶贫目标的有力保证"[1]。

具体来看,在国家层面,行政治理扶贫包含党的领导与政府干预两方面的因素。党的领导成为精准扶贫实现的重要保证,通过将扶贫目标转化为政治议程和国家战略,利用自上而下的政治压力和高位推进的方法突破官僚科层制的界限,实现了科层内外的强动员。在社会层面,行政治理扶贫不同于西方"国家—社会"二元对立之下所提倡的"赋权""参与"等完全自下而上的民主化的扶贫治理模式。"社会力量的参与也需要有国家行政力量的干预作为前提和保证,行政治理与国家治理有着同样的含义,都是要在治理之中找回政府和国家的作用。"行政主导之下的中国反贫困治理取得了举世瞩目的减贫成绩,世界贫困人口减少70%的贡献来自中国。治理本非"少一些统治,多一些治理",其本源的含义指的是做事的方式、方法和路径以及对治国理政能力的强化。[2] 政府主导的"行政治理扶贫"是执政党成功经验、中国传统治理理念和

---

[1] 许汉泽,李小云."行政治理扶贫"与反贫困的中国方案:回应吴新叶教授[J].探索与争鸣,2019(3):64.
[2] 王绍光.治理研究:正本清源[J].开放时代,2018(2):170.

国际先进治理方法的综合,使得中国反贫困实践走出了一条与时俱进的特色道路。但也必须看到,贫困治理面临着诸如地区异质性大、人口需求多样化、农村"空心化"等复杂的治理环境,在动员高校在内的多主体参与反贫困行动的过程中,也会带来路径依赖等非政策效果。①

2. 社会组织与政府合作反贫困的动力基础

在贫困治理领域,社会力量与政府的关系应是一个持续的良性互动过程,社会组织与政府在反贫困领域关系的建立首先基于二者的功能性互补,这是合作的刚性基础。但是,通过对教育反贫困的政策梳理,我们可以看出,并没有明确的法律法规要求贫困地区政府必须和社会公益组织开展合作,也没有政策文本明确政府和社会力量的领域边界及必须达到的目标水平。从我国现实情况来看,政府和社会主体开展反贫困合作的动力基础大致可分为:共肩事业、优势互惠、吸纳补充、借力调控等四种类型。

(1) 合作基础源于共肩反贫困事业的共识

这种动力源于政府和社会组织具有共同从事反贫困事业的偏好和共识,通过相互之间对于各自反贫困工作实绩的认可,形成事业认同的纽带,并进一步表现出在贫困治理领域互相协作,携手并进的意愿。社会组织和政府作为合作双方,在共识动力模式下,合作关系建立之初就不存在支配与被支配的关系冲突,而是相对平等的合作结构。双方对反贫困事业的共同偏好,会进一步促进合作领域的不断扩展,合作内容的不断深化。但是这种动力模式,往往是一种历时较长的循序渐进的过程,先产生价值认同再共同寻找合作项目。从现实情况来看,社会组织通常会与结对帮扶的贫困县签订战略合作框架协议,在科技、教育、文化、医疗卫生等领域建立合作关系。这样一种合作路径建立的是有效合作的理念框架,双方往往并不追求合约在形式上的完整和逐条落实,而是更多地关注双方合作意向符号化和理念共识的达成。

(2) 合作展开源于优势互惠的资源需求

在认同共同从事的贫困治理事业的情况下,双方实质合作的基础在于

---

① 贺海波.精准扶贫中的国家治理能力分析:以陕西 M 县精准扶贫实践为例[J].社会主义研究,2016(6):102-108.

资源互补和利益互惠,政府和社会组织双方既可以从对方那里获得己方急需的相关资源,又可以各取所需形成差异互补的双赢。合作往往在一定的实践和区域内发生和发展,政府和社会组织各自拥有的资源类型和体量并不相同,因而双方在合作结构中的地位不一定是平等的,资源的优势方往往在相应的领域占据优势。[①] 在实践形态上,主要有两种表现形式。一是共同发起项目或活动,指双方共同主办,或政府主办高校承办,或社会组织主办政府协办某一项目和活动,在具体的工作项目中明确职责分工、项目内容,以发挥各自比较优势,以实现一定的反贫困目标。二是"委托—代理"模式,政府划拨出一部分资源,将一些和优势资源相关的反贫困项目委托给社会组织来承接代理,或者将有关的调研、科技实验、教育教学实践、教育扶贫基金等项目或活动委托给贫困地区政府来实施、推进和具体操作。

(3) 合作持续源于"吸纳"与"补充"路径形成

社会组织通常会派驻由教师和学生组成的扶贫队伍在贫困地区实施跨区域的教育反贫困行动。这种模式下,政府往往把团队补充到教科文卫的某个管理部门,或者作为在工作上的某种力量补充而扶持其存在。换句话说,此时的社会反贫困组织已被地方政府所吸纳,是作为政府的附属或行政力量而存在的,这就是一种吸纳补充型的路径。吸纳补充型合作也是一种合作,其合作的基础在于参与教育反贫困行动本身对政府的依赖。更深层的动力源自政府认为社会反贫困力量存在有所必要,这种必要性在于在某些领域,社会组织具有政府所不具备的优势,专业力量的介入往往会比单一的政府治理效果更好;抑或是认为引入先进的科技文化理念是一种"政绩"的体现。在这一模式下,政府往往又希望社会组织能够在自己控制的范围内从事相关活动,因此内生性和依附性成为这种模式的突出特点,也正是由于这一特点,此时政府与社会组织合作的时间会比较长,合作往往也是深入的。

3. 社会组织与政府合作囿于具体项目的协作与调控

政府与社会组织在教育反贫困中的合作,主要体现为具体的项目,要满足双方中某一方在处理某项具体的项目工作时,能将对方纳入自己活动的

[①] 郑杭生.中国经验的亮丽篇章[J].杭州(我们),2010(3):8-9.

场域范围之内,使治理工作朝良性方面发展。这种协作调控型路径的主要呈现形式有:① 邀请对方参与棘手事件的治理。随着反贫困合作从面上的理念共识深入具体的项目合作,社会组织在贫困地区实施反贫困项目时,遇到棘手事件之际,或遇到一定困难(如沟通不畅、项目合作方不配合)时,必然要邀请政府一方参与,或是参与运行,或是参与监督,或是参与保护,从而让棘手问题得以化解,项目得以进一步发展。② 公共关系的协调助力。政府和社会组织双方在具体项目上的合作并不是全面型的通力合作,而更多的是一种临时性的资源征召和互补。例如在推进某一教育反贫困项目时,邀请政府部门作为领导单位,或邀请政府部门领导成为项目组的顾问,从而使项目推进更为便捷。协作调控的路径,要求政府成为一个具体"项目"发起发展的行动者,通过行动者的出场将场域中的各种力量调动起来;与此同时,还要求不管是社会组织还是政府作为项目实施的主导一方,都能够调控这种有限合作的合作进程和状态。

社会组织参与教育反贫困行动并不是简单地提供资金、物质等救济式的给予,还强调通过教育增进贫困人口的社会资本,推进他们的能力建设,实现贫困地区的内源式发展。社会组织既可以独立承担某些教育反贫困的治理项目,也可以与不同类型的政府机构进行合作,共同行使某些贫困治理职能。随着脱贫攻坚的不断深入,国家在贫困治理政策的制定和实施过程中面对的已不再是整齐划一的利益无差别的接受号令者,而是具有多元利益诉求和主动参与意识的多元主体。尽管多元主体的参与改变了传统的、单一向度的命令—执行的权力运作模式,更加注重不同主体的横向沟通与协商,从而实现多主体的良性互动,为贫困地区提供更优质丰富的公共服务,但从实践层面来看,社会组织通过政策或其他方式被纳入扶贫场域之中,作为行动主体参与或主导实施的教育反贫困行动,仍然会受到政府权力结构的约束,从达成共识、互惠结构、吸纳补充到协作调控,都依赖于行政权力和体制内资源的支持,否则专业化的扶贫项目和方案也仅是空中楼阁而无法落地。

(四) 地方政府与社会组织合作的资源依赖

我国贫困治理的一个潜在的特征是贫困治理以"项目"的方式进入场

域，以项目为依托来实现贫困地区脱贫、发展与致富。"项目制"是地方财政在国家经济体制改革转型期出现较大缺口，事权与财权失衡的情况下，中央以专项资金的方式向地方转移支付来实现相应的公共服务供给的表现。[①]项目制运作秉持的是市场经济的效率理念，但在贫困治理领域单纯注重效率，无法完全实现反贫困行动中公共福利的有效供给，而过度依靠贫困地区已有的行政体系又无法实现治理绩效，按期实现反贫困的既定目标，能够贯彻国家意志又具备竞争性运作的项目制成为贫困治理的主要方式之一。[②]社会组织是独立于国家体系中的党政部门、市场体系中的企业公司之外的公民社会部门或第三部门。其作为政府以外的公共品的供应主体，连接着服务对象的多元化需求，在项目化的贫困治理领域有着自身独特的资源优势和治理技术优势。地方政府作为教育反贫困项目的组织者或参与者，所需要的资源主要依靠外部力量输入，势必要寻找资源相对丰富的社会组织作为项目的合作方，共同推进教育反贫困行动，很容易形成对单一资源路径的依赖。

1. 教育反贫困行动的项目化产生资源依赖

项目制的组织运作并非常规意义上的科层化的逐层线性传输，而是就贫困治理的具体领域的公共事务进行竞争性授权，从而形成独立于传统科层之外的分级运作体系。[③] 具体体现在：一是贫困治理单位的治理方式是将各种优惠扶持政策以"项目打包"的方式注入贫困县及连片特困区域。二是专项扶贫、行业扶贫、社会扶贫等国家各种类型的扶贫计划，甚至国际合作等是以项目化方式分步实施的，如整村推进、产业扶贫、教育扶贫、科技扶贫、定点扶贫等。三是贫困治理的相关研究工作，也是以项目的方式推进的。在项目化的治理逻辑之下，社会组织在贫困地区开展的教育反贫困行动也都是以"项目制"的形式进入贫困区域，实施的教育反贫困项目具有正规性、独立性、非营利性、志愿性与公益性的特点。比如高校作为参与教育

[①] 渠敬东,周飞舟,应星.从总体支配到技术治理：基于中国30年改革经验的社会学分析[J].中国社会科学,2009(6):124.
[②] 王雨磊.项目入户：农村精准扶贫中项目制运作新趋向[J].行政论坛,2018,25(5):46.
[③] 折晓叶,陈婴婴.项目制的分级运作机制和治理逻辑：对"项目进村"案例的社会学分析[J].中国社会科学,2011(4):128.

反贫困的主体之一,是事业单位而非营利机构,本身可支配的资金十分有限。这就意味着高校不能在市场上从事经营活动获取资源或从政府额外获得更多的财政拨款专门用于教育扶贫,只能依靠内部人员自愿提供资源与外部资源的输入。高校的教育反贫困行动能够为贫困地区带来多少实际的项目资源,是考量高校反贫困业绩的主要方面,如何获得项目、项目运作得好坏,也是绩效考核的显性指标与内容。从多年来 Y 大学实施的教育反贫困行动来看,具有稳定的外部资源支持和可持续的长期合作项目,对于反贫困具有十分重要的意义。

2. 资源依赖产生组织间合作关系的变化

不同组织或者部门因为相互间的资源依赖而产生合作。其最核心的思想,是组织作为一个开放系统,所需资源无法自给自足,必须从外部环境中获得资源,并经过一些转换后将生产的产品和服务输送给广义定义的顾客,顾客之后会提供资金,使得组织可以获得更多的输入继续该循环,产生对于外部的资源依赖。[①] 组织间的资源依赖含有四个理论假设:① 生存是任一组织最关切的事情;② 组织不能完全自给自足,组织维持存续的资源需求要通过外部环境来获取;③ 组织需要与其生存环境中的各种要素不断互动;④ 组织存续的关键在于它掌控与其他组织关系的水平与能力。[②] 组织的存在和发展受制于外部环境,其中有三个影响因素至关重要:一是外部资源的丰富性;二是资源掌控者对资源进行分配和使用的方式;三是替代性资源是否足够。一般而言,组织间的依赖关系往往不是单向度的,而是相互依赖的、双向度的甚至是多向度的。依赖程度主要取决于对方资源对自身的意义以及可替代性资源的获取是否便捷。宾尼斯(Pennings)进一步将组织间的资源依赖关系区分为水平依存、共生依存和垂直依存。水平依存是指:不同的组织为获得相似资源而产出相似的产品或者服务,因此形成了竞争性的关系;但水平依存关系中的组织为了寻求利益最大化,可以形成共同立场,建立起沟通互动及密切合作的关系,如教育反贫困公益联盟的建构即属

[①] 史密斯,希特.管理学中的伟大思想:经典理论的开发历程[M].徐飞,路琳,苏依依,译.北京:北京大学出版社,2016:350-355.

[②] 李凤琴."资源依赖"视角下政府与 NGO 的合作:以南京市鼓楼区为例[J].理论探索,2011(5):117.

此类。共生依存是指组织间形成了互补的状态,彼此并未形成对对方的决定性影响。垂直依存是指组织间有明显的层级隶属关系,垂直共生一旦形成,组织做任何决策都需要考虑与其他层级的关系,会迫使组织为了谋取特定资源而牺牲自主性。①

任何组织的资源都不可能自给自足,组织的生存需要从周围环境中吸取资源,需要和外部进行交换从而获取资源,需要与周围环境相互依存、相互作用才能达到目的。地方政府实施教育反贫困项目所缺乏的主要资源有资金资源、组织资源、项目资源,获取资源主要依靠外部力量的输入。当前,随着社会公益资源的快速积累和公益事业的发展,很多社团、基金会、社会组织等有着多元的政府、国际组织或基金会背景,能够利用多种渠道,吸收社会资源并对体制内资源进行整合,拥有雄厚的资金实力。在公益活动特别是在教育反贫困的公益行动中,社会主体所筹措的公益资源多以项目的形式转移到贫困地区,往往需要在贫困地区寻找或培育相应的组织来承担公益项目,成为项目的委托人与受益方的中介者与协调者。社会组织作为教育反贫困行动的参与方,有着相对丰富且专业的志愿者资源,同时需要从外部获取足够的资源来维系自身的存续和发展,在反贫困行动中可以担任资源的承接者与项目的执行者。社会组织获取社会主体资源的能力与执行效果,既是检验外部资源利用效果的标准,也是在贫困地区实施教育反贫困项目的重要途径。

就教育反贫困行动的不同参与主体而言,地方政府与社会组织在资源上的依赖,大多表现为一种水平依存的关系。组织间的地位是平等的,具有相同的反贫困目标,可以很好地建立起彼此衔接的合作关系。社会组织从外部环境中吸收与募集社会主体的捐赠,用以维持其在贫困地区开展的教育反贫困行动的运营。社会主体需要具有灵活性、针对性、专业性,工作效率高的团队和组织,担任资源的承接者与项目的执行者,为社会主体实施反贫困行动提供支撑和保障。

草根社会公益组织往往不具备大规模的资源整合优势,只能满足以部

---

① 汪锦军.政府与非营利组织合作的条件:三层次的分析框架[J].浙江社会科学.2012(11):23-24.

分贫困户为对象的分散化反贫困资源需求,它们多通过与高校的合作从中获取其行动所依赖的政府合法性资源和政策资源,与高校形成一种共生依存的关系。高校与一些具有政府背景的官方或半官方的社会组织、社团、基金会等社会主体的关系相对复杂,这些社会主体具有社会筹款渠道,有自己的业务主管部门,资源更为丰富。教育反贫困行动在资源输入和资源输出的过程中,必然要与这些社会主体产生互动,以合作换取资源。在合作之初,多元主体基于志愿公益的精神相互合作,双方的地位是平等的,表现为共生依存。但伴随着互动合作的逐步深入,这些合作产生资源依赖,成为一种潜在的权力及其对立面约束的来源。两者间共生依存的关系可能会逐步发生变化。教育反贫困行动面临的外部环境的集中度越高,组织对于必须输入的资源的选择性就越小,对于某一特殊资源的集中来源的依赖程度越高,组织越会受到限制,从共生依存逐步转化成一种垂直共生的关系,项目实施过程中所做出的任何决策都需要考虑这层关系。教育反贫困行动也会逐步倾向于迎合或满足能够供给更多稀缺资源的社会主体的需求,其他参与主体更多的是发挥资源的承接者与项目的执行者作用,自主性受限。长此以往,教育反贫困治理领域,处于一种非均衡的互动关系之中,对于社会主体资源输入的依赖,相较于对贫困群体的资源输出的依赖显得更为重要,在资源转化、控制和拓展的各个环节也更易产生问题,甚至导致教育反贫困行动由志愿性公益行动向强制性公益行动转变。

(五)社会组织与市场主体合作的异化风险

市场主体是指市场上从事交易活动的组织和个人,即商品进入市场的监护人,既包括自然人,也包括以一定组织形式出现的法人,具有自主性、逐利性和能动性等基本特性,以盈利为主要目的,追求生产效益的最大化。近年来,也开始出现越来越多的坚持公益宗旨的非营利"社会企业"组织,以"商业化"的模式来运作公益事业,从其组织架构到成本收益,从营销策划到市场战略规划等几乎与企业没有差别。

1. 市场主体参与动机多元

科恩·珀罗(Cohen Paro)的一项调查显示,84%的美国人在同类商品价格和质量相差无几的情况下,会更倾向于选择与公益相关的生产商。因此,越来越多的市场主体向公益事业领域寻求发展,很多公司都开始设立专门的公益事业部门与公益组织展开合作,有的大型企业甚至创办基金会,专门用于支持与企业文化相关联的公益项目和活动,以获取消费者的认同与支持从而得到更多利润。

市场主体是理性的经济人,在没有外部压力、显性收益低于显性成本的情况下,很难激发企业承担社会责任、参与公益事业的意识和内生动力。市场主体与社会组织在反贫困领域合作的普遍动机在于遵循市场化原则,通过参与反贫困行动以活动获得公益形象的回报,并尽可能地将其转化为实在的利益。这种动机可以具体化为追求广告效应、强化企业文化建设和企业社会责任理念、享受减免税收政策、谋求政治目的及个人情感因素等。从一些实践案例也可以看出,如今的市场主体已经不再满足"捐赠"这种最为简单直接的公益形式,而是需要教育反贫困与其产品、市场业务等深入地联结,或者内置到产品之中,使公益价值成为产品的标配。市场主体与社会组织共同合作开展反贫困行动,既符合党和国家的宏观政策要求,又能够显示其在社会责任方面所持有的积极立场,由此所产生和附加的传播效应比单纯的商业广告营销更能获得员工、消费者、社区以及政府、媒体、企业合作伙伴等利益相关者的认同和支持。公益行为其实不仅是一个富有文化理念的企业道德理想、企业成为社会良心维护者的自觉行动,也是企业获得社会承认的有效途径。[①] 这种认同和支持是开拓市场,获得长期发展机会的良好基础。因此,加强与社会组织的合作,借助社会组织的影响力的良好基础,通过社会资本和符号资源的交换,进一步打造良好的品牌形象,获得比广告营销更多的收益,进而抢占更多的市场份额。

2. 市场主体参与方式多样

在与社会组织合作实施教育反贫困行动的过程中,市场主体往往会通过赞助活动经费、捐赠物资、员工志愿者参与等不同的形式实现合作。① 单一的"捐—受"模式。这一传统模式一直是市场主体参与反贫困行动的主要方式之一。前期企业或个人同社会相关部门进行接触,在双方简单

[①] 林毅夫.企业承担社会责任的经济学分析[J].现代商业银行,2008(2):16.

沟通达成意向后将资金或物品捐赠给高校,由社会组织自主安排公益物资的用途,捐赠方基本不参与,在项目实施后社会组织会将实施效果反馈给捐助方。在这种合作模式中,社会组织与市场主体在具体项目的实施中没有过多的深入交流,一般情况下双方不会存在潜在的冲突。社会组织能够在短期内获得资金或者项目开展所需物资,但此种形式偶然性较大,并不能形成稳定的经费来源。② 公益主题活动。主要指社会组织与一家或多家市场主体合作,携手致力于教育反贫困的理念传播或某项问题的解决。如市场主体通常会与高校达成合作协议,通过产品生产、发放宣传材料或制作公益广告等形式将营销收入按照一定的比例,以现金、实物等形式定期捐赠给高校。① 通过开展公益推广活动,市场主体不仅能大幅提升自身的知名度与美誉度,创造较大的社会效益,也会带来较高的经济收益。合作协议具有法律效力,能在一定程度上保护双方的利益,促进公益组织与市场主体实现更多的资源共享,共同创造社会价值。但不可否认,此种模式会造成双方在独立性和资源获取的目标一致性方面的潜在冲突,甚至会引发矛盾。③ 公益创投。公益创投的理念起源于欧美国家,是企业等市场主体支持社区反贫困发展的一种创新方法。它关注以社会效益最大化为首要目标的创新型社会公益组织,通过投入一定的资金、管理、技术支持,促进公益组织的持续创新和可持续发展,进而让公益组织创造更多社会效益,发挥反贫困资源投入的"杠杆效应"。② 市场主体往往根据自身对反贫困领域的理解、行动偏好,与公益专家共同制定能力建设方案,结合公益领域的一定特点,把企业的技术优势、战略规划、人力资源和财务管理等方面的实践经验,逐步嫁接到教育公益项目的实施过程中,帮助公益组织成长为具备可持续发展能力的高效率机构,提升公益组织的社会效益。对于企业而言,无论是推动公益组织的发展,还是提高公益资金、企业管理技术的利用效果,公益创投都是一种创新、高效的选择。公益创投是近年来市场主体在教育反贫困领域的合作的一种创新形式。公益团队通过项目申请或参加项目大赛的形式,经过层层遴选,加入市场主体所发起的公益创投计划之中。他们共同为项目出谋

---

① 赫兹琳杰.非营利组织管理[M].北京:中国人民大学出版社,2000:112-114.
② 王梦竹.公益创投背景下社会组织商业模式创新的案例研究:以无锡市可益会公益设计实验室为例[J].中国商论,2017(6):127.

划策,组织形式多样的活动,从而得到定制化的"能力建设支持"和根据计划实施情况得到一定比例的资金支持,以此获得项目的可持续发展。

3. 与市场主体合作的公益性偏移

长期以来,社会组织开展的教育反贫困项目因与市场主体目标不同,双方之间的合作往往呈现边缘型关系。市场经济的发展和脱贫攻坚行动的持续推进,为市场主体和社会组织之间的教育反贫困合作创造了有利条件。社会组织实施的教育反贫困项目需要寻求企业合作以丰富其资金和物资来源,商业组织则通过投资反贫困事业树立其良好形象。双方可选择公益捐赠、公益主题活动等多种形式实现合作共赢。但在合作过程中也极易产生自主性缺失、公益性偏移、项目景观化、合作双方形象受损等异化风险。

首先,市场主体通常希望通过反贫困的公益捐赠获得政府的税收减免待遇的同时,能够获得更多的媒体宣传,形塑优质的公益形象。但在当前的公益环境下,市场主体与具有官方背景或规模较大的公益组织合作才能迅速地获得上述收益。市场主体掌握大量的资源,公益合作伙伴的选择空间很大,在开展教育反贫困项目过程中拥有很大的话语权。一些尚处于成长期的公益项目团队,由于规模较小,急需资金注入维持组织的正常运转和发展。项目团队更多地迎合市场主体的要求进行项目规划,在项目执行的过程中也不得不服从捐赠方的安排,公益项目会面临被商业组织捕获,逐步丧失其行动的自主性的局面。

其次,市场主体对于公益的认知和取向会发生转变。从最初的企业家个人因某些情感因素的捐赠,到企业成立公益基金会,再到公益营销的泛化,市场主体越发看中投入公益的资源回报率,公益也越来越被市场化的商业目的所裹挟。和社会组织合作开展教育反贫困公益项目,企业更看中的是社会组织在贫困地区已建立的公益项目平台的便利条件,通过合作,易于获得当地风土人情、发展状况、地方营商政策、市场需求等方面的一些关键性信息,并提前做好进入当地市场的相关准备。反贫困合作也有助于为企业员工创设适应当地市场的学习机会,开阔员工视野,获得人力资源方面额外的收益,以少量的公益资金和物资投入,为企业未来在当地的发展打好基础,进而降低后期进入市场和运营的风险。市场主体以自身发展为考量公益合作的主要依据,会直接引起教育反贫困项目的公益性偏移。

再次,近年来由于公益行业内丑闻频发、透明度屡遭诟病、社会公信力下降,很多市场主体转向和高校的公益团队合作,更看重高校公益项目的创意、庞大的潜在用户群体和渠道资源,以及高校青年志愿者的良好执行力。从高校和市场主体合作的实践经验来看,高校的项目团队与市场主体的合作意愿强烈、合作目标明确,这是高校和市场主体实现公益合作的必要条件。高校会尽可能地选择与其使命、愿景、组织文化相匹配的组织进行合作,以保持相对独立性。不容忽视的是,与市场主体确立长期合作关系并非易事,合作双方能够始终遵循合作规约、履行合作义务是合作关系稳定与长久的前提,一方中途撤出,合作就随即瓦解。企业的市场环境、公益兴趣等不确定性因素很多,公益预算也是企业预算中最容易被削减的部分,合伙关系的风险和变数极高。① 高校项目团队在与市场主体形成合作之后,通常会产生资源依赖,自身的抗风险能力往往不足,如果市场主体经营策略发生改变而合作中断,很可能导致项目的中止或维系表面的"景观化"存在,既定的反贫困目标无法实现,甚至会影响高校和市场主体双方的口碑和声誉。

三、教育反贫困合作治理结构的惰性与脆弱表征

美国学者纳西姆·尼古拉斯·塔勒布在其《反脆弱——从不确定性中获益》一书中指出:现在知识论的追求本身就十分可疑,现在试图预知未来,确定一切情况,然后建立坚不可摧的秩序或系统,以便应对一切挑战。可是一旦遇到未知的挑战,就会变得非常脆弱以至于崩溃。真正能够保证有效生存的思维必须是"反脆弱的",能够在不断受挫中受益,能够不确定地应对不确定性,也就是像生命而不是机器那样去生存。② 面对县域空间外的高校、志愿者、企业、社会组织、媒体等行动者和在地的县域政府部门、教育系统、贫困群体等的双重关系系统的塑造,不同的行动主体通过互联网被吸纳、编制进共同的行动之中,以各自的专长负责完成自己的任务,同时配合

---

① 李维安.非营利组织管理学:第 2 版[M].北京:高等教育出版社,2013:226 - 227.
② 塔勒布.反脆弱:从不确定性中获益[M].雨珂,译.北京:中信出版社,2014:封底.

其他主体开展工作。互联网使得共同行动的结构也由简单变得越来越复杂和紧密,伴随着行动主体的进入网络参与行动或退出网络终止行动,网络结构始终处于实时的动态变化之中,"如果网络中的任何一个单元或节点出现问题,或者节点间的关系发生变化或断裂,那么网络的核心行动者就必须立即寻找办法修复网络"①。任一不利因素都有可能导致网络的其他环节或节点出现连锁反应,造成行动网络的熵值增加。行动者在协调各行动主体开展教育反贫困治理合作的过程中,必须识别出网络的"脆弱性"并进行韧性建构。

(一) 充分认识合作治理行动的协同惰性

惰性普遍存在于合作关系模式中,具有不同的表现形态,在不同阶段、不同状态下惰性产生的原因也不尽相同。② 胡克斯·汉姆认为,合作各方在目标、文化、语言、权力地位、组织结构、能力禀赋等方面的差异和不同是导致协同惰性的重要因素。③

1. 结构惰性是先在性因素

在反贫困领域,受到多重因素的影响,政府主导的行政扶贫模式"行政发包—过程监控—绩效考核"形成完整的闭环。在政府动员体制下,教育扶贫主要是落实和完成上级政府制定的任务和目标,关键是积极地争取上级部门政策和经费的支持,使事权和财权相匹配,同时协调好政府多个部门之间在政策执行过程中的合作,提高教育扶贫的质量和效率。尽管过程中能够带动社会资源的投入,但从社会渠道筹措的资金及社会支持的反贫困项目,不便获得行政上的认可,如绩效考核和奖励等,导致其难以对社会力量完全地开放,难以进入政府主导的扶贫模式的政策过程。

社会力量参与教育反贫困治理有着自己独特的优势,也取得了不错的治理成效,但相对于基层政府和贫困社区而言,其终究是"外在的和侵入性力量"。政府出于扶贫压力型体制的影响和对效率的追求,希望社会力量以

---

① 库珀.合同制治理:公共管理者面临的挑战和机遇[M].上海:复旦大学出版社,2007:127.
② 肖鹏,余少文.企业间协同创新惰性及解决对策[J].科技进步与对策,2013,30(10):87.
③ CHRIS H. Theorizing collaboration practice[J]. Public management review, 2003,5(3): 401-423.

其所期望的方式起到辅位和配合的作用,如注重教育基础设施完善、更广泛的人员覆盖。但社会力量有其自身的行动理念和行动自主性的追求,在教育反贫困项目的设计、治理方式和效果评估上有自己的理性选择。"对权力优势者来说,最关键的是避免对权力劣势者附加太多的条件。"[1]但贫困县域政府权力独大、市场机制不完善、社会群体的资源占有分化严重,致使多元主体间互动、合作、博弈、制衡竞争的治理关系难以形成。行动主体间潜在的"中心—边缘"结构,导致教育反贫困治理中不对等的影响力,"帮忙不添乱""配合而非倡导"的理念和价值观在共同行动之前就早已深入人心,成为"结构惰性"产生的先在性意识和内在缺陷。

2. 协同意愿在实践层面逐渐损耗

协同意愿、共同追求及信息交互是合作系统所必需的三要素。教育反贫困治理合作中的各行动主体应具有共同的目标追求、主体的自主性、主体与合作系统的交互性。协同意愿是合作治理网络存续的关键,共同目标和信息沟通是合作持续开展的重要支撑。

行动层面上,尽管政府和社会力量具有协同意愿和相对一致的共同目标,但缺乏"共意"得以维系的"知识"或"观念"学习机制作为支撑,容易导致行动者之间隐性的"文化冲突",使"共意"在共同行动的实践进程中不断衰减。不同的行动主体的利益和价值偏好不尽相同,各主体都只对自己的目标更感兴趣,对同一个反贫困主题的理解和偏好必然存在差异甚至冲突,难以规范化、通约化。

多元行动主体的观念变迁需要行动者各方的有效对话与理解,需要核心行动者和有关利益主体进行"沟通"和"协商",并说服协商对象,以便让利益相关方尽量服从教育反贫困治理合作的长远需要来行动。随着共同行动的深入,在信息沟通和协商方面如果仍缺乏制度化的信息共享机制会导致行动者之间的相互依赖、相互信任关系的逐步式微和瓦解。由于教育反贫困的治理行动缺乏主体结构的交互性,当行动网络的核心行动者在和政府协商的过程中遇到政府将其组织内部的"理解的要执行,不理解的也要执行"协商逻辑运用到教育反贫困治理协商情境中时,行动网络的信任和依赖

---

[1] 特纳,斯戴兹.情感社会学[M].孙俊才,文军,译.上海:上海人民出版社,2007:155.

关系将被极大地削弱,原有的行动网络中作为核心行动者的具有倡导性、整合性的个人或组织被"解构",协同意愿会大打折扣,共同行动的步调逐渐无法一致,并可能进一步引发网络的系统性蜕变,形成无中心、碎片化的层次惰性。

(二) 深刻反思网络治理结构的不稳定性

网络为行动者提供了一个相互依赖及利益水平协调的框架,网络治理在具有包容、开放、协同、透明、回应、信任、公正、创新等众多优势的同时,也因其不足和劣势,对教育反贫困治理的共同行动造成不利的影响。首先,网络的一个主要特征是去中心化运作,这使得它可以迅速响应并且灵活机动。在教育反贫困治理行动一切顺利的时候,行动者不必面对主动担责的难题,但一旦遇到行动困境或表现不佳、绩效堪忧的时候,网络治理并不能提供有效的责任追究的信息,或者利用整合的命令链进行问责和追责,加之教育反贫困行动的公益性,不仅会引发反贫困服务责任的辨识困难,而且会导致行政责任落实难以见效。谁来为网络治理的失败或者表现不佳负责呢？谁来决定应有的绩效标准？网络治理结构极易陷入"免责而非主动担责"的境地。

其次,网络必须要同时平衡来自外部环境的压力与来自组织内部的压力,网络中行动主体的多样性是稳定性缺乏的来源。组织内部尽管有"边界规则",规定了参与者如何获取或脱离特定的社群或组织成员的身份,并将参与者所享有的权利和应尽的责任相关联,但规则对于互联网治理来说并没有强制性约束力,对教育公益富有激情的行动者可能随时失去热情并决定退出;响应政策进入互联网公益的行动者可能随着政策工具激励效应的减弱而退出。退出网络的行动者会干扰网络的运作和共同行动的利益均衡,这种潜在的不稳定性对网络凝聚力和组织的生存、延续都将带来不可控的影响,使组织的发展受挫。

再次,网络还会带来更加复杂的治理。行动者来自不同的组织,具有多种目标、领导的多样化个性,行动者所具有的各种进入网络的权利以及共享资源的愿望,都只是网络中的核心行动者必须试图匹配并导向共享目标与成就的一部分考量内容。当然,网络形成的条件与环境因素也是动态和易于变化的,既有渐变的也有突变的。互联网教育反贫困项目的创建和形成并不是一蹴而就的,核心行动者要不断尝试去理解多元行动者所要求的参与或干预行动的程度和水平,不断地匹配资源和协调行动,付出大量的时间与努力从多元利益的集合中把利益融合到一个合作的整体。

尽管教育反贫困行动网络能带来相较于传统的政府主导的教育扶贫或其他社会力量碎片化参与的扶贫更好的贫困治理成效,使得网络成为教育反贫困行动中更具有吸引力的组织结构和治理方式,但教育反贫困治理网络中的多元主体往往是跨行业、部门和地域参与共同行动的,核心行动者花费在协调网络共同行动中的每一小时,都是从其内部管理时间中抽出来的,网络的创建必须先期投入时间和努力,且没有任何成功的保障。对于任何一个组织或机构来说,都不太可能会有闲置的工作人员或者过多的时间、精力投入网络创建和治理合作的维系中。缺乏权威中心的塑造和持续的激励,一旦面临复杂的超出核心行动者承受范围的风险,就会减弱继续行动的动机和预期,进而影响网络的发展。

教育反贫困行动网络通常又是在传统的政府边界之外运作的,如果不能正确地治理网络,不同利益的行动主体就会为了自身利益而操纵教育反贫困行动网络的目标与活动,甚至可以利用网络与政府机构的接触的便利,为那些不良的或带有欺骗性的运作活动提供合法性。为了教育反贫困而形成的行动网络,并不意味着它必然以反贫困的公共利益为目的行事,而是不断存在被异化、被改造、被利用的风险。网络中的核心行动者要经受住棘手问题的考验,在精力投入和质效产出之间寻求到一个合理的平衡点,确保教育反贫困治理的公益发展方向则是共同行动网络的关键所在。

(三) 高度警惕互联网"技术至上"的侵入式扶助

教育反贫困的公益协作往往会通过互联网链接多方参与主体,尤其是以多学科课程资源整合为目标的公益合作。这种基于教育资源互补的相互依赖,并不能成为稳定的行动驱动力。尤其是在商业和公益合作,创造共享价值(CSV)动机的推动下,教育反贫困行动所能带来的舆论正向传播吸引了大量的商业资本投入教育公益,深度参与教育反贫困的社会议题,从而推动贫困地区教育资源匮乏问题的解决。然而商业逐利的本质不可避免地追求覆盖地区和覆盖人群的技术统计,而仅仅用技术平台的加入人数去简单评估扶贫效果,无疑是对教育贫困地区的粗暴入侵。相较于教育教学模式的创新变革,以商业资本推动的公益协作更关注互联网技术创新和运营模式创新。以各类奖金和跨地区培训机会为激励诱饵的吸粉规则,并没有从本质上改变传统的以物质输送为主要形态的公益模式,大量的知识和课程成为五彩斑斓的包装盒。"技术至上"的教育观越来越成为教育反贫困公益协作中的主导思维,导致教育反贫困治理陷入对各种技术平台和设备的迷信,而忽略对内容建设的科学性和规律性把握。以信息技术的覆盖作为脱贫表征,缺乏对乡村学生学习素养和能力等提高的系统规划。

互联网公益协作面对教育反贫困治理对象及治理结果的复杂维度,在化解政府单一主导资源供给所造成的治理困境方面表现出了独特价值。然而,公益协作模式的快速、盲目复制也会造成教育资源因管理缺位而低效使用,缺乏课程准入标准和有效监督也可能使多元主体公益参与热情减弱甚至消退,而实施过程中治理环境的复杂性和不确定性也会导致协作机制的脆弱,甚至动荡。如果再缺乏对协作机制运行的效果评估和脆弱点监测预警,将很难形成有效的反脆弱和抗风险策略。教育公益协作在缺乏宏观指导和规范引导的情况下暴露出"志愿失灵"、持续性动力不足、专业化组织化水平低下等问题,在贫困成因复杂、贫困识别模糊、区域经济差异、政策理解偏差、信息对称困难、治理效果难以预测等复杂因素的影响下,会出现新的治理风险。

互联网公益协作作为外部资源对贫困地区的扶助行为,需要拥有一个具有价值共识的相互依存、资源互补的互动结构。公益协作只有更紧密地嵌入政府的政策性行为之中,才能促进自身治理效率的提升。以"组织化动员"和"行政化参与"作为主要运作方式无疑是最有效的组织形式,能够迅速获得受助学校和受助人群的信任和接受。代表地方政府的教育行政机构,在调动乡村学校和乡村教师参与教育公益项目方面所表现出的组织化优势是显而易见的,但是互联网公益协作在合法性获得上的便捷也会导致在公平性和透明性上被行政权威所裹挟。互联网教育公益所具有的无差异、无边界、无层级的高度民主的组织文化在协作机制中,与教育行政力量进行资源分配的模式逐渐趋同,无法满足广大乡村教师的异质性需求。同时各协作主体在机制中的角色分配也会遭遇权责分工与利益切割的问题。互联网公益协作的"价值共识"是解决政府、非政府组织、专业市场在价值认知和观点上的冲突，进而形成共同原则、准则、规则、决策程序、方案的重要动力源泉。如果不能实现主体之间的紧密联结、深度嵌入，教育反贫困治理就成为一种政府强制输入的政治行动和提升商业价值的经济行为，互联网公益协作组织的教育资源公益性、代表性、合法性、适切性也难以得到统筹管理，贫困治理资源也很难真正帮助贫困群体提升自我"造血"的功能。

"教育扶贫要依靠课程才能令贫困人口摆脱精神、知识、能力贫困的困境，因而从某种程度上来说，教育扶贫的实质就是课程扶贫。然而，课程并不狭隘地指向学校课程，在精准扶贫语境中，课程更像是一种规划，一种能够促进人在其中受到教益的长远的规划。"互联网公益协作向贫困地区推送的知识形态主要以课程为载体，公益协作缺乏互联网课程建设标准，无门槛和低门槛现象造成大量课程的涌入，尤其是阅读、音体美等课程，在贫困地区的课表上填补了师资缺乏造成的课程空白。由于高等学校和中小学进行公益合作的制度约束较多，加之教师网络直播的教学适应落后于市场化的教育机构，互联网公益协作往往从民间机构中寻找合作主体。许多民间教育机构在合作初期进行组织架构时相对积极，一旦没有获得期待的利益回报就会选择退出公益协作机制，而在缺少制度约束的协作结构中，发起者不得不对公益治理结构和关系进行重新调试和整合。不仅如此，受助对象面对课程的开课与停课，并没有选择和判断的权利，对课程掉线或"一节课"现象应对乏力，课程的规范性和系统性缺乏专业指导和教学评估，由于贫困所引发的权利剥夺反而在公益接受中处于更加不利的境地。

第九章　教育反贫困治理创新的韧性方案

"中国传统的贫困治理生态系统,主要建立在人力资源、自然资源、产业发展这三类要素的耦合发展之上,而进入绝对贫困消除、相对贫困长期存在的 2020 年后发展阶段,中国贫困治理将逐渐变迁为以硬性资源要素为物理构建基础,以软性文化要素为制度构建基础的多元互构生态体系。"[①]随着我国社会力量的不断发展壮大,反贫困资源的积累和治理能力的提升以及贫困治理体系的变革与创新,多元力量参与教育反贫困治理必将成为脱贫攻坚和乡村振兴中不可或缺的结构性组成部分。"汇聚多种力量和资源的创新性制度安排为全面脱贫提供了强大动力,但多元主体组合关系各异、形态复杂,会给扶贫造成无形的弥散化风险不能被我们忽视。"[②]

一、韧性建构:教育反贫困治理结构的关键性要素

教育反贫困治理行动在面对贫困地区教育内部的多层次、多样性的复杂空间和公共制度、地域文化传统和社会习惯等制度聚合而成的"当地社会"时常常"水土不服",教育反贫困的合作网络面临不同的行动主体单方面"加速"和"再同步化"困难的协作不确定性的风险。任何一次突发的破坏性事件,都可能为相对脆弱的合作治理网络带来重大威胁。"韧性"是组织、团体或系统为了生存、发展和繁荣而预见、准备、应对和适应增量变化和突然

[①] 高洪波.2020 年后中国贫困治理结构新变迁[J].人民论坛·学术前沿,2019(23):31.
[②] 李广文,金辉.大扶贫格局下扶贫弥散化风险的协商治理路径探析[J].领导科学,2019(24):58.

中断的能力。加拿大生态学家霍林在其发表的《生态系统的韧性与稳定性》一文中,将工程韧性(engineering resilience)和生态韧性(ecological resilience)做出了区分,丰富了韧性的内涵。他认为,韧性(resilience)是组织具备的一种理想特质,它的存在可以帮助组织及其内部结构抵御风险干扰、适应多元逆境、走出逆境、迅速恢复原有的平衡样态甚至实现组织新的生长和发展。① 只有在组织中植入"韧性"的基因,才能对风险和不确定产生组织抗体,使其恢复"元气"和"平衡"并实现可持续发展。共同行动的韧性建构,"对于从机理层面稳定基层政府与社会力量在治理合作中的相互赋能与相互增权,对于教育反贫困重大战略议题合作的治理结构优化会起到积极作用"②。

(一) 打破"内卷"以需求导向增强合作韧性

政府主导的教育扶贫在脱贫攻坚阶段投入巨大,很多配套还没能同步跟上,给多元参与的教育反贫困治理提供了新的合作空间,需要一项项填补。教育反贫困的治理合作行动,兴起于教育公益的扩展,是在相应的国家政策驱动下形成的"中心—边缘"合作结构,地方政府往往服从于"政绩逻辑"为外部教育公益力量提供教育助学、贫困帮扶等行动给予相当程度的支持和默许,并为他们提供政策空间。但单纯的教育公益协作大多呈现出高流动性和低组织化的特征,并没有相对清晰的边界和限度,而是过于注重组织自身的行动的自主性和独立性。通过互联网实现的更大范围的公益协同仍以一种资源输送和分配的形式进行,诸多行动主体不断持续投入同质化的教育资源,并没有协同政府部门解决科层组织的层级性及信息的有限性造成的资源整合不足和错位匹配的问题。当政府主要为了获取外部资源而同其他行动主体合作时,一旦资金丰富起来,或者同类资源需求不再旺盛时,它们同外部合作的激励动机就会大大降低。此时,教育反贫困治理合作在某种程度上成为一种食之无味,弃之可惜的"鸡肋",演变出一种协作的内

---

① 诸彦含,赵玉兰,周意勇,等.组织中的韧性:基于心理路径和系统路径的保护性资源建构[J].心理科学进展,2019,27(2):357.
② 刘佳.从脆弱到韧性:互联网公益协作参与教育反贫困的治理优化[J].南京社会科学,2021(8):151.

卷。因此，协作能否持续，取决于行动网络能否在供需匹配的基础上，围绕当地的实际需求不断行动创新，以加强作为制度化合作渠道的稳定关系系统建构。

基于"生存"理念的组织韧性理论认为组织韧性仅仅是从意外的、有压力的、不利的情况中恢复过来并从它们停止的地方重新开始的能力，即组织从逆境中反弹到先前的稳定状态的能力。而基于"发展"理念的组织韧性理论不仅着眼于恢复，还包括在变化时期寻找积极因素来发展新的能力，跟上甚至创造新的机会，以便在未来成长和繁荣。[1] 教育反贫困合作治理作为一种多元主体参与的治理方式，在互联网技术的加持下，其带动的公益协作既要在不断动态变化的复杂环境中，适应压力，阻止和抵御外部不利因素的干扰，确保组织基本结构与功能能够"存续"下来；又要具备学习创新能力，找到新的合作共识，根据需求对接新的行动主体，并分析研判各行动主体参与动机、是否具备稳定的驱动力和抵御风险的能力；依靠互联网背后的行动网络内生力量，自下而上探索推进新的协作项目和模式，适应增量变化或资源和部分外部支持突然中断的逆境，实现组织重塑，为政府规范性的制度供给与执行协同提供参考和镜鉴，为教育反贫困治理的创新发展打下基础。

（二）加强政府与核心行动者联动提升网络韧性

教育反贫困治理结构是由多个具有一定自主治理权限的子系统集合而成的，一方面这些子系统具有自主性，自行处置其内部的事务，另一方面，子系统需要为其内部的人员、信息和资源流动融通建立起一定的制度安排。互联网的教育反贫困治理合作主体是一个包含政府、高校、社会组织、企业、公益社群等不同子系统的共同体，其治理结构具有独特优势的同时也会带来更为复杂的治理难题。不同的子系统之间组织结构、组织文化、资源禀赋等都有着很大的差异，很难以传统的科层式的制度规范来明晰各个治理行动主体的角色、责任和义务。不同主体参与治理网络的动机也各不相同，如

---

[1] 褚晓波,高阔.国外组织韧性的研究现状：一项文献综述[J].南大商学评论,2020(4)：153-181.

出于体制内的考核需求或出于商业目的以盈利为动机参与教育反贫困治理，极易造成系统单元之间的关系中止或失败，进而引发整个合作机制的断裂。

网络治理结构中，"连线人"起着关键作用，连线人的背景和气质能够让他们跨越行动边界，突破狭小的空间而环视左右，建立和平衡各种伙伴关系。① 高校是可以成为"连线人"的行动网络中的核心行动者，可以在成员的授权下建立一个权威中心，代表不同治理行动主体的利益，组织和协调它们分工合作、协商治理，有利于增强共同行动主体内部协同的抗风险能力和反脆弱能力。

合作伴随着冲突，合作的过程恰恰是冲突与共识螺旋上升的过程。对于教育反贫困治理中的问题的争论是必要的、可行的和开放的，理性的协商讨论，建构以"协商演绎—制度供给—合作执行"为核心的合作治理模式，将可能存在或已产生的行动中的冲突、价值和利益上的差异转化为求同存异的"行动共识"。协商演绎是在核心行动者的组织和协调下进行的。首先，渐入清晰，通过各个治理主体的共同诊断，每一个行动者都可以提出对治理问题的信息和见解，同时也接受其他行动者所提供的信息，进一步明确问题的解决方案和任务分工；其次，进入对话，政府部门在治理合作中要和其他行动者之间进行平等的互动和沟通，核心行动要确保和其他行动者之间真诚和公平的对话；最后，导入方案，通过协商共议，拿出可接受的解决方案。② 如在教育资源的供给合作方面，课程资源供给具有很强的专业性和知识性，经过协商演绎，治理网络可以确定由网络中的教育公益组织负责落实和实施具体的课程开发和供给。在此过程中，在地政府的教育主管部门主动作为，加强对课程资源的遴选、意识形态风险评价和课程实施的效果评估，核心行动者提供志愿者资源的匹配等，与教育公益组织、学校和教师线上线下共同实施好公益课程。在具体的治理合作项目达到良好效果的基础上，政府和网络核心行动者建立反贫困资源准入监督、过程监管、效果评估和激励

---

① 戈德史密斯，埃格斯.网络化治理：公共部门的新形态[M].孙迎春，译.北京：北京大学出版社，2008：147.

② 孔繁斌.公共性的再生产：多中心治理的合作机制建构：第2版[M].南京：江苏人民出版社，2012：165.

机制的制度供给,扩大参与范围,让学校、教师和学生共同参与其中。在合作执行中做好信任构建、信息共享、利益协同、风险共担,让沟通、合作、制衡、反馈等综合处置机制助推协商互动的常态化,在事实与规范之间寻求治理合作的平衡。同时,政府和核心行动者还应保留对合作治理的兜底权威,行使共同行动机制的开启、关闭、调整和另行建制的权力,以遏制和惩罚网络中的行动者私利膨胀和违规行为,避免部分行动者的失范行为导致合作失败、网络离散。

(三) 在地化的嵌入营造韧性的适应性循环

马克思主义哲学将人类实践的本质规定为"价值性",认为实践是一切价值的根本源泉,也是理解价值问题的根本途径。[①] 多元主体参与的教育反贫困治理的价值蕴藏于在地化的具体实践中,在具体的教育反贫困实践中产生价值。教育反贫困治理是在现实的县域空间中的社会实践,其独特的治理价值生成于多元主体共同行动的实践过程。实践、价值与空间互为一体,实践于在地空间,价值源自实践,在地空间承载价值,实践创造新的空间。国家的教育扶贫政策与教育反贫困治理实践空间的广袤性、复杂性特征,内在地决定了治理行动必须是嵌入在地的协同行动。

韧性的适应性循环需要组织持续不断地增强其能力来提高韧性,只有同时具备高水平的事前准备和事后适应的响应过程才是最具韧性的结构。教育反贫困治理能力提升的前提是要求合作行动者必须对县域教育和贫困社区进行全面、深入的调研和理解,做好充分的行动准备后再因地制宜地开展行动。存在于社会各个领域和互联网上的多元行动者是合作治理行动的主人,行动本身就必然面对在地实践过程中的外部冲击以及源于互联网的治理危机,其治理结构要适时调整,确保每一节点的制度和行动安排有效地掌握一定的地方性的知识以适应特定的地域社会环境,找到塑造适应性循环的过程和方法。

首先,当前教育反贫困行动往往通过互联网选择固定的"连线人",进而寻找稳定的参与教育反贫困治理的关系渠道,如具体的贫困县域和适合的

---

① 马俊峰.马克思主义价值理论研究[M].北京:北京师范大学出版社,2017:53-54.

学校，并在治理主体身份建构中实现参与制度的规范化和持续性。通过主体在地化的嵌入和行动前高质量的准备，确定教育反贫困的共同行动方向。其次，教育公益执行团队会通过互联网对接适切的教育资源，使稳定的外部资源供给、智力支持和情感支撑成为组织韧性适应性循环的基础保障。志愿者、资金、课程、师资、培训等反贫困基本资源保障以项目化的方式，从互联网的虚拟空间向实践空间中落地，以在地化的实践和互联网空间的互构，打破传统教育公益的时空区隔，实现贫困地区学校教育教学传统、学习互动空间和文化传承与传播方式的重构，多元治理主体与乡村社区、留守儿童、乡村学校之间的互动联结更加紧密。再次，教育反贫困对象的自治性与内生动力是实现反贫困功能的"最后一公里"，公益协作中的核心行动者要和在地的教育系统一道，发挥在地化嵌入协同与网络主体多元开放的优势，构建跨空间的发达地区与贫困地区校际协作与知识资源流动机制，辐射带动周边小规模学校，充分挖掘具有民族地域特征的民族乡土教育资源，为贫困地区学校搭建起更广阔社会交流空间。围绕乡村教师发展的动力机制和保障机制等棘手问题进行持续治理合作，培育和孵化内生性的教育自组织。当互联网治理结构在遭遇摩擦增大、内耗过多、资源流动性受阻和整体性能受损的"干扰"时，需要贫困地区内生性的教育自组织保持对外部资源的开放的态度、敏锐的洞察和变革的活力，持续探索低成本、可复制、可持续、有特色、高成效的教育之路，以逐步化解不确定因素和多元逆境引发的结构性风险，实现行动者网络的组织韧性演进与适应性循环。

二、韧性方案：互联网公益协作参与教育反贫困治理创新

"这种汇聚多种力量和资源的创新性制度安排成为打赢脱贫攻坚战的强大动力，但形态各异的多元主体组合关系在无形中引发的扶贫弥散化风险不能忽视。"面对教育扶贫目标受益或受损群体的多样性，规模巨大的政策执行者群体的复杂性，贫困地区区域经济、社会习俗的差异性等诸多困境，互联网公益协作降低协作中的不确定风险，保持活力和稳定变得尤为重要。

韧性治理对于从机理层面稳定基层政府与社会力量在合作治理中的相

互赋能与相互增权,对于教育反贫困重大战略议题合作的治理结构优化会起到积极作用,为改变互联网公益协作系统脆弱性和提升其抗风险能力提供理论导向。互联网公益协作面临着诸多不稳定因素,当来自组织外部和集体内部的治理风险发生时,项目式、联盟式、平台式和社群式协作模式的韧性结构将为稳定的教育资源输出和志愿服务协同提供保证。

(一) 从教育资源内卷转向理性供给,提高自组织韧性

教育反贫困是一项长期的复杂性系统工程,多元主体的互联网公益协作是在特定国家政策驱动下建立起的"合作"结构,尤其是地方政府出于教育脱贫考核的政绩压力,开门欢迎公益力量参与乡村学校建设和乡村教师成长。然而以友情加盟为主要形式的协作方式,很容易导致制度疲软和执行不力。内卷化主要集中在低门槛进入的诸多参与主体不断投入公益协作机制后,并没有形成新的机制创新,而持续进入的同质化教育资源类型会导致参与主体都出现"内部过密化"问题,并未在更高层次进行衍生更替,资源涌入的随意性导致乡村学校无所适从。因此,协作机制的关键在于地方政府、社会组织和其他民间助学力量等参与主体在"共治"过程中,实现从追求"需求"满足转向对"供给"的质量关注,同时在教育资源供给质量建设上,逐步从"量"的追求转向对"质效"的评估,尤其是将教育资源供给提升教学过程中的师生获得感设为标准。

"组织弹性是组织在复杂、动态和相互联系的环境中的情境意识能力、对关键弱点的管理能力、适应能力。"教育反贫困治理需要在协作中形成区域差异化,尤其是各地乡村学校和乡村教师的公益接受力和知识消化力,同时在与当地政府的合作中学会识别风险和形成对脆弱的敏感。在协作治理结构中要将具有系统阻止、抵御外来干扰而保持自身基本结构与功能不受损毁的韧性组织能力作为互联网公益协作治理的首要标准。一方面,社会组织在对接公益力量时要加强参与动机的源动力分析,研判各参与主体的协作源动力能否成为可持续的稳定驱动力,尤其是各参与主体的自组织培育机制能否抵御系统风险,并依靠自组织的内生力量在应对外部挑战时实现自我重塑。

(二)地方政府用"委托—代理"制提高协作韧性

教育反贫困治理本身是一个包含治理主体、治理制度、治理技术和治理程序的复合体,其中任何要素的缺位都不可能达到预期目标。不同于公共部门层级节制、稳定性高的特质,教育反贫困协作机制各主体间资源禀赋、组织结构的差异较大,以应付政治考核或商业目的为动机参与反贫困治理,对于协作机制的断裂影响尤其严重。代表不同群体利益的各类社会组织分工合作、协商治理,对于增强协作机制内部的抗风险能力和反脆弱能力有着积极价值。

解决好教育反贫困格局内主体间协商治理模式建构这一关键问题,建立以"委托—代理"为核心的政府与社会组织的合作模式可以成为一种优先选择。教育扶贫资源供给具有较强的专业性和知识性,交由教育公益组织落实与实施,有助于提高教育资源效能。在此过程中,地方政府必须主动作为,加强互联网公益协作的资源选择和效果评估,合作过程中要做好培养阶段的信任构建、利益协调、价值观培育。准备阶段要向社会开放公共数据,扩大多元参与、激励机制;运行阶段要让沟通、合作、制衡、反馈、综合处置机制常态化,让规则制定和网络安全维护贯穿始终形成可持续运行的机制保障;项目完成后,受益人群要对教育扶贫的效果进行及时的反馈。

(三)公益嵌入转为在地化的学校组织和制度安排

教育反贫困治理的韧性机制首先还是在于多元主体寻找到适合的乡村学校,通过与包括互联网企业在内的社会多元主体合作,对接线上线下教育资源,探索教育公共服务新方式。课程、师资等教育资源以项目化方式在贫困地区落地,通过在地化实践带动教育资源在互联网空间中流动,在地的乡村学校通过"空间资源化"的过程实现传统教学空间的重构,乡村、儿童、学校三者之间的内在联结更加紧密,来自外部的思想、知识、情感源源不断地成为韧性结构的"保护性因素"。

教育行政组织特别是县(区)级教育部门与民间助学组织形成协同机制,设计调节教师之间利益关系的动力机制和提供必要的制度保障,形成优势互补的教研共同体。构建以贫困地区区域中心学校为核心的校际协作,充分挖掘具有地域特征的地方资源并以知识形态介入学校教育，提升乡村教师的课程建设自信，建立基于空间立场的知识资源流动。多元主体嵌入在地化的教育合作，激发出超越教学行为的情感、态度、兴趣、意志、自信等非智力因素，即便在遭遇结构性脆弱时，乡村教师中的精英群体依然会保持对资源的敏感性，搭建起乡村学校与面向更广阔社会空间的交流平台，使得多元主体公益协作仍然在自上而下和自下而上的双重实践路径中存续，化解治理结构中的不确定因素带来的风险，实现韧性结构的稳定质态与变革活力。

三、从脆弱走向韧性：教育反贫困的升华之路

2021年2月25日，习近平总书记在全国脱贫攻坚总结表彰大会上庄严宣告，"我国脱贫攻坚战取得了全面胜利"完成了消除绝对贫困的艰巨任务"，并首次提出"中国特色反贫困理论"的概念。在党的领导下，发挥社会主义集中力量办大事的制度优势，"完善社会动员机制，搭建社会参与平台，创新社会帮扶方式，形成了人人愿为、人人可为、人人能为的社会帮扶格局，汇聚起行业、部门、企事业单位、社会和个人力量，形成全社会共同参与的大扶贫格局和帮扶体系"[①]，是脱贫攻坚取得全面胜利的重要物质基础和机制保障。

（一）基于主体自觉的使命担当：教育反贫困行动的逻辑起点

社会力量参与教育反贫困多以项目制的形式开展反贫困工作，本身可支配的资金十分有限，如仅从"功利"角度考量，"教育反贫困"工作会给社会多元主体的发展带来额外的"负担"。周期短、影响大、易操作、投入少的方式会成为反贫困行动的首选。在最低限度上履行基本义务，完成国家层面要求和提倡的规定动作，这无疑会成为社会主体参与教育反贫困行动的现实逻辑。在政府主导下多元社会主体共同合作，积极发挥人才智力与科技优势，共同为扶贫攻坚贡献力量，是基于主体自觉的使命担当，主动扛起反贫困的社会责任。

---

① 习近平:在全国脱贫攻坚总结表彰大会上的讲话[EB/OL].(2021-02-25)[2023-05-20]. https://www.12371.cn/2021/02/25/ARTI1614258333991721.shtml.

参与教育反贫困治理的不同主体各自通过思想动员、宣传动员、行政动员等方式进行组织化动员，以国家号召（行政命令、政策引导、监督考核）、单位运作（组织推动）和群体响应等三个环节，上下呼应形成一个封闭循环的行动回路。教育反贫困治理行动凭借互联网技术以非线性的强大动力输入迅速突破地域、时间和资源的限制，扩展组织活动的领域，克服集体行动困境，使教育反贫困行动的发起、动员、引导和治理模式呈现出新特征，并逐步成长为一个自觉与多元主体聚合资源，具有一定典型和示范引领价值的教育反贫困治理行动，为教育反贫困注入源源不断的动力。

（二）坚持问题导向的升华之路：教育反贫困行动的逻辑过程

坚持问题导向是新时代中国特色社会主义的鲜明特征。问题是激发实践的动力，在教育反贫困的进程中，只有直面问题，认真研究并解决问题，才能找到教育反贫困的内在规律，不断丰富中国特色反贫困理论，深入推进中国反贫困的伟大实践。精准扶贫和脱贫攻坚战略的不断推进，释放了巨大的社会参与教育反贫困的制度空间。然而，多元主体共同参与不是简单地依循各级各类政策文本所预设的路径就能够实现的，而是一个不断协调、协作，共同克服诸多现实困难和阻碍的复杂过程。当互联网成为在一定的社会区域内多个行动者共同参与的教育反贫困的行动链条，互联网公益作为一种外部输入力量，不仅要具有参与教育反贫困行动的强烈实践欲望，充分嵌入贫困地区的政治结构、社会结构和文化结构之中，还需要在尊重已有的贫困治理结构、治理经验的基础上，吸收合理的地方性知识和经验，抓住机遇进行适应性的行动调整。在比较、选择与权衡各种利弊关系之后，审慎地权衡各方的利益关系及诉求，选择一种较有力量的方法和策略实现扎根，克服诸多"悬浮"困境，以不断地拓展行动生长的结构性空间。

尽管教育反贫困需要外部力量的激发和动员，但教育公益作为反贫困大格局中常态化的持续力量，源于从他组织到自组织的演变与进化。多元主体的公益协作必须坚持问题导向，要在教育反贫困合作治理结构中确立核心行动者，不断推动异质行动者自愿在行动者网络中各司其职、平等协作，同时在行动协调机制、环境的感知与适应机制、适应性学习机制、自组织迭代机制等方面不断优化，以充分利用各主体的资源、信息、技术等优势，达成"整体大于部分之和"的教育反贫困合作治理功效。

(三) 以赋能实现发展能力提升:教育反贫困行动的逻辑走向

改善发展条件,增强发展能力是消除贫困、创造幸福生活最稳定有效的途径。发展能力不是空洞无物的能力组合,它离不开丰富的现实生活资源支持,指向人的具体生活能力的不断获得和扩展。发展能力的持续生成,不仅需要党和国家一系列反贫困政策长期有效的支持和保障,更需要具有"扶贫与扶智""扶智与扶志"综合治贫能力的教育反贫困合作治理系统的持续赋能。互联网为教育反贫困行动创设了一个合作的端口,将政府、高校、社会组织、企业、公益社群等多元行动主体汇聚到特定的行动网络中,把先进的理念、人才、技术、经验等带到贫困地区,推动各类资金、项目、管理等要素向贫困地区聚集。但不容忽视的是,贫困地区的教育系统仍是反贫困的对象,尚未成为反贫困的主体性力量,多元主体在教育反贫困行动中的作用发挥仍面临各种复杂的博弈。因此,在治理结构的韧性建构中,应进一步确立能够承担有限"召集人"和"连线人"的角色的社会主体,深化多元主体对教育反贫困治理需求的理解,增强合作网络的韧性,与政府的大规模反贫困行动形成有效合作和补充。社会主体还应继续发挥其相较于政府主体所具备的决策更快、运作灵活、形式多样,需求识别准、援助速度快、帮扶针对性强等比较优势,进一步聚焦于贫困地区教育系统反贫困内生力量的激发,以教育提升发展能力,为贫困个体提升发展创设有益的条件,逐步唤醒贫困群体的主体意识,实现"人力资本培养"的工具理性和贫困群体通过实现自我价值摆脱贫困的价值理性的内在统一。

第十章 "中国特色反贫困理论"的话语阐释

2021年2月25日全国脱贫攻坚总结表彰大会上，习近平总书记提出了"中国特色反贫困理论"，是党的十八大以来习近平总书记关于脱贫攻坚一系列讲话精神及其实践的理论总结和升华，是对马克思主义反贫困理论的继承和发展，实现了对"西方反贫困理论"的超越与比较优势。新时代精准扶贫完成了可持续发展的高质量脱贫，中国减贫成就既需要指向民族性和个体化感知域的本土阐释，也需要构建符合不同国家接受习惯的"世界性话语"，从中国贡献、道路、方法等方面来认识、还原中国减贫治理的独特经验和多元协同共治的奋斗历程，这需要我们在向世界开放、在与世界对话中发出中国声音，做出中国表达。

习近平总书记指出："我国哲学社会科学应该以我们正在做的事情为中心，从我国改革发展的实践中挖掘新材料、发现新问题、提出新观点、构建新理论，加强对改革开放和社会主义现代化建设实践经验的系统总结，加强对发展社会主义市场经济、民主政治、先进文化、和谐社会、生态文明以及党的执政能力建设等领域的分析研究，加强对党中央治国理政新理念新思想新战略的研究阐释，提炼出有学理性的新理论，概括出有规律性的新实践。"

如何在全球化框架下创建一个共享减贫经验的公共空间？讲好脱贫攻坚中国经验，要借助当代中国的"公共阐释"理论。何为"阐释"？从中国古代语源讲，"阐"就是"开门"，"闻""问"于他人。于己而言，"开门"是开放自己于人；于"人"而言，是实现沟通，在"开门""闻""问"的活动中构建起"人"

与"己"的对话,协商彼此意见,寻求共享共识。① 贫困问题是全球性的公共问题,世界各国都在减贫事业的"共在"立场中对话和交流。"中国特色反贫困理论"从一开始就不是自说自话的"独白",而是在全球范围内的减贫实践中寻找着"视域融合"和"阐释力量"。减贫经验需要在全球范围内不同的文化、不同的话语系统之间进行流动,进行对话,其阐释表现出强烈的公共性,即对于不同的文化语境的适应性。

"中国特色反贫困理论"不是只有中国意义的、地域性的、封闭性的话语体系。从根本上来说,根植于中国大地,解决中国现实问题的"中国经验",具有现实指导性和价值的普遍性意义,"中国特色反贫困理论"既是中国的也是世界的。在反贫困事业的推进中,下沉于贫困山区或贫困乡村的参与个体,其所感、所知、所思往往表现为"个体经验",而这种带有强烈个人色彩的话语表达往往会被见诸报纸等公共媒体的数据和规范性文字所淹没,而缺少一种阐释力量去加以解释和传播,只能表现为零散的、独白的甚至是失语的。这样的个体阐释无法上升为"公共阐释"进而达成共识或获得承认,而那些被视为"公共阐释"的规范性文本也无法成为更多个体获得减贫行动经验的来源,公共理性和个体阐释之间的一般与特殊、抽象与具体的关系逐渐被异化得疏离且对立。"为防止唯理性的独断论倾向,阐释行为要求阐释者的个性甚至私人性的意义生成结果与普遍性的意义目的合理关联。而作为一种判断力的规定判断力能够完成这项关联任务,因为它的功能是加工各种感觉材料,其加工结果是具有一般性的意义。"②

一、个体经验叙事如何与更具普遍意义的经验阐释相联结?

脱贫攻坚战是中国作为一个发展中国家在全球化背景下实现整体脱贫的一项战略选择,它是在中国的脱贫攻坚历程中逐渐发展起来的一整套应对全球贫困挑战的发展战略和治理模式。在"中国经验"的讨论中,中国人自信于将其视为与西方现代化道路不同的新的发展经验,同时赋予"中国模

---

① 张江,陈勋武,丁子江,等.阐释的世界视野:"公共阐释论"的对谈[J].社会科学战线,2018(6):156-157.
② 隋晓荻.论《公共阐释论纲》中公共阐释的基本维度[J].求是学刊,2019,46(4):137-138.

式""中国道路""中国智慧""中国奇迹"等宏大词汇的叠加。樊纲、李培林和温铁军等学者一再论及"中国经验",这是学者们的理论术语,也成为中国社会变迁的规律性总结,进而上升为知识体系、学科体系、学术体系。李培林认为,作为一个学术概念,"中国经验"包括以下几层含义:一是"经验"不仅指"成就",也包括"教训"以及发展路程中的一切特殊经历;二是"中国经验"并非无所不包,没有选择的发展经历,它特指一些具有独特性的新规则;三是"中国经验"不同于"中国模式""中国奇迹"等概念,它是开放的、包容的、没有定型且不断变化和发展的经验。它尊重其他的经验选择,并不作为西方经验的对立面而存在,它也不强调自己的普适性。然而,构建这些规律性、理论性的治理反思,不可忘却的是经验供给的接受方:谁在倾听?谁来学习?谁来将其进一步推广和应用?在面对这些阐释表达时,各种"口号式""列举式""陈述式"的语言,引用、转述堆砌成的理论,套用科学主义的恒定模式阐释来自实践层面的话语和文本,缺乏整合与创造,难以将有效的话语资源转化成能够落实到具体实践中的研究。

中国经验的阐释目的指向公共性和共享性表达,经验的供给形态决定了接受的广泛性,此共享性不仅在相同语境下为阐释者与接受者所共有,同时还能为不同语境下的阐释与接受者所共有。然而,现实是很多"中国经验"一旦走向想当然的抽象概念,脱离实际,甚至与实际毫不相关,阐释者强行用规范理论做现实注脚,也即理论工作者对脱贫攻坚经验进行"强制阐释",把自己的理解共享给别人,形成对话交流,虽能为多数人听见,但其宏大的叙事风格席卷了所有个体的体验与情感,无异于将更多的接受者引向难以触及的高度,进而无法形成反复经验,更难为历时系统下的多数人所认同。

不同于很多脱贫攻坚先进工作者的事迹报告,"中国经验"中颇具普遍性的"积极心态"一定程度上回避了身在其中的个体的精神历程,譬如脱贫攻坚战中许多工作者的焦虑、茫然和挣扎。在八年脱贫攻坚的变迁背景下,贫困县里的一线工作者,其工作经历、价值体验和社会行为,尤其是他们的精神世界所经历的冲击和震荡,无论在广度还是深度上,都表现出鲜明的特点。关注减贫历程中的"个体体验"就是要认识减贫工作者奋斗精神的内在价值,走进他们在减贫历程中的生活世界、心态世界和情感世界,即关注中国减贫事业中的个体自身的生命历程。

二、如何建构"反贫困理论"的现代化语境和中国式阐释?

党的十八大以来,近1亿农村贫困人口实现脱贫。八年的持续攻坚,直至2020年末,现行标准下农村贫困人口全部实现脱贫。根据全国住户收支与生活状况调查测算,自党的十八大以来,全国农村贫困人口累计减少9899万人,年均减贫1237万人,贫困发生率年均下降1.3个百分点。其中,2013—2019年我国农村减贫人数分别为1650万人、1232万人、1442万人、1240万人、1289万人、1386万人和1109万人,每年减贫人数均在1000万人以上。

有理由相信,在八年脱贫攻坚之中,大量建立在实践基础上的对于中国特色减贫事业的总结和梳理一直在进行中,类似于这样的统计描述与内容分析是"中国特色反贫困理论"话语内容的组成形式之一。减贫政策实施以来,注重落实对各地方减贫指标等进行统计整理与归纳,制作相应的统计图表,形象具体地呈现统计数据。而后,对统计数据进行分析、解读,揭示数据背后潜藏的意义与规律。毛泽东在《实践论》中认为"认识从实践始,经过实践得到了的理论的认识,还须再回到实践去。认识的能动作用,不但表现于从感性的认识到理性的认识之能动的飞跃,更重要的还须表现于从理性的认识到革命的实践这一个飞跃"[1]。从实践中生成的脱贫经验不应是脱离了实践主体的数字堆砌和理论分析,而是将经验生成中的实践活动作为一个统一整体,进行全面系统的阐释。接受者不仅研究数字和理论中蕴含的规律,更希望探寻规律形成过程中的实践活动,包括政策执行中的异化、错误、冲突、理解差异。换句话说,接受者希望感知到经验生成的过程性记录而非简单统一的结论性话语。作为认识"扶贫经验"过程的第二主体,经验的接受者必须依托一定的符号中介物,而离开了语境的语言代码,尤其是经过"精雕细刻"的文字修饰后的语言形态,则很难还原经验生成的真实性、生动性和情境性。接受者不仅要对原有理论完善化的活动一一透视,还要探究"强制阐释"背后的理论质态,进而再次回到实践活动中创立新的理论活动。

---

[1] 毛泽东选集:第1卷[M].北京:人民出版社,1991:292.

因此,研究具体的接受活动,还要从根本上阐发接受者的能动性。

(一) 人民性:反贫困经验阐释的群众立场

"消除贫困、改善民生、逐步实现共同富裕,是社会主义的本质要求。"[①]中国共产党的发展历程就是一个始终带领全国各族人民摆脱贫困、战胜贫困的奋斗历程,从革命时期的土地改革运动到新时代的脱贫攻坚,贫困治理始终是中国革命、建设与改革的基础性议题之一。而在这一过程中,运用群众性话语"动员一切可以动员的力量"成为重要的经验之一。毛泽东同志在《书记动手,全党办社》一文的按语中发出"难道六万万穷棒子不能在几十年内,由于自己的努力,变成一个社会主义的又富又强的国家吗?"的全民动员,并且用"我们在整个世界上应该有这个职责。世界上四个人中间就有我们一个人,这么不争气,那不行,我们一定要争这一口气"[②]的强有力的话语向全国人民传达出脱贫攻坚的世界意义。邓小平同志的脱贫致富思想也是以消灭贫穷论为基础和理论出发点展开的,他的表达风格同样是"片言只语"且"言简意赅"——"社会主义的特点不是穷,而是富,但这种富是人民共同富裕"。习近平总书记提出的"中国特色反贫困理论"中五个"靠"、七个"坚持",更是以最精练的话语表达向全体国人展现理论结晶。以毛泽东、邓小平、江泽民、胡锦涛为主要代表的几代中央领导集体,提出了一系列较为成熟的群众路线话语体系。"群众性话语"体系就是将抽象的理论逻辑转变为具体的生活逻辑,将枯燥的理论条文转化为形式活泼的民间故事,说群众能懂的话,讲群众身边的事,让群众愿意听、听得懂、听得进。只有这样的话语才能让理论表达形态更具吸引力和感染力。马克思曾经指出:"理论只要说服人,就能掌握群众;而理论只要彻底,就能说服人。所谓彻底,就是抓住事物的根本。"[③]党的十八大以来,习近平总书记在推进语言的"大众化"上又做出典范。他创造性地使用"软骨病""补钙""照镜子、正衣冠,洗洗澡、治治病""人生的扣子""拧紧总开关""朋友圈""撸起袖子加油干""一起向

---

① 习近平在中央扶贫开发工作会议上强调:脱贫攻坚战冲锋号已经吹响 全党全国咬定目标苦干实干[J].农村工作通讯,2015(23):7.
② 王颖.新中国成立后毛泽东反贫困的思考和努力[J].湘潮,2020(6):16.
③ 马克思恩格斯选集:第 1 卷[M].北京:人民出版社,2012:9-10.

未来""小康不小康,关键看老乡,关键看贫困老乡能不能脱贫"等群众性语言,凝聚民族精气神,易于传播,成为创新话语表达,提升改革话语的传播效果的典范。

中国特色反贫困理论强调尊重人民群众主体地位和首创精神,注重激发人民群众中蕴藏的智慧和力量,通过开发式扶贫方针,充分调动贫困群体的内生动力,把人民群众对美好生活的向往转化为脱贫攻坚的强大动能,引导贫困群体依靠勤劳双手和顽强意志主动脱贫、改变命运。

(二)民族性:反贫困经验传播的全球视野

"中国特色反贫困理论"的话语表达是中国减贫方案话语体系建设的窗口,其表达方式的实际效果直接关系到理论的说服力与经验的传播力。"人类命运共同体"构建中,围绕摆脱贫困的共同话题,世界各国展开了合作与互鉴,当代中国也被赋予了"大国"角色和多重历史使命,所取得的历史成就,成为国内民众和全球公民通过多维度、大历史的视角展开讨论的重要议题,进而更迫切需要话语表达层面上民族性话语与世界性话语的灵活切换和互为映衬。目前,我们还未建立起与中国减贫伟大成就相称的"中国特色反贫困理论"话语体系,导致国际社会对"中国特色反贫困理论"中包含的一整套行之有效的政策体系、工作体系、制度体系等了解有限。

从中国社会的巨大变迁中总结出与脱贫的独特发展道路相关的价值与意义,并由此呈现出一套与西方世界尤其是流行的"现代化图式"不同的发展模式。单单研究或重视宏观的"中国经验"是不完整的,我们不应当用西方理论来阐释中国特色的具体化理论创作和生命体验,而应当指向属于我们民族性和个体化的"视""听""嗅""触"感知域的建构与理论化的思考。学界缺乏建构中国话语体系的意识,中国做得好、做得对的事还存在有理说不出或者说了传不开的问题。于中国而言,拥有民族性的话语体系也是在国际治理中发挥更大作用的前提。"中国特色反贫困理论"的民族性话语蕴含着民族自立自强的清醒与自觉,更具体地指向了中国语境和中国问题。"要创新对外话语表达方式,研究国外不同受众的习惯和特点,采用融通中外的概念、范畴、表述,把我们想讲的和国外受众想听的结合起来,把'陈情'和'说理'结合起来,把'自己讲'和'别人讲'结合起来""增强对外话语的创造力、感召力、公信力"①,如何运用民族性话语阐释全球共同性问题,贡献世界主义逻辑的智慧方案值得思考。抽象孤立地使用民族性话语无疑只能造成"中国特色反贫困理论"在国际社会上被不同程度地标签化,变成中国人的"自说自话"。但如果一味地去追求"普世性"的人类性话语,同样会模糊和弱化中国民族性话语体系所担负的中国特色和中国风格。

因此,"中国特色反贫困理论"民族性话语应该更加注重对全人类共同面临的"反贫困"问题的公共阐释,让民族性话语更好地成为传递脱贫经验的媒介和载体,站在全人类共同命运的高度去审视大国脱贫攻坚行动中的人物命运和脱贫故事,让中国特色的民族性话语具有更广泛的表达空间与解释力和说服力。

(三) 本土化:反贫困经验的在地转向

"所谓理论,就是对现象或实物研究所得出的一般化的、抽象的结论,理论虽然离不开事实或现实,但它又是脱离于个别事物的一般化,超越于现实的抽象。"②"中国特色反贫困理论"是中国脱贫攻坚的理论结晶,是在对马克思主义反贫困理论中国化深入总结和反思的基础上,在具体的反贫困实践中提出和阐发的概念和命题,也是对西方反贫困理论无力解释中国反贫困实践的响亮回应。反贫困理论的中国化必须要植根中国社会的历史文化传统,建构出解释减贫脱贫中国经验的理论体系。

"中国特色反贫困理论"的本土化就是立足中国国情和把握减贫规律的地方实际,在对脱贫攻坚发展历程的调查研究和概括总结的基础上凝练而成。其理论发展得益于持续不断地从传承中华民族守望相助、和衷共济、扶贫济困的传统美德中吸取养料,为决胜脱贫攻坚夯实了最广泛的社会基础。"中国特色反贫困理论"建构的在地化倾向表现在理论产生于草根,精神深入中国农村社会的广袤田野。在地化是普遍的、科学理性的、学术性和规范性的,更应该是个体的、感性的、叙事性和生动的,贴近身处于中国乡村社会

---

① 肖斌.中国特色哲学社会科学话语体系建设的三重意蕴[N].中国社会科学报,2019-12-26(3).
② 中共中央文献研究室.习近平关于社会主义文化建设论述摘编[M].北京:中央文献出版社,2017:213,203.

最艰苦、最难啃的深度贫困地区,如三区三州。理论的发展来自扶贫干部和脱贫群众的工作中的生动感知,而这种感知是需要长期在此居住、生活才能形成的,只有在"在地"场域内,才能准确抓住脱贫攻坚政策变迁以及工作机制发展的历史线索。"外来者的观察更多是一种置身世外的旁观视角,而本地人群的感知则是基于切身参与的经验视角。"①

在某种意义上,"中国特色反贫困理论"是在对全球化反贫困理论的批判和反思中建构起来的,冲破了国际减贫界长期存在于脱贫中个人能动性与社会结构关系的"理论悖论"和"理论霸权",提炼出立足并反映中国反贫困实践的学术话语,以争取对世界反贫困实践的"发言权"和在世界学术格局中的平等"对话权",对于全球减贫事业都有重要现实和理论意义。

(四)实践性:反贫困经验理解的共振追求

"社会生活在本质上是实践的。凡是把理论诱入神秘主义的神秘东西,都能在人的实践中以及对这种实践的理解中得到合理的解决。"②马克思的这一著名论断,为我们观察中国理论学术的发展状况,提供了重要的方法论原则。

中国反贫困经验的生成是一个历史性的过程,也是一个实践性的过程,尤其是对于理论文本的解释,呈现出开放性和生成性的特征。在理论的实践转化过程中,总会提出各种问题,阅读者在试图运用时也会从自己身处的情境中构造一个新问题。因此,对于理论文本的解读要基于文本本身和阅读者自身构造的问题的融合视域。这种视域更加宏大,对问题的发问也将更加全面、有效。"每个人都有自己的立场,因而对于文本意义的解读是多元的。如果从文本解读者的角度加以分析的话,一个文本可能具有无限的意义,这也宣告了文本意义的无限可能性。"③"中国特色反贫困理论"在中国反贫困的实践基础上生成,在毫无前人经验可循的基础上走出了一条开天辟地的道路,其中蕴含的客观规律能否在人类减贫史上被广泛证明是科学

---

① 耿金.环境史研究的"在地化"表达与"乡土"逻辑:基于田野口述的几点思考[J].云南大学学报(社会科学版),2020,19(3):51.
② 马克思恩格斯选集:第1卷[M].北京:人民出版社,2012:139-140.
③ 屈直.实践意义的遮蔽与复归:海德格尔"烦"的实践性阐释[J].阴山学刊,2021,34(3):73.

的且超越国家、民族、地区界限的,这是马克思主义唯物史观赋予"中国特色反贫困"理论阐释的历史命题。克罗齐说过"一切历史都是当代史",中国的反贫困理论只有过去和现在时空类似或境遇叠加时才有被实践性阐释的可能。

"中国特色反贫困理论"的实践性话语阐释"实现学术性话语与政治性话语的同频共振、良性互动便显得尤为重要"①。中国的反贫困历程离不开最广泛的政治动员。政治性话语构成了脱贫攻坚经验的最初语言形态,通过红头文件,以政策信息的形式在全国范围内一层一级,自上而下地传导,经过复杂的执行过程,再自下而上地以数据、图片和工作报告的形式反馈至中央,成为反贫困实践的最重要的实地记录。而学术性语言更多的是以"旁观者"的观察和分析形态存在。一方面为政治性话语提供阐释与解释支持,另一方面转化为改造客观世界的理性力量,从思想层面对实践进行"提炼"和"加工",再政治性地上升为政治性话语、学术性话语和叙事性话语三种形态。杨启亮在 2007 年谈及学术性话语时提道:"为了在研究者、决策者和教育者之间建立持续而有效的联系,不仅需要认清各种障碍,而且需要消除那些随时都能制造困难的因素,我们的成果形式真有必要成为障碍、制造阅读困难吗? 或者,用现代汉语写成的文章还需要译成白话文?"许多研究者的研究成果的确没有考虑读者的差异,这一事实已经带来许多困难。坦率地说,我们不该回避那些"更令人头痛的事实"。有些研究者使用精心考虑过的词汇只是为了掩饰作品的空洞或论证的薄弱。②

中国特色反贫困的生动实践为理论工作者提供了打造中国学术话语体系的实践基础,"中国特色反贫困理论"需要运用学术性语言加强对于中国反贫困治理中新理念、新思想、新战略的实践性阐释,提炼出有学理性的新理论,概括出有规律性的新实践。但是,公众始终被学术性话语的"精致"和"深邃"所困扰,"不知所云"或"似懂非懂",很难抓住理论的根本。"实践问题、现实问题用理论研究、学术思考特有的方式表达出来,学理化地呈现出来,而不是简单照镜子似的移植过来。这里有一个对从实

---

① 肖斌.中国特色哲学社会科学话语体系建设的三重意蕴[N].中国社会科学报,2019-12-26(3).
② 杨启亮.走进"田野":课程研究理论化趋向的改造[J].山东教育科研,2002(11):6.

践中调查而来的第一手感性材料把握、甄别、提炼,去粗取精、去伪存真的思维加工过程。关键在于提炼出对实践发展有意义或重大意义的真问题,并且不因为思维的加工而忽视或隔断与实践的有机联系,变成纯粹观念的呓语。"[1]

三、寻求"中国特色反贫困理论"阐释的三重向度

现行的国际反贫困理论普遍将贫困治理视作社会发展的客观效应,并不给予贫困阶层、弱势群体或贫困地区特别的优待,认为是由优先发展起来的群体或地区通过消费、就业等方面惠及贫困阶层或地区来带动其发展、富裕,或是政府财政津贴可经由大企业再陆续流入小企业、消费者之手,从而更好地促进经济增长。这一理论忽视了贫困人口的主观能动性。此外,人力资本理论和权利理论对贫困问题的认识由外部环境转向了人本身,强调贫困的实质并非收入不足,而在于"基本能力的普遍丧失与一系列不同权利的不充分"[2]。事实上,这两种较具代表性的反贫困理论都没有真正触及贫困的制度根源。理论的分歧导致实践的滞后,严重制约着全球贫困治理的可持续发展。在西方解释出现疲软的现实困境时,中国共产党在马克思主义反贫困理论思想的指导下,从中国传统文化和西方解释学资源中建立起具有"中国特色"的解释框架。中国贫困治理成就的背后蕴含着中国独到的发展理念和价值观念,也在构建面向未来的可持续化贫困治理体系。

(一) 多学科跨域

真正好的理论研究,应当探究理论生成背后的逻辑,寻找历史的因果链,而不能仅仅满足于表面大事记式的记录。有两种视角有助于深度理解中国的反贫困道路:一种是历史经验的研究,从历史变迁的角度分析影响中国脱贫攻坚完成的诸多因素,包括党的领导、治理结构和政策制定及实施的利弊得失;另一种则是从经验描述到制度机制的研究,提出各自多学科对话

---

[1] 方军.发展无愧于新时代的中国理论[J].中国社会科学,2022(1):8.
[2] 德雷兹,森.饥饿与公共行为[M].苏雷,译.北京:社会科学文献出版社,2006:47.

的解释范式,如马克思主义哲学、政治学、经济学、社会学等。中国特色反贫困理论宏大且复杂,没有任何一种单一的学科话语能进行整体解释,理论的发展是复杂的,历史的演进必定是多种因素纠结在一起,而不是任何一种理论模型所能完全解释清楚的。西方反贫困理论,从英国经济学家马尔萨斯的《人口论》,从经济学角度将人口增长与贫困联系起来进行经济学研究;到美国经济学家 Lewis 于 1954 年发表的《劳动无限供给条件下的经济发展》中提出的"二元经济"理论[①],以及美国经济学家舒尔茨将超越传统经济学的"人力资本"理论用于解决贫困问题;再到 1998 年诺贝尔经济学奖得主阿玛蒂亚森的研究,提出在收入贫困之下,还隐藏着更为本质的决定性因素,即"能力贫困"。然而,这些通过研究经济学学科轨迹发展起来的西方反贫困理论缺乏应用层面的社会实验作为实证基础。由于单一范式的研究局限,经济学无法深入分析收入贫困表象背后所蕴含的复杂的社会、政治原因,而且基于贫困问题的历史脉络的纵向研究也限制了多学科横向"视域交汇"的可能性。

"中国特色反贫困理论"曾经也被局限于经济学分析方法的表象解释,无法超越、集合"全域视线",用这种逻辑解释中国共产党领导下的反贫困人民战争,难免会陷入解释的无力感和碎片化,难以形成一整套经过实践检验的反贫困理论体系,完成跨学科协同并形成理论体系。"要真正解决实践中的困惑,必须要建立起关于贫困的跨学科理论体系,避免'学科语境'的分割,从而使人们对贫困的认知由'片面而破碎'变为'完整而立体'。当前的贫困研究与实践面临的最大问题是多学科交叉但又不融合,没有统一的学科语境体系,如果能建立贫困研究的统一跨学科语境体系,这些问题就能解决。"[②]

(二) 中国式转向

"中国特色反贫困理论"有着面向世界和面向本土的传播需要,采用怎样的阐释立场和阐释方法就显得至关重要。关于中国阐释学传统及转向,

---

① LEWIS W A. Economic development with unlimited supplies of labour[J]. The Manchester School,1954,22(2):139-191.
② 周文,冯文韬.贫困问题的理论研究与减贫实践的中国贡献[J].财经问题研究,2019(2):16.

张江在《公共阐释论纲》中将阐释理解为一种公共行为,他提出"达成共识必须构建公共言论基础""在理性的主导下,主体间的理解与对话成为可能,阐释因此而发生作用,承载并实现理解和对话的公共职能"①。张江在与哈贝马斯的对话中从中国文化传统的意义上讨论了公共阐释与公众阐释以及国家与社会的关系,"关于阐释的公共性的理解,并不是依赖于西方的文化传统,而是植根于中国的文化传统而生成的……中文中的'阐'字,蕴含着彼此协商、相互借鉴、共同提高、达成共识的意思"②。与张江构建中国当代阐释学理论同时,汤一介先生写了一系列关于创建中国解释学的论文(通常说有"五论"),在《论创建中国解释学问题》中汤先生这样表达他关于中国解释学的设想,"真正的'中国解释学理论'应是在充分了解西方解释学,并运用西方解释学理论与方法对中国历史上注释经典的问题作系统的研究,又对中国注释经典的历史(丰富的注释经典的资源)进行系统梳理之后,发现与西方解释学理论与方法有重大的甚至是根本性的不同,并自觉地把中国问题作为研究对象,这样也许才有可能成为一门有中国特点的解释学理论(即与西方解释学有相当大的不同的以研究中国对经典问题解释的理论体系)"。尽管遭遇来自各方面的质疑甚至声讨,汤一介仍然坚持对中国经典注释的知识系统进行全面研究,希望能找到实现中国解经传统的现代转化之道,创立有别于西方的、现代的中国诠释方法。中国儒释道三教各擅胜场,发展出不同的解释范型,从而形成中国思想的丰富性和复杂性。可以说,儒释道构成了中国人认识世界和认识自身的方法论,以"对话和互鉴"共存于中国人的政治生活和日常生活中。

"中国特色反贫困理论"作为"中国问题"而成为"中国解释学"的研究对象,中国学者究竟应该如何继承与创造性地使中国古老的解释传统形成更具包容性的理论和方法上的自觉,从而能够在对话与倾听中调和"中西古今"之争,做到"和而不同"?

(三)接受性回归

"中国特色反贫困理论"为谁而说?谁在听?谁在用?伟大的中国人民

---

① 张江.开放与封闭:阐释的边界讨论之一[J].社会科学文摘,2017(6):108-110.
② 张江,哈贝马斯.关于公共阐释的对话[J].学术月刊,2018,50(5):6.

成为理论的"创造者"和"接受者",政府官员和学者承担着"理论"的归纳者和解释者功能。"中国特色反贫困理论"是马克思主义反贫困思想中国化的重要理论成果,脱离"接受者"或"受众"则是无意义的无病呻吟。马克思的反贫困思想之所以能被中国共产党继承和发展,最重要的是把人民群众当作历史的创造者,人民群众也是改变自身命运的力量源泉,在创造历史的进程中起着决定性作用,在反贫困的实践中也起着主体性作用。而将人民群众作为反贫困思想的接受者,正是马克思主义反贫困思想始终背负的自觉使命。"中国特色反贫困理论"始终是在与人民群众"对话"中实现它的功能和使命,通过理论力量动员广大人民群众投身到反贫困的人民战争中,进而影响接受者摆脱陈旧的发展观,认识到改善民生、消除贫困、实现共同富裕是社会主义的本质要求,是中国共产党肩负的重要使命。因此,"中国特色反贫困理论"的传播功能就是对不同群体、不同层面的社会公众的反贫困集体行动进行实践指导以及精神价值的渗透,以提升全社会参与中国反贫困治理的整体思维水平,加快全世界人民告别贫困的历史步伐。

从古希腊到当代西方哲学,从老子、孔子到当代中国哲学,其中所进闪的一个个思想亮点,无不是由一批批哲学家以对人类的关怀为使命,以通过其特有的思想内容和传播方式冲击接受者精神世界为己任而创造的哲学流动着的辉煌历史。[1] 中西方的解释传统都在走向理论的表达与倾听而互为"说者"与"听者",如果"接受者"被置于理论的视野之外,销蚀了理论的应有价值,致使理论"高傲"地将自己定位为脱离受众的理念独白,甚至还要求接受者仰视或是"生吞活剥"概念术语。那么,广大群众也就不再作为接受主体,认同理论的解释力和说服力,更加放弃了从接受者转向传播者的行动自觉。

"中国特色反贫困理论"基于现实的真切关怀,表现出浓郁的接受导向的表达风格,为赢得广大"接受者"奠定了基础。在当代中国的语境中,"中国特色反贫困理论"要与马克思主义反贫困思想"对话",与中国传统哲学以及当代西方哲学"对话",首先就是要向接受者"回归"。只有当理论思想的创造者与接受者不断交流,"中国特色反贫困理论"才能够在接受者的感受、

---

[1] 张文军.哲学为谁而说:哲学:在诠释者与接受者之间[J].东岳论丛,2004,25(5):77.

领悟与评价中把握方向感并寻找自身的创新动力,利用不同的传播媒介尤其是语言媒介,使"中国特色反贫困理论"依托现实生活,在与接受者的连接中实现对马克思主义反贫困理论的原创贡献和实践创新。

四、在融合中走向创新:"中国特色反贫困理论"的话语超越

"中国特色反贫困理论"的形成过程是理论和实践的关系、历史与现实的关系、先天与后天的关系、普遍真理与特殊真理的关系、必然与偶然的关系不断循环发展,辩证统一于中国特色反贫困道路的实践中。如何防止返贫成为脱贫攻坚胜利之后最重要的议题,而返贫的可能性恰恰意味着从实践到理论再到实践……如此不断循环往复、不断上升的过程,这是历史的必然,也是理论的必需。每一次循环,都在失败和倒退中上升到一个更高的阶段,都使人们对马克思主义反贫困思想与中国国情相结合的认知走向深化。这是一种科学的循环、辩证上升的循环,是对以往任何解释学循环的超越。"中国特色反贫困理论"的形态包括文本形态和实践形态,马克思主义中国化理论版本在指导中国反贫困实践过程中面临着基于中国国情和特色的理论创新,中国共产党在推进马克思主义反贫困理论中国化的进程中也在不断为实践需求提供理论供给。中国反贫困的伟大实践正是将马克思主义反贫困理论由理解和解释指向应用,并在实践中再生成新的理解和解释。因此,中国的反贫困事业为马克思主义反贫困思想提供了检验理论的"试验田",也为实践应用提供了"加油站"。马克思主义反贫困理论为"中国特色反贫困理论"的理解和解释提供内在动力,中国特色的反贫困事业不断对马克思主义反贫困思想的理解和解释进行调整和校正,从而为中国共产党实现以"制度优势消除贫困"的下一个百年目标提供前瞻性思考。

习近平总书记在庆祝中国共产党成立 100 周年大会上,明确提出了"把马克思主义基本原理同中国具体实际相结合、同中华优秀传统文化相结合"的重要论断和思想,这是一个重大理论创新,具有深远的指导意义和长久的研究价值。汤一介在《儒学与外来文化的传入》一文中指出:"从文化(哲学)发展的'源'与'流'的关系看,中国文化(哲学)的前景可以有两个不同的提法:一是新的中国文化(哲学)将沿着中国化的马克思主义发展;另一是新的

中国文化将会是吸收马克思主义和其他各民族的优秀文化(哲学)的中国自身的文化(中国哲学)。说法或有差异,前者的重点是在马克思主义吸收了中国特有文化而成为新的中国文化;后者是说中国自身文化传统吸收了马克思主义而成为新的中国文化。"①

(一)马克思主义政党学说和"善治"思想共同提供阐释张力

为什么只有在中国共产党的领导下才能实现绝对贫困的彻底消除? 为什么中国共产党从消灭私有制到以改革发展生产力,以制度优势消除贫困? 在《共产党宣言》1883 年德文版序言中,恩格斯指出:"被剥削被压迫的阶级(无产阶级),如果不同时使整个社会永远摆脱剥削、压迫和阶级斗争,就不再能使自己从剥削它压迫它的那个阶级(资产阶级)下解放出来。"②中国共产党为解决马克思主义执政党在长期执政条件下始终保持先进性和纯洁性的历史性课题,在理论上和实践上进行了一系列开创性探索,在更好地坚持党的性质、加强党的政治建设、维护党的集中统一领导和党中央权威等方面坚持和发展。马克思主义政党学说对于"中国特色反贫困理论"具有极强的解释力,它能对中国共产党作为中国革命、建设和改革事业的中流砥柱,也是反贫困事业有效展开的根本主体这一历史性经验起到很好的科学与前瞻的理论引领作用。马克思主义中国化也为社会主义制度能够集中力量办大事的政治优势何以可能、何以发生、何以实现提供了逻辑起点和理论保证。马克思主义的中国化,使之在每一表现中带着中国特性,也即按照中国的特点去应用它,成为全党亟待了解、亟须解决的问题。③"中国共产党从成立之日起,就既是中华优秀传统文化的忠实传承者和弘扬者,又是中国先进文化的积极倡导者和发展者。"④

长期以来,"善治"一直被认为是西方治理理论的发展和完善,治是为了弥补政府、市场的失灵,治理否定了统治模式,西方国家社会治理视域下的

---

① 汤一介.儒学与外来文化的传入[J].东吴学术,2010(1):39.
② 马克思恩格斯文集:第 2 卷[M].北京:人民出版社,2009:9.
③ 中共中央文献研究室,中央档案馆.建党以来重要文献选编:1921—1949:第 15 册[M].北京:中央文献出版社,2011:651.
④ 中国共产党第十七届中央委员会第六次全体会议公报[M].北京:人民出版社,2011:4.

"善治"认识是立足于"国家"和"社会"的二元对立的。从理论源头对中国传统文化中的"善治"思想进行审视有助于为中国共产党领导的国家善治提供多元、系统、整体、过程、自然、现实的分析视角,充分体现出文化自信语境下"善治"模式的中国话语。《管子》的"善治"追求"天下"治世,是无治、礼治、法治、经治和德治相融合的"一体之治",突显了中国"治理"模式的传统话语权。中国古人很早就形成了"以天地万物为一体"的世界观,在这种"一体之仁"的观念之下,父与子、夫与妇,乃至兄弟、朋友、君臣、国家之间都是和谐一体的关系。《群书治要·傅子》中说:"明君必顺善制而后致治,非善制之能独治也;必须良佐有以行之也。"这说明,实现善治必须具备完善的制度和德才兼备的领导干部。

中国共产党把马克思主义反贫困理论与中国实际相结合,历经百年反贫困实践,实现了消除绝对贫困、全面建成小康社会的伟大目标,展现出可持续的国家善治能力。有中国共产党的统一领导,有目标明确的体制和运行机制加以保障,将各种力量聚合在一起,形成强大的国家善治能力。中国传统的善治是一种系统性的整体思维,从党的十八大报告中的"党委领导、政府负责、社会协同、公众参与、法治保障"的"五位一体"部署到十九届四中全会提出的"党委领导、政府负责、民主协商、社会协同、公众参与、法治保障、科技支撑"的"七位一体"安排,通过制度来规范多元治理主体之间的关系,反贫困实践中建立和完善基层社会治理体制机制更是中国共产党推进社会善治的重要表现。动员全党全社会全面协同扶贫,要求凝聚全党全社会力量,形成扶贫开发工作强大合力,"调动各方力量,加快形成全社会参与的大扶贫格局"[1]。

(二) 马克思主义人学思想和"民本"思想共同夯实阐释基石

马克思主义理论最原初的出发点就是人,人的解放、人的自由、人的自主活动和自由个性是马克思主义理论贯穿始终的出发点和最高目标。习近平总书记指出:"马克思主义传入中国后,科学社会主义的主张受到中国人

---

[1] 中共中央党史和文献研究院.十八大以来重要文献选编:下[G].北京:中央文献出版社,2018:50.

民热烈欢迎,并最终扎根中国大地、开花结果,决不是偶然的,而是同我国传承了几千年的优秀历史文化和广大人民日用而不觉的价值观念融通的。"①审视"中国反贫困道路",关键在于返回中国原点。当我们把马克思主义人学思想同中国传统文化中的"民本"思想相结合时,从人的自由全面发展到建设人类命运共同体的逻辑进路呈现出一个双向互动的实践、应用过程。

中国传统的民本思想起源于《尚书·五子之歌》:"皇祖有训,民可近,不可下,民惟邦本,本固邦宁。"政治的主要决定力量从对天意的顺从转向顺应民心和民意,政治要以民为本的思想开始形成。春秋战国时期,从孔子的"仁者爱人",到孟子的"民贵君轻",再到荀子的"舟水之喻",奠定了中国传统民本思想的主题和基调。经过秦汉时期的缓慢发展,西汉贾谊提出"闻之于政也,民无不为本也。国以为本,君以为本,吏以为本。故国以民为安危,君以民为威侮,吏以民为贵贱,此之谓民无不为本也"。朱熹在《孟子集注》中大力阐发孟子思想中的民本观念,"盖国以民为本,社稷亦为民而立"。明末清初黄宗羲、王夫之、顾炎武为传统民本思想发展为近代民主主义的萌芽奠定了基础,直到孙中山的"三民主义",完成了中国传统民本思想发展历程。

中国社会几千年的以人为本、以人民的安居乐业为核心的民本思想,和在此基础上形成的重视民众力量、人民是推动历史前进动力的朴素历史唯物主义思想,都为马克思主义在中国的传播,马克思主义中国化从历史观开端,产生了积极的影响。② 毛泽东把马克思主义群众史观与中国传统文化中的民本思想结合起来,在近代中国革命的实践中,创造性地发展了马克思的群众史观,形成了具有中国特色的、适合中国革命实际的群众观点和群众路线;以邓小平为核心的第二代领导集体开始了建设中国特色社会主义的新征程,提出了具有中国特色的富国富民主张,可以看作对马克思主义发展观、中国传统文化中民本思想的继承和发展;中国特色社会主义进入新时代,以习近平同志为核心的党中央提出"以人民为中心"的思想,这是对马克思主义群众史观、历代中国共产党人群众观点和群众路线以及中国传统文

---

① 习近平谈治国理政:第 3 卷[M].北京:外文出版社,2020:120.
② 付粉鸽,李强.民本主义:马克思主义中国化的本土文化基因[J].浙江社会科学,2019(12):90.

化中民本思想的继承和发展。在中国特色社会主义进入新时代的历史条件下,告别贫困,实现人民对美好生活的向往成为中国共产党的奋斗目标,也体现了中国传统文化民本思想对于"中国特色反贫困理论"的内在性的解释,形成了马克思主义中国化群众史观,以人民为中心,从人民出发的独特反贫困思想体系。

(三) 马克思主义实践哲学和"知行"思想共同架构阐释论纲

马克思主义是一种实践哲学,它认为实践是人类社会存在和发展的基础,是推动人类社会历史发展的内在动力,而实践推动历史发展的最终目的是实现共产主义。实践性是马克思主义区别于其他思想的本质属性,中国传统的"知行观"和马克思主义的实践论有着惊人的相似之处。中国共产党继承中华优秀传统文化中的"知""行"思想,结合马克思主义哲学的实践观,形成了实事求是的优良传统,即强调"一切从实际出发""理论联系实际""在实践中检验真理和发展真理"。可以说,"知行合一、实事求是"贯穿于党的百年历史之中的。

中国传统文化中有着对知行关系丰富的理解,这与马克思主义强调理论联系实践有一定的共通之处。知行关系问题是中国古代哲学的一个经典命题,在荀子提出"知之不若行之",朱熹的"知先行后"以及王阳明提出的"知行合一"中不断发展,孙中山先生用"知难行易、知行合一、因知以进行"为资产阶级民主革命提供了思想准备,逐步形成了"知"和"行"是一体两面,不可割裂的认识论传统,而习近平总书记将其运用于治国理政,超越了传统儒家纯粹的道德实践的范畴,对其理论意蕴和精神实质进行了现代性改造。

习近平总书记提出消除贫困实现共享发展、共同富裕,是对中国优秀传统文化中的"大同"社会理想的创造性的转化。他反复强调,消除贫困、增进人民福祉、实现共同富裕的目标,既是社会主义的本质要求,也是中华民族几千年来摆脱贫困的长远愿望。习近平总书记倡导的共同富裕与"大同社会"的追求有异曲同工之妙,"共享大同是中华民族绵延数千年的理想"[①]。兜牢民生底线、增进民生福祉、满足人民对美好生活的向往是扎实推进共同

---

① 习近平.在中法建交五十周年纪念大会上的讲话[N].人民日报,2014-03-29(2).

富裕的前提和基础。教育是基础性民生工程,教育领域的民生保障与共同富裕息息相关。教育不仅能够满足人民群众基础性和普遍性需求,还能帮助人民群众解决可持续性生计问题,是兜住人民群众生活底线,推动全体人民共同富裕的关键。

"中国特色反贫困理论"的伟大实践从思想上继承和发扬了"知行合一"的中国传统价值追求,为我们进一步继承和创新马克思主义实践哲学提供了方法论指导和借鉴性示范。"反贫困理论"的中国阐释实现了马克思主义实践哲学和中国优秀传统文化的有机结合。"中国特色反贫困理论"只有通过更多具有能动性、创造性、接地气的意义阐发和话语转换,才能将中国反贫困的伟大实践上升为人类命运共同体走向共同富裕的指导思想,同时从传统思想宝库中汲取治理智慧,在中国式现代化进程中迸发出更具生命力的解释力量。

附　录

附录一　政府部门访谈提纲(教育行政部门、扶贫主管单位和部分乡镇干部)

1. 据您了解,有哪些高校、公益组织、企业或个人在本地开展了教育扶贫活动?(能否列举一些)都是通过什么渠道来到这里的?高校、公益组织、企业或者个人分别发挥了什么样的作用?(数量、类型、分布、监管部门)

2. 这些公益组织开展教育扶贫活动的效果如何?有相关的政府部门管理它们吗?如果它们要捐资助学或者设立一些教育扶贫项目,政府有相应的管理程序和鼓励政策吗?

3. 据您了解,群众对这些外来的组织开展的教育扶贫总体评价如何?哪一类的组织运作规范、教育扶贫效果更为明显?(高校、社会组织、企业或公益社群)

4. 您觉得高校或公益组织开展教育扶贫活动对政府扶贫而言,有无可推广借鉴之处?

5. 您怎么看待政府部门的教育扶贫和社会力量的合作?通常政府部门与社会力量在开展教育扶贫活动中的关系如何?

6. 您认为外来的公益组织在本地的教育扶贫活动中扮演了怎样的角色?这种角色是否发生过变化?

7. 政府部门对于高校、公益组织、企业在本地开展教育扶贫活动的态度如何?

8. 本地是否有社会力量参与教育扶贫的支持或鼓励性的政策?(比如政府购买服务)或其他支持?

9. 在您看来,高校参与教育扶贫对农村教育的影响如何?

10. 在您看来,社会力量开展教育扶贫活动会存在哪些困难?(如融入的问题,与当地干部、教师、贫困群体的关系方面)

11. 您对高校等外来的组织开展教育扶贫活动有何建议或意见?对政府与社会力量更好地在教育扶贫方面开展合作有什么建议或设想?

附录二　各参与主体访谈提纲
（社会组织、企业、媒体）

1. 请您简要介绍下您所在公益组织/公司/媒体的基本情况。（如成立时间、组织性质、组织宗旨、主管部门、人员规模、人员构成、部门设置、主要工作领域、服务对象、资金来源、发展历程及组织的发展愿景）

2. 请您主要介绍目前组织正在开展的教育扶贫活动内容。（哪些领域？哪些地域？持续了多长时间？如何选择、介入、实施、管理和监督等）

3. 您认为社会力量开展的教育扶贫与政府部门扶贫有何差异？（优势与劣势所在）

4. 您认为贵组织在开展教育扶贫活动中具有推广价值的工作经验或机制有哪些？

5. 贵组织开展教育扶贫活动过程中，主要的合作对象有哪些，是何时开始与社会组织或高校公益团队开始合作的？合作内容包括哪些？与高校的合作和其他的组织有什么不同之处？

6. 与政府组织、其他社会组织或企业、贫困对象的合作关系如何？是否得到过其他组织的支持？组织发展不同阶段遇到了哪些困难，是如何解决的？

7. 为何会选择和高校合作，在与高校合作过程中能够得到哪些方面的支持和帮助？（促进组织发展方面？开展教育扶贫活动方面？与其他合作对象如政府、社会组织、企业、乡村学校/教师等互动合作方面？）

8. 个人或组织对于参与Y大学"益往黔行"教育扶贫活动的角色是如何界定的？（如工作内容的分配，各自承担的职责，合作的期待与现实的差异如何？）

9. 您对于本组织与高校合作开展教育扶贫项目的预期如何？对社会力量参与教育扶贫的看法？

附录三 乡村学校校长、教师访谈提纲

1. 请您介绍一下您所了解的本校近3—5年教育扶贫的项目有哪些。其中哪些是上级政府部门开展的，哪些是政府外的组织开展的？请您详细介绍一下社会力量和学校开展的教育扶贫活动的一些具体情况（是来自哪些行业和领域？持续了多长时间？如何联系到学校、学校如何配合实施、活动的管理和监督等方面）

2. 社会组织项目开展后对学校和教师带来哪些影响？您认为社会组织和政府的扶贫项目有什么区别？本学校或您本人是如何参与到政府的项目/社会组织的项目中的？

3. 您认为教育扶贫工作除了政府部门的推动外，社会力量参与的必要性如何？主要表现在哪些方面？

4. 在您看来社会力量在本地开展教育扶贫项目与学校、教师或贫困学生的关系如何？何种类型的教育扶贫活动更容易受到学校/教师/学生的欢迎？

5. 您认为Y大学"益往黔行"项目和其他社会组织或高校的教育扶贫项目有什么不同？该项目的哪些活动给您留下的印象最深？您觉得Y大学项目和贵校合作的过程中有何经验值得其他组织借鉴？

6. 您对其他高校或社会组织在本地开展教育扶贫项目有何建议或意见？

一、校长访谈提纲

（一）校长基本情况

1. 基本情况：年龄、家庭及子女情况、是否为本地人。

2. 教学情况：学历、教龄、周课时量、职称、培训情况。

（二）学校整体状况

1. 学校建校历史及发展沿革；

2. 学校硬件的历史情况和当前面貌；

3. 学校办学理念及校园文化、学校管理制度、学校获奖情况。
（重点介绍乡土课程建设方面所获得荣誉）

（三）学校乡土课程建设情况

1. 为什么决定开发乡土课程资源？

（1）想法从何提出？

（2）以什么为切入点进行乡土课程建设？

2. 如何确定乡土课程建设的目标？

（1）如何确定这些目标？

（2）目标确定与资源开发的关系？（确定目标再挖掘资源还是先挖掘资源再确定目标）

（3）学生是否参与到课程目标确立的工作中来？他们是如何参与的？

3. 开发乡土课程资源有哪些有利条件？有哪些不利条件？

（1）学校所在地有哪些乡土课程资源？

（2）学校如何发现和选择乡土课程资源？

（3）课程建设中有哪些不利条件（困难）？

（4）为什么能够推动完成乡土课程资源的开发？

（5）学生在乡土资源开发及课程建设中参与情况如何？扮演着什么角色？

（6）课程建设中的核心要素（最关键点）是什么？

4. 如何确定乡土课程建设的评价标准？

（1）乡土课程资源建设的既定目标是否实现？

（2）学生是否参与课程评价？

（3）学生以何种方式参与课程评价？

（4）截至目前乡土课程建设的成就有哪些？

5. 乡土课程对师生和周围社区产生了什么影响？
（1）您觉得学生对乡土课程的接受程度怎么样？如何体现？
（2）学生们发生了哪些变化？
（3）教师有哪些变化？
（4）在开发乡土课程资源过程中您经历了哪些思想上的变化？
（5）对学校周遭（当地社区）和家庭有哪些影响？
（6）乡土课程资源开发过程中让您印象最深的事件是什么？
6. 对未来乡土课程建设有什么展望？
（1）截至目前您认为现在的乡土课程建设有哪些可以改进的地方？
（2）未来课程重点建设的方向？

二、教师访谈提纲

（一）教师基本情况

1. 基本情况：年龄、家庭及子女情况、是否为本地人
2. 教学情况：学历、任教科目、教龄、周课时量、职称、培训情况
3. 学生情况：学生年级、学生数量、来源、学生家庭情况

（二）学校乡土课程建设情况

1. 为什么决定开发乡土课程资源？
（1）课程开发的想法从何提出？
（2）以什么为切入点进行乡土课程建设？
2. 如何确定乡土课程建设的目标？
（1）如何确定这些目标？
（2）目标确定与资源开发的关系？（确定目标再挖掘资源还是先挖掘资源再确定目标）
（3）学生是否参与到课程目标确立的工作中来？他们是如何参与的？
3. 开发乡土课程资源有哪些有利条件？有哪些不利条件？
（1）学校所在地有哪些乡土课程资源？学校如何发现和选择乡土课程

资源？

（2）课程建设中有哪些不利条件（困难）？

（3）为什么能够推动完成乡土课程资源的开发？

（4）学生在乡土资源开发及课程建设中参与情况如何？扮演着什么角色？

（5）课程建设中的核心要素（最关键点）是什么？

（6）乡土课程资源开发过程中让您印象最深的事件是什么？

4. 如何确定乡土课程建设的评价标准？

（1）乡土课程资源建设的既定目标是否实现？

（2）学生是否参与课程评价？

（3）学生以何种方式参与课程评价？

5. 对未来乡土课程建设有什么展望？

（1）截至目前您认为现在的乡土课程建设有哪些可以改进的地方？

（2）未来课程重点建设的方向？

附录四　学生访谈提纲

(一) 学生基本情况

年龄、年级、学习成绩、是否担任班级职务、性格特点、家校距离、家庭大致情况(父母职业、从事工作)、在校表现等。

(二) 学校乡土课程建设情况

1. 你上过乡土课程吗?

(1) 你觉得什么是乡土课程?

(2) 你对学校开发乡土课程有什么看法?

(3) 乡土课程较之以往课程有何不同?

2. 乡土课程开发上你的参与情况如何?

(1) 乡土课程所教授的是你所热爱或者想学习的内容吗?

(2) 学校在建设乡土课程时,你有没有出力呢? 具体在哪些方面帮助学校建设课程?

(3) 你是如何参与乡土课程的?

(4) 乡土课程令你印象深刻的活动是什么?

(5) 通过对乡土课程资源的开发你学到了什么或有哪些改变?

(6) 乡土课程锻炼了你的什么能力?

(7) 除了动手操作乡土课程会涉及的学科知识有哪些?

3. 乡土课程的评价方式是什么? 你觉得现在的乡土课程有哪些地方可以继续完善?

附录五 家长访谈提纲

(一) 家庭基本情况

1. 家庭情况：家校距离、家庭大致情况(职业、学历等)、供子女上学的压力情况等；

2. 子女情况：有几个孩子、上几年级、孩子的学习如何、孩子由谁抚养、家庭教育情况、对孩子的教育期待等。

(二) 学校乡土课程建设情况

1. 您对学校建设乡土课程了解吗？
(1) 您参加或者旁听过学校的乡土课程吗？
(2) 您的孩子跟您谈论过学校乡土课程有关话题吗？
(3) 孩子的态度是什么样的？
2. 您对学校开发乡土课程资源的支持程度怎么样？
(1) 家庭成员是否参与过学校的乡土课程建设？
(2) 具体是如何参与的？
(3) 或对学校开发乡土课程资源提供过哪些帮助？
3. 学校建设乡土课程对孩子产生了什么影响？
(1) 孩子在哪些方面发生了改变？
(2) 您如何看待学校开发乡土课程资源？
(3) 您对学校的乡土课程持何种态度，您的态度有没有发生过转变，发生过何种转变？
4. 您觉得学校乡土课程资源开发的未来前景如何？您对学校利用乡土课程资源建设课程有哪些想法或者建议？

参考文献

一、中文文献

（一）著作类

[1] 曹子坚.农村反贫困战略研究[M].兰州:甘肃人民出版社,2011.

[2] 陈军,李晓,陈有真.公共关系学[M].北京:清华大学出版社,2018.

[3] 陈向明.质的研究方法与社会科学研究[M].北京:教育科学出版社,2000.

[4] 陈映芳."青年"与中国的社会变迁[M].北京:社会科学文献出版社,2007.

[5] 程晋宽.均衡的困境[M].南京:江苏凤凰教育出版社,2014.

[6] 范丽珠.全球化下的社会变迁与非政府组织NGO[M].上海:上海人民出版社,2003.

[7] 费孝通.乡土中国[M].北京:人民出版社,2011.

[8] 耿长娟.从志愿失灵到新治理:萨拉蒙的非营利组织理论[M].北京:中国社会科学出版社,2019.

[9] 顾建军.教育与反贫困[M].北京:人民出版社,2001.

[10] 何道峰.NGO扶贫行为研究:调查报告[M].北京:中国经济出版社,2001.

[11] 胡兴东,杨林.中国扶贫模式研究[M].北京:人民出版社,2018.

[12] 金国华.青年学[M].北京:中国青年出版社,1999.

[13] 康晓光.NGO扶贫行为研究[M].北京:中国经济出版社,2001.

[14] 康晓光.中国贫困与反贫困理论[M].南宁:广西人民出版社,1995.

[15] 孔繁斌.公共性的再生产:多中心治理的合作机制建构:第2版[M].南京:江苏人民出版社,2012.

[16] 李书磊.村落中的"国家":文化变迁中的乡村学校[M].杭州:浙江人民出版

社,1999.

　　[17] 李维安.非营利组织管理学[M].北京:高等教育出版社,2013.

　　[18] 李小云.参与式发展概论[M].北京:中国农业大学出版社,2001.

　　[19] 梁漱溟.梁漱溟全集:第1卷[M].济南:山东人民出版社,2005.

　　[20] 刘坚.中国农村减贫研究[M].北京:中国财政经济出版社,2009.

　　[21] 刘兴华.困境与希望:中国贫困地区儿童教育现状与前景[M].成都:四川少年儿童出版社,1996.

　　[22] 柳亦博.合作治理:构想复杂性背景下的社会治理模式[M].北京:中国社会科学出版社,2018.

　　[23] 罗必良.从贫困走向富饶[M].重庆:重庆出版社,1991.

　　[24] 马俊峰.马克思主义价值理论研究[M].北京:北京师范大学出版社,2017.

　　[25] 钱理群.论志愿者文化[M].北京:生活·读书·新知三联书店,2018.

　　[26] 钱理群.志愿者文化丛书:晏阳初卷[M].北京:生活·读书·新知三联书店,2018.

　　[27] 石国亮.青年国际政治研究的新范式:意识形态视野中的青年和青年组织[M].北京:人民出版社,2007.

　　[28] 世界银行.2004年世界发展报告:让服务惠及穷人[R].北京:中国财政经济出版社,2004.

　　[29] 司树杰,王文静,李兴洲.中国教育扶贫报告:2016[M].北京:社会科学文献出版社,2016.

　　[30] 孙柏瑛.当代地方治理:面向21世纪的挑战[M].北京:中国人民大学出版社,2004.

　　[31] 孙立平,晋军,何江穗,等.动员与参与:第三部门募捐机制个案研究[M]杭州:浙江人民出版社,1999.

　　[32] 团中央扶贫工作领导小组办公室.共青团扶贫实践20例[M].北京:中国青年出版社,2020.

　　[33] 王海光.旋转的历史:社会运动论[M].上海:上海人民出版社,1995.

　　[34] 王三秀.教育反贫困:中国福利转型研究[M].北京:人民出版社,2014.

　　[35] 王文静,李兴洲.中国教育扶贫报告:2017[M].北京:社会科学文献出版社,2018.

　　[36] 王小强,白南风.富饶的贫困:中国落后地区的经济考察[M].成都:四川人民出版社,1986.

[37] 习近平.摆脱贫困[M].福州:福建人民出版社,1992.

[38] 中共中央党史和文献研究院.习近平扶贫论述摘编[M].北京:中央文献出版社,2018.

[39] 习近平.习近平著作选读:第1卷[M].北京:人民出版社,2023.

[40] 习近平.习近平著作选读:第2卷[M].北京:人民出版社,2023.

[41] 中共中央党史和文献研究院,中央学习贯彻习近平新时代中国特色社会主义思想主题教育领导小组办公室.习近平关于调查研究论述摘编[M].北京:党建读物出版社,中央文献出版社,2023.

[42] 熊万胜.江山与人民:中国治理体系解析[M].北京:中国人民大学出版社,2022.

[43] 徐勇.反贫困在行动:中国农村扶贫调查与实践[M].北京:中国社会科学出版社,2015.

[44] 闫坤,刘铁芳,等.中国特色的反贫困理论与实践研究[M].北京:中国社会科学出版社,2016.

[45] 阎桂芝.清华教育扶贫十年路[M].北京:清华大学出版社,2015.

[46] 阎文学.富饶的贫困:掣肘与成因[M].北京:社会科学文献出版社,1994.

[47] 姚永强.乡村振兴背景下中国农村教育发展[M].北京:社会科学文献出版社,2021.

[48] 宋恩荣.晏阳初全集[M].长沙:湖南教育出版社,1989.

[49] 杨东平.中国教育发展报告:2010[M].北京:社会科学文献出版社,2010.

[50] 杨华.县乡中国:县域治理现代化[M].北京:中国人民大学出版社,2022.

[51] 杨国荣.人类行动与实践智慧[M].北京:生活·读书·新知三联书店,2013.

[52] 杨颖.中国农村反贫困研究:基于非均衡发展条件下的能力贫困[M].北京:光明日报出版社,2011.

[53] 俞可平.治理与善治[M].北京:社会科学文献出版社,2000.

[54] 曾天山.教育扶贫的力量[M].北京:教育科学出版社,2018.

[55] 周鑫宇.中国政治的细节:一个县的减贫治理[M].北京:中国人民大学出版社,2022.

[56] 周文.国家何以兴衰:历史与世界视野中的中国道路[M].北京:中国人民大学出版社,2021.

[57] 张成福.行政组织学[M].北京:中央广播电视大学出版社,2008.

[58] 张帆.现代性语境中的贫困与反贫困[M].北京:人民出版社,2009.

［59］张康之.合作的社会及其治理［M］.上海：上海人民出版社，2014.

［60］张康之.走向合作的社会［M］.北京：中国人民大学出版社，2015.

［61］张磊.中国扶贫开发政策演变：1949—2005［M］.北京：中国财政经济出版社，2007.

［62］张澧生.社会资源禀赋视域下湘西教育精准扶贫路径研究［M］.北京：北京理工大学出版社，2017.

［63］张志宏.组织行为学［M］.上海：立信会计出版社，2008.

［64］赵鼎新.社会与政治运动讲义［M］.北京：社会科学文献出版社，2012.

［65］郑也夫，彭泗清，等.中国社会中的信任［M］.北京：中国城市出版社，2003.

［66］周三多.管理学：第2版［M］.北京：高等教育出版社：2005.

［67］周雪光.组织社会学十讲［M］.北京：社会科学文献出版社，2003.

［68］朱健刚.行动的力量：民间志愿组织实践逻辑研究［M］.北京：商务印书馆，2008.

［69］朱荣皋.农村职业教育反贫困责任问题研究［M］.海口：海南出版社，2010.

［70］左常升.国际减贫理论与前沿问题［M］.北京：中国农业出版社，2014.

［71］湛垦化，沈小峰，等.普利高津与耗散结构理论［M］.西安：陕西科学技术出版社，1982.

［72］哈贝马斯.交往与社会进化［M］.张博树，译.重庆：重庆出版社，1989.

［73］哈贝马斯.交往行为理论：第1卷［M］.曹卫东，译.上海：上海人民出版社，2018.

［74］阿伦特.人的境况［M］.王寅丽，译.上海：上海人民出版社，2009.

［75］鲍曼.道德的市场［M］.肖君，黄承业，译.北京：中国社会科学出版社，2003.

［76］卢曼.信任：一个社会复杂性的简化机制［M］.瞿铁鹏，李强，译.上海：上海人民出版社，2005.

［77］韦伯.经济与社会：上卷［M］.林荣远，译.北京：商务印书馆，1997.

［78］布尔迪厄，帕斯隆.继承人：大学生与文化［M］.邢克超，译.北京：商务印书馆，2002.

［79］布尔迪厄，华康德.反思社会学导引［M］.李猛，李康，译.北京：商务印书馆，2015.

［80］布尔迪厄.言语意味着什么：语言交换的经济［M］.褚思真，刘晖，译.北京：商务印书馆，2005.

［81］莫兰.复杂性理论与教育问题［M］.陈一壮，译.北京：北京大学出版社，2004.

［82］费埃德伯格.权力与规则：组织行动的动力［M］.张月，等译.上海：格致出版

社,2016.

[83] 拉图尔.科学在行动:怎样在社会中跟随科学家和工程师[M].刘文旋,郑开,译.北京:东方出版社,2005.

[84] 班纳吉,迪弗洛.贫穷的本质:我们为什么摆脱不了贫穷:修订版[M].景芳,译.北京:中信出版社,2018.

[85] 森.以自由看待发展[M].任赜,于真,译.北京:中国人民大学出版社,2012.

[86] 森.贫困与饥荒:论权利与剥夺[M].王宇,王文玉,译.北京:商务印书馆,2021.

[87] 奥斯特罗姆,加德纳,沃克,等.规则、博弈与公共池塘资源[M].王巧玲,任睿,译.西安:陕西人民出版社,2011.

[88] 波蒂特,詹森,奥斯特罗姆.共同合作:集体行为、公共资源与实践中的多元方法[M].路蒙佳,译.北京:中国人民大学出版社,2011.

[89] 拉鲁.不平等的童年:阶级、种族与家庭生活:第2版[M].宋爽,张旭,译.北京:北京大学出版社,2018.

[90] 威廉森.治理机制[M].王健,方世建,等译.北京:中国社会科学出版社,2001.

[91] 舒尔茨.论人力资本投资[M].吴珠华,等译.北京:北京经济学院出版社,1990.

[92] 巴纳德.经理人员的职能[M].王永贵,译.北京:机械工业出版社,2007.

[93] 博克.走出象牙塔:现代大学的社会责任[M].徐小洲,陈军,译.杭州:浙江教育出版社,2001.

[94] 杜威.学校与社会·明日之学校[M].赵祥麟,任钟印,吴志宏,译.北京:人民教育出版社,2004.

[95] 库珀.合同制治理:公共管理者面临的挑战与机遇[M].竺乾威,卢毅,陈卓霞,译.上海:复旦大学出版社,2007.

[96] 福山.信任:社会道德与繁荣的创造[M].李宛蓉,译.呼和浩特:远方出版社,1998.

[97] 维克.组织社会心理学[M].贾柠瑞,高隽,译.北京:中国人民大学出版社,2009.

[98] 史密斯,希特.管理学中的伟大思想:经典理论的开发历程[M].徐飞,路琳,苏依依,译.北京:北京大学出版社,2016.

[99] 萨拉蒙.公共服务中的伙伴:现代福利国家中政府与非营利组织的关系[M].田凯,译.北京:商务印书馆,2008.

[100] 赫茨琳杰,等.非营利组织管理[M].北京新华信商业风险管理有限责任公司,译校.北京:中国人民大学出版社,2000.

[101] 斯科特.组织理论:理性、自然与开放系统的视角[M].高俊山,译.北京:中国

人民大学出版社,2011.

[102] 阿克塞尔罗德.合作的复杂性:基于参与者竞争与合作的模型[M].梁捷,高笑梅,等译.上海:上海人民出版社,2007.

[103] 登哈特.公共组织理论:第 5 版[M].扶松茂,丁力,译.北京:中国人民大学出版社,2011.

[104] 帕特南.使民主运转起来:现代意大利的公民传统[M].王列,赖海榕,译.南昌:江西人民出版社,2001.

[105] 沃伦.民主与信任[M].吴辉,译.北京:华夏出版社,2004.

[106] 奥尔森.集体行动的逻辑:公共物品与集团理论[M].陈郁,郭宇峰,李崇新,译.上海:格致出版社,2018.

[107] 塔勒布.反脆弱:从不确定性中获益:第 2 版[M].雨珂,译.北京:中信出版社,2020.

[108] 特纳,斯戴兹.情感社会学[M].孙俊才,文军,译.上海:上海人民出版社.2007.

[109] 亨廷顿.变化社会中的政治秩序[M].王冠华,刘为,等译.上海:上海人民出版社,2021.

[110] 戈德史密斯,埃格斯.网络化治理:公共部门的新形态[M].孙迎春,译.北京:北京大学出版社,2008.

[111] 纽曼.学前教育改革与国家反贫困战略:美国的经验[M].李敏谊,霍力岩,主译.北京:教育科学出版社,2011.

[112] 帕森斯.社会行动的结构[M].张明德,夏遇南,彭刚,译.南京:译林出版社,2012.

[113] 罗尔斯.正义论:修订版[M].何怀宏,何包钢,廖申白,译.北京:中国社会科学出版社,2009.

[114] 弗雷尔,凯,波伊尔.跨部门合作治理[M].甄杰,译.北京:化学工业出版社,2018.

[115] 科尔曼.社会理论的基础[M].邓方,译.北京:社会科学文献出版社,2008.

[116] 罗西瑙.没有政府的治理:世界政治中的秩序与变革[M].张胜军,刘小林,等译.南昌:江西人民出版社,2001.

[117] 汤普森.行动中的组织:行政理论的社会科学基础[M].敬乂嘉,译.上海:上海人民出版社,2007.

[118] 缪尔达尔.世界贫困的挑战:世界反贫困大纲[M].顾朝阳,张海红,高晓宇,等译.北京:北京经济学院出版社,1991.

[119] 波兰尼.大转型:我们时代的政治与经济起源[M].冯钢,刘阳,译.杭州:浙江人民出版社,2007.

[120] 吉登斯.现代性的后果[M].田禾,译.南京:译林出版社,2000.

[121] 吉登斯.社会的构成:结构化理论纲要[M].李康,李猛,译.北京:中国人民大学出版社,2016.

[122] 伯恩斯坦.教育、符号控制与认同[M].王小凤,王聪聪,李京,等译.北京:中国人民大学出版社,2016.

[123] 哈耶克.自由秩序原理[M].邓正来,译.北京:生活·读书·新知三联书店,1997.

[124] 吉本斯,利摩日,诺沃提尼,等.知识生产的新模式:当代社会科学与研究的动力学[M].陈洪捷,沈文钦,等译.北京:北京大学出版社,2011.

[125] 鲍尔.政治与教育政策制定:政策社会学探索[M].王玉秋,孙益,译.上海:华东师范大学出版社,2011.

(二) 期刊类

[1] 白亮,王爽,武芳.乡村教师发展支持体系研究[J].中国教育学刊,2019(1).

[2] 白杨,代显华,汤永洁.乡村教育政策执行者能动参与乡村教育振兴的协同机制分析[J].教育与经济,2023,39(1).

[3] 蓝伯.公共政策研究的新进展[J].郁建兴,徐越倩,译.公共管理学报,2006(2).

[4] 常宝宁.法国义务教育扶持政策与我国教育均衡发展的政策选择[J].比较教育研究,2015(4).

[5] 陈群.发达国家教育精准扶贫的政策比较与借鉴:以美国、英国、法国和日本为例[J].当代教育科学,2019(3).

[6] 陈先哲,黄旭锋,谢尚芳,等.农村教育贫困的文化学解释与教育精准扶贫:基于粤西三村的调查研究[J].教育发展研究,2019(1).

[7] 程华东,刘堃.高校教育精准扶贫模式探究:以华中农业大学精准扶贫建始县为例[J].华中农业大学学报(社会科学版),2017(3).

[8] 褚晓波,高闯.国外组织韧性的研究现状:一项文献综述[J].南大商学评论,2020(4).

[9] 代蕊华,于璇.教育精准扶贫:困境与治理路径[J].教育发展研究,2017(7).

[10] 杜明峰.转型期我国社会组织参与教育治理:逻辑、实践与优化策略[J].教育发展研究,2021(10).

[11] 杜建群,刘丹.乡村小规模学校的乡土课程开发[J].教学与管理,2021(21).

[12] 段培俊,陈虹,徐吉瑞,等.高校参与精准扶贫的模式创新探究:基于教育部直属高校定点扶贫工作实践[J].电子科技大学学报(社科版),2019,21(6).

[13] 范先佐.义务教育阶段农村贫困生资助之我见[J].教育与经济,2007(4).

[14] 付昌奎,邬志辉.教育扶贫政策执行何以偏差:基于政策执行系统模型的考量[J].教育与经济,2018(3).

[15] 高洪波.2020年后中国贫困治理结构新变迁[J].人民论坛·学术前沿,2019(23).

[16] 高书国,边玉芳.乡村振兴背景下乡村家庭教育指导服务体系构建[J].教育发展研究,2022(10).

[17] 斯托克.作为理论的治理:五个论点[J].华夏风,译.国际社会科学杂志(中文版),2019(3).

[18] 葛亮.群团组织参与社会治理创新:共同参与和搭台唱戏[J].浙江社会科学,2017(5).

[19] 郭道久.协作治理是适合中国现实需求的治理模式[J].政治学研究,2016(1).

[20] 郭儒鹏,王建华,罗兴奇.从"嵌入"到"互嵌":民族地区贫困治理研究的视角转换:基于贵州省T县调研[J].贵州社会科学,2019(11).

[21] 郭方玲.中小学乡土文化课程开发的现状、问题与思考[J].现代教育,2020(11).

[22] 韩志明.街头官僚的行动逻辑与责任控制[J].公共管理学报,2008(1).

[23] 韩小凡.技术赋能乡村教育振兴的内涵、价值意蕴及实践路径[J].现代教育管理,2023(1).

[24] 贺海波.精准扶贫中的国家治理能力分析:以陕西M县精准扶贫实践为例[J].社会主义研究,2016(6).

[25] 贺雪峰.公私观念与中国农民的双层认同:试论中国传统社会农民的行动逻辑[J].天津社会科学,2006(1).

[26] 胡鞍钢,王洪川.中国人类发展奇迹:1950—2030[J].清华大学学报(哲学社会科学版),2017,32(2).

[27] 胡俊生,李期.高校扶贫:目标取向、帮扶模式及提质增效对策[J].西北农林科技大学学报(社会科学版),2020,20(3).

[28] 侯怀银,原左晔.乡村振兴呼唤乡村教育学[J].华东师范大学学报(教育科学版),2022,40(12).

[29] 胡献忠.青年社团参与社会建设的途径和效果分析[J].当代青年研究.2009(8).

[30] 张睦楚.中国教育公益组织研究:以"美丽中国"项目为例[J].高教发展与评估,2017,33(6).

[31] 何煦,何珩."1+2+N"模式助力乡村教育振兴[J].中国教育学刊,2023(1).

[32] 江赛蓉.英国教育福利制度的变迁及其启示[J].外国教育研究,2012,39(7).

[33] 姜子云,刘佳,王聪颖.重构与重建:教师教育公共教育学课程建设的"乡土表达"[J].教育发展研究,2021,41(21).

[34] 蒋福超,赵昌木.乡村教育中的人、知识与社区:基于温德尔·贝瑞教育哲学的思考[J].国家教育行政学院学报,2020(10).

[35] 金久仁.教育扶贫内涵指涉与路径转型[J].教育与经济,2020,36(2).

[36] 李凤琴."资源依赖"视角下政府与NGO的合作:以南京市鼓楼区为例[J].理论探索,2011(5).

[37] 李广文,金辉.大扶贫格局下扶贫弥散化风险的协商治理路径探析[J].领导科学,2019(24).

[38] 李汉卿.协同治理理论探析[J].理论月刊,2014(1).

[39] 李俊杰,李晓鹏.高校参与精准扶贫的理论与实践:基于中南民族大学在武陵山片区的扶贫案例[J].中南民族大学学报(人文社会科学版),2018,38(1).

[40] 李龙,任颖."治理"一词的沿革考略:以语义分析与语用分析为方法[J].法制与社会发展,2014,20(4).

[41] 李泉.治理理论的谱系与转型中国[J].复旦学报(社会科学版),2012(6).

[42] 李瑞昌.基于"中国问题"的比较公共政策研究[J].公共行政评论,2012,5(3).

[43] 李小云,唐丽霞,许汉泽.论我国的扶贫治理:基于扶贫资源瞄准和传递的分析[J].吉林大学社会科学学报,2015,55(4).

[44] 李兴洲,邢贞良.攻坚阶段我国教育扶贫的理论与实践创新[J].教育与经济,2018(1).

[45] 李兴洲.公平正义:教育扶贫的价值追求[J].教育研究,2017,38(3).

[46] 李瑞华,丁春艳.民族地区巩固教育脱贫攻坚成果与乡村教育振兴有机衔接:内在逻辑与策略思考[J].青海民族大学学报(社会科学版),2023,49(1).

[47] 林乘东.教育扶贫论[J].民族研究,1997(3).

[48] 林闻凯.论师范院校的教育扶贫[J].高教探索,2014(5).

[49] 林小英.从"他者"到"主体":中国教育改革中的县域教育[J].探索与争鸣,2021(4).

[50] 凌云志,邬志辉,黄佑生.行动学习导向的乡村教师培训模式研究:基于湖南省送教下乡培训的实践探索[J].教育科学研究,2017(8).

[51] 刘勇.强师计划是乡村教育振兴的引擎[J].中国教育学刊,2023(1).

[52] 刘佳,蒋洁梅.后扶贫时代教育政策信息的质效焦虑与治理优化[J].教育发展研究,2020,40(1).

[53] 刘佳.从脆弱到韧性:互联网公益协作参与教育反贫困的治理优化[J].南京社会科学,2021(8).

[54] 刘军豪,许锋华.教育扶贫:从"扶教育之贫"到"依靠教育扶贫"[J].中国人民大学教育学刊,2016(2).

[55] 刘荣刚.对中国共产党政治动员的现实思考[J].理论与改革,1998(4).

[56] 刘淑兰,张雪真,李梅.大扶贫格局下高校教育扶贫的优化路径:以福建省高校为例[J].福建农林大学学报(哲学社会科学版),2019,22(1).

[57] 龙永红.现代慈善组织的资源动员:一个分析框架[J].学习与实践,2012(11).

[58] 罗英姿,顾剑秀,陈尔东.高等教育服务乡村人才振兴:理论框架、现实观照与政策路径[J].高等教育研究,2022,43(12).

[59] 鲁石.高等教育精准扶贫的价值、问题及对策[J].教育理论与实践,2019,39(18).

[60] 马健云,陈恩伦.我国教育扶贫政策的执行困境与治理路径[J].教育与经济,2019(6).

[61] 闵琴琴.农村高等教育扶贫:缘起、困境和突围.高等教育研究[J].高等教育研究,2018,39(5).

[62] 马国栋,李彦霞.新时代乡村振兴知识图景:热点、向度及发展研究:以第一个五年文献资料为基础[J].学习与探索,2023(1).

[63] 欧文福.美国西部开发中的教育与人力资源开发及其启示[J].中国教育学刊,2005(4).

[64] 庞丽娟,孙美红,王红蕾.建立我国面向深度贫困地区和弱势儿童的学前教育基本免费制度的思考与建议[J].教育研究,2016,37(10).

[65] 彭妮娅.教育扶贫成效如何:基于全国省级面板数据的实证研究[J].清华大学教育研究,2019,40(4).

[66] 钱坤.从"治理信息"到"信息治理":国家治理的信息逻辑[J].情报理论与实践,2020,43(7).

[67] 钱全,杨晓蕾.连片特困地区的教育扶贫与基层治理[J].华南农业大学学报(社会科学版),2020,19(6).

[68] 全晓洁,蔡其勇,谢霁月.回归与回应:乡村振兴战略中我国乡村教育建设的未

来走向[J].华东师范大学学报(教育科学版),2022,40(12).

[69] 秦昌建,祝腾.研究生支教团价值发挥及其持续发展的现实路径研究[J].北京印刷学院学报.2019,27(1).

[70] 渠敬东,周飞舟,应星.从总体支配到技术治理:基于中国30年改革经验的社会学分析[J].中国社会科学,2009(6).

[71] 石中英.教育强国:概念辨析、历史脉络与路径方法:学习领会党的二十大报告中有关教育强国建设的重要论述[J].清华大学教育研究,2023,44(1).

[72] 沈万根,马冀群.民族高校参与民族地区农村精准扶贫过程中的问题及对策[J].民族教育研究,2018,29(3).

[73] 史秋衡,李瑞.高等教育振兴乡村的逻辑指向及主要议题[J].中国高等教育,2023(1).

[74] 石大建,李向平.资源动员理论及其研究维度[J].广西师范大学学报(哲学社会科学版),2009,45(6).

[75] 时昌桂.教育扶贫视域下高校如何精准发力[J].人民论坛,2019(26).

[76] 孙涛.高等教育扶贫:比较优势、政策支持与扩展路径[J].南京社会科学,2020(2).

[77] 孙涛,邬志辉.高等教育服务农村社会的政策支持及其反思[J].高等教育研究,2018,39(2).

[78] 谭跃进,邓宏钟.复杂适应系统理论及其应用研究[J].系统工程,2001(5).

[79] 檀慧玲,李文燕,罗良.关于利用质量监测促进基础教育精准扶贫的思考[J].教育研究,2018,39(1).

[80] 檀学文.中国教育扶贫:进展、经验与政策再建构[J].社会发展研究,2018,5(3).

[81] 汤颖,邬志辉.乡村小规模学校发展之困向度分析:基于H省C县乡村小规模学校实地调研分析[J].当代教育论坛,2020(5).

[82] 唐任伍,肖彦博,唐常.后精准扶贫时代的贫困治理:制度安排和路径选择[J].社会科学文摘,2020(4).

[83] 万厚利,于姝婷.深度贫困地区稳定脱贫长效机制研究:基于可行能力理论分析框架[J].宁夏党校学报,2020,22(1).

[84] 汪德华,邹杰,毛中根."扶教育之贫"的增智和增收效应:对20世纪90年代"国家贫困地区义务教育工程"的评估[J].经济研究,2019,54(9).

[85] 汪锦军.政府与非营利组织合作的条件:三层次的分析框架[J].浙江社会科学,

2012(11).

[86] 汪三贵,PARK A,CHAUDHURI S,等.中国新时期农村扶贫与村级贫困瞄准[J].管理世界,2007(1).

[87] 王道.美国青年组织审视[J].宁波大学学报(人文科学版),2005(4).

[88] 王嘉毅,梁永平.西北贫困地区农村基础教育发展现状调查与政策建议[J].北京大学教育评论,2007(2).

[89] 王梦竹.公益创投背景下社会组织商业模式创新的案例研究:以无锡市可益会公益设计实验室为例[J].中国商论.2017(6).

[90] 王鹏.国家与社会关系视角下的枢纽型组织构建:以共青团为例[J].中国青年政治学院学报,2013,32(5).

[91] 王浦劬.国家治理、政府治理和社会治理的基本含义及其相互关系辨析[J].社会学评论,2014,2(3).

[92] 王绍光.治理研究:正本清源[J].开放时代,2018(2).

[93] 王雨磊.数字下乡:农村精准扶贫中的技术治理[J].社会学研究,2016,31(6).

[94] 王雨磊.项目入户:农村精准扶贫中项目制运作新趋向[J].行政论坛,2018,25(5).

[95] 王坤.西南地区乡村教师融入乡村振兴的逻辑与路径:基于共生视角[J].民族教育研究,2022,33(4).

[96] 王芳.高等教育振兴乡村的价值逻辑与优化路径[J].中国高等教育,2023(1).

[97] 翁士洪,顾丽梅.治理理论:一种调适的新制度主义理论[J].南京社会科学,2013(7).

[98] 吴峰,吴承义."动员"词源新考[J].国防,2010(4).

[99] 吴开松.论社会动员在构建和谐社会中的功能[J].中南民族大学学报(人文社会科学版),2007(6).

[100] 吴理财.反贫困:对人类自身的一场战争[J].社会,2001(3).

[101] 吴霓,王学男.教育扶贫政策体系的政策研究[J].清华大学教育研究,2017,38(3).

[102] 吴晓蓉,范小梅.教育回报的反贫困作用模型及其实现机制[J].教育研究,2018,39(9).

[103] 吴晓蓉,田晓苗.后扶贫时代我国农村教育反贫困的价值理性回归:基于可行能力理论视角[J].国家教育行政学院学报,2020(6).

[104] 吴晓蓉,谢非.人类命运共同体视域中的教育反贫困[J].民族教育研究,2019,

30(3).

[105] 邬志辉,张培.农村学校校长在地化教育领导力的逻辑旨归[J].教育研究,2020,41(11).

[106] 肖鹏,余少文.企业间协同创新惰性及解决对策[J].科技进步与对策,2013,30(10).

[107] 谢霄男,王让新.关于农村教育扶贫问题的思考和对策建议[J].中国教育学刊,2015(S2).

[108] 谢治菊.共同体视域下教育精准扶贫的实践探索与行动逻辑[J].苏州大学学报(教育科学版),2019,7(4).

[109] 熊文渊.高校教育扶贫:问题与路径[J].当代教育科学,2014(23).

[110] 熊文渊.可行能力视角下高校教育扶贫的转向[J].重庆高教研究.2017,5(5).

[111] 许汉泽,李小云."行政治理扶贫"与反贫困的中国方案:回应吴新叶教授[J].探索与争鸣,2019(3).

[112] 薛博文.研究生支教团支教过程中"三螺旋"机制的建构[J].管理观察,2018(5).

[113] 燕继荣.协同治理:社会管理创新之道:基于国家与社会关系的理论思考[J].中国行政管理,2013(2).

[114] 杨超,唐亚阳."公益"概念辨析[J].伦理学研究,2015(6).

[115] 杨树东.部属高校滇西扶贫瞄准调研分析[J].昆明理工大学学报(社会科学版),2016,16(3).

[116] 杨兰.构建乡土教育课程 促进乡村文明回归:以贵州长顺县乡土教育实践为例[J].教育发展研究,2013,33(15-16).

[117] 杨倩.家庭社会经济地位影响中学生学习成绩的实证调查研究[J].当代教育科学,2016(6).

[118] 杨小敏."教育致贫"的形成机制、原因及对策[J].复旦教育论坛,2007,5(3).

[119] 杨轶华.非政府组织参与农村教育贫困治理研究[J].社会科学辑刊,2017(1).

[120] 姚松,曹远航.70年来中国教育扶贫政策的历史变迁与未来展望:基于历史制度主义的分析视角[J].教育与经济,2019(4).

[121] 姚松.教育精准扶贫中的政策阻滞问题及其治理策略[J].中国教育学刊,2018(4).

[122] 衣玉梅,吴思琦.社会治理视域下群团组织参与"精准扶贫"路径探析:以C市共青团为例[J].哈尔滨工业大学学报(社会科学版),2018,20(5).

[123] 于海霞,王守刚.高校研究生支教团项目价值及持续发展的现实路径探究[J].兰州教育学院学报,2019,35(6).

[124] 余秀兰.教育还能促进底层的升迁性社会流动吗[J].高等教育研究,2014,35(7).

[125] 俞可平.中国治理变迁30年:1978—2008[J].吉林大学社会科学学报,2008(3).

[126] 虞崇胜,余扬."扶"与"脱"的分野:从精准扶贫到精准脱贫的战略转换[J].中共福建省委党校学报,2017(1).

[127] 袁李兰,杨梅.优质教育视野下英国学院类学校的教育政策解读[J].教师教育学报,2018,5(4).

[128] 袁利平,丁雅施.教育扶贫政策实施效果评估指标体系构建[J].教育研究,2019,40(8).

[129] 曾天山.以新理念新机制精准提升教育扶贫成效:以教育部滇西扶贫实践为例[J].教育研究,2016,37(12).

[130] 张康之,张乾友.论共同行动中的共识与默契[J].天津社会科学,2011(5).

[131] 张康之.从官僚制组织到合作制组织的转变[J].中共福建省委党校学报,2017(3).

[132] 张菀洺,刘文.日本与印度实现教育公平的制度设计[J].吉首大学学报(社会科学版),2012,33(6).

[133] 张新平.实地研究:教育管理研究的第三条道路[J].教育理论与实践,2005(5).

[134] 张永丽."教育致贫"悖论解析及相关政策建议:以甘肃省14个贫困村为例[J].西北师范大学学报(社会科学版),2017,54(2).

[135] 张云鹏.试论吉登斯结构化理论[J].社会科学战线,2005(4).

[136] 张忠义,李森林.清华大学远程教育扶贫实证研究[J].现代教育技术,2018,28(2).

[137] 张辉蓉,毋靖雨,宋宇轩.教育赋能乡村振兴的逻辑框架与实践路向:基于晏阳初乡村改造理论的启示[J].西南大学学报(社会科学版),2022,48(6).

[138] 赵阔,张晓京.改革开放40年我国教育扶贫政策变迁及其经验[J].中国人民大学教育学刊,2019(1).

[139] 赵梦营.组织合法性:在组织理性与事实的社会组织之间[J].北京师范大学学报(社会科学版),2005(2).

[140] 赵鑫,周钰洁.西南民族地区乡土知识融入乡村课程的定位、挑战与策略:以彝族乡土知识为例[J].教师教育学报,2017,4(5).

[141] 赵延东,洪岩璧.社会资本与教育获得:网络资源与社会闭合的视角[J].社会

学研究,2012,27(5).

[142] 赵叶珠,潘懋元."高等教育通向农村"学术思想初探[J].集美大学学报,2002(2).

[143] 折晓叶,陈婴婴.项目制的分级运作机制和治理逻辑:对"项目进村"案例的社会学分析[J].中国社会科学,2011(4).

[144] 郑杭生.中国经验的亮丽篇章[J].杭州(我们),2010(3).

[145] 郑雅君.谁是90后名校优等生:文化资本与学业成就关系的个案研究[J].甘肃行政学院学报,2015(5).

[146] 周黎安.行政发包制[J].社会,2014,34(6).

[147] 周文,李晓红.社会资本与消除农村贫困:一个关系:认知分析框架[J].经济学动态,2008(6).

[148] 朱伟珏."资本"的一种非经济学解读:布迪厄"文化资本"概念[J].社会科学,2005(6).

[149] 朱许强.校长引领:农村小规模学校内生发展的关键[J].中国教育学刊,2021(7).

[150] 褚宏启.教育治理:以共治求善治[J].教育研究,2014,35(10).

[151] 诸彦含,赵玉兰,周意勇,等.组织中的韧性:基于心理路径和系统路径的保护性资源建构[J].心理科学进展,2019,27(2).

[152] 左璜,黄甫全.行动者网络理论的社会科学方法论意蕴[J].自然辩证法研究,2013,29(9).

[153] 张万朋,张瑛.乡村振兴背景下教育"扶智扶志"长效机制的构建[J].苏州大学学报(教育科学版),2023,11(1).

[154] 邹培,雷明.教育帮扶:从脱贫攻坚到乡村振兴[J].首都师范大学学报(社会科学版),2022(S1).

(三) 网页类

[1] 世界银行,东亚及太平洋地区扶贫与经济管理局.从贫困地区到贫困人群:中国扶贫议程的演进[EB/OL].(2009-04-08)[2023-05-15].https://documents1.worldbank.org/curated/en/113441468027559531/pdf/480580v20CHINE1Box0338876B01PUBLIC1.pdf.

[2] 教育部关于做好新时期直属高校定点扶贫工作的意见[EB/OL].(2019-05-09)[2023-07-04].http://www.moe.gov.cn/srcsite/A03/s7050/201905/t20190509_381301.html.

[3] 21世纪教育研究院.中国教育公益领域发展研究报告2019[EB/OL].(2020-01-15)[2023-06-03].https://www.sohu.com/a/367078887_100974.

[4] 教育部.教育事业发展统计公报[EB/OL].[2023-06-30]http://www.moe.gov.cn/jyb_sjzl/sjzl_fztjgb/.

[5] 21世纪教育研究院.中国教育公益领域发展研究报告2019[EB/OL].(2020-01-15)[2023-03-18].https://www.sohu.com/a/367078887_100974.

[6] 梁丹,董鲁皖龙.尽锐出战汇聚扶贫磅礴力量[EB/OL].(2020-11-27)[2023-5-15].https://news.sina.com.cn/o/2020—11—27/doc—iiznctke3506608.shtml.

[7] 教育部发展规划司.攻坚克难 书写高校扶贫奋进之笔[EB/OL].(2019-10-15)[2023-05-19]. http://www. moe. cn/jyb_ xwfb/xw_ fbh/moe_2606/2019/tqh_201910151/sfcl/201910/t20191015_403513.html.

[8] 国家统计局,国家脱贫攻坚普查领导小组办公室.国家脱贫攻坚普查公报:第一号[EB/OL].(2021-02-25)[2023-05-20].https://nrra.gov.cn/art/2021/2/25/art_624_187467.html.

[9] 教育部:发挥高校优势,打造高校扶贫特色路径.[EB/OL].(2020-11-26)[2023-03-18].https://news.eol.cn/meeting/202011/t20201126_2048164.shtml.

二、外文文献

(一) 著作类

[1] BARKER R L. The social work dictionary[M]. 4th ed. Washington, DC: NASW Press, 1999.

[2] GRAY B. Collaborating: finding common ground for multiparty problems[M]. San Francisco: Jossey-Bass Publishers, 1989.

[3] MYRDAL G. Rich lands and poor: the road to world prosperity[M]. New York: Harper & Brothers, 1957.

[4] LEIBENSTEIN H. Economic drawbacks and economic growth: studies in the theory of economic development[M]. New York: Wiley, 1957.

[5] JACKALL R. Propaganda[M]. New York: New York University Press, 1994.

[6] MINCER J. Schooling, experience, and earnings[M]. New York: National Bureau of Economic Research, 1974.

[7] MCADAM D. Political process and the development of black insurgency: 1930—1970[M]. 2th ed. Chicago: University of Chicago Press, 1999.

[8] LEWIS O. Five Families: Mexican case studies in the culture of poverty[M]. New York: Basic Books, 1975.

[9] STEINMO S. The new institutionalism[M]//CLARKE P B, FOWERAKER J. The encyclopedia of democratic thought. London: Routlege, 2001.

(二) 期刊类

[1] ANSELL C, GASH A. Collaborative governance in theory and practice[J]. Journal of public administration research and theory, 2008, 18(4).

[2] CHUNG C, MASON M. Why do primary school students drop out in poor, rural China? A portrait sketched in a remote mountain village[J]. International journal of educational development, 2012, 32(4).

[3] HAMMOND C. How education makes us healthy[J]. London review of education, 2003, 1(1).

[4] CONNELL R W. Citizenship, social justice and curriculum[J]. International studies in sociology of education, 1992,2(2).

[5] JOHNSTON D W, LORDAN G, SHIELDS M A, et al. Education and health knowledge: evidence from UK compulsory schooling reform[J]. Social science & medicine, 2015, 127.

[6] ONO H. Women's economic standing, marriage timing and cross-national contexts of gender[J]. Journal of marriage and family, 2003, 65(2).

[7] HUXHAM C. Theorizing collaboration practice[J]. Public management review, 2003, 5(3).

[8] TORSSANDER J. From child to parent? The significance of children's education for Their parents' longevity[J]. Demography, 2013, 50(2).

[9] HARDING J F. Increases in maternal education and low-income children's cognitive and behavioral outcomes[M]. Developmental psychology, 2015, 51(5).

[10] VIKRAM K, VANNEMAN R, DESAI S. Linkages between maternal education and childhood immunization in India[J]. Social science & medicine, 2012, 75(2).

[11] TUASON M T. Those who were born poor: a qualitative study of philippine poverty[J]. Journal of counseling psychology, 2008, 55(2).

[12] SILLES M A. The causal effect of education on health: evidence from the United Kingdom[J]. Economics of education review, 2009, 28(1).

[13] CARNEIRO P, HECKMAN J J, VYTLACIL E J. Estimating Marginal Returns to Education[J]. American economic review, 2011, 101(6).

[14] JANJUA P Z, KAMAL U A. The role of education and income in poverty alleviation: a cross-country analysis[J]. The labour journal of economics, 2011, 16(1).

[15] KEEFER P, KHEMANI S. Why do poor people recieve poor service? [J]. Economic and political weekly, 2004, 39(9).

[16] GUNES P M. The role of maternal education in child health: evidence from a compulsory schooling law[J]. Economics of education review, 2015, 47.

[17] JENSEN R. The (perceived) returns to education and the demand for schooling[J]. The quarterly journal of economics, 2010, 125(2).

[18] GAGE T B, FANG F, O'NEILL E, et al. Maternal education, birth weight, and infant mortality in the United States[J]. Demography, 2013, 50(2).

[19] WALSH W. Spankers and nonspankers: where they get information on spanking? [J]. Family relations: interdisciplinary journal of applied family science, 2002, 51(1).

[20] AXINN W G, BARBER J S. Mass education and fertility transition[J]. American sociological review, 2001, 66(4).

后记　　行走在乡村教育的"根"部

不可否认我对书稿的重视，一段研究历程总要有个交代，"行走在乡村教育的根部"，这是我对过去五年研究经历的总结。

始终报以"向下深潜"的视角，一方面源于对驾驭宏大政策话题的自卑和对理论基础薄弱的惭愧，另一方面是个人研究兴趣和风格使然，每当我走在乡村田间，便觉得自己是"活着的"。每项宏观政策落实到一个具体的贫困县、一所乡村学校、一个乡村教师，对其影响和改变也是很深远的。我非常不擅长用方法架构出一套精巧的设计，也缺乏深邃的学术表达能力，只是单纯地认为所有照亮我生命的文字和语言的背后，是思想而非"方法"。

开始关注韧性是在2018年的4月，曾经头脑发热地提出"韧性中国—韧性社会—韧性组织—韧性关系"的一系列想法。国内的韧性研究集中在个性心理特征方面，那时并未成百花齐放之势。但非常可惜，这个想法一再被搁置，只是让我的博士张琼做成了博士论文的选题，作为导学关系韧性建构的一种解释理论。

"学术研究不能大鸣大放，不能把吹牛变成习惯，把玩概念玩得像杂技一样，我们就像毛细血管一样，延伸至身体最边缘最末端之所在，受伤了出血了，上点药，包起来几天就好了，这就是韧性。"

"我对韧性还有一层理解就是，文化的松紧性会和韧性产生关联，松弛感更容易生成韧性，而紧张感则容易脆弱甚至断裂。"

"我们不去夸大不确定性而造成动力的消退，而应该让自己更强大以应对不确定性，这也是韧性。"

"反贫困视角下多主体参与形成的合作结构面临着诸多的不确定，在资源下沉的过程中，不同地域文化下共享意识的多与寡、一致性与多变性、可控性与随意性是否也在影响着治理结构的韧性?"

这是一些思想的片段,这次的书稿框架,我希望把韧性理论用起来,作为对乡村教育"根"性特征的一种解释,目前看起来理论上说得通,还需要充分的论证,当然论证不是"转圈圈""兜弯弯",把话说清楚说明白就行了。

过去五年在教育反贫困治理结构的参与性实践中,我和斯文一起围绕治理结构的焦点,尝试着构建从复杂性到韧性的治理思想。韧性的表征是什么?结构何以为韧?关系韧性对防止返贫有何价值?如何能以更可修复的韧性结构应对社会风险带来的不确定性?

扶贫攻坚从数字层面似乎结束了,过去的八年也是一个时代车轮碾过的道路,留下的印迹中是多少"扶贫人"的人生。我看了一些影视作品,如《山海情》《山河锦绣》,剧本、演员都很优秀,小人物的生活中反映着大时代的变迁。可是我还是想说不够真实,在过去的五年里,我心里装着好几个人物,我看到他们在脱贫攻坚的时代洪流里全力以赴,看着他们充满了激情和勇气,看着他们改变了学校,看着他们走出了大山,也看着他们黯淡了下去,甚至有人离开了这个世界。我也曾经为了教育扶贫的研究工作走过很多乡村,见证着乡村教育人开疆辟土的闯荡,也欣喜地看到他们把一所所"小而美"的学校建设成乡村儿童的天堂。从2007年做资助政策到2022年国社科结项,学术研究做成了扶贫事业,从河南、贵州、甘肃做到了扬州,一路追着光,这是我心里的信念。如今,"摆脱贫困"的梦想实现了,那道光却并未黯淡。在我心里,它没有灭,我记不住多少学术概念,也忘记了"理论创见",我能记住的还是那些面孔、对话、场景,和那些灼烧、冲突、冷却,甚至还有怀疑、区隔、疏离、共在。我看着合作之初的雄心、协同时的甜蜜、触底时的无奈、不确定中的脆弱和成果分享的无悔与坦荡。

汪民安在论及德国思想家瓦尔特·本雅明时说:"他相信,每一个碎片都是总体事物的闪现,就像一片叶子可以反映出它所在的整棵大树的生命一样。这样,无论他写得多么短小,他总是在一个宏大的主题中探索。"

每一个学者都只是一滴水、一片树叶、一道光,甚至都算不上,即便是天大的抱负,也很快会被车轮碾压,被岁月忘记。但有一点,作者生活在这个时代不一定被时代承认,可能会在下一个时代被记忆,也有可能永远不被记忆。他有可能在生活的时代是个"陌生人""多余者""异己者",却在下一个时代成为"领路人",本雅明、王小波是如此,还有鲁迅、李泽厚。

我们就像毛细血管,虽然不比大动脉那么重要,但是我们在最边缘处流动。

对于韧性精神,鲁迅先生的解读是有层次的,由小至大,由市井到国家……

中国的改革需要韧性。"中国太难改变了,即使搬动一张桌子,改装一个火炉,几乎也要血。""奋斗三十年。不够,就再一代,二代……实没有更快的捷径。"

奋斗要转化为日常。要把奋斗目标转化为日常生活的实践,和日常生活融合在一起,不要把它看作特殊的事情,奋斗常态化,这就是"打持久战"。钱理群先生又提出了三种打法,"只玩不打",这是混日子;"只打不玩",这是不懂张弛之道;"边打边玩",这是最可接受的,既合情又合理。

慢而不息。鲁迅先生爱打比方,运动会两种运动员最值得尊敬,一是跑得最快的,理应得到人们的尊敬;还有一类是跑得慢但不停息,最终跑到终点。有些人看到别人不跑了便也不跑了,更有人故意跌一跤就不跑了。"不耻最后"是值得提倡的精神,"即使慢,驰而不息,纵令落后,纵令失败,但一定可以达到他所向的目标"。

刘斯文是我的同事,我们先后在一个岗位上工作,我们一起推进研究生支教团的初建和发展,斯文到南京师范大学读博士,师从程晋宽教授,幸得程老师一路引领、一路提点,也同时一直得到张新平老师的悉心指导。他和我的研究方向保持着一致,和我一起同步完成了国社科和教育部人文社科的研究项目。贵州安顺镇宁县,那是我们共同扎根的地方,是我们对乡村教育认知启蒙的地方,也是把"论文写在大地上"的实践场所。

"我们不像麻雀一样群集,却像珍贵而孤独的鹰,翱翔于高空。"

这是晏阳初先生的一句名言,我虽不赞成将人分为燕雀、鸿鹄,但人的类属性始终是存在的,不是因为气息相投,而是共同的信念感。虽然我也只是燕雀众生中的一只,每天为饱食而自足,但每每读到这些乡村改造的历史先驱的文字,还是不免心向往之。

任何一件事要从理想变为现实,中间都有很多的路要走,也许一年,也许十年,也许三十年,这是由教育的复杂性和社会性所决定的。况且,这种理想的实现在一定程度上存在"破"与"立"的关系,怎样实现优质教育资源共享?怎样满足每一个儿童个性化成长的需求?怎样立足乡村又面向未来？关系到课堂、管理、文化、课程、评价，是复杂的事情。

这是我给王富贵校长的回信：

"富贵，你和我一样，走在乡村教育的根部，你是一个自觉的思考者。这是一种来自'民间'的教育理论，不那么精致，却很生动。别人的田都机械化了、科学化了，你却依然人工化、天然化、生态化。"

这本书是一个研究阶段的总结，2017—2022年，我们既然选择了这样的职业，那么思考与表达就成为工作的主要内容，有的人穿一件新衣服会快乐，吃一顿大餐很快乐，这都很好，而我觉得踏踏实实写一段文字也很快乐。

亚里士多德在他的《政治学》中说道："离群索居者不是野兽，便是神灵。"英国作家安东尼·斯托尔在《孤独：回归自我》中写道："一个人所感受到的某些最深刻、最治愈的心理体验都发生于内部。"

孤独也是一道光，可以照亮一个知识分子的面庞。

于扬州橡树湾花园
二〇二三年六月三十日